JN167964

千畝《ちうね》

In Search of Sugihara

Chiune Sugihara

一万人の命を救った外交官
杉原千畝の謎

新装版

ヒレル　レビン 著
Hillel Levine

監修・訳　諏訪澄
篠輝久

千畝

日本の読者へ

私の永年の研究成果であるIn Search of Sugihara（原題／杉原を探し求めて）が、杉原の故国である日本で翻訳出版されることになり、喜ばしく思っています。

杉原千畝は生前、ほとんど無名に近い人物でした。したがって、彼についての情報はきわめて乏しいものでした。さらに彼は、情報収集の任務にも就いていました。それは、自身を目立たない――いわば自分を絶えず保護色の領域に置いておく、そんな生き方でした。この二点は、外国人研究者である私にとって、言語の壁以上に、千畝の実像に迫るのを困難にしました。

しかし、だからこそ平板な〈善行の人〉という捉え方ではなく、理解しにくい杉原を追跡することができたと思います。千畝の実像をつかみあぐね、何度か絶望的になったとき、私はナチス・ドイツの〈死の手〉に捕らわれかけたユダヤ人の絶望を想像しました。また、四面楚歌の空気の中で、山のようなヴィザの発給を黙々と続けた一日本人の味気ない心を想像しました。そのとき、彼らは明日の自分にどんな夢を持ちえたのでしょうか。

こうして、彼らの絶望を知った以上、私は自分の絶望に安住しているわけにはいかなくなったのです。

私が探しあてた千畝は、私が想像していたよりも、ずっと好ましい人物でした。故郷八百津《やおつ》の吹きっさらしの丘に立つ杉原像よりも暖かく、また傷つきやすい人物でした。彼は、伝説を創作し、英雄や殉教者に仕立てあげようとする人々の試みに反して、〈普通の人間〉でした。彼の物語の特異性は、じつに、この彼の尋常さにあるといえます。千畝は普通の人間でも、時に桁はずれの行為を行うことができることを示すことで、私たちを励まし、勇気づけてくれるのです。杉原の善意と強さが、私たちにも〈伝染〉しますようにと願いつつ、今なお生き続ける世界中の〈杉原〉に感謝をこめて。

一九九八年　盛夏

ヒレル・レビン

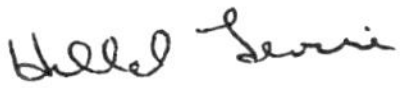

私が人生で出会った善き人々に
私に意志の力と憐れみの心を教えてくれた両親に
カウナスの杉原について、満州の落日について
初めて教えてくださった大槻牧師に
杉原のように、知られざるホロコーストからの救い手たちに
本書を捧げる　　Hillel Levine

In Search of Sugihara
by Hillel Levine
Copyright © 1996 by Hillel Levine
All rights reserved
Originally Published by THE FREE PRESS New York
Japanease translation rights arranged with
Kiyoshi Suwa / Teruhisa Shino 1998

もくじ

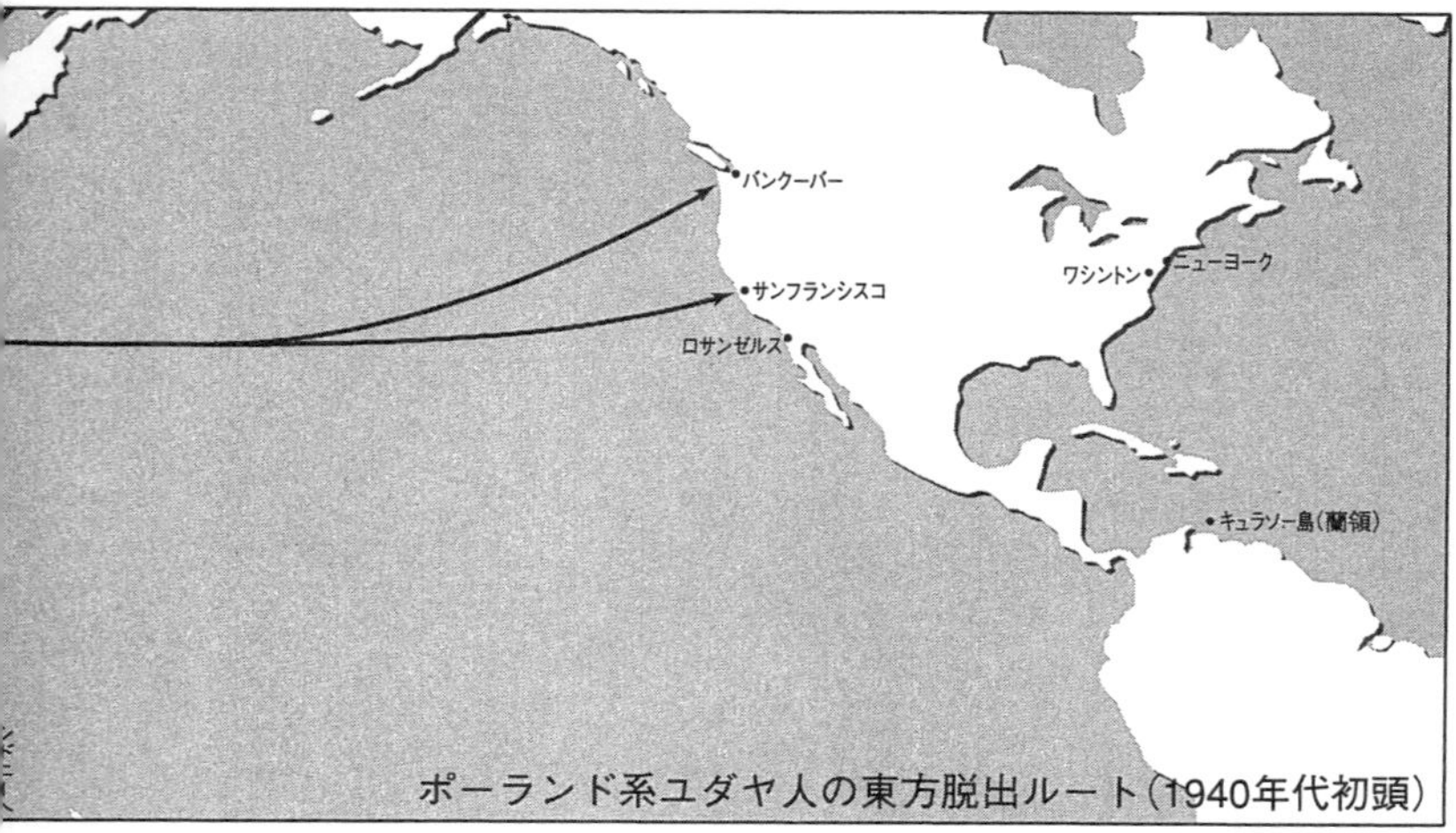

ポーランド系ユダヤ人の東方脱出ルート（1940年代初頭）

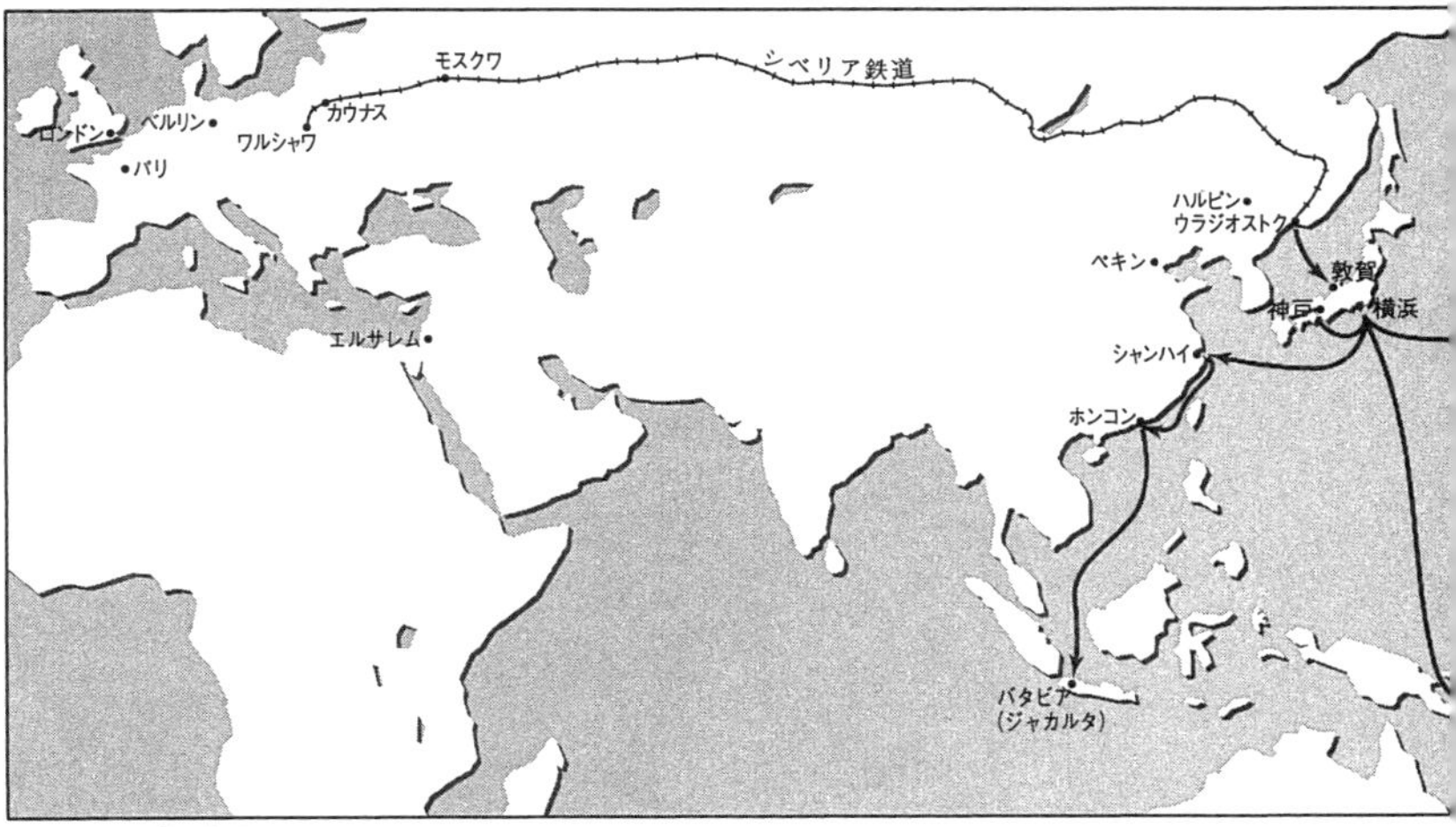
モスクワ
シベリア鉄道
ロンドン
ベルリン
カウナス
ワルシャワ
パリ
ハルビン
ウラジオストク
ペキン
敦賀
神戸
横浜
エルサレム
シャンハイ
ホンコン
バタビア
(ジャカルタ)

序章

〈汝の隣人の血の上に立つなかれ〉

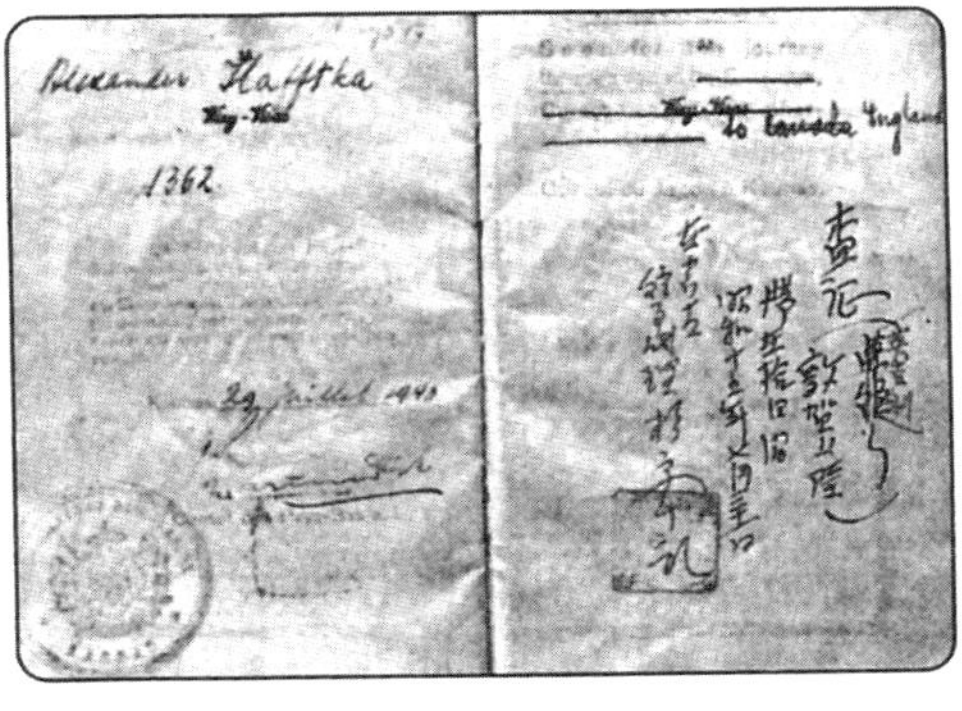

1939年から40年にかけて在カウナス日本領事館が置かれた建物
（外観は、ほとんど当時のままの面影をとどめている）

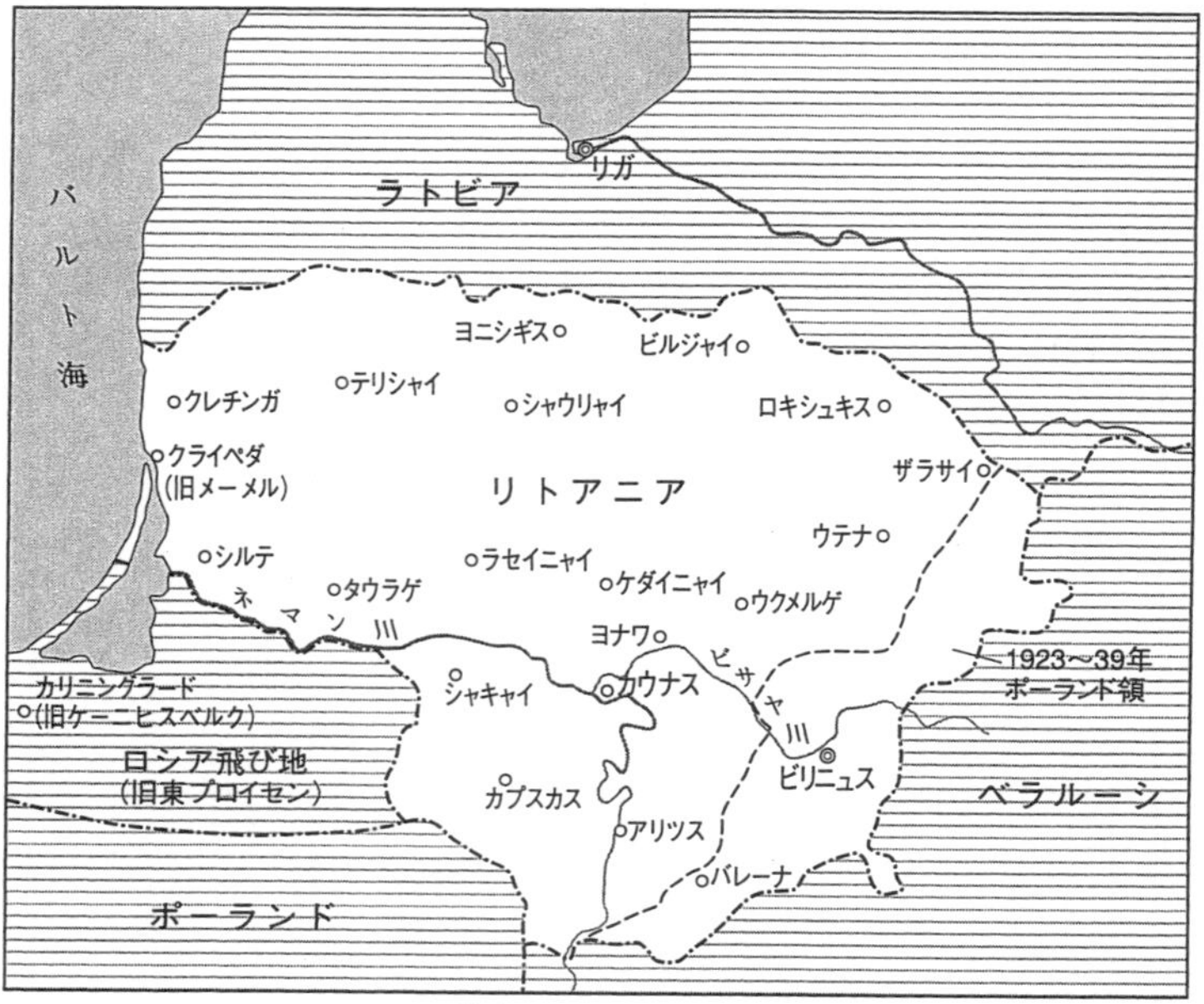

現在のリトアニア

杉原《すぎはら》千畝《ちうね》は日本版シンドラーか？

一九四〇(昭和十五)年八月二日の夜明け。家を追われ、くたびれた服を着て、不安な顔をしたユダヤ人たちが、リトアニアのカウナス*にある日本領事館を取り囲んでいた。ワルシャワから来た二十六歳の弁護士、レオン・イルトビッチ*もその中の一人だった。領事代理に面会するために着てきた安息日*用の黒い背広もよれよれのままだった。アイロンをかけることもできないでいた。このところ、洋服屋に限らず、この街のほとんどの店は閉まっていた。カウナスの街は混乱していた。

イルトビッチも、ポーランドから逃げてきていた。彼は、ワルシャワのユダヤ人地区でドイツ軍のトラックが急停車し、兵士が道ゆくユダヤ人を拉致しては強制労働に引き立ててゆくのを目撃していた。ポーランドの田舎町では、ユダヤ人を教会堂に押し込めたまま火が放たれていた。ドイツ兵は、逃げ出そうとする者を無造作に射殺していた。壁に貼られるユダヤ人向けの布告は日に日に増えていき、その内容も日を追って厳しいものになっていた。

彼は、前年の秋、ドイツ軍がポーランドに攻め込んだのを機に、汽車なら数時間で済むところを一か月以上も森の中を歩き続け、夜陰に乗じて国境を越え、ナチス・ドイツとソ連の間にはさまれながらも、当時はまだ国家としての独立を保っていたリトアニアに、やっとの思いでたどり着いたのだった。

*カウナス
リトアニア中部の河港都市。首都ビリニュスに次ぐ大都市。

*イルトビッチ
本書では読者の煩わしさを避けるため、ヴィザの他はv音（ヴ）をB音（ブ）のように表した。また、人名、地名表記に関しては、内容を損ねない限り読者の読みやすさを優先し表記した。

*安息日
金曜の日没から土曜の日没まで。ユダヤ教徒は、この間は労働をしないで神に感謝する。

その日も暑くなりそうだった。

イルトビッチはリトアニアの朝の冷気に身を震わせ、残してきた両親や伯父、伯母、さらに多くの従兄弟や友だちのことを思った。そのほとんどが、やがて、あのゲットー*で、強制収容所で、そしてガス室で命を失うことになった……。

なんとかポーランドからは脱出したものの、一息つく間もなく、いま彼は予想もしていなかった脅威にぶつかっていた。カウナスの街はナチスの兵隊ではなく、ソ連の兵隊であふれていた。ソ連がリトアニアを併合したその年の六月十五日以降、多くの人が逮捕されていた。彼は、過去二十年の間に共産主義ロシアの地でユダヤ人が経験してきた恐怖物語を聞かされていた。イルトビッチがどんなに楽天的だったとしても、この表面的には〈安全な〉リトアニアで、戦争が終わるまで待ち続けるといった幻想は抱けなかった。やっとここまで逃げ延びてきたが――、ここからも脱出しなければならないのだ。

領事館への行列が長くなるにつれ、彼はワルシャワを離れる前に、アメリカの従兄弟からもらった手紙を思い出して、憂鬱《ゆううつ》になった。そこには、ニューイングランドに住むイルトビッチ一族の者が、ヨーロッパの親戚をアメリカによび寄せようと、ヴィザの取得をアメリカの移民局に懸命に働きかけたが、まったく成果が上がらなかったと書かれていた。アメリカの移民割り当てリストの順番を待っていると、あと何年かかるかわかったものではない。

ようやく行列の先頭になった。彼は自分の命が、この日本領事館の窓口でくれる一枚の紙片に

*ゲットー
第二次世界大戦中、ナチス・ドイツによってヨーロッパ各地に設けられたユダヤ人隔離居住区。

かかっていると考えていた。

その日、在リトアニア日本領事館領事代理・杉原千畝は、いつものように領事館の正面の窓のカーテンを開けた。ふつうこの時間には、彼はニッカーボッカー・スタイルで、わきの菜園の手入れをする慣わしだった。自然に触れることは故国の少年時代を思い出させたし、異国の土に挑む興味もあった。それに、適度の運動にもなった。リトアニアで各国の外交官相手に最高級の会食を重ねてきたせいで、彼の体型にもその影響が出てきていた。千畝は恰幅のいい、身の丈一七〇センチに近い美男子である。目は大きく、濃い髪はきちんと後ろにときつけられている。全体としては穏やかな印象で、多くの人に好感を抱かせた。

千畝は長方形の正面窓から目を凝らしたが、その日は朝霧が陽光をさえぎっていた。霧で眺めがさえぎられたためだけではない。バイツガンタス街の白い三階建ての領事館は、空き地に面しており、正面の黒い鉄の門が領事館の入り口を示していた。その格子を通して、カウナスの街の家々の煙突とそこから立ち上る朝餉《あさげ》の煙、ゴシック風の屋根、ロシア正教会の金色のドームなどを見ることができた。しかし、この朝、日本から来た四十歳の外交官は、重い扉に向かって押しあいながら、なかに入ろうと声を上げている異様な人々の姿を見たのだった。それは、ナチスに脅かされ、占領された国々に駐在していた数百人の外交官の誰もが目撃したはずの光景だった。

ヒトラーのヨーロッパ支配は一九三三(昭和八)年から十二年間におよんだが、少なくとも一九四一年までの九年間は、ユダヤ人にはヨーロッパを脱出する機会が残されていた。そのころのナチスは、〈ヨーロッパ浄化政策〉の実現を*アウシュビッツの煙突によってではなく、ヨーロッパからユダヤ人を追放することで満足していた。そのため、この期間に多くのユダヤ人が比較的寛大な移民政策をとる国々によって救われた。さらに、同じ人間として彼らの危機を理解し、入国規則の適用を緩めた外交官や、彼らの越境を黙認した国境警備員によっても少なからず救出されたのだった。

この書は、逃れて生き残ったレオン・イルトビッチのようなユダヤ人と、傍観者から救い手に変わった杉原千畝との出会いを記したものである。非人間的な歴史の暴力と、イルトビッチをふくめ、何千人ものユダヤ人が助けを求めたとき、個人としてあるべき行動をとった人物の〈選択〉の物語である。それはまた、その扉を開いた人物と彼を育んだ日本文化についての考察であり、この〈救い手〉がどのように現れたかの分析でもある。千畝の行為は、この複雑な世界で、個人がどのように対応し、責任を担うべきかについて最も単純な教訓を残してくれた。それは、聖書に記された次の言葉である。

「汝の隣人の血の上に立つなかれ」（レビ記第十九章十六節）

ユダヤ人大虐殺の時代に多くのユダヤ人を救ったのは、千畝ひとりではない。もっと有名な人も何人かいる。にもかかわらず、なぜ千畝を取りあげて検討する必要があるのだろうか。

＊アウシュビッツ　ポーランド語ではオシベンチム。ポーランド南部の小都市。近郊にナチス・ドイツの強制収容所がつくられ、四百万人のユダヤ人が殺害された。

たとえば、スウェーデンのラウル・ワレンバーグは、その英雄的行為によって何千人ものハンガリー系ユダヤ人の命を救った。しかし、彼は外交官として、政府からユダヤ人救出の特命を受けてハンガリーに派遣されていた。彼の背後には少なくとも二つの国家があり、その諜報《ちょうほう》機関の支えがあった。

カウナスの街でも、イルトビッチをふくめて何人かが、オランダ名誉領事ヤン・ツバルテンディクの助けを受けた。ナチスのオランダ占領でその政府が倒されたとき、領事はリトアニアに取り残された。そこで彼は、法的に有効かどうか、いささか疑わしかったが、オランダ領西インド諸島への出国ヴィザ、一千二百通ないし一千四百通を発給した。

ナチス占領下のヨーロッパでも、ごくわずかだが、フランスのル-シャンボンのように、個人やグループでユダヤ人救出に勇気を示した者もいる。

そして、もちろん、オスカー・シンドラーがいる。トマス・キネリーの著書(一九八二年出版)と、S・スピルバーグの映画(一九九三年製作)で有名になってはいるが、なぜシンドラーが多くのユダヤ人を救ったか、その動機について、十分明らかにされているとはいいがたい。シンドラーの場合、彼はドイツとの国境に近いチェコのズデーテン地方で貧しい少数派ドイツ人として育ち、彼自身が差別と迫害を経験していた。子供のころ、彼はユダヤ教の導師*の隣に住んでいたので、そこの子供たちとも一緒に遊んだはずである。こうした経歴の人間なら、ナチ党*に入ることも、ユダヤ迫害の音頭をとることもできなかったはずである。しかし、彼はナチ党に入った。

*導師
ユダヤ教の指導者、祭司。

*ナチ党
国民社会主義ドイツ労働者党の略。一九一九年に発足したドイツ労働党を基盤にし、二一年以降ヒトラーが全権を掌握。ゲルマン民族至上主義と極端な反ユダヤ主義をかかげ、徹底したファシズム政策をとった。

はじめ、彼は安い労働力としてユダヤ人を利用しようとする工場主にすぎなかったが、まわりのユダヤ人への愛情が強まったとき、彼は〈私のユダヤ人〉という言葉を好んで口にした。シンドラーは奇策縦横の救い手に変わった。このギャンブラーは、ナチスの役人の裏をかくため、自己犠牲さえいとわない人間になった。クラクフ*にあった彼の工場で働く一千二百人のユダヤ人を救うため、彼は自分の命と財産を危険にさらしたのである。

しかし、千畝は世界でも最も均質的な、つまり、あまり特異な意見の出にくい、そしてユダヤ人を隣人としない東洋の島国で育った。彼がはじめて〈ユダヤ人体験〉をしたのは、シェークスピアの『ベニスの商人』を読んだときか、軍事教練で〈ユダヤ人は共産主義者だ〉と教官が非難するのを聞いたときかもしれない。いずれにせよ、それらはユダヤ人についてマイナス効果しか与えなかったはずである。だから、千畝が領事館の外に見たユダヤ人に、強い共感を覚えたとは考えにくい。

そして、千畝がユダヤ人から賄賂《わいろ》を受け取ったとか、危険を冒すのを楽しんだとか、あるいはユダヤ人を救うために何者かから派遣されたという証拠も見あたらない。

常識や月並みな理由づけでは、彼の動機をうかがうことはきわめて難しい。しかし、イルトビッチなどのユダヤ人が領事館のドアにたどり着く前から、千畝がユダヤ人の状況について危惧《きぐ》していたという証拠はある。彼はユダヤ人の生命が危険な状態にあることを知っていたし、自分にどんな助力ができるか、そして、それによって自分と家族がどんな危険に直面するかを考えながら

*クラクフ
ポーランド南部の中心都市。

状況を分析していた。彼は決して思いつきで事を起こす人間ではなかった。

そして、彼は行動を起こした。日本の通過ヴィザの発給を始めた。何枚も何枚ものヴィザ。終わりが跳ねている長い一連の文字が記され、その上に、いくつかの公印が押された。最終的には、千畝は申請者には誰にでもヴィザを出した。どんな書類を持ってこようと、さらには必要書類がないという説明書を出されようと。

ヴィザを出せば出すほど、さらに多くのユダヤ人が行列をつくった。ヴィザへの記入と署名でその手が疲れきったとき、彼は助手たちにゴム印をつくることを許した。流れ作業の能率を上げるため、ユダヤ人の代表者たちに書類づくりの手伝いさえ許した。

千畝は、この作業のために領事館の開館時間を延長した。いよいよ家族とともにカウナス駅を離れるとき、彼は動き出した汽車の窓から、一人でも多く――と、ヴィザ発行の書類を渡そうとした。

千畝は以前から情報活動の経験を積んでおり、法の網をくぐるやり方も心得ていた。だが、スタンプやシールが不正使用されるのを防ぐ〈正規の手続き〉にこだわろうとしなかった。その結果、後になって相当数の偽造ヴィザが出回ることになった。ユダヤ人の脱出ルートの出口地点に駐在していた日本の国境管理官は、千畝のヴィザに、どうして〈ラビノビッチ〉というユダヤ名が多いのか、不思議に思ったほどだった。

一九四〇年（昭和十五）八月三日、イルトビッチが領事館前の行列の中で震えていた翌日、新しくできたリトアニアのソビエト政権は、領事館を即刻閉鎖するよう千畝に厳命を出した。
一方、日本政府は彼に至急電を送っていた。

「*カウナス領事館発給の査証所持のユダヤ人が満州を通過、日本に到着しつつあり。本省が繰り返し伝えし指示にもかかわらず、何故、かほど多数のユダヤ人が正式査証を認められしや」

八月末、外務省は、彼に妻と三人の子供（うち一人は嬰児《えいじ》だった）を連れて、ナチス・ドイツの首都ベルリンにおもむくよう訓令を発していた。その地ではユダヤ人への寛容が快く思われないことを千畝は知っていた。しかし、それでもなお、彼は数か月もヴィザを出し続けた——ナチス占領下のプラハにおいても。

杉原ヴィザに名が残っているイルトビッチは、

「もしも杉原の助けがなかったら」

と語り出すとき、ほかの生存者と同じように声をひそめた。千畝が去って十か月後に、ドイツはソ連からリトアニアを奪った。そのとき射殺されるのをまぬがれたユダヤ人も、大部分がその後ゲットーか強制収容所で命を落としている。

イルトビッチは、杉原ヴィザを持った何千ものユダヤ人と一緒にソ連を通過し、日本を経由し

*電報・公文書類の表記原文はいずれもカタカナ混じりの文語調で書かれているが、本書では、読みやすさを考え、ひらがな混じりの読み下し文に改めてある。

て新しい土地で生活を始めた。その後の五十年間、彼はアメリカの市民権を得て、妻とニューヨークで暮らしている。

イルトビッチは、杉原ヴィザのリスト(千畝の名字をとって、今では一般に杉原リストとよばれている)では八一九番目の人物である。私・レビンは東京の外務省外交史料館でこのリストを見つけた。それは、ちょうどオスカー・シンドラーが映画化され、彼が国際的に有名になったときにあたっており、杉原リストの発見は多くの日本人を喜ばせた。日本人も自前のシンドラーが欲しかったのかと思われた。

このリストは全三十一ページ。表紙には『昭和十五年分　本邦通過査証発給表　在カウナス帝国領事館』と記されており、ありきたりの黒いルーズリーフに綴《と》じられていた。このリストの後に、千畝が次の赴任地プラハとケーニヒスベルク(当時ドイツ領、現在ロシア領)でヴィザを発給したユダヤ人の短いリストが続いている。また、別のファイルには、この期間に千畝と本省の間で交わされた秘密電報がいくつか保存されている。それらは、かびくさい外交史料館にきちんと整理されていた。

それは、捨てばちな態度でヴィザを発給し、政府に逆らった外交官といった、それまで私が抱いていたイメージからは遠いものだった。

千畝は一九八六(昭和六十一)年七月に東京近郊で他界した。現在流布している話は、妻・幸子《ゆきこ》と長男・弘樹《ひろき》によって伝えられたものである。

千畝はカウナス領事館から三回にわたってヴィザ発給の許可を本省に願い出たが、回を重ねるたびに激しく拒絶された。しかし、あえて彼はヴィザを出し、戦後帰国して間もなく外務省を解雇された——これが一般に流布されている定説である。だが、以下のページでは、いささか異なる物語を展開することになる。

現在、日本で、彼の行為は曖昧《あいまい》な人気を博している。日本の新聞はおおむね千畝に好意的であるが、なかには彼の名をシンドラーに重ねて〈スウィンドラー(ペテン師)のリスト〉といった見出しをつけたものもある。その性従順な日本人としては、この規則破りの背教者を英雄視するのは、なお躊躇《ちゅうちょ》されるところだろう。しかし、おおかたの日本人にとって心に響いてくるのは、彼が自分を犠牲にし、懲罰を受けたことである。彼のかつての同僚の中には、千畝の名声をねたむ者がいる一方、彼の名を利用し、かつての日本の植民地政策を弁明しようとする者もいる。

だが、ユダヤ人が千畝の名を思い出すとき、主題になるのは犠牲である。救われたユダヤ人の間では、彼は人間としてよりも天使として回想されている。一九六九(昭和四十四)年のはじめ、イスラエルで千畝の行為は公式に表彰された。

さらに一九八五年、彼の死の直前に、イスラエル国立のホロコースト*記念機関『ヤド・バシェム』*は従来の慣例を破って、彼に〈正義の異邦人〉の称号を贈った。これは、イスラエルが国家として外国人に贈る最高の栄誉である。

*ホロコースト　ナチス・ドイツがヨーロッパのユダヤ人を絶滅しようとして行った大虐殺。

*ヤド・バシェム　ホロコーストで犠牲になったユダヤ人を永遠に忘れないための研究・調査・展示などが行われている。エルサレム郊外にある。ヤド・バシェムはヘブライ語で〈記念する名前〉の意。

千畝の調査のため、私は日本を縦断した。彼の故郷である岐阜県八百津《やおつ》町の水田地帯から、彼の後輩が今なお現役で働いている大企業の会議室まで。また、各国の外務省と諜報機関の資料館、さらに彼に救われたホロコースト生存者の居間まで、私は足を運んだ。そして、彼の人生の様々な時期に彼と交際した人々の話をつみ重ね、その内容を分析し、千畝を理解しようとした。

千畝とは何者だったのか。なぜユダヤ人を救ったのか。誰が彼を手助けしたのか。彼が解雇された本当の理由は——。本書は、これらの問いに答えるひとつの試みである。

しかし、彼の職歴から、その並外れた行動を解明することは、ほとんど不可能である。その職歴は、いわば南京虐殺事件のような蛮行を引き起こした軍人や、植民地行政官たちと同じものだった。

リトアニアでの任務にも十分な手がかりは残っていない。彼にとって、ヴィザの発給は大して重要な仕事ではなかった。最も重要だった彼の任務は、ソ連とドイツの情報を集めることだった。私たちが杉原リストから得られる情報は、彼の偉大な行為にあてられた小さな光のようなもので、その中から彼の〈動機〉を見つけ出すことは、不可能である。

発見された杉原リストには二千百三十九人の名前が記されていた。その大部分はポーランド人で、ユダヤ系も非ユダヤ系もいる。ヴィザ発給は一九四〇(昭和十五)年の七月九日から八月二十六日の期間であった。しかし、このリストも、完全なものとはとても認められない。なぜなら、千畝から実際にヴィザを受け取った多くの人の名前が、子供分をふくめて、このリストには記されてはいない。統計学の＊外挿法《がいそうほう》を使えば、彼は一万人前後の脱出を助けたと推定できる。ただし実際に生き延びたのは、その半数にも満たなかったであろう。

多くの生存者が、その旅がどれほど危険で困難に満ちたものだったかを語る。

「リトアニアを出て、あの広いソ連を横切り、日本まで世界の半周を越える旅を、よくも乗り切ったものだ」

と、いまだに彼ら自身不思議がるのだ。

千畝はユダヤ人救出のための〈協力者〉ネットワークを持っていたのだろうか。また、日本政府はなぜ彼のヴィザを認めて、ユダヤ人を入国させたのか。

生存者の一人、ヴィザ番号一七番のイサック・レビンは回想する。

「日本の出入国管理当局は、通過ヴィザのチェックで寛大だった」

千畝はこの〈大救出〉で、説明できないほどに、また神秘的なまでに、多くの人々の協力を得て〈善意の陰謀〉を仕上げてゆくことができた。彼の行動が、まわりを〈感染〉させていったのだろうか。

〈敵との協力〉〈陰謀〉〈伝染性〉——、ふつう、私たちが悪事を表現するために使う言葉が、この説明しにくい彼の善行になぜかぴったり適合する。

こうした多くの人を救った者について、今まで私たちはあまりにも知らなさすぎた。その反面、

＊外挿法
ある変域内の関数から変域外の関数値を推定する方法。

ナチスの大量虐殺者についてはもちろんのこと、日本の戦争犯罪者についても、私たちは多くのことを知らされている。

ホロコースト研究の肯定的側面である〈救い手〉側について考えるには、なお時が熟していないといえるのかもしれない。大量虐殺者がどのようにしてつくり出されたかという問題についてさえ、未知の部分がたくさん残されている。数少ない人命救助の話などは、大規模破壊に比べると偶然に起こったハッピー・エンドにすぎない。数千人が命を永らえ、殺されたのは数百万――。この観点からすれば、〈救い手〉に夢中になるのは平衡を欠いた慰めになるかもしれない。しかし、私たちはホロコーストについて多く知っている割に、これらの救い手について、あまり理解はしていない。

千畝の活動は、ワレンバーグの場合のように政府が直接・間接に関与したものだったのか、それともあくまでも個人的なものだったのか。杉原リストが千畝の行為を批判し、彼を処罰したといわれる外務省の書庫に、正しく保管されていた事実は何を意味するのだろう。本書では、その答えも探していくことになろう。

外交史料館には、杉原ヴィザに関して、日本政府に向けられた苦情を伝える文書も保管されている。その中に、東京駐在のイギリス大使R・クレイギーの一九四〇(昭和十五)年十二月二十七日付の書簡がある。

彼は数千人のユダヤ人がナチスから逃れ、日本に到着しつつあることを耳にしていた。しかし、彼はこれらのユダヤ難民が直面してきた危険には気づいていない。むしろ、ユダヤ人が出国書類を使って、当時はイギリス委任統治領だったパレスチナに上陸することに危惧を抱いていた。彼は当時の外相松岡洋右《ようすけ》*に〈人間でない者を人間並みに扱う危険〉を警告している。その書簡で、彼が本心からユダヤ人を人間扱いすることを警告したのか、その立場上、偽造書類の行使に反対だったのか真意は不明である。ただ、明白なことは、イギリス政府がユダヤ人のパレスチナ上陸用のヴィザなど承認しないし、自分たちに彼らをパレスチナに受け入れる義務はまったくないと宣言していることである。クレイギーは〈ユダヤ人が日本で立ち往生する事態を避けるために〉松岡を揺さぶり、しかるべき行動を起こさせようと試みてさえいる。

しかし、イギリス大使の〈人間でない者を人間並みに扱う危険〉についての警告は、日本政府にまったく無視されたようだ。私は、日本政府が親ユダヤ政策を持ち合わせていたかどうかの確証は握っていない。しかし、杉原ヴィザがもたらした洪水のような難民は、千畝への〈協力者〉がいなければ、脱出の途中で行き場をなくし、ヨーロッパにふたたび連れもどされるなどして、誰にも語られることなく消えてしまったかもしれない。

千畝の決断が、なにか緩やかな陰謀のようなものを生み出したのだろうか。彼の古い飲み友達をはじめ、シベリア鉄道や満州鉄道の沿線に散らばっていた日本とソ連の役人、政治家、国境警備官などの間で、このヴィザの発給者が千畝だと悟った多くの者が、この〈善意の陰謀〉とでも

*松岡洋右
一八八〇〜一九四六年。
外交官、政治家。後出。

いう企てに加わったのかもしれない。

ふつう陰謀といえば、人間の最も醜い面を引き出したものと考えられる。しかし、異なったタイプの陰謀もあるに違いない。いわば〈善意の陰謀〉である。それは内面的に強い人によって始められ、周囲の人々から最善のものを引き出す力を持っているのだ。ハナ・アーレントの名著『エルサレムのアイヒマン』の命題を裏返して〈大量救助者〉にあてはめることは、論議をよび起こすかもしれない。アーレントは、アイヒマンを〈どこにでもいるような普通の男〉と定義している。逆にいえば大量救出者の場合も、複雑な動機や抑圧された欲望などなく、ただ淡々と事を進めただけなのかもしれない。そのような人物が〈善意の陰謀〉を企てたのかもしれない。千畝は、こうした陰謀の最も優れた実践者だったのだろうか。

旅立ち

何年もの間、千畝の物語はいささか風変わりな話として、私の意識の中でファイルに綴《と》じられていた。そして一九九三(平成五)年の二月、私はリトアニアの首都ビリニュスに設立されたユダヤ研究所の初講義に招待された。ユダヤ人が〈リトアニアのエルサレム〉とよぶこの古い都市は、何世紀にもわたってユダヤ学のメッカであったが、二十世紀に入ってから、第一次世界大戦中にドイツ領に組み込まれた。こうした政治的変動は、この地でユダヤ文化を愛した人々に大きな犠牲を強いた。

研究所の部屋には、クリスタルのシャンデリアが輝いていた。華麗な漆喰《しっくい》の天井は、最近、修復されていた。政府と大学の当局者が、赤いビロードの椅子に座っていた。彼らの後ろには学生が、さらにその後ろはビリニュスのゲットーのパルチザン*だった老人たちが並んでいた。

私が講義を終えると、老人の中の一人が自己紹介をした。彼はビリニュスの水道局の技術者として六十五年間働き、最近引退したという。下水道についての彼の専門知識のおかげで、ここのゲットーのパルチザンたちは、ナチス包囲下の暗黒の日々、地下を自由に動き回ることができ、ほかのゲットーの抵抗運動のメンバーとも連絡をとることができた。彼は私の講義ノートに下水道網の図を描き、主要な脱出ルートを書き込んでくれた。それは、私にとって宝物のように思えた。

彼らパルチザンは、そのころ市長との議論で忙しくしていた。彼らは、今は復旧された旧市街に、ゲットー跡の標識や記念碑を立てる運動をしていた。しかし、市民たちの中には、戦闘的な八十歳代の老人たちが、自分たちの街を追悼碑ばかりの街にしてしまうと不平を鳴らしている者もいた。

主催者側の温かいもてなしにもかかわらず、私は体の芯まで凍えていた。セーターやツイードの上着の下に着込んだスキー用のオーバーオールも、この寒さの前には用をなさないようだった。

*パルチザン
労働者や農民によって組織された非正規軍。

このけた外れの寒さは、慢性的な燃料不足のせいだけではなかった。

公式日程が終わった日、主催者は私を観光に誘ってくれた。私たちは、ビリニュスからカウナスの第九砦《とりで》*へ向かった。ナチスとそれに加担するリトアニア人は、アウシュビッツやトレブリンカ*にガス室などの虐殺システムが導入されるまで、この牧歌的な土地でユダヤ人を射殺しては壕《ごう》に投げ込んでいた。その壕のそばにたたずんで、〈隣人の血〉の戒めの意味に思いをめぐらせていたとき、私はここでなぜ人間の温もりを感じるのが難しいのかがわかってきた。

私が千畝のことを思い出したのはそのときだった。

〈そうだ。彼はこの近くに住んでいたはずだ〉

かつてはリトアニアの首都であったカウナスをめぐり、ユダヤ文化の足跡をたどりながら、私は主催者にうろ覚えの日本人領事のことを尋ね、一九三九(昭和十四)年から四〇年にかけて彼が住んでいた官舎を見たいのだが——といった。

地元のユダヤ人たちに教えてもらい、私は前に一度だけ写真で見たことのあるその建物を見つけた。それは、市の中心から二、三ブロック離れた小さな通りに沿って建っていた。スタッコ*仕上げの外観はほとんど当時のままのようだった。鉄の柵はなくなっていたが、私は玄関につながるカーブした階段で、それと認め、胸を躍らせた。

旧日本領事館の前に立って、私はとらえにくい千畝のことを想像した。彼の疲れを知らない手が役所の文書を走り書きしている。そのイメージの焦点が合ってくると、私は千畝の手の向こう

*第九砦
十三〜十四世紀にカウナス市街の周囲に建設された砦のひとつ。第二次大戦中、ナチスにより強制収容所として利用され、五万人以上のユダヤ人が殺害された。

*トレブリンカ
ポーランド東部の小都市。ナチス・ドイツの強制収容所が置かれ、ガス室で膨大な数にのぼるユダヤ人が命を落とした。

*スタッコ
漆喰様の塗り壁。

に、もうひとつの汚れた手が思い浮かんだ。それはナチスの悪名高い医師ヨゼフ・メンゲレの手だった。彼の手は、アウシュビッツでユダヤ人の選別作業をこなしていた。汚れた手の持ち主は一人だけではなかったはずだ。メンゲレの背後に、私は何百万人も抹殺した殺人システムの歯車を回し続けたナチスの技術者や役人、官僚などの手が動くのを感じるのだった。

私はその場に立ちすくみ、零下二十度の寒さの中で、あるユダヤ教の導師の言葉を繰り返していた。

「私たちの祖先に奇跡が起きたところに立ったなら——人は祝福を贈らなければならない」

では、日本人の官吏・千畝に、私はどんな祝福を贈ればよかったのだろうか。ボストンにもどっても、千畝のことが私の脳裏から消えなかった。

私は京都の友人に、千畝について問い合わせの手紙を出した。すると、彼はすぐに〈東京にはすでに千畝について本を書いている篠《しの》輝久という人物がいる。来日すれば、彼はあなたの調査を手伝ってくれるだろう〉という返信が届いた。どうやら篠は、私が千畝のことを理解できると考えているらしい。文面からして彼は好敵手を招くことを喜んでいるようだった。

千畝のヴィザ発給の動機を知るため、私は篠に質問の手紙を送った。千畝の両親、その幼年時代、学童期、青年時代と最初の恋などについて——それらについて、私は何も知らなかった。だから、もし私が千畝に直接会っていたとしても、彼の動機を理解することができただろうかと疑い始めていた。

千畝自身はといえば、研究者が情けなくなるほど助けにならなかった。彼は自分の言葉をほとんど残していなかった。彼が無名に終わっても当然と思われた。しかも肝心なあのヴィザ発給の日々、千畝がやったことの前後に何があったのか、うかがい知ることはできないでいる——。

千畝の人となりやヴィザ発給の動機分析に必要な情報は、篠以外の人を通しては得られないように思われた。何通かのファックスの行き来があった後、篠から彼の本が送られてきた。赤と黄色のカバーに、今では有名になった杉原ヴィザの写しがデザインされていた。そこには英語の翻訳文も添えられていた。

同封されていた篠自身の業務用の名刺で、彼が地盤を改良してトンネルや地下鉄・下水道などの工事をする会社に勤めていることがわかった。私の心にビリニュスで会ったゲットーの老パルチザンと彼が私のノートに描いてくれた地下の図面を思い出した。

篠の本の一節に私は目をとめた。

〈千畝はロシア問題の専門家を養成する日露協会学校(のちのハルピン学院)で学び、次いでそこで教鞭をとった。彼は、この中国北部の街で一九一九(大正八)年から一九三五(昭和十)年まで暮らしていた〉

〈これだ!〉

〈ここにあの動機がある。八百津の田舎から出てきた男が、カウナスのユダヤ人を救ったのも当

然だ。彼はハルピンでユダヤ人をよく知っていたのだ〉

だが——。十九世紀末から中国共産党の中国統一の時期まで、ハルピンには大きなユダヤ人街があったとはいえ、第一次世界大戦後のハルピンは混沌《こんとん》としており、千畝がここでユダヤ人を知らずに過ごした可能性も否定できない。さらに、たとえ彼がそのころユダヤ人と接触していたとしても、それがそのまま愛情に結びつくとは限らない。また、かりに千畝がハルピンでユダヤ人を知っていたとしても、それは、なぜ彼がユダヤ人を救うために外交官の職を、さらには自分の命までも危険にさらした説明にはならない。

次いで、彼の学校時代についての情報がわずかながら大切な手がかりを与えると思われた。なぜ彼は東京の早稲田大学からハルピンに行ったのか？　中国と日本とロシアが、文化と政治の面で交差する国際都市ハルピンは、彼にどんな影響を与えたのだろうか。篠も、ハルピン時代まで追跡してみるよう勧めてくれた。日本では同窓会組織がしばしばものをいうという。ハルピン学院同窓会というものでもあれば、千畝の情報を集める出発点になるかもしれない。

数週間後、私は東京行きの飛行機に乗った。空港で篠に迎えられた。千畝を探し求める私たちは、旧友のように挨拶を交わした。

その夏、私は篠と一緒に日本国中を旅した。千畝の同窓生をはじめ、彼の妻子、親類縁者、後年彼の上司になった人や友人に会った。このフィールド調査はたいへん興味深いものだったが、それでも私は何度か、さじを投げかけた。千畝本人の手紙や日記、個人的記録がどうしても出てこない。これでは、千畝が救い手になった動機を解明することなど無理ではないか。

こうして、この仕事をほとんど投げ出してしまおうとしていたとき、私は千畝の四男がヨーロッパにいるのを思い出した。この仕事にけりをつける意味でも、彼を追ってみる価値はあろう。

一九六九(昭和四十四)年に千畝を表彰したイスラエル政府当局者は、自分たちが千畝に対して何かできることはないかと尋ねた。千畝は、末っ子の伸生《のぶき》が日本の教育制度になじめず、脱落する恐れがあると話した。イスラエル当局は、伸生にヘブライ大学の全額奨学金を提供することにした。

エルサレムで二年間学生生活を送った伸生は、その後ブネーブラック(テルアビブ近郊の工業都市)のユダヤ人のもとで徒弟修業に入り、ダイアモンド研磨の技術とダイアモンド取引を学んだ。父親ゆずりの大きな目をした彼は、ユーモアの感覚があり、ヘブライ語を流暢に話す。ダイアモンド商人との取引にあたっては、イディッシュ語*で文句をつけることもできる。オーストリアのザルツブルクに家を持っているが、ふだんはベルギーのアントワープに住んでいる。工場はタイのバンコクにある。

アントワープのダイアモンド取引所の近くにある彼の広い事務所の一隅には、畳が敷かれている。私が訪ねたときは、日本人社員が座って昼食のうどんを食べていた。

*イディッシュ語 ドイツに住むユダヤ人の間に広がったもので、ドイツ語がユダヤ風に変形し、独自の言語となった。今日ではイスラエル本国でも世俗語のひとつとして使われている。

これまでのインタビューと同じように、私は伸生にも、千畝自身が語ったことについて質問しようとした。しかし、一九四九(昭和二十四年)年生まれの伸生は、父を有名にした日々のことを自分の目では見ていない。だがその代わりに、思いもかけない品を私の前に出してきた。それはロシア語で七ページにわたって書かれた父親の手による回想録で、英語訳まで付いていた。

私は驚いた。後に私は原文と思われる、より完成したロシア語版を発見することになるのだが、それにはポーランド語とヘブライ語の訳文が付いていた。この回想録は、第二次世界大戦中のポーランド地下運動を研究していた学者の求めに応じて、一九六七年に千畝自身が書いたものだという。その中で、彼は一九三九年から四一年までの間の、カウナス、ベルリン、ケーニヒスベルクにおけるポーランドの地下組織と自分とのつながりを要約していた。

しかし、この回想録はかえって私を当惑させた。千畝は一九四〇年ごろの自分を〈決断の人〉ではなく〈反抗的人間〉であり、〈戦略家〉ではなくて〈規則破り〉だったと回想していた。ヴィザ発給の動機については、〈ただ私は正義感と人類愛から行動した〉といっているだけだ。しかし、あれだけの行為について、たったこれだけとは——。彼の言葉はいささか紋切り型ではないか。

だが、この回想録には次のような一文もあった。

〈戦後、私は過去を忘れることに最善を尽くした〉

千畝にとって、また多くの日本人にとって、あの時代(一九四〇年代)が苦痛と混乱、無秩序の歳月だったことは理解できる。さらに年をとることで、彼は自分とその行為を再解釈するようにもなったであろう。しかし、この二十七年間の歩みを、強いて忘れようとし、修正しようとしているところに、ひとつの型がありはしないか。

正確に読めば、この忘却志向と修正は、何が起こり、何が彼をあの行為に駆り立てていったかについて、重要な手がかりを与えるのではないか。一九四〇(昭和十五)年の行動者と一九六七(昭和四十二)年の回想録の筆者は、同じ声では語らない。私は形成期の若い千畝について、いっそう知りたいと思うようになった。

私は、千畝のおかげで生き延びた多くの人々と話をした。彼らは千畝の顔・瞳・その礼儀正しさを記憶している。あのとき、千畝は、彼らに座ってお茶を飲むように勧めてさえいた。領事館は平時でも近寄りがたいところで、そんなに陽気なところでもない。しかし、イルトビッチにしても、彼の記憶に最も鮮明に残っているのは、生命を与えられたあの八月の朝、パスポートに押印し、彼の目を真っ直ぐに見て微笑んだ千畝だった。

私は、彼の物語を大きく三つに分けて記すことにした。第一グループはこの序章である。第二グループは一章から四章まで、第三グループは五章から終章までである。このように分類したのには、訳がある。ひとつは、第二グループで千畝を生み出した日本文化に触れなければ、彼の行為の深層を語れないだろうからだ。幼年時代、青年時代の千畝を浮かび上がらせるために、私はここで彼が生きた時代背景を描くことにした。時代の流れから逃れられる者はいない。そうであるなら、時代背景を描くとき、その時代の子、千畝の姿もおのずとあぶり出されるであろう。ただ、その姿は影絵のようにはっきりしないかもしれない。しかし、影絵であっても、その動きは私たちの好奇心を満足させてくれるだろう。

日本のことを熟知している読者なら、序章のあと第二グループをとばして第三グループを読まれるのもよいだろう。第三グループのあと第二グループにもどり、なぞ解きを楽しまれるのもよいかもしれない。

日本のことわざに〈三つ子の魂百までも〉という。では、いざ、三つ子の千畝を探し求めて旅に出よう。

第一章

少年期の千畝が生きた時代

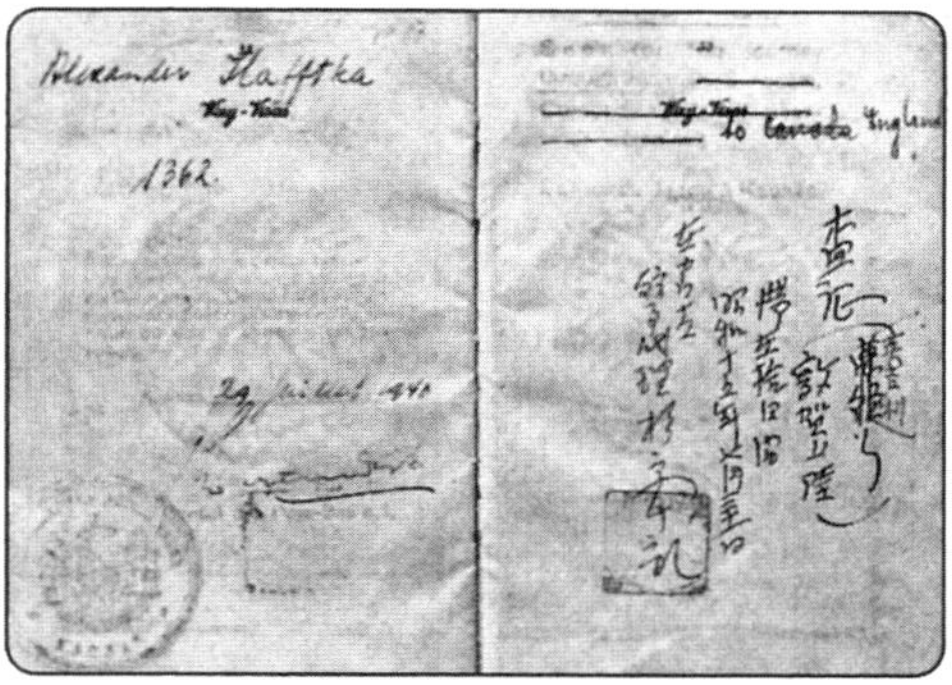

1910年代の八百津、荒川橋付近

少年期の千畝関連地図

千畝(左上)と母、弟(1914年)

杉原千畝は、一九〇〇（明治三十三）年一月一日に生まれた。この年が十九世紀最後の年か、それとも二十世紀最初の年かはともかく、この生年月日は、なにか異質な二つのものの間で生きた彼の生涯を暗示しているように感じられる。

千畝の両親は、どちらも岐阜県の八百津《やおつ》地方に多い岩井姓だった。代々ごくありふれた農家にすぎなかった父方に対して、母方はこの地方の藩主につながる、かなりの家系だった。母・やつは八百津でも評判の美人だった。やつが岩井三五郎《みつごろう》を夫にすると決めたとき、彼女は下の身分の者と結婚するのだと軽い失望感を持った。相手が、なんのいわれもない岩井家の出自だったからである。

杉原家の言い伝えでは、三五郎が岩井姓から杉原姓に変わったのは、次のような経緯《いきさつ》があってのことだという。

彼は一八九五年の日清戦争で大陸に行き、現地で結核をわずらった。そのとき、〈杉原好水《よしみ》〉という名の将校に親切な手当てを受けた。そのことに感激した彼は、帰郷後、姓名を〈杉原好水〉に改めてしまったのだという。当時はまだ、姓名を変えることはさほど異例のことではなかった。もっとも、ある親族の話では、そんな高尚な動機があってのことではなく、同じ土地に何十軒もある〈岩井〉よりは〈杉原〉のほうが郵便配達も確かだったからだろうともいう。

八百津は岐阜県南部の町で、加茂郡に属する。木曽川の中流域に開けたこの町は、海抜五百メートルから六百メートルの山々に囲まれた農業と軽工業の町である。一九二四(大正十三)年に上流の恵那峡《えなきょう》にダムができるまでは、ここは木曽ひのきを運ぶ筏《いかだ》流しの拠点でもあった。

岐阜県人はよく、この県が日本の中心だと自慢する。八百津あたりは、さしずめ日本列島のヘソにあたるとでもいえようか。昔からこの地方の武将たちも、このあたりが京の都に比較的近いことから、〈岐阜を制する者が日本を制する〉と称して、豊かな農業と深い森林に恵まれたこの地方の経営にあたった。

千畝が生まれた年は、日清戦争と日露戦争のちょうど中間にあたる。日清戦争の結果、日本は中国と朝鮮に権益を得て、それまで羨望《せんぼう》していた西欧列強の仲間入りを果たし、植民地統治国になった。これらの戦争で争われた土地が、植民地官吏としての千畝の初期の舞台となった。

日本の国民は、日露戦争で〈白人の〉強国ロシアに軍事的勝利をおさめ、歓呼した。しかし、それに続いてアメリカの仲介で開かれたポーツマス講和会議では、外交的勝利を阻まれた、と感じた。この講和条約はたしかに日本の国際的地位を高めはしたが、同時に日本人の西欧不信を強めることにもなった。日本人は、この戦争によって改めて西洋と東洋の立場の違いを再確認した。

千畝の人生を万華鏡《まんげきょう》にたとえると、じつに面白い形や配列が見えてくる。そのころの日本は、西欧の列強に追いつこうと、富国強兵策をとっていた。千畝が生まれた一九〇〇年に、日本は北清事変*を鎮圧するため、イギリスと提携した。同盟を結ぶのに、日本側に深刻な混乱がなかった

＊北清事変
一九〇〇年、中国で起こった義和団事件に対する列強の鎮圧戦争。日本軍はその主力となった。この事変を機にロシアが満州を支配しようとしたことから、後に日露間の緊張をもたらした。

わけではない。その混乱は形を変えながら一九三〇年代まで続く。米英と同盟を結ぶべきか、それともナチス・ドイツと組むべきか――。日本の政策決定の基準になったのは、恐るべき隣国ロシア（ソ連）に対する防衛策として、どの選択が最良であるかだった。

一九〇五年――八百津

〈この蒸し暑さを、千畝はどうやって我慢したのだろう〉

梅雨のさなかに八百津を訪れた私は、その蒸し暑さに閉口した。

千畝に関心を持つ研究者が外国から訪ねてくるというので、町では歓迎会を開いてくれた。町長たちは、千畝の功績を記念してつくられた〈人道の丘公園〉の自動パイプオルガンと噴水池の写真を印刷した名刺をくれた。

町の人は皆親切だった。町役場では、私がパンを好むか米飯がいいかで、数週間も検討を重ねたあげく、結局その日の昼食にはパンと米飯が出た。私は出されたものをどちらもおいしくいただいた。そして、〈われら〉と〈彼ら〉を区別する日本人の意識を再確認するとともに、あの時代――今から七十五年以上前に千畝が国際人としての生き方を選んだことに軽い驚きを覚えた。

千畝の又従兄にあたる岩井錠衛《じょうえ》の案内で、私はまず木曽川の流路から北へ四キロほど山あいにある千畝の生家と、一九九四(平成六)年に建設された人道の丘公園の近くの、彼の祖母が住んでいた家を訪ねた。その後、八百津の商店街や郊外の水田地帯に連れていってもらった。

八百津の在のようなところで育っていた子供にとって、一九〇五(明治三十八)年の夏はとりたてて思い出深いものではなかったろう。

日中は暑かったが、夕方になると、いくらかしのぎやすかった。丘を越えて六キロほどのところにある祖母の家は、松や竹に囲まれて涼しく、子供たちの恰好《かっこう》の遊び場だった。子供たちの多くは、店で両親の手助けをするか、稲田の草取りに駆り出されていたが、商家でも農家でもない杉原家の子供たちは遊びに夢中だった。杉原家の子供は男五人が続いた後に女の子が一人、そのころ長男の豊秋《とよあき》は八歳、次男の千畝は五歳だった。

家の近くを荒川とよばれる木曽川の支流が流れていた。木綿の着物を着て、革靴よりも早く走れるズック靴を履いて、母からもらった十銭銅貨を握りしめ、千畝と豊秋は駄菓子屋や焼き芋屋に向かうこともあった。また、彼らは気まぐれに荒川まで行くこともあった。親の手伝いをしないで済む腕白小僧たちは、仲間がどのあたりにたまっているか、第六感で見つけるものだ。

五歳の割には肩幅もしっかりした大柄な千畝は、後年なにかと話題になった、大きな目をしていた。荒川は大きな川ではない。流れの緩やかなところなら、彼でも泳ぎ渡ることができた。千畝は体力でも兄の友達にひけをとらなかった。

泳ぎにあきると、彼らは草むらに隠しておいた竹竿《たけざお》を取り出した。何も知らないで通り過ぎる荷馬車の馬の尻尾の毛を数本抜き取り、釣り糸にする。これに針をつけ、川岸の土を掘ってミミズを取り出すと準備完了。仕事の帰りに足をとめた年かさの子が、川原で火を起こして釣った魚を焼き上げてくれれば、もう完璧というものだった。七十年後、千畝はこのようにして過ごした日々を思っては郷愁にひたるのだった。

また、とある日、千畝と豊秋は、木曽川の川岸に座って鵜匠《うしょう》が鵜を使って鮎を捕るのをあきずに見ていた。――形のいい鳥が優雅に水面を移動し、魚の群れを見つけるまで辛抱強く待つ。そして突如襲いかかり、大きなクチバシで捕らえる。しかし、鵜が獲物を胃の腑《ふ》に落とそうとする寸前に鵜匠はひもを引いて鵜を舟べりにあげ、それを吐き出させる。鵜は次の機会を期待して、また水にもぐる――。

八百津での日常生活は、千畝に遊び仲間の間での力関係など多くのことを教えた。木曽川水系で一番古い八百津発電所ができたのは一九一一(明治四十四)年のことだが、その前後、町も彼らの両親たちが育った村落から成長しようとしていた。善きにつれ悪しきにつれ、お互いがお互いの家の中の事情まで知っていた。農村では面子《めんつ》を失わないことが、社会秩序を維持するのに警察以上に効果があった。

その一方で、新顔も増えつつあった。一八九〇(明治二十三)年から一九二〇(大正九)年までの間に、八百津の人口は二倍の三千五百二十八人に増えた。むろん、八百津の都会化がそのころ一気に進んだわけではない。しかし、美濃の国とよばれていた時代から、八百津は信州への陸路の拠点のひとつでもあった。その地の利を生かし、ここでは旅人や筏《いかだ》流しの男たちのための休憩の場が広がっていた。十六歳から六十五歳ぐらいまでの筏流しの男たちは、みな地元の出身者だったが、時代の変化にともない、町にも地位や家柄を重んじない新顔や、面子を失うことにあまりこだわらない人間が現れるようになっていた。

千畝の母は、子供たちが親の目の届かないところをうろつくのを嫌った。それまでにも町に何軒か茶屋なるものはあったが、新しく店開きしたその種の店では、格子の奥で何をやっているのか得体が知れなかったからだ。しかし、そんなものとは別に少年たちの心をひいたのは、日露戦争の影響で現れた二輪と四輪の荷車だった。それまで道路は、もっぱら騎馬通行のために使われていたが、新しい車のせいで、少年らは家の戸口や裏路に避けなければならなかった。

戸口では、母親や娘たちが座って機織《はたお》りで着物を織っているか、戸外の七輪《しちりん》で夕食をつくっていた。少年たちは、誰かが追い払うまで、紙漉《す》きをしている家をのぞきこむこともあった。

たいがいの農家では、水田に近い木曽川べりで馬を飼っていた。子供たちは、家へ帰るとき、たびたび水田の畦《あぜ》を近道として利用した。暮れかかると、彼らは、浴衣《ゆかた》を着た人々が出入りする銭湯《せんとう》の前を通って帰った。そのころの八百津の夜は、静かだった。電灯線が引かれ、電話が通じるまでには、なお六〜七年かかったし、はじめての図書館ができるには十年待たなければならなかった。

杉原家の兄弟たちは、八百津ではそこそこの生活水準にあったようである。彼らは、夏に避暑地の別荘へ出かけるほどでもなかったが、田畑や商店で家のために汗水たらして働かねばならないというほどでもなかった。杉原家は武士の家系ということになっていたが、それは母方の筋だった。父方の家系はごく普通の農家であった。

千畝には、いつのころからか自分が境界線上の人間であるという意識が、漠然とあったのではないだろうか。そのことが後年、彼に未知のものや未知の人を受け入れるようにさせたのかもしれない。西欧文化は一九〇五(明治三十八)年には一地方の八百津においてすら、その姿を見せ始めていた。八月、親たちは着物姿で盆踊りの輪の中で、太鼓の音や唄にあわせて踊った。日本人は、盆には先祖の霊がもどってくると信じている。しかし、翌朝、同じ場所で子供たちは木綿の着物に下駄履きで、バットを振りベースを駆けめぐり、アメリカ生まれのスポーツに熱中した。野球は一八七三(明治六)年にアメリカの一教師によって日本に紹介されて以来、大流行していた。千畝も兄たちのまねをしてボールを追いかけた。

この年の夏、杉原兄弟には、水泳や野球以外にも楽しみがあった。それは当時、政府が各地で行っていた地方の〈共進会〉である。内務、文部、陸軍、農商務の各省が地方官吏を動員して、市民にいろんな問題を提起していた。八百津でも、ある会合では、お上から見れば無用の装身具にすぎない西洋かぶれの懐中時計などを買ったとして、善良な町民が批判されたが、別の集会では、時間厳守の大切さが強調された。農商務省の農務局は、農民に離農しないで耕作を続けるよう求め、同じ省の工務局は、都市の新工場に人を集めようとした。各省間の勢力争いが地方で展開された。これら多くのアピールが衝突しあっていた。地元の消息通は、八百津の農民が農商務省関係の会合に出席するだけでも、耕作の時間がなくなってしまうとこぼした。

しかし、それでも、そういう会合は地方では人気があった。そこで出されるいろんな提言よりも、出されるご馳走《ちそう》や飲み物などへの期待が大きかったからだ。親たちが講演者の話を聞いている間に、杉原兄弟はこっそりとご馳走の盛られたテーブルに近づいた。肉をもっと食べて、西洋人に劣らない体格をつくろう――と訴えていた食肉組合八百津支部が主催する会合などは、杉原兄弟にとって特に魅力的なものだった。

若い女性たちには、日本髪をやめて西洋風の結髪を勧める〈断髪クラブ〉というものがあった。また、〈地方改良運動〉の代表者たちは、汁を音を立てて飲んだり、人前で爪楊枝《つまようじ》を使う長年の習慣をやめさせることに執着していた。少なくとも杉原家は西欧化に向かっていたが、多くの日本人が、そうであったわけではない。

千畝の少年時代に、大臣から地方官まで、そして改革反対を唱える国粋主義者まで、誰もが大声で論じた命題は、〈日本人らしさ〉の本質とその将来だった。この〈日本人らしさ〉とは何だったのだろう。集団の利益を優先させ、国に忠義を尽くし、西欧に懐疑的なのが、最良の日本人なのか。この問題は、日本では過去に何度も熱心に議論されてきた。しかし一九〇五年の夏には、この議論は今までと異なった調子で行われた。というのも日本が、ロシアという西洋の強国との最初の対決で勝利しつつあったからである。日本の国家的統合は、主として愛国心で支えられてきたが、今後の問題は、国家としての一体性を、平時においても達成できるかどうかだった。

一九〇五年の夏のはじめ、千畝が五歳のころの日露戦争の趨勢《すうせい》は明らかだった。八百津のような町でも不安は静まり、町民は安堵《あんど》の溜息《ためいき》をついていた。恐れていたロシアの侵攻はありえないものになった。

だが、戦傷者や遺骨が帰ってきた。日本の国際社会への進出は高いものについていた。この戦争で、八百津出身の三十八名が故郷へ骨となって帰った。

一九〇五年——カウナス

リトアニア第二の都市カウナスには、三つの名前がある。ある人々は、十五世紀末まで力を持っていたこの国の貴族を偲《しの》んでカウナスとよぶ。その後三世紀続いたポーランド支配の時代をなつかしむ情緒的なポーランド人は、コウネとよぶ。十八世紀にポーランドとリトアニアのほとんどを併合したロシア人はコブノ*とよび、ユダヤ人もそれにならった。リトアニアは第一次世界大戦後独立国となり、ロシアの支配から脱した。千畝が着任した一九三九(昭和十四)年当時は、この都市はカウナスとよばれており、一九四〇年夏の終わりに彼が離任したときは、ソ連に併合されて、ふたたびロシア時代のコブノになっていた。

一九〇五(明治三十八)年の夏、千畝が荒川で泳いでいたころ、カウナスの子供たちは市内を流れるネマン川*で泳いでいた。ロシアは当時、日本と戦争していたが、ほとんどの市民はロシアの負け戦を内心よろこんでいた。ロシア皇帝政府の専制と腐敗のもとで、カウナスは、ポーランド人やリトアニア人やユダヤ人たちの民族主義や社会主義が煮えたぎる〈るつぼ〉と化していた。

リトアニアにとってロシアが敵ならば、ロシアを相手にする日本は友だった。この〈敵の敵〉を支持する動きは、当時かなり露骨になっていた。その立場で動いていたのが、ポーランドの指導者、ヨゼフ・ピウツキーだった。彼は、一八六七(慶応三)年、カウナスの近くで生まれた。一九〇四年、当時は地下組織であったポーランド社会党の指導者として日本を訪ねた彼は、「ポーランド人は時期を選んで、ロシアに対し暴動を起こす。これは日露戦争で日本に有利な材料になると思うから、ぜひ支持してほしい」と説いてまわった。

一方、中間政党の国民民主党の党首ロマン・ドモフスキーはピウツキーの政敵であったが、彼も同じころに東京を訪れ、逆にこの反乱を支持しないでほしいと日本政府に頼んでいた。

＊コブノ
本書では便宜上、現地読みのカウナスで統一した。

＊ネマン川
ベラルーシ・リトアニアをへてバルト海に流れ出る川。ポーランド語ではニーメン川、ドイツ語ではメメル川。

「暴動は多くの犠牲者を出して、すぐ鎮圧されるだろう。ロシアを強めるだけだ」と彼は主張した。

ドモフスキーは日本政府の信用を得た。腰がひけた日本側の態度にピウツキーは落胆した。だが、ドモフスキーは自分の党員すら説得できなかった。彼が東京で陳情していたそのとき、二人の若い党員がパリのホテルの一室で、日本の大使館付き武官から破壊工作の講義を密かに受けていた。

こうした動きの中で、日本とポーランドの間で同盟を結ぶまではいかなかったが、これを機に、数十年にわたる両国の友好的提携が始まった。その絆は強く、真珠湾攻撃以来、公式には両国は敵対する立場になったが、暗号解読やスパイ組織の面では、密かに共同作業が続いた。ピウツキーの仕事は三十五年後、日本とポーランドの関係において、カウナスの千畝の活動にも一役買うことになる。

カウナスは、東欧のユダヤ人社会でも、ひときわ目立つ都市だった。このころ、ユダヤ人の心は二つの思いに引き裂かれていた。ひとつは西欧文化の中に溶け込み、同化してしまおうとする気持ちであり、他方はあくまでも民族的な伝統を守りながら生きていこうとするものだった。この二つの思想の潮流は、後に千畝がヴィザを出すときまで続いていた。そのような思いは、一人のリトアニア生まれのユダヤ人女性によって詩に歌われている。

古代ヘブライ語をよみがえらせた最初の作家、デボラ・バロンは、次のように歌っている。作品の題名は『日陰の山』(Mountain of Shade　ヘブライ語では har zel)。彼女はこの題名でシオ*ニズムの指導者テオドル・ヘルツェルの名をかけている。

その内容は――ある夏の日曜の午後、数人のユダヤ娘がネマン川に舟遊びに出かけた。暑さに耐えかねた彼女たちは、日陰に涼を求めた。娘たちは、そこに舟をとめて思いにふける。

魂の平安とは、たとえば実際に〈山に行く〉といった現世の活動で達成されるものなのか、それとも信仰によってだけ確かなものになるのだろうか。直截《ちょくさい》にいって、私たちは、あのパレスチナに帰るべきなのか。それとも、いま暮らしている場所にとどまり、豊かなユダヤ人の生活を送っていればいいのか。祖国とはただ心の中に存在するものなのか、それとも眺めたり、触れたりすることのできるものなのか――。

やがて彼女たちは川を下ってゆく。そこで働いているリトアニアの農婦たちの歌を聞く。農婦たちは歌っていた。

「母なる大地よ、汝はわれらを生んだ」と。

そのとき、バロンの娘らは直観する――農婦たちと、大地のよろこびがひとつのものであることを。しかし――自然の美しさを認めることはできても、この娘たちはユダヤ人だった。自分たちが現実に生まれた土地と、自らの歴史から思いをはせる故国との間の距離を感じないではいら

*シオニズム
ユダヤ人国家を聖地パレスチナに建設しようとする運動。

れなかった。

バロンがパレスチナに向かったのは、数年後だった。一九〇五(明治三十八)年当時、カウナスのユダヤ人は、パレスチナに向かうのに、それほど悩む必要はなかった。日露戦争が始まって数か月もたたないうちに、ロシアではユダヤ人虐殺が横行し、その数は四十件にも達した。カウナスでも二件起きていた。一九〇五年当時、ロシアに住んでいたユダヤ人にたいした選択はできなかった。人さらいがユダヤ人街をうろつき、二十五年間の兵役につかせるために少年を誘拐した時代は、もう過去のことだったが、そのころでも、ユダヤ人は徴兵を逃れられなかった。その時代の言い伝えには、銃の引き金を引く指を切断した男、軍隊から脱走してアメリカへ渡った者などの逸話が多い。しかし結局、ほぼ三万人のユダヤ系ロシア人が兵隊にとられた。この数字は、ユダヤ民族がロシア全体で占めていた人口の割合からすると、きわめて高い数字である。

こうした運の悪い兵士の中にユダヤ系ロシア人、ヨゼフ・トランペルドールがいた。彼は歯科の学校で勉強していたところを徴兵された。彼は愛国者になろうとは思わなかったが、それでいて危険な任務を志願した。ユダヤ人の英雄的行為がロシアでのユダヤ人の立場を高めるだろうと考えたからである。そして、旅順港での戦いで日本軍の砲撃を受け、片腕を失ったが、トランペルドールは戦い続け、ついに日本軍の捕虜になった。

後年、トランペルドールはパレスチナに行き、ユダヤ人による最初の戦闘軍団を組織した。一九二〇（大正九）年、彼はイスラエル最北部の開拓地でアラブ叛徒《はんと》に襲撃され、殺された。彼の最後の言葉は〈祖国のために死ねてうれしい〉というものだった。

バロンの比喩《ひゆ》を使うなら、カウナスや東欧には、〈山に向かって進む〉よりも〈山について勉強する〉ユダヤ人が多くいた。千畝と同時代の日本人と同じように、あの時代のユダヤ人にとっては、西欧化というものは呪《のろ》わしいものだった。彼らにとって、社会主義やシオニズムは事態の解決ではなく難問の持ち込みを意味していた。カウナスとその近郊にあった高名な神学校グループは、学生も多く活気に満ちていた。しかし、彼らは新しいものを拒んでいた。それは西欧の攻撃を防ぐためにつくられたこの地の古い第九砦《とりで》みたいなもので、近代化の脅威から自らを守ろうとするものだった。

とはいえ、神学校グループは、日本軍に負け続けたロシア皇帝軍隊の情けない防衛組織に比べると、まだしも充実していたといえる。それから三十五年後、この浮世離れした神学校の学生や聖職者たちは不思議な運命のもとで千畝に出合うのである。

一九〇五年――ポーツマス

一九〇五(明治三十八)年八月八日、火曜日。ポーツマス港に停泊中の船は勢ぞろいしていた。日露両国の代表団を乗せた蒸気船ドルフィン号とメイフラワー号はニューヨークのオイスター湾を出発し、ニューハンプシャー州のこの港へ向かっていた。セオドア・ルーズベルト大統領は、戦端が開かれた極東から遠く離れたこの軍港都市で、日露間の戦争を終わらせようとしていた。船が港に入って来ると、埠頭《ふとう》に押しかけた群衆をしずめるのに、警官は懸命だった。ふだんなら波止場の海で銅貨拾いの潜りっこをしたり、公園で野球をやっている子供たちまでが、日曜日に教会に行くときの正装で沿道に並び、小旗を振っていた。町の人々は戦争について、くわしくは知らなかったが、それでも日本とロシアの戦争を自分たちの町で終わらせることができるのに誇りを感じていた。

その時代、ポーツマスは避暑地として、かなり人気があった。しかし、保養地としては、ニューヨークから船便で約一日のニューポート(ロードアイランド州)や、夏中を都会の喧騒《けんそう》から離れて暮らす金持ち向きのバーハーバー(メーン州)などにはかなわなかった。

ポーツマスを有名人が訪れるとすれば、たいていが進水式出席のためだった。何隻ものフリゲート艦がポーツマス海軍工廠《こうしょう》で建造され、水兵たちは、港の繁華街で痛飲した思い出を持っていた。だから、この町が講和条約の調印にふさわしい落ち着いた場所とは、いえないかもしれなかった。

＊セオドア・ルーズベルト　一八五八〜一九一九年。アメリカ合衆国二十六代大統領。内政では独占の規制・資源保護などを推進、外交面では露骨な帝国主義政策を展開した。

しかし、ニューポートとバーハーバーの社交界はキリスト教徒でない有色人種を嫌い、会談を台無しにする恐れがあると懸念した。大統領の側近たちは、そのため、結局、治安のいい海軍基地で、優れた電信設備があり、外交官たちも本国政府との連絡がとりやすいポーツマスに決めた。そのうえ、訓練された衛兵と会場を取り囲む厳重な門は、うるさい新聞記者を寄せつけなかった。

一年前、日露戦争の早期に、すでにルーズベルト大統領はポーツマスへの道を探る作業を始めていた。その当時、満州での戦争を終わらせようと考える政治家はいなかった。イギリスやドイツは、日露両国が無益な戦闘で疲弊するのを見て、内心ではよろこんでいた。ルーズベルトは、前大統領のマッキンリーが暗殺され、副大統領から大統領になり、その年の十一月にはじめての選挙を迎えようとしていた。この戦争の仲裁者になるのが、政治家としての将来を左右することを心得ていた。

進化論の熱心な信奉者だったルーズベルトは、アメリカがやがて世界の強国になるという信念を持っていた。機は熟していたといえる。ただ彼も、国際社会の中で荒馬を乗りこなして無事ホワイトハウスに帰還できるかどうか、まして国際紛争を収拾することで一九〇六(明治三十九)年のノーベル平和賞を授与されることまでは、予想もしていなかった。

大統領がどちらの国を支持すべきかさえ、当初は簡単な問題ではなかった。彼は、はじめ帝政ロシアに対しても同情していた。

「過去、ヨーロッパ列強の中でロシアだけがわれわれに友好的だった」

と彼はいっていた。だが、それまで専制政治に対して寛容であったとしても、彼は現実を直視する力を持っており、専制政治の恐ろしさも知っていた。

一九〇三年、ルーマニアと国境を接するベッサラビア地方（現在のモルドバ共和国）の中心都市キシニョフで、ロシア政府の関与のもと、四十九人のユダヤ人が虐殺される事件が起きた。ルーズベルトは、これを強く非難した。かつて〈変わらぬ友好国〉と評価したロシアに対して、彼は今や〈よりよい世界に対する脅威〉という烙印《らくいん》を押した。大統領は語った。

「わが国民はロシアに疑いを持つようになった。私自身も同様だ」

ルーズベルトがロシアに対して厳しい態度をとるようになるにつれて、日本は好ましい同盟者と映ってきた。熱中癖がある大統領は、とみに日本に関心を持つようになった。*サンファン丘で勇名を轟《とどろ》かせた大統領は、武士道精神に感服し、柔道を習い始めた。

「虚偽をもって科学とよぶような政府と取引するのは難しい」と彼はロシアを酷評するようになっていた。対照的に日本は立派に見えるようになった

「黄海周辺の日本権益は、カリブ海でアメリカがやっていることと同じである。アメリカと日本とは、かなり共通点がある」

と大統領とジョン・ヘイ国務長官は考えた。

「*黄禍《こうか》で安眠できないなどというのは、考えすぎだ」ともヘイは語っていた。

日本は戦争を続けるのに、西欧列強の支持を頼みとしていた。この戦争は、直接的には満州に

＊サンファン丘　一八九八年の米西戦争の激戦地。

＊黄禍　黄色人種が勢いを増して白色人種に災難を加えるということ。

対するロシアの領土的野心を、日本が阻止しようとして始まった。欧州は日本を支持した。しかし、西欧にとって満州はあまりに遠く、また、あまりに事態が急速に進展してしまった。そして、日本が清国とロシアの両国に連勝し、極東で影響力を広げることに心配するようになった。いつの日にか日本は東西の均衡を破り、ヨーロッパの強国を打ち負かすようになるかもしれない。いつもはアメリカに外交上の得点を与えたがらない西欧列強も、その方針を変えた。彼らは、ポーツマスで日露が和平の手を打つよう工作を始めていた。

ロシアの戦争準備は万端整っているように見えたが、それは軍事面に限ってのことであった。日本はそのことに、いちはやく気づいていた。

一九〇四(明治三十七)年二月八日に日本軍が南満州の旅順を攻撃する数日前、ロシアの内務大臣プレーブは、クロパトキン将軍に〈ロシアを革命から守るには、ちょっと勝てばいい〉といい放ったが、そのじつロシア政府は、国内の社会的・経済的問題に対応できないで苦慮していた。プレーブは国内にいる〈敵〉への戦いをよびかけていた。

「ロシアに革命運動などは存在しない。政府の真の敵は国内を混乱させているユダヤ人だ」と。

しかし、その〈真の敵〉を虐殺しても、ロシア軍隊の力を強めることはできなかった。陸軍は満州で連敗し、一九〇五年春には海軍も日本海海戦で壊滅した。ロシアの提督たちの艦隊指揮は無能そのものだった。

今や、社会不安と革命熱を制止するのがいかに困難であるかは、誰の目にも——ロシア皇帝とその側近を除いて――明らかだった。だから、ロシアをポーツマスに引っ張り出すのは、それほど容易なことではなかった。

日本側の態度は現実的であった。一九〇五年四月、ルーズベルト大統領は狩猟の集いを催したが、その席で、駐米大使小村寿太郎は「大統領閣下は二頭の熊をしとめられたが、われわれは一頭倒せば十分です」と語った。それでも連勝気分の日本国民の大多数は和平交渉に熱を上げていたとはいえない。政府部内も世論も、日本軍はよく戦うが、外交はどうも不安と感じていた。にもかかわらず、旅順と奉天を占領し、ロシア艦隊を対馬海峡で撃滅し、次いでロシア領の樺太をも攻撃した一九〇五年六月には、軍の指導者たちの後押しもあって、日本は和平交渉に入る気になっていた。

この時点でユダヤ系の銀行家たちは、ルーズベルトに協力した。著名なアメリカのユダヤ人指導者で銀行家でもあるジェイコブ・シフは、ユダヤ人に対しロシア皇帝やその軍隊が行ってきた虐殺を憎んでおり、総額二億六千万ドルにのぼる日本の外債を引き受けるのに尽力した。ちなみに、この戦争の総戦費は十九億円で、そのうち十二億円がシフを通して各国の投資家によって引き受けられていた。当時の日本銀行副総裁で、後に蔵相、首相にもなった高橋是清は、このシフとロンドンで、偶然知り合って以来、親しい友人となった。シフの助力は、日本で永く記憶され感謝された。それは、日本人の間にユダヤ人への好意を生み、彼らの〈実力〉について過大評価することにもつながった。

最終局面にいたるまで、日本とロシアが会談にのぞむとは誰も確信できなかった。しかし、ポーツマス港で、日本代表がドルフィン号から、次いでロシア側がメイフラワー号から降り立った。歓迎の挨拶、軍楽隊の演奏、礼砲発射が続き、代表団のパレードが議会通りを進んだ。ニューヨーク・タイムズ紙が書いたように、通りは〈田舎者と洒落《しゃれ》たボストン市民とで、ごった返した〉。

両国の代表団は、ウェントワース・ホテルの向かい合った棟に落ち着いた。ロシアの首席代表ウィッテは、このホテルに不満だった。身の丈二メートルの巨体の彼には浴槽は小さすぎ、アメリカ料理は薬味が効きすぎていた。ウィッテはとにかく仕事を早く終わらせて、このポーツマスから引き揚げたかった。

二十八日間におよんだ会議を追って、新聞は――誰が教会に行き、誰がどんな買い物をし、誰が有名人好みの女の子を追っかけたかなど、様々なゴシップ記事で張り切っていた。ホテルへの訪問者の中には、ウィッテとの会談にきたシフを団長とするユダヤ指導者たちもいた。だが、新聞記者はこの会談に注目しなかった。

私がこの章で長々と日露戦争の終焉《しゅうえん》について記したのは、ポーツマス条約が、その後のほぼ四十年、つまり第二次世界大戦後までの日本の方向づけを果たしたと考えるからである。もう少しだけポーツマスに目をとめよう。

ロシア国内の同胞の苦難を訴えるシフに、ウィッテは報道の誇張にすぎないといって退けた。

「ユダヤ人が法的保護を受けられないとしても、現状変更は百害あって一利なし」と突き放した。

常に冷静で如才ないシフが、このときばかりは、ウィッテの主張に激しく反論した。そういう応酬はあったものの、シフは〈ロシアの困窮者に〉とワシントン駐在ロシア大使に一万ドルの小切手を贈った。誤解を招かないようにと、彼は同趣旨・同額のものをニューヨークの日本領事にも贈った。

小さなエピソードをはさみながら、会議は進展した。新聞記者たちは二人の主役――〈ミカドの全権〉と〈ツァーの大使〉の対照をあきもしないで報道した。

「同様に教養ある人間だが、全然似ていない」と。

両国代表の印象があまりに違うので、会議がどんな解決策に到達できるのか、悪い予感を抱かせたほどだった。しかし、結局、両国の代表団は講和条約を手にしてポーツマスを離れた。海軍基地の史跡碑には次のように記されている。

アメリカ合衆国ルーズベルト大統領の招きにより、
ロシア・日本の全権大使の和平会談が、ここで開催された。
一九〇五年九月五日、午後三時四十七分、ポーツマス条約は調印され、
両国間の戦争は終結した。

戦争が終わり、国境・領土も書き直された。日本とロシアは、絶望的と思われた対立を乗り越えた。しかし、この講和条約は、将来の災厄《さいやく》の種を蒔《ま》くものだった。何よりもこの戦争は、ロシア国民に自国の弱さを知らしめた。この条約はロシアの再生と活性化の役には立たず、結局、革命に導いた。

日本にとって、この条約は休息以上のものを与えた。ロシアの南下を防ぐという当初の戦争目的を達成させただけでなく、朝鮮での権益、南満州の一部の統治権、中国の主要鉄道の利権などについて暗黙裡の国際的了解を得た。日本は強国として登場してきたのである。

かつての島国は〈近代〉国家になり、あこがれていた欧米の列強と競い合う〈文明〉国の仲間入りをした。今や日本も植民地を所有することになったのである。

しかし、十九世紀から二十世紀に変わるころ、植民地主義はすでに没落し始めていた。それが完全に崩壊するには二度の世界大戦を必要としたが、それにしても日本が〈帝国主義クラブ〉に入会したのは遅きに失していた。日本は中国や朝鮮などの〈お荷物〉を引き受け、アジア解放の〈天命〉であると、独自の見解を述べても、侵略として非難されることになった。西欧が昔からやっていた帝国主義は不問に付され、なぜ日本だけが問題にされるのか。日本人は誇りを傷つけられた。欧米の身勝手な論理は、日本人を失望させた。

そのうえ、日本はポーツマスで、ロシアから賠償金をとれなかった。これは交渉の失敗といえるが、このことは、ロシアとの再度の戦争が不可避であるとの思いを日本に強めさせることになった。また日本人は、アメリカの仲介こそが日本の全面的勝利の機会を奪ったとも感じた。これがもう一つの欧米への恨みの源になり、このの ち大陸進出をめざす日本と米英との関係悪化の底流になった。

　九月五日の調印式は十七分で終わった。ニューヨークからロシア正教の神父が来て、特別ミサがクライスト教会で行われた。日本人はこれには参加しなかったが、柔道の模範演技や神輿《みこし》などを披露した。また日本は、州知事に一万ドル、ヨーク歴史協会などに千ドルの寄付をし、ホテルの従業員にはチップをはずんだ。小村全権は母校ハーバード大学に立ち寄っただけで、急ぎ帰国した。講和条約が審議された会議室の椅子、テーブル、署名に使われたペンなどの競売が、すぐ始まった。ポーツマスのビール会社は、〈日本人とロシア人がアメリカで味わった最高の飲み物〉と自社製品を宣伝した。ルーズベルト大統領は、「平和は日本人とロシア人の双方にいいことだが、それにもまして、私にとって最高のものだった」と感慨をもらした。

　日本が達成した新しい地位は、国内では傲《おご》りを、国外では羨望《せんぼう》をもたらしたかもしれない。しかし、日本の植民地主義への傾斜が強くなるにしたがって、欧米では黄禍の懸念が広まっていく。

ポーツマス条約以後

千畝の父・好水は、戦争や講和について考えるだけの分別を持っていた。彼も愛国心は持ってはいたが、出征はしなかった。日清戦争中の傷のため兵役を免除されたのだろう。もし、和平交渉がもっと長引いていたら、彼も戦場に駆り出されていたかもしれない。彼は彼なりに、収税業務を通して国家に尽くしていた。ただ、幼い子供たちは、父がもう少し勇敢な姿であってほしいと期待していたかもしれない。千畝が英雄と教えられたのは、そのころ町中に貼られていた写真の人物だった。それは、旅順で、ロシアのステッセル将軍から降伏申し入れを受けている乃木希《まれ》典《すけ》大将*だった。彼は降伏時にもステッセルの正装・帯剣を許した将軍だった。八百津の住民は、ロシア軍が正式に降伏してくるときより前に、乃木大将が鶏五十羽と卵百個を敵に贈った話を聞いていた。千畝は、この挿話から、敵対している者に恥辱《ちじょく》でなく憐憫《れんびん》をもって応対すべきことを学んだ。それは、国民の名誉心の問題だった。日本の格言では〈窮鳥懐《きゅうちょうふところ》に入らば猟師もこれを撃たず〉という。千畝もこの格言を知っていたはずである。

日本の国民は、この戦争の勝利によって、寛大になる余裕を持つようになった。だが、それは〈精神的に豊かになった〉ということにすぎなかった。国庫が底を突いていることは収税にあたる者の間では周知の事実だった。千畝の父は外債の利子を支払うため、政府財政という戦場での〈一兵卒〉になっていた。収税は重要な仕事だが、楽ではなかった。小さな町に住み、そこで収

*乃木希典
一八四九～一九一二年。明治時代の軍人。日露戦争で第三軍司令官として旅順の攻略を指揮。明治天皇に殉死。

税吏として働くのは人々からあまり感謝されるものではなかった。

日本の軍事立案計画は優れていたかもしれないが、外交と財政は一流ではなかった。貧しい国の貧しい財政を、千畝の父のような役人が埋めなければならなかった。国民も植樹や貯蓄をすることで国に尽くしていたが、地方の収税吏以上に、政府の歳入に責任を負った人間がいただろうか。にもかかわらず、好水は帰還兵士のように、偉大な愛国者としては仰ぎ見られなかった。人は彼に恐れや尊敬を抱いたかもしれないが、賞賛はされなかった。

戦争中も戦後も、収税吏には国家財源を増やすよう上司から圧力がかけられた。税金の大部分は地租として集められたが、農家の田畑は分散しており、徴収は面倒だった。内職のムシロづくりなどで得た金を追及するのは困難だった。地租を補う他の税金——人頭・所得・資産・灌漑《かんがい》設備使用・事業税などは、たいした額にならなかった。課税の率は、〈没収〉といっていいほどすでに厳しくなっており、これ以上の増税に耐えられる者はいなかった。

中央の上司から割り当てられた目標を達成するため、極貧の農民に対し、ときに振るわざるをえなかった〈荒療治〉を、好水はどう感じていたのだろう。また、千畝はそれを、どう受けとめていたのだろう。あるいは、千畝はまだ父親の立場を十分理解するだけの年齢に達していなかったかもしれないが、父親の収税官としての職業は、やがて息子に影響を与え、彼が植民地官吏となるための環境づくりをしたといえる。

また繰り返すようだが、戦争に勝ち、愛国的な風潮がいっそう盛り上がったとしても、両国間の交渉の結果である条約は未解決の問題を残した。日本は欧米に勝利を盗まれたと感じた。日本人は乃木将軍の騎士道的振る舞いに共感したが、だからといって、全面的勝利を望まないわけではなかった。ポーツマス条約の調印直後に、東京の日比谷公園などで起きた暴動*は、金銭と領土の賠償を期待していた国民の不満が爆発したものだった。さらに日本人は、負けた側ならともかく、戦争に勝った者がなぜ苦しまなければならないのか理解しかねた。戦闘で勝利したのなら、外交でもなぜ勝てないのか。八百津のような小さな町では、国際社会における日本の立場がどのようなものであるか何も説明されていなかった。

この欧米と近代化への愛憎のこもった感情は、千畝の成長期にいっそう深刻になっていった。欧米の思想を自分のものにしつつ、欧米の侵略を恐れ、かつ欧米の成功をうらやむ複雑な感情は、日本人にとって普通のことだった。日本人の多くは、欧米のアジア植民地主義に反対したが、日本帝国の発展は支持していた。このときから三十数年後、千畝はカウナスでユダヤ難民の一人にこの問題についての答えを述べている。

「アメリカが文明国だというが――日本がもっと文明国であることをお見せしよう」

こうして、西欧を志向するにしても、それに反抗するにしても、多くの者は、左右の極端なイデオロギーを受け入れることになった。粗野な感傷主義と排外主義、国家主義と社会主義の奇妙な混合物――といった具合に。

*日比谷焼打ち事件　一九〇五(明治三十八)年に起こった暴動。民衆が警官と衝突して、死者十七人、負傷者二千人を出した。

ここでわれわれは、やがて日本を支配するいくつかの強力で破壊的思想の源泉を見い出す。それらは、一九三〇年代、千畝の生涯の重大な瞬間に軍国主義として現れ、現実の政治勢力になった。しかし、国際主義と博愛、勇気と反抗心も、千畝の人間形成で根をおろしつつあった。

そのころ、千畝の父・好水の仕事はどうなっていたのか。彼の中で近代と伝統は、どのようなかかわりを持っていたのか。彼は現実派であり、折衷派でもあった。彼は優れた家系の女性と結婚した。町の有力者とも親しかった。これから見る限り、彼は保守的だった。しかし、八百津のような小さな町でズボンや背広を着ると笑い物になりかねなかった時代に、彼は西洋風に着飾っていたし、余暇にはダンスに行くほどだった。また彼は、新しい時代の娯楽である映画館の常連でもあった。

好水たちの生活には、これらすべて相反するもの――近代と伝統、東洋と西洋、中央対地方――などが混在していた。

千畝は小学校に入った。そのころ好水は、収税吏として、教育予算の問題に無関心ではいられなかった。一八六八年から一九一二年までの明治時代を通じて教育の重要性は強調され、学校教育の改革は、鳴り物入りで行われていた。教育勅語は子供たちが暗唱しなければならない、教理問答になった。しかし問題は、帝国政府が教育の統制を中央集権化しようとする一方で、学校予算が地方で賄《まかな》われていたことだった。この二重管理が教育についての議論に火をつけた。

日露戦争後、財政的にゆとりを失った政府から、矛盾した通達が出されるようになった。文部省は、千畝の世代の義務教育年限を二年間延長したが、ほぼ同時期に、好水の上司がいる内務省は、学校建設費がかさみすぎると市町村当局を批判していた。予算の削減が続いた。教師の給料は、それまでも豊かだったとはいえなかったが、このころは職人の賃金より下回るようになった。

緊縮経済は、好水のような収税吏の立場を苦しいものにした。一九〇六（明治三十九）年から一九一一年にかけて、千畝が小学校に在学当時、教育予算は町村財政の最大部分を占め、全国平均で四十三パーセントに達していた。この状態に対して、政府が「そんなに多くの国民が高等教育を受ける必要があるのか」といい出した。そのキャンペーンを、税金分捕り合戦と外国思想への恐怖とが後押しした。文部官僚までが「高等教育の希望者が過剰だ」といい、「雨後の竹の子みたいに博士が増えている」といった。こうした気分は、そのころの流行歌にとらえられている。

「おれが法学博士なら、お前は文学博士さま。一緒に行こうぜ遊び場へ。親たち田舎で芋掘りだ」

子を持つ親としての好水の義務と、官吏としてのそれが衝突していた。彼自身の子供たちの義務教育費をひねりだすのが、ほかでもない地方の収税吏だったからである。好水は、子供たちが最高の教育機会を得ることを望んでいた。しかし官吏として、彼は国家の教育費縮減キャンペーンに同調せざるをえなかった。目先のきく彼は、単純な〈田舎の芋掘り〉ではなく、教育こそが人生の成功の鍵であることを知っていた。さらに、できの良い千畝は、〈何かしようとするときに労を惜しまぬ〉性格だったので、親としても大いに見込みがあると考えていた。好水は、千畝を医者にしたいと考えていた。

少年千畝をはぐくんだもの

好水は、日露戦争後の数年間に何度か転居した。この頻繁な移転は、彼の特異な性格によるものか、収税吏としての転勤によって生じたものだろう。

一九〇七(明治四十)年、杉原一家は三重県桑名町(現在の桑名市)に住んでいた。その同じ年に、彼らはふたたび岐阜県に移り、千畝は中津町(現在の中津川市)立尋常小学校に転校する。一九〇九年四月、一家は名古屋市に引っ越し、千畝は市立古渡《ふるわたり》小学校の四年生に編入した。一九一二年、彼はこの学校で六学年を終了した。その年の彼の成績表は全甲で、学校を休んだのは二日だけだった。その年、愛知県立第五中学校(現在の瑞陵高校)に入学し、一九一七(大正六)年に卒業した。

彼の行動を理解しようとするなら、彼の人となりと精神について知らねばならないが、彼の心の中で何が起こっていたかはわからない。しかし、彼に影響を与えたものについて記すことはできる。

一九〇七年のある夕べ、京都のスタジオで製作された映画『忠臣蔵』が封切られた。これは事実に基づいて書かれ、十八世紀中期に初演されて以来、歌舞伎の代表的な演物《だしもの》「仮名手本忠臣蔵」として、庶民の間でも広く親しまれるようになった。

物語は――将軍家に忠誠を尽くす浅野内匠頭《たくみのかみ》という地方大名の話である。彼は三百人弱の家来を持つ殿様だったが、要するに田舎者だった。将軍は、あるとき内匠頭を勅使供応役という大役に任じた。一方の吉良上野介《きらこうずけのすけ》は宮廷の作法に通じた教養人で、諸大名にその指南をしていた。大役をおおせつかった内匠頭も当然のように上野介に教えを乞うたが、あまりに純粋で世間知らずだった内匠頭は、上野介に適当な付け届けをするのを怠った。上野介は仕返しに、わざと作法にふさわしくない服装を教える。その結果、内匠頭は面目を失う。自分に何が起こったのかを知ったとき、彼は恥辱を与えた相手に刀を抜いた。上野介は軽傷で済んだが、内匠頭は神聖な殿中での掟《おきて》を破った理由で将軍から切腹を命じられる。

封建制下の定めで、家来たちも家禄を没収される。国家老だった大石内蔵助《くらのすけ》は、悲嘆の中で、家来が主君に殉じて切腹しても、主君への義理は果たせぬ、復讐《ふくしゅう》だけが主君の汚名をそそぐと決意する。この陰謀には機密を要した。上野介は上杉家の姻戚で、警護も厳重になろう。

内蔵助は、誰が真に忠誠であるか、見きわめなければならない。彼は最も忠義であるとわかった四十六人を選び、さらに妻を離縁し、自身は酒に溺《おぼ》れたように振る舞い、目的遂行のため組織された陰謀と見られないようにした。手の込んだ策略が、二十一か月にわたって慎重に実行される。内蔵助は、上野介を油断させるため、放蕩《ほうとう》生活に入りびたる。上野介も浪人たちの監視と追跡を打ち切る。

一七〇二(元禄十五)年十二月十四日、大雪の夜、四十七人の刺客は吉良邸を襲い、上野介の首をはねた。彼らは幕府により切腹させられたが、東京の高輪《たかなわ》にある四十七士の墓には、今も参詣客が絶えない。

今日なお多くの日本人が、この事件を典型的な忠誠の物語として受けとめ、感動にひたる。それは今も彼らの文化の中心的信条を象徴している。西欧人には、なかなかこの物語が理解できない。「悪ふざけがまずいことになり、またあるものが名誉を回復したいがために、流血の大惨事になってしまった」という。

アメリカの文化人類学者、ルース・ベネディクトは、日本人が義理や名誉にこだわると強調している。彼女は、内蔵助を一人の英雄が〈自発的で断固たる決意〉をもって、世間と彼の名との両立できない問題を、最終的に死をもって落着させたと見る。彼女の著書『菊と刀』は、若干の欠陥はあるものの、今日なお日本でも外国でも読まれ続けている。

本論にもどろう。千畝はほとんどの日本人に似合わない、挑戦的で直情の規則破りと見られてきた。しかし実際には、彼の行動はきわめて日本的だった。彼のユダヤ人救出を理解するのに、われわれは〈なぜ〉だけでなく、〈いかに〉それをなしたかの答えを出さなければなるまい。千畝は内蔵助同様、彼の運動に加わるよう誰かを誘うこともなかった。彼はその戦略を隠した。彼の行為は、主君を持たない浪人のものだった。

千畝の子供時代の後半は、二つの喪失によって締めくくられた。一九一〇(明治四十三)年、日本は朝鮮を併合した。彼の父は、ほどなく、植民地官吏として朝鮮半島に赴任した。好水の外地勤務で家族は分散することになり、このときから青春期の千畝にとって、父親はたまにしか家にいない遠い存在になった。

一九一二年七月三十日、明治天皇が逝去した。葬儀と民衆の悲嘆は、日露戦争の脅威このかた忘れていた国民的結束をもたらした。明治天皇の治世は、日本の西欧化そのものだった。その葬列が進行していたとき、乃木将軍が殉死した。殉死は二百五十年前に禁止されていたが、将軍は妻をかたわらに、天皇の写真の前で、武士の作法にそって切腹して果てた。

今日でも、日本人は、天皇の治世の年数によって自分の生涯の区分をつける。人々にとって、天皇の死は一時代の終わりなのである。明治天皇の死は、日本の近代化をたたえる荘重な式典だったのかもしれない。しかし乃木将軍の死は、あまりにも大きな影を投げかけ、悲嘆は疑問に変わった。日本は、いずれの方向をめざすべきなのか。後ろへか、それとも前へか。

一九一二(大正二)年の晩夏、不安と憂鬱《ゆううつ》な空気が、カウナス、ポーツマス、そして八百津にも広がっていた。カウナスでは、ロシアの支配に抵抗する暴動が起こりそうな気配だった。ポーツマス海軍工廠《こうしょう》では、新型の戦艦建造に組立工が昼夜の別なく働いていた。その戦艦は、間もなく活動の場を得ることになる。第一次世界大戦は数年後に始まった——。

八百津では——若い千畝は、なにかしら不安定な感じを覚えていた。父親が彼の前からいなくなり、明治天皇と乃木将軍という父親像も失っていた。大人になりかかったとき、彼の近くには導く者がいなかった。しかし、新しい父親像が現れようとしていた。千畝は、彼自身の独特のやり方で進む道を学びとろうとしていた。

第二章

セルゲイ・パブロビッチ・スギハラ

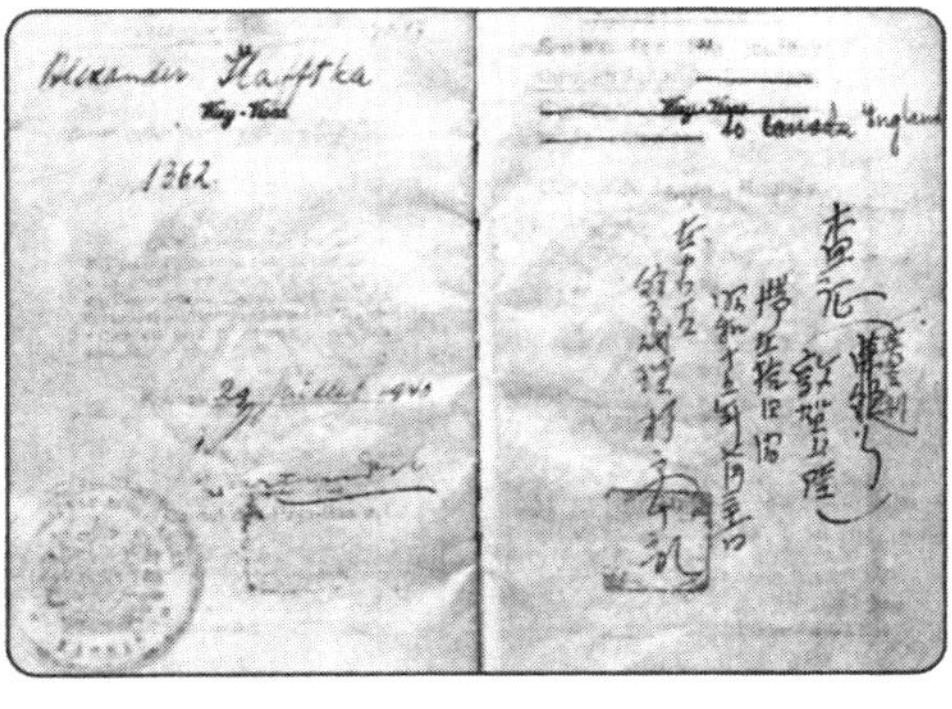

ハルピン学院

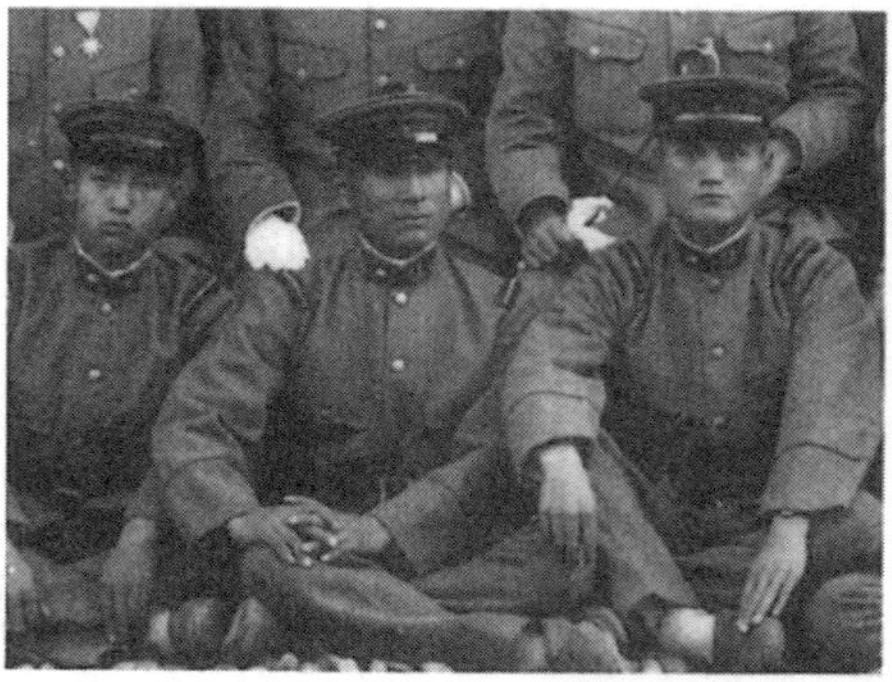

陸軍時代の千畝
(中央、1922 年)

1907 年ごろの東清鉄道と南満州鉄道幹線
(84 ページの脚注参照)

クラウディア(1930 年ごろ)

ハルピン学院

『日本人学生讃歌』

めざましき時代に生きる我ら
日本人学生よ、勇敢なれ！
ロシアと日本を兄弟にせん
東洋と西洋の友情よ　永遠なれ！
我らは新しき旭日の先駆者
西洋よ東洋に手をさしのべよ

我らはモスクワの壁を
ボルガ、ダニエプル、ウクライナ
またコーカサスの神秘を夢見る
東洋の隣国は、いまだ
闇の眠りから醒《さ》めず
苦悶を続けるのみ！
オーロラよ、我らを導け

寮歌『松花の流れ』

嗚呼《ああ》　鳳樓《ほうろう》の月の宴
驂鸞《けんらん》の夢長からず
三色の旗ほころびて
栄華の星も落ち行かば
荒鷲の翼衰へて
夕影暗しクレムリン
十万鉄騎アルベラの
勇将誰に求めんや
シナゴーガーの塔高く
三顧の知遇重ねつつ
枯葉の枝を払へども
社稷《しゃしょく》の春や影いずこ
ウラルの嶺に月もなく
迷える羊　此処彼処
嗚呼　混沌のこの時に
正義のために　我立たん

『学院音頭』

千里流るる　スンガリーの水は
おらが朝餉《あさげ》の　むかい水
印度ペルシャやトルコの原に
今に　おいらの墓が建つ
おらが行く道や　満州ぢゃねえぞ
ウラル　アルタイ　乗り越えて
急《せ》くな騒ぐな　天下のことは
しばし美人の膝枕
おらは国士だ　生命《いのち》もいらぬ
天下御免の大往生
嫁にやるなら　学院男
男伊達より　胆ったま

〈文装的武備〉

その名を後藤新平*という。人は、彼を〈大風呂敷〉と評した。一歩間違えば空想になるような着想に富む者をからかう日本的形容である。もとドイツでも学んだ医師だったが、その多彩な公職の経歴は、要約しただけでも、外務大臣・内務大臣・東京市長、さらに台湾・満州*の植民地における官僚――となる。その傑出ぶりは日本のルーズベルトといわれた。

一九一九(大正八)年、後藤はハルピンに日露協会学校(後のハルピン学院)を国立の学校として創設した。その年、千畝は第一回生として入学する。両者がともに〈めざましき時代〉を生きたのは確かである。

好水と千畝との関係についてもそうだが、千畝と後藤の直接の関係については、あまり知られていない。しかし、後藤が千畝に影響を与えた証拠は豊富にある。そこで、まず後藤の思考方法を追ってみよう。ここに日露戦争後の彼の簡潔な言葉がある。

　ここ満州の状況は、日露戦争という一回の戦いで終止符を打つわけにはいかないだろう。では、次の戦いは、将来いつか起きるのか……。満州で、われわれは他者を引き離して主導権を握り、競争者を疲労させる、そういう立場を占めていなければならぬ……。植民地政策

＊後藤新平
一八五七〜一九二九年。官僚・政治家。須賀川医学校卒。内務省衛生局長、台湾民政長官、満鉄総裁、外相、内相、東京市長などを歴任。

＊満州
現在の中国東北部。一九三二(昭和七)年、日本はこの地域に傀儡国家〈満州国〉をつくり、以後、四五年まで仮想敵国ソ連との戦争に備えるとともに、大量の日本人移民を送り込んだ。

とは〈文装的武備〉――文官風な装いの下に軍備を整えることである。

後藤の文官風な装いは、重層的なものだった。彼は、市民生活に軍事的効率主義を導入しようとした。そのように建設された植民地は、日本がいかに文明国であるかを各国に示すことになるだろう。文明化の実績は、日本の植民地主義を正当化するはずである。後藤にとって、日本とその植民地は、解きほぐすことができないように織られた一枚の布だった。植民地主義の理論家で、かつ実践家でもある彼の、このいささか逆説的な〈文装的武備〉が、青年千畝を鍛練する場の思想だった。そして一九一九年から一九三五（昭和十）年まで、千畝は、この〈文装的武備〉の世界で活躍することになった。

後藤は、〈文装〉を旗印にして、病院、学校、工場、鉱山、港湾施設の建設・整備に取り組み、満州の経済発展の総指揮をとっていた。日本の植民地経営戦略は、植民地の住民に畏怖《いふ》の念を起こさせることだった。彼らのためにやるべきことをやれば、彼らは日本人を恐れながらも感謝して服従する、というものだった。

「私の祖父は、本当の自由主義者でした」

一九九四（平成六）年の夏のある日、後藤の孫娘・鶴見和子は私に答えた。彼女は当時、早稲田大学社会学教授の職をすでに退いていた。彼女と話しながら、いま後藤を偲《しの》び、彼について言及しているのは、祖父の偉大な業績に圧倒されていた孫娘としてなのか、それとも彼の善意がもたらした悲劇を冷徹に分析する批判的社会学者としてなのだろうか――私は軽々に判断をくだしかねた。

この調査で、私は数多くの人に会った。その中でも楽しかったのは、一九九四（平成六）年七月のある朝、熊本市のFM中九州放送に、沖津正巳会長を訪ねたときだった。彼は一九三八（昭和十三）年のハルピン学院卒業生である。熊本市も、彼の会社の雰囲気も、ともに近代的で、感傷的雰囲気のものではなかった。だが、過ぎ去ったハルピンの日々を思い出すとき、彼は涙した。彼の青年時代は後藤を抜きにしては考えられないものだった。

沖津は、明治官僚の後藤が、ドイツ留学時代に、いかに様々な思想を身につけたかを誇らしげに語ってくれた。後藤は、トルストイの理想主義をとりあげ、それを市民への奉仕の言葉に置きかえ、さらに日本の民族主義で巧みに薬味を利かせた。その思想の本質は、ボーイ・スカウトの綱領のような響きを持っていたが、歴史的事実を知る私たちからすれば、それは、つまるところ、一種の植民地主義にすぎなかった。

後藤がハルピン学院をつくったのは、彼が外務大臣を辞めて間もなくのことであった。この学院は一九一九（大正八）年から一九四五（昭和二十）年まで続き、一千五百八十五人の卒業生を送り出した。彼のいう〈軍事と文化〉の一体化を実現するには、学校という組織が最も適していた。

ここで千畝のような植民地官吏と〈ロシア通〉を養成することになった。

沖津は、後藤がつくった学院の校則を思い出すとき、ひときわ涙もろくなった。それは――一、人の世話になるな、二、人の世話をせよ、三、報酬を期待するな、というものだった。

雨が降りしきるこの日、沖津と話すうちに、私には、後藤が分裂した人間のように思えてきた。彼はハルピン学院で高い理想を教えたが、官僚としてそれを実行に移すことはできなかった。なぜなら、後藤は自由主義的で人道的だったかもしれないが、半面、明らかに反自由主義的な〈武備〉の理論家であった。満州の植民地政権は次第に横暴になり、民心は離れていった。西欧は満州の傀儡《かいらい》政権を非難した。しかし、多くの日本人は文官風の装いの面に焦点があてられるのを好んだ。というのも、日本の強固な意志と博愛精神なしに、未開の中国北部が開発されることは絶対にありえないと考えていたからである。さらに、この混沌《こんとん》とした隣国を、〈西側の隣人〉ソ連から守ってやっていると自負していた。ソ連は危険な共産主義思想を、満州・中国・朝鮮・東南アジアなど、日本より〈遅れた〉国々に広めようとしているではないか。慈悲深い日本なしに、満州国はどうやって存続できるのか――。

この〈文装と武備〉の不均衡と、それに加えて欧米諸国が意地悪く満州国を承認しなかったことが、多くの日本人を憤慨《ふんがい》させ、独善的にし、病的なまでに排外的にした。自ら植民地支配を行っているイギリス・アメリカが日本の満州政策を非難したとき、日本人は特に苛立《いらだ》たしい思いを味わわされた。偽善も甚だしいではないか。後年、千畝はカウナスで、西欧各国がいかにユダヤ人を扱うか、じっくり見た。そして西欧の実のなさを知った。

「どちらが文明国だ――」

彼は問うた。答えは〈東〉だった。明らかに東洋である。自分でそれを証明しよう。

「嗚呼《ああ》　混沌のこの時に――」

ハルピン学院の学生讃歌は叫んでいる。

「正義のために　我立たん」

私は最後に千畝についての思い出を尋ねた。沖津はすぐに恩師・後藤を語るときの熱心さで千畝について語った。――満州で洪水が起き、中国人住民に大きな被害が出たとき、杉原は長靴を履き、被害の実態調査に出かけていった。いつの時代でも、官僚は机から離れず、書類をつくり、報告書を綴《と》じ込むだけだが、彼は洪水の犠牲者のところまで出向いて、激励を与えた。これがあの人の典型的な行動だった――。

日露戦争の勝利で何を得たかはともかく、結果として、日本は、それまで国際社会で、いわば〈圏外〉にいた立場から引き出されることになった。

アメリカの鉄道王、E・ハリマン*が、南満州鉄道の日米共同経営を日本政府に陳情するため東京に到着したとき、ポーツマス講和条約署名のインクはまだ乾ききっていなかった。長い間〈独

*E・ハリマン　一八四八～一九〇九年。ウォール街の相場師から身を立て、鉄道経営に進出。晩年はシカゴ以西のおもな鉄道をすべて手中に収めた。

りでいた〉日本は、突然、世界的な運送会社と関係を持つことになった。そして、著名なアメリカ人と共同して事業を行えば、日本が門戸開放政策をとり、満州開発に各国が参加することに賛成する証《あか》しとなり、日本に対する各国の反感を和らげることになるだろうと見られていた。

しかし、後藤新平はそうは考えなかった。

「日本がこの鉄道に賭けるのは歳入の増加などではなく、満州の植民地化である。鉄道は、十年以上にわたって、日本人五十万に植民の機会を与える。もし、鉄道の権利を譲渡すれば、日本の支配は弱まるであろう」

こうして、ポーツマス条約締結の一年足らず後に、日本政府は南満州鉄道株式会社*（満鉄）を設立、満州における日本の経済的利益を管理させることにした。日本人と中国人だけが投資を許され、そのため、これは〈箸《はし》の同盟〉といわれた。東京市場で、この株が売り出されると、超過応募は千倍に達した。後藤の思ったようになったのである。

一九〇六（明治三十九）年、後藤は初代満鉄総裁となった。彼はただちに影響力を発揮した。速断即決で単線・複線を敷設する作業チームを配置し、倉庫・埠頭《ふとう》・諸官庁のビル・大連の新ホテルや住宅を建設していった。そして、ハルピンから遠くない地点で、満鉄と東清鉄道とを連結させる交渉をロシア側と始めた。さらに、百八十台の機関車と二千六十台の車両をアメリカに発注し、早急に納入するよう要求した。

後藤にとって、鉄道は単なる輸送事業ではなかった。鉄道に付属する優先的行政権の範囲は、

＊南満州鉄道株式会社略称〈満鉄〉。一九〇六（明治三十九）年に設立された半官半民の会社。鉄道のほか、炭鉱・製鉄・農場などの経営にあたり、満州の植民地支配の中核となった。

一九三一（昭和六）年に日本が満州事変*を起こし、植民地・満州を間接統治から事実上の併合に変えた時点で六百平方キロに達していた。そこにふくまれる百五の都市の市長は、併合推進派だった。

〈提案狂〉として知られていた後藤は、啓蒙家であり、満州という大家族の家長でもあった。そして細かい点まで口出しするマネージャーぶりを、一身で演じた。研究機関を創設し、満州の豊富な資源の調査、それらを生かす事業の企画、さらに日本人を満州に移住させるための社会的環境の立案をさせた。

彼のまわりには、満州、中国、ロシアの広汎な領域におよぶ膨大な情報が集まり、様々な分野に関する報告書が出版された。満州の民話から天然資源、この地域の経済生活や反乱の可能性にいたるまで――。後藤は部下たちに自分を信頼せよと説き、大家族の一員になれと号令をかけた。

このころ、中国の中央政府は次第に弱体化していた。しかし後藤は、日本人の傲慢《ごうまん》な行為ほど中国人の心を団結させ、その愛国心を強めるものはないことを知っていた。満鉄経営に二年余りたずさわった後、東京に帰り、内閣や与党の要職についた後も、彼は満鉄の〈永久総裁〉といわれた。後年、いっそう高い地位についたので、彼は満州の植民地政策に一段と強い影響力を行使できるようになった。一般に満鉄での勤務は――関連企業や関係機関で経営に加わり研究所で働くことは、軍部や官僚組織の世界で出世をめざす若者にとって、重要な経験になった。ここでは、

*満州事変
一九三一年に始まった中国東北部への日本の侵略戦争で、三二年の満州国発足につながる。

異なった分野にわたって専門家を養成した。その対象は多岐にわたり、建設工事から下水設備まで、あるいは世界の宗教から世論操作法にまでおよんだ。

その専門家の一人に、小辻節三《せつぞう》がいる。彼はアメリカでセム族語を研究して博士号をとり、日本語でヘブライ語の文法書を著した。一九四〇年、小辻は、千畝が救出したユダヤ難民のために日本政府の首脳と交渉をしている。

満鉄の経営を支える有名な二人の官僚がいた。彼らは第二次世界大戦後、極東国際軍事法廷*に引き出されることになった。その一人が、国民から〈お喋《しゃべ》り機械〉とよばれた松岡洋右《ようすけ》*である。彼は国際連盟で日本の満州政策を擁護し、日本を連盟から脱退するところにまで導いた。彼は、その後、外務大臣になった。カウナスの領事館を取り囲んだユダヤ難民のことで、千畝が電報のやり取りをした当の上司が、この松岡外相である。

もう一人は、太平洋戦争勃発時と終戦時の外務大臣東郷茂徳《しげのり》*である。日本におけるドイツ問題の第一人者で、一九三七~八年のドイツ大使当時の経験から、強烈なナチ嫌いになった。特に一九四〇年に彼が駐ソ連大使だったことが、ユダヤ難民へのモスクワ大使館からのヴィザ発給に影響をおよぼしたといえるかもしれない。だが、東郷と千畝の関係がどうであったか、正確なことはまだ謎のままである。

松岡、東郷、そして千畝は、いずれも後藤の植民地政策を学んだ。第二次世界大戦で日本帝国

*極東国際軍事法廷
東京裁判。一九四六~四八年、第二次世界大戦に勝った連合国側が日本の戦争指導者二十八名を主要戦争犯罪人(A級戦犯)として裁いた法廷。

*松岡洋右
一八八〇~一九四六年。外交官・政治家。外務省官僚から満鉄理事に転じ、後の衆議院議員時代に国際連盟主席全権として連盟脱退を宣言。満鉄総裁・外相を歴任。戦後、東京裁判でA級戦犯となるが、判決前に病死。後出。

*東郷茂徳
一八八二~一九五〇年。外交官・政治家。駐独大使・駐ソ大使・外相などを歴任。東京裁判で禁固二十年の刑を受けたが、拘禁中に病死。

が崩壊してから半世紀たった現在、植民地主義の傷痕は、なお日本人の感情を刺激し、論争や弁明を引き起こしている。

ハルピン学院の秋

一九一〇(明治四十三)年ころから少数ではあるが、有能な官吏が朝鮮に派遣されるようになった。杉原好水《よしみ》もその一人であった。ただ地位としては、昇進というより、部局間の異動のようなものだった。好水が朝鮮に渡ったとき、家族は名古屋の官舎に残り、千畝はその近くの学校に通うことになった。このころから好水は千畝にとって父親といえるものではなくなってゆく。

朝鮮半島に渡った日本の植民地官吏は、台湾や満州の租借地とは、かなり違ったやり方をとった。後藤新平は台湾や満州の住民の権利を十分考慮していたとはいえないが、それでも彼らの感受性をいつも気にしていた。だが、朝鮮での日本人は、まったく違っていた。彼らは、一八五三(嘉永六)年にペリー提督に味わわされた威圧を、今度は自分たちが主役になって再現しようとしていた。そこでは〈国家の中の国家〉がつくられ、東京の帝国議会に対しても、ほとんど責任を負わないで済む役人によって統治され——〈文装〉の必要もなく、植民地政策は苛酷《かこく》そのものだった。

　好水も植民地官吏として、いやでもこうした政策に協力せざるをえなかった。だが、彼はこの地ですぐに別のことに興味を持つようになった。アメリカの西部開拓時代のように、朝鮮でも役人だけがつかめる投機の機会があった。日本は、朝鮮半島で十年も前から土地測量を行っていた。それは、厳正な統治を進めるうえに不可欠な作業として正当化されていた。しかし、それは日本の役人の手にかかって、すぐに土地没収の口実にされた。好水はそこに目をつけたのである。彼は間もなく官吏を辞めて、不動産業に転じた。

　彼は、朝鮮の田舎に土地を購入し、さらに京城（ソウル）では日本旅館を営んだ。そして妾《めかけ》を囲った。豊秋が一九一五（大正四）年に父を訪ねたとき、それを知り、すぐ母親に注進した。やつは急ぎ京城に渡り、好水と住むことになる。妾がどうなったかはわからない。とにかく、この一件があった翌年十月、六番目の子、柳子《りゅうこ》が生まれる。やつは数年後に若死するまで、好水を助けて旅館を経営した。好水は戦後柳子の嫁ぎ先で亡くなった。

　母が朝鮮に渡った後も日本に残った千畝は、一九一七年三月十六日、愛知県立第五中学校を卒業した。その後の二年間をふくめ、彼はずっと父親とは別居していた。その間、この父と子とは、かなり険悪な関係にあった。

好水はつねづね千畝を医者にしたいと考えていた。だが、千畝のほうは教師になるのが夢で、英語を学びたいと考えていた。医者にしたい父と教育者になりたい子の激しいいさかいが続いた。

一九一九(大正八)年三月一日、朝鮮では民族主義者が独立を要求し、京城で暴動を起こした。日本の総督府は軍隊を動員して鎮圧したが、一年間にわたる排日運動(三・一運動、万歳事件ともいう)に対する鎮圧行動で数千人の死者を出した。千畝はこの前年、早稲田大学の高等師範部英語予科に入学した。父親の怒りと失望は大きく、千畝は勘当された。

千畝は、苦学して大学を卒業しようとした。しかし、それが難しいことは、すぐにはっきりしてくる。当時、日本の大学は恵まれた階層のためのもので、働きながら学ぶ者や奨学生に対する体制はまだ整えられてなかった。記録によると、その年の十一月一日に、彼の名前は早稲田大学の学籍簿から抹消されている。教師を志望する者にとって、それは将来性の終わりを意味するものだった。

苦労して自活をしていたとき、彼はたまたま七月三日に行われる試験の告知を新聞で目にした。それは外務省が出したもので、〈海外留学の給費生十四人募集〉と表題がついていた。千畝は、激しい競争をくぐりぬけて合格した。はじめ、彼は第一志望をスペイン語にしたが、その枠はすでに埋まっていた。そこで結局、彼は三人分の枠があったロシア語を選ぶことにした。

この語学の選択から、われわれは、千畝の何を知ることができるだろうか。当時、進取の気性に富む者は、何語であれ、ヨーロッパ語に挑戦した。それと対照的に、中国語や朝鮮語は、もちろん日本語とは違っているが、それでも、いくらかは取っつきやすいと考えられた。さらに、植民地の言語は将来の就職のためには、より実用的だった。もし千畝がただヨーロッパ文化にあこがれていただけなら、一番人気があったものを選んでいただろう。当時の日本では、英語よりもドイツ語に、次いでフランス語に人気があった。フィリピンとの関係が密になり、ラテンアメリカへの移民が増えていたころとはいえ、スペイン語圏は日本の外交上の重要地点ではなかった。彼がスペイン語を選ぼうとしたのは損得勘定ではなく、スペインの持つ情熱にひかれたのかもしれない。しかし、結局のところは、当時、ロシア語を選ぶことになったわけだが——この敵性言語の地位は、どんなものだったろう。

　ロシアに対する日本人の反応は、常に複雑だった。日本でロシアはいちおう西洋とみなされていたが、それほど明確でもなかった。千畝がロシア語を専門語として選んだとき、日本でのロシア像は流動的だった。かつてロシア文化を学んだ日本人は、ロシアの知識人に興味を抱いていた。彼らは、*プーシキンやトルストイを愛読し、ロシア虚無党や無政府主義を知ろうとした。ロシアは日本の国境を脅かすものではあったが、その文化は日本人の興味をそそっていた。

*二葉亭四迷《しめい》や*内田魯庵《ろあん》などによってロシア文学は紹介されていたが、しかし、大正の半ばでもロシア語から日本語への翻訳されたものは豊富とはいえなかった。しかし、その十年後には、三百冊近い文芸・文芸批評・芸術・社会科学の書が次々と翻訳出版された。千畝がどんな理由でス

＊プーシキン　一七九九～一八三七年。ロシアの詩人で、国民文学の創始者。

＊二葉亭四迷　一八六四～一九〇九年。明治時代の小説家。ロシア文学の翻訳家。翻訳作品にはツルゲーネフの『あいびき』『めぐりあい』などがある。

＊内田魯庵　一八六八～一九二九年。明治時代の評論家・小説家・ロシア文学の翻訳家。翻訳作品にはドストエフスキーの『罪と罰』、トルストイの『復活』などがある。

ペイン語を第一希望にしたかはともかく、結果として彼は〈成長産業〉を選びとったのだった。

一九一九(大正八)年九月二十一日、千畝は外務省から年額一千六百円の奨学金を支給され、ハルピン行きを命じられ、十月六日に現地に到着した。彼はまだ十代だった。寮に落ち着き、制服・制帽を支給された。普通、学生は学年の始業時に就学するが、ここの学則では、能力のある者にはこのような例外を認めていた。千畝がいくらかロシア語の予備知識を持っていたためであろう。教科書・日用品・衣服・食費・小遣い・薬・校外旅行などを賄《まかな》う学資は月額三十五円だった。東京からの旅費を支払った後でも、手元には結構な金が残った。富裕な商人や高級官吏の息子が多かった早稲田の学生と違って、ハルピン学院の学生の多くは、つましい家庭の出身だった。様々な機関や企業が、卒業後の専門知識をあてにして、将来の働き手をこの学院に送り込んでいた。その主だったものは、鉄道会社と各県庁だった。

一昔前、ハルピンは、スンガリー(松花江)に面した一寒村にすぎなかった。後藤新平の時代に、この〈首都〉は、鉄道の管理中枢としてだけでなく、ロシアが満州を植民地化する要衝《ようしょう》の地として、その姿を現してきていた。後藤はハルピンを愛した。中欧を思わせる街の雰囲気は、ドイツで学んだころのことを彼に想い起こさせた。それは〈東洋のパリ〉とよばれる国際都市だった。

中学校時代を送った名古屋、家族と一時過ごした京城、苦学した東京――それらの経験の後の国際都市ハルピンは、千畝を圧倒した。他の学生同様、彼も植民地官吏の卵として歩み出そうとしていた。しかし、彼はそれ以外の者になろうと考えていた。
〈父親は不満だろうが、いつの日か、日本で一流のロシア通、偉大な教師として認められよう〉と。

千畝の生活は勉強ばかりではなかった。このころ、彼は野球に熱中していた。ハルピン学院の野球部は白のユニフォーム、チーム名を〈オーロラ〉といった。だが、寒いハルピンの野球シーズンは短く、彼がハルピン入りした年には試合には出られなかった。到着した晩秋には、スンガリーも凍結しており、運動好きの彼はアイスホッケーを楽しんだ。しかし、ホッケーをするには条件は必ずしも理想的とはいえなかった。中国人が手のこんだ氷の彫刻をつくるために荷車で氷の塊を運び出し、凍った河に巨大なクレーターをつくっていたからだ。千畝は、野球を始めるまでに、ひと冬を過ごさなければならなかった。

厳寒の季節、飲み騒ぐ学友がいないとき、千畝はよく碁を打った。この日本のゲームの精髄は、ルールからいうと、チェスとチェッカーの中間のようなものであろうか。碁の勝負は、敵の陣地に入ることや、相手の駒を無力化したり捕ったりすることよりも、むしろ、強い石を広げて場所をとり、次第に相手を包囲してゆくところにある。それは、将来の植民地司政官にとって、またとない修行になった。野球・碁・ロシア語・学友・ハルピンの友人――これらと、千畝は長く、そして深くかかわりあうようになる。

千畝がハルピン学院に入ったころ、教授陣は十四人、ほとんどが日本人で博士号を持っていた。ロシア語学とロシア文化の教科は、大学卒業証書を持つロシア人教師が担任し、一人は女性で、一人はエール大学を出ていた。何人かの教師はほかの学校でも教えていた。たとえば、ゴバゼ教授は、ハルピン第一商業学校でも教えていた。この商業学校の生徒は、ほとんどがユダヤ人と白系ロシア人だった。ゴバゼは商業学校のできの悪い者に、ハルピン学院の日本人学生がいかに熱心で、しかも礼儀正しいかを引き合いに出して生徒を叱った。

学生百九十五人を擁する学院は一九二三(大正十二)年三月、第一回の卒業生四十六人を送り出した。翌年、その数は六十三人になった。

授業数は週三十六時限だった。そのうちの半分がロシア語の講読・作文・文法・会話翻訳だった。学生たちは第二外国語を習うよう奨励された。彼らは中国語・英語・ドイツ語・フランス語のうち、興味を持てるものを選ぶことができた。加えて、倫理学・体育・中国古典、さらに経済学・財政・簿記、中国とソ連の地理など、この地方で必要な科目が並んでいた。課外学習も盛んだった。それは、後藤の教育方針――〈可能なかぎり、見て、聞き、会い、学べ〉を実行するものだった。この言葉は、後藤がなぜ学院を街中に置いたかを説明している。ハルピンは、駆け出しのロシア通が彷徨《ほうこう》するのに、もってこいの街だった。

ハルピンでは午睡をとる習慣があった。夏にきわめて暑くなり、眠気を誘う土地なので、理にはかなっていた。この町では、その長い休憩が公認されていた。千畝は、それをうまく活用していた。午後になると、彼は学院校舎を出てウチャストコーワヤ街へ足を延ばした。そこは家が建て込んだ比較的小さな日本人街だった。住み慣れたハルピン市民は、この都市の首にあたる部分に、日本人経営の理髪店が多いことを好んで冗談の種にした。

「これらの店は、近隣の話を仕入れる窓口として、日本の諜報《ちょうほう》機関が開かせたに違いない」と。

熱い蒸しタオルを顔にあてられていたら、用心深い人間でも、つい口が軽くなるものだ。それこそ冗談のようだが、たいていのハルピン人は、日本軍隊が何か騒動を起こすのを予知することができた。軍の出動に先立って、たくさんの土嚢《どのう》が、突然ウチャストコーワヤ街の理髪店周辺にうずたかく積み上げられたり、消えたりしたからである。

ノビグロト街はロシア人と中国人の混在した地域だった。ナハロフカの貧民街は、貧しい中国人の街だった。河港につながるプリスタム街には、多くの中流ユダヤ人とロシア人が住んでいた。千畝はキタイスカヤ(中国人)街を通ってコミロ・センターへ入っていく前に、ユダヤ教会のかたわらを通り過ぎた。彼はいい香りがする入れたてのコーヒーをチュウリン百貨店で楽しんだ。ちょっとしたご馳走《ちそう》を食べに、近くの松浦百貨店に立ち寄ることもあった。そこには、いつも新着の洋品店エスキン・ブラザーズのショーウィンドーを楽しむこともあった。ユダヤ人の服飾・洋服が飾られていた。

千畝は、ここではじめてユダヤ人に接触する経験を持ったと思われる。当時、日本と朝鮮にユダヤ人はほとんどいなかった。ヨーロッパの都市で神経質に守られていた秘密は、ハルピンでは秘密でも何でもなかった。ユダヤ人はこの都市の初期からの居住者だった。事実、ハルピンの街を建設しようと最初に用地を選んだのは、西ロシアから来たA・I・シドロフスキというユダヤ人だった。彼は一八九五(明治二十八)年にシベリア横断鉄道を計画した。ほかのユダヤ人は、日露戦争後、ハルピンが非武装化された後に定住した。それはうまい選択だった。彼らは、ロシアでのペイル*のように、様々の制約や経済的圧迫に苦しめられないでいられた。

ロシア革命の時期、ユダヤ人は、技術者から貧窮者まで、群れをなしてこの街にやって来た。彼らは戦争で傷つきながらも、ユダヤ人虐殺で有名な西ロシアやウクライナ、さらに崩壊しかかっていたオーストリア・ハンガリー帝国から逃れようと、東への道を選んだ。難民は、運賃にあてる金も持たず、家族からも別れ、アメリカに住む親戚との連絡も途絶えていた。千畝が住んでいたハルピン付近は、かなり混乱していた。

ハルピンの状況があまりにも混乱していたので、一九一九(大正八)年、アメリカのロードアイランド州のサミュエル・メイスンが、ニューヨークに本拠を置くヘブライ移民援助協会(HIAS)の代表として来ることになった。ロシア生まれのこの人物は米西戦争*当時、ルーズベルト大統領の〈独立騎兵隊〉に、ユダヤ人部隊を組織・参加して名をあげていた。

このころ、アメリカが強国になるにつれて、アメリカ国内でのユダヤ人社会の地位も向上した。

*ペイル
ゲットーのこと。帝政ロシアでは、ユダヤ人はペイルに住むことが法律で義務づけられていた。

*米西戦争
キューバの反スペイン独立運動をきっかけにして、一八九八年に起こったアメリカとスペインの戦争。その結果、キューバが独立し、フィリピン・プエルトリコ・グアムがアメリカに割譲された。

ユダヤ系アメリカ人委員会、合同配給委員会（ＪＤＣ）、ＨＩＡＳなどが、国内のユダヤ人の権利を支えていた。しかし、これらの組織の指導者も、この時点ではアメリカ国境を越える国際的影響力は持っていなかった。

メイスンは、ウラルとシベリアの六十ほどのユダヤ人社会を代表するユダヤ民族会議を組織し、イルクーツクで会合を持った。彼らの目的は、在米のＪＤＣやＨＩＡＳと協力して、ユダヤ難民を脱出させようというものだった。日本は難民の出口だった。横浜港は、太平洋横断に最も適しており、しかも日本政府は、これらの難民への通過ヴィザ発給にかなり同情的だった。過去数年間にメイスンは、一千七百六人（うち非ユダヤ人百六人）の難民をヨーロッパから日本経由でアメリカに送るのに成功していた。この作戦のハルピン支部は、第二次世界大戦まで完全な形で残っていた。

千畝は、この時点ではメイスンのことをまったく知らなかった。しかし、ハルピンに住むようになってから、ユダヤ難民が通りを歩くのを、カフェで腰をおろしているのを、あるいは詰め込みすぎたスーツケースを抱えて駅で列車を待ちわびている姿を目にしただろう。後年、満州国官吏としてこの街に勤務するようになって、彼は、ユダヤ人脱出のための組織について情報を得るようになる。一九四〇（昭和十五）年、千畝はカウナスでこのユダヤ人組織のことを思い出したに違いない。

ここでもう一度ハルピンの状況をふりかえり、日本の動きもふくめて確認しておこう。

白系ロシア人にとって、ハルピンは〈小サンクトペテルブルグ*〉とでもいえる街だった。広い道路、スタッコ仕上げの正面玄関や丸屋根、十九世紀末の帝政様式の建物があった。眠ったような昔からの中国の村落も、今なお、そこここに見られた。しかし、ハルピンは〈東清鉄道*とともに外国に移植されたロシアの一分子…最初にして無二のロシアの植民地〉だった。後藤が建設した南満州鉄道とロシアの東清鉄道とを結ぶ鉄道起点だったハルピンは、北満で勢力を伸ばそうとする日本にとっても〈無二の植民地〉として理想的な連絡地点になった。もしも、後藤が望んだように、民生的事業が軍事上の備えを隠すためのものであったとするなら、鉄道こそ双方の前進に役立つものだった。

ロシアは日本の競争相手ではあったが、日本と同盟関係を持つことにも熱心だった。というのも、両国とも満州で中国の力を削ごうとしていたからである。一九一四(大正三)年、外務大臣・石井菊次郎は、「ロシアに長春~ハルピン間の鉄道を譲渡する意思があるなら、日本は、かなりの高額でそれに応じるだろう」と提案した。

ところが、そこでロシア革命が起こった。当然、ハルピンで行われていたすべての外交折衝《せっしょう》は、極度に錯綜《さくそう》するにいたった。突如として、日本と中国は、東清鉄道の業務をめぐって争う革命派と反革命派の二組のロシア人に対処しなければならなくなった。市内は、汽車に乗ろうとする様々な白系ロシア人――帝政派、メンシェビキ*、そのほかボルシェビキ*に烙印《らくいん》を押された者の避難所

*サンクトペテルブルグ　バルト海に面するロシア共和国連邦の大都市。一七〇三年にピョートル大帝が建設して以来、一九一八年までロシア帝国の首都であった。由緒ある古い建物の多い美しい街で、ヨーロッパへの〈ロシアの窓〉といわれた。

*東清鉄道　満州里~綏芬河(すいふんが)間の本線とハルピン~大連間の南満州支線からなる。日清戦争後ロシアが建設し、一九〇一年に全線開通。一九〇六年、長春以南を日本に割譲。一九三五年、全線を満州国に売却。六四ページの地図参照。

*メンシェビキ　帝政ロシアで革命をめざす社会民主労働党が一九〇三年に分裂したとき、少数派となった一派。穏健派で、広く大衆に基礎を置き、中産階級とも妥協して漸進的に革命を進めようとしたが、多数派のボルシェビキに受け入れられなかった。

と化した。まったく手のつけられない混乱状態だった。

白系ロシア人の鉄道管理官は、シベリアでボルシェビキと戦う極東義勇軍を組織した。ハルピン周辺の混乱に加えて、市内の街路にはアメリカの軍隊までがあふれていた。第一次世界大戦終結で一息入れる間もなく、彼らは旧友と旧敵に遭遇していた。誰が新しい友で、新しい敵は誰か——。一九一八(大正七)年七月中旬に、アメリカ軍隊は、任務遂行の命令も正式に受けないまま、ボルシェビキ攻撃のシベリア遠征に参加した。名目は、オーストリア軍から離脱し、疲れきっているチェコ軍団の救出だった。

後藤新平は、当時外相だった。後年、彼は〈シベリア出兵の発案者〉として記憶されたのを誇りにした。この〈真の自由主義者〉にとって、〈文装的武備〉がどんな意義を持っていたかはいざ知らず、満州全土の〈武備〉を覆い隠していた〈文装〉は、すでにほころびてしまっていた。

無秩序な状態が広がっていたとき、日本はこれを好機と見て、東清鉄道圏域に六万の兵士を駐留させるのを中国に同意させた。千畝がハルピンへ渡る一年前の一九一八年八月、日本軍はシベリアと満州の主要地域に侵攻し、四年間にわたって占領した。いわゆる〈シベリア出兵〉である。

千畝がハルピンに来たときは、ほぼ一万人のユダヤ人が住んでいた。一九二〇(大正九)年のハルピンの人口構成は、日本人一万三千、ユダヤ人一万三千、ロシア人十二万、中国人三十三万九千だった。だが、千畝がこの街を離れる一九三五(昭和十)年には、ユダヤ人の数は五千に減っていた。その理由は主に治安の悪化だった。日本陸軍が次第に強化され、日本軍と組んだ白系ロシ

*ボルシェビキ　社会民主労働党の多数派。党を労働者・農民を中心とする少数の革命家集団にしようとするレーニンに率いられた一派で、以後革命の中心となった。

アのファシストが、欲しいままにユダヤ人から略奪するようになっていたのである。

「白系ロシア人は敵だった」

マサチューセッツ工科大学の元教授E・ドーマーは回想する。

「放課後、彼らは待ち受けていて、われわれを殴ったものだ」

ドーマーはハルピンで育った。彼の父はポーランドの都市ウッジに住んでいたが、一九一四年、故国を捨てる決心をした。ロシア皇帝支配下の反ユダヤ主義が際限なかったからである。彼は義理の兄弟の誘いを受け、〈東の開拓地〉ハルピンに向かった。新しい出発に彼は興奮していた。この家族にとって、ハルピンははじめは天国のような街にさえ思われた。

一家は、ハルピンで中国人と共同経営の仕事を始めた。それは順調に推移し、大家族を十分養うことができた。ドーマーの家族がロシアを離れたとき、彼はまだ生後数か月の赤ん坊だった。第一次世界大戦が始まり、ヨーロッパが血塗られる直前のことだった。彼らは、中国人家主からアパートを借りて住んだ。しばらくの間は、平穏な日々が続いた。しかし、そこには、常に不安なものが底流としてあった。満州でも、多くの日本人が非道な行動を取り始めていた。

進取の精神を千畝に植えつけた後藤だったが、満州を露骨に属国化すべきかどうかという問題について、彼がどんな立場にいたかは明確でない。しかし、軍部勢力の増大と、彼らが満州属国化を支持したことは、やがて千畝の満州での経歴のすべてにわたる背景となる。満州属国化についての賛成・反対両派の間で、いかに舵《かじ》をとるか、そこで千畝が身につけた技術は、後年、親ドイツ派か親連合国派かの間で、彼が身を処する一助になった。

学院校歌を引用して表現するなら、このハルピンの内外で〈混沌の時に〉〈旭日の先駆者〉たる学院生が、ロシア語の不規則動詞の活用変化に集中するのは容易なことではなかっただろう。それでも、千畝の学業成績は群を抜いており、奨学金は二百円増額された。

一九二〇（大正九）年十一月、千畝は二年生としての勉学をいったん休止し、日本で軍事教練を受けるため帰国を命じられた。十一月十五日にハルピンを発《た》ち、二十日に両親に会うため京城に立ち寄った。十二月十日、彼は京城付近に駐屯する龍山歩兵師団第七十九聯隊・第九中隊の一年志願兵として入営する。

この軍隊生活は、およそ十六か月続いた。妹・中村柳子によれば、このころ大きな不幸が千畝のうえに起こった。一九二一年八月のある日、射撃演習をしていた彼のところへ将校が近づき、京城で彼の母が死んだことを告げた。日本軍隊では、感情を表に出さない態度を組織的に修養していたが、千畝は涙をこらえることができなかった。

一九二一年九月、千畝は伍長昇進試験に合格した。さらに十二月一日には予備役《よびえき》の曹長になり、現役を終えた。翌二二年三月三十一日、満期除隊。一九二四年には予備役少尉の昇進試験に合格、一九二八年に後備役《こうびえき》になった。

千畝が官吏になる前の学生時代に、短期間一緒に学んだことがある辻正實《まさみ》に聞こう。私は、熊本市郊外にある彼の家の庭の池が見える洋間で話をした。

彼の故郷では「若人は海外に雄飛すべし」といわれていた。大帝国を築こうとしていた日本にとっては、それは都合のいい言葉だった。しかし、彼の資産は、戦後、九州でバス会社を経営して築き上げたものだった。

千畝より数歳年下の辻によると、一九二〇年代前半、退役後、ロシア語の教師としてハルピン学院にもどった千畝は、すでに伝説的存在であった。それは、流暢《りゅうちょう》な彼のロシア語のせいであった。この言語の奇妙な発音や不規則形に苦労していた学生たちにとって、千畝の語学力は溜息《ためいき》が出るほどだった。もう一つは、その人柄のせいだった。千畝には、日本の青年にありがちな内気さや狷介《けんかい》さがなかった。いつも開放的で外向的だった。彼はハルピンのロシア人居住区をわが家の庭のように歩き回っていた。

学院で教えている間に、千畝はハルピンの日本領事館にも出入りしていた。春になると、領事館職員から野球の試合に参加したいと希望が出てきた。しかし人数が足りない。そこで彼は、満鉄の職員に声をかけて領事館職員に加え、なんとか一チームにまとめあげた。彼はこれに〈領満チーム〉という名をつけた。弱冠二十二歳で、千畝は教師になるという少年時代の夢を実現していた。それも、地位にこだわった父親が思いもよらなかったレベルで――。

〈満州国〉官吏

「はじめて知り合ったのは、一九二二(大正十一)年――」

志村儀亥知《ぎいち》は話し出した。

「私たちは野球で友達になった。私が捕手で彼が一塁手。それからは――いいことも悪いことも何でも一緒にやるようになった。ほんとの仲間です」

志村の一世紀近くの生涯は波瀾《はらん》に富んでいた。聞き手さえいれば、自分の体験を話したがった。彼は、今では有名になった年少の友人のことを、ひときわ誇りに思っていた。

東京の志村の家で話を聞いたのは、気持ちのいい初夏の朝だった。アメリカからの客を歓迎するつもりだろう。家の前の路地には、日の丸と星条旗の小旗が交差して掲げられていた。長い白髯《ひげ》、浴衣《ゆかた》でくつろいだ志村は、ちょっと仙人のような感じだったが、その語り口はいささか露悪的なところもあった。

志村によれば――当時のハルピンは、多種多様の民族・宗教・政治のごった煮の状態だった。ソ連では共産主義体制が確立し、その結果、ロシアの〈飛び地領土〉の観があったハルピンは、亡命者にとって次第にノアの方舟《はこぶね》になりつつあった。そこには、本国へ帰って反革命をやろうと企てている者もいた。ボルシェビキの諜報員《ちょうほういん》は情勢をうかがい、挑発と煽動《せんどう》を図っていた。彼らは、中国ではもちろん、極東全域で共産主義を広めようと地下活動を画策していた。

ロシア出身のユダヤ人もいた。彼らの中には、かつてボルシェビキだった者、あるいはメンシェビキだった者もいた。だが、大多数のユダヤ人は、帝政ロシアであれ、新政権のソ連であれ、要するにロシア国内の反ユダヤ主義を逃れて暮らしたかったのである。そして、ソ連で吹きすさんでいた反ユダヤ主義の嵐が、早晩ここハルピンにも押し寄せてくるのではと、多くの者は恐れていた。

千畝の学院での指導がいつ終わり、いつ彼が官吏専一の道を歩み出したのかは明らかでない。ただ一九二四(大正十三)年の二月八日に、彼は正式に外務省の書記生となり、七級俸を得た。彼はすぐに満州勤務を命じられるが、その前に研修を受けるため、東京に出向いた。この年の二月十三日、当時、内務大臣だった後藤は、松平恒雄外務次官に書簡を送った。

「われわれが運営している日露協会ハルピン学院は、貴省のおかげで着実に発展しています。昨春には四十六人が卒業し、内三名が通訳として貴省に採用されました。これは、われわれの大いなる誇りとするところです」

千畝が卒業したとき、彼の名は特修生（特別会員）としてハルピン学院の卒業名簿に載っている。後藤が〈大いなる誇り〉とした三名の中の一人は彼だったろう。

この帰国時に見た東京は、ほとんど見知らぬ街のようだった。というのも、前年の九月に関東大震災が起こり、街は無残に破壊されていたからである。後藤は内相兼*帝都復興院総裁として、帝都再建に情熱を燃やしていた。後藤にとっては、この災いは転ずべき福であった。彼は、東京が近代都市としての構造基盤を割安の費用で改良できると主張し、新しい方式の水道、下水道、地下鉄網を構想し、精力的に公共投資をよびかけた。

このとき、後藤がハルピン学院からきた〈大いなる誇り〉に輝く三名に会ったかどうかははっきりしない。志村も、千畝が学院創立者に会ったかどうかは知らない。いずれにせよ東京にいる間に、千畝は別の辞令を受けた。三月三十一日、彼は少尉に昇進した。そのころから、ある種の情報機関が、千畝の卓越した能力、とりわけそのロシア語学力に注目していた。

最近、彼の職歴が転々としているのは〈悪い疑惑〉を暗示しているとのうわさがある。ジャパン・タイムズは「杉原は外務省で仕事をしていただけでなく、内務省にも特別な関係を持っていたし、さらにいくつかの諜報機関ともつながりがあった」と強調している。この新聞は、千畝の人格を信用できない理由として、その私生活ぶりをあげている。タイムズやその他のメディアの記事によれば、千畝にはほかにも好ましくない性癖があった。とりわけ、かなりの酒飲みで女た

＊帝都復興院
一九二三(大正十二)年、関東大震災直後、震災復興のために設置された政府機関。総裁には発案者の後藤新平が就任した。翌二四年に廃止され、事業は復興局に移管された。

らしだった、という。

一般に日本の行政機関や企業社会では、重複勤務、あるいは他組織との横断的活動は、それが法的に問題でない場合でも、忠誠という点で常に論議の的になる。千畝の人物像を見きわめるのは難しいが、それにもまして、彼のどの肩書の仕事が彼にとって最重要だったか、どの肩書の活動に力を入れていたかを見きわめるのは、なおさら難しい。多くの〈主人〉を持った男千畝は、次第に主人を持たない独立した個人として行動するようになってゆく。そして、その代償は彼にとって高いものにつくことになった。

もうひとつ、後に発展してゆくことになる厄介《やっかい》なできごとが同じ一九二四(大正十三)年に起こった。それは東京から遠く離れたところで起きたが、満州国官吏としての彼の職業に、そして後年のカウナスでの行動に決定的影響を与えた。

この年、連邦議会で可決した移民法*にそって、サンフランシスコの教育委員会は日本人児童の就学を拒否した。この不正な措置は日本人を激昂《げきこう》させた。しかし、アメリカ世論は、この差別を容認し、特に日本人とユダヤ人に対して最も厳しくなった移民政策を、その後、何十年間にもわたって続けることになる。

これによって、アメリカは、もはやユダヤ人の避難所ではなくなった。その結果、後に難民となるユダヤ人は、そのまま中・東部ヨーロッパにとどまり、次第に強まってゆく反ユダヤ主義に

*移民法
一九二四年に成立した移民法では、日本人をふくむアジア系移民の禁止のほか、ユダヤ人移民の数も大幅に規制されるようになった。

なんとか対処するしかなくなった。そして十五年後に、一日本人官吏が払った努力も、十分には結実しないことになった。数千のユダヤ人が杉原ヴィザを受けたが、そこから先へ進み出せない者も多くいた。アメリカへの入国ヴィザがないため、彼らは出国をためらい、アウシュビッツなど、〈恐怖の地図〉で悪名高い各地で人生を終えたのである。

この移民法は、アメリカに新天地を求めていた日本人たちの多くを、満州に追いやることになった。人口問題解決のために満州を獲得するという、あの〈提案狂〉後藤新平の計画が現実化したのである。アメリカに扉を閉められた以上、日本人はスンガリーが流れる〈後藤の地〉へ向かうほかなかった。ポーツマスで歓迎された日本は、今や辱《はずかし》められ、排斥されたのであった。

歴史的に見て——日本が通商権や海軍軍艦の保有トン数でアメリカ・イギリスと競争していたこと、そして少し時代がさがって日本の対中国政策を西側が非難したこと、これらが、日本の反欧米感情を刺激したという事実はあった。しかし、それらを別にしても、日本人があの移民法の差別に怒ったのは当然である。それは、多くの日本人がそれまで賛美してきたアメリカ像を失墜させる汚点だった。日本に開国をせまり、極東での門戸開放政策を唱えてきた国が、自らの門を日本に対して閉ざそうとしていた。どちらが文明国なのか、と日本人は自問した。それは、千畝が一再ならず取り組まざるをえなかった設問だった。

志村儀亥知は楽しげに語り始める。

「杉原も仲間も色街へ行くのが好きでねえ」

この情報提供者は、胡座《あぐら》を解き、片足をソファの縁で揺らした。こんな話をした彼の意図が何かはわからない。自己顕示欲か、ねたみか、悪意か――。彼の話を聞きながら、私は千畝の名誉に対する責任、史実、研究目的、読者のことなどを考えた。こんな離れたところまで来て、こんな人物に会い、暑苦しい日に〈熱い〉話を聞かされようとは――。しかし、志村の想い出は千畝の性格を知るうえで貴重なものではないだろうか、と考えた。

一九二〇年代の東京の吉原。それは古い都の遊里を模した歓楽街だった。そこでは音曲、飲食が楽しめ、そして妓《おんな》がいた。ある日、満州から来た千畝、志村、それに彼らの上司であった当時のハルピン領事大橋忠一《ちゅういち》が繰り出した。志村は、彼らがどのように登楼《とろう》したかを語る。

客は、まず、さっとひと風呂浴びる。ついで酒肴《しゅこう》の席に着き、そして女郎《じょろう》を抱く――志村が話を続けていくと、私はまるでその街の炭火の匂いをかぎ、そこの格子を目のあたりにしている感じがした。

若い娘や年増の女が赤や紫の着物を着て並び、通行人に笑みを投げかける。その妓たちは化粧をし、なかには長い煙管《きせる》で煙草《たばこ》を吸っているのもいる――。

十七世紀ころの最盛期に比べると相当に減っていたとはいうが、それでも当時、吉原にはおよそ百軒の公認の遊女屋があった。三人組は、あるこじんまりとした店に入った。そこには、ちょうど三人の女がいた。その晩のことを今でも覚えているほど、いい雰囲気だった。しかし、この紳士たちが二階の個室で快楽にひたる前に、〈納得できる取り決め〉をしておかなければならなかった。そして、それは、ちょっと難題だった。というのも、その中の一人の妓が三人の目を惹《ひ》いていたからである。

七十年後の今でも、志村は彼女のことを生き生きと思い出す。

「育ちがよさそうで品があり、淑やかだったよ。ほとんど化粧っ気がなく、いい絹の着物を着ていた」

少しためらってから、彼はいった。

「もちろん、私も彼女を自分に——と思った」

しかし、日本人の間では、たとえ遊びでも身分と地位が物をいう。当然、領事閣下がその妓を敵娼《あいかた》にした。

その日、志村は家に帰り、悶々《もんもん》の一夜を過ごし、明日もう一度、吉原にと決心した。しかし翌朝、彼がその店に行ったとき、とっくに千畝が同じ行動をとっていたことを知らされた！　まるで昨日のことのように、老いた級友は嘆息した。

「杉原という男は、いつも一歩前を行ってた」

そして、こうも付け加えた。

「ちょっと先に行きすぎたぐらいだ」

しかし、この勝負では千畝も志村も勝者でなかった。地位が彼らの若さをしのいだ。大橋領事がその妓を身請けして、満州に連れていったのである。それは当時では、さほど珍しいことではなかった。

クラウディア・スギハラ

志村の語るこのできごとは、一九二四(大正十三)年のものと私は推測していた。ところが、千畝の履歴書には〈一九二四年十二月二十二日、婚姻届〉とある。先に会った千畝の妻・幸子は、自分は一九一三(大正二)年生まれだといっていた。となると、当時、彼女は十歳。最近、千畝の私生活について品のない記事も出てはいるが、彼の〈幼妻〉のことを書いているのは、ついぞ読んだことがない。突然、私は〈最初の〉杉原夫人がいたに違いないと思いいたった。

志村たちもこれを肯定した。後に、彼女の名はクラウディア。ロシア人で、まだ生きていることを発見した。

千畝を映していた万華鏡《まんげきょう》が一回りしたような気がした。それが彼の動機なのか。ロシア系ユダヤ人と結婚していたからこそ、彼らを救ったのだ。〈隠されたるエステル女王〉*と私は思った。

しかし、はたしてそうか。ユダヤ人と結婚した有力者は多くいたが、ユダヤ人を救うこともせ

＊エステル女王
旧約聖書エステル記に出てくる人物。ペルシャの虜囚だったユダヤ人の娘エステルは女王になり、悪臣に抗し、身を挺してユダヤ滅亡の危機を救った。

ず、彼らと親しくさえならなかった。彼の結婚が救出の動機という仮説は、なお弱いように思われた。

カウナスでユダヤ人を救ったとき、千畝は幸子と結婚していた。それは間違いない。では――エステルになれたかもしれない女性との結婚に、何があったのか。明らかに、その結婚は、うまくゆかなかった。しかし、もっと基本的な点を見落としてはいないか。ロシア人の妻――それが、なぜユダヤ系といえるのか。また、彼女は白系ロシア人だったかもしれないが、共産党系だった可能性もある――。

「美しくて聡明、しかも、しっかり者だった――」

これは、千畝の満州国官吏時代の友人たちのクラウディア評である。しかし、彼らも、若き日の千畝の自由な精神を評価しているようすではなかった。もう昔のことなのに、なにか距離を置いた雰囲気で、それでも彼らはくわしく語ってくれた。彼らが握っていた最後の情報は、彼女がオーストラリアにいるということだった。

私は、オーストラリア出身で、現在ワシントンでかなりの地位にある友人たちに、そしてオーストラリアにつながりを持つ親戚にも〈偉大な杉原の前妻を死に物狂いに探している〉と手紙を出しまくった。しかし、実りはなかった。そして、ある日、それまでに集まった多くの名前を眺めているうちに、私は、その名前の綴りの〈r〉と〈l〉を変えてみることに思いあたった。すぐ、この思いつきをすべての接触先に伝えた。そして、ついに、ある晩遅く、オーストラリアに住む協力者から興奮した声で電話がかかってきた。

シドニー公立図書館で古い電話帳をめくっているうちに、〈アポロノフ〉という名前が見つかった、という。それは私がクラウディアの姓として考えていたもののひとつだった。すぐ、そのM・アポロノフに電話した。彼はクラウディアの甥の子息だった。

「彼女は生きていますが、九十三歳で弱っており、養老院に入っています」

と彼は答えた。それは十月で、私は長い旅行をするのに、気が進まなかった。二か月後には冬休みに入るし、割引き航空券を予約できる——少し先送りしようと考えた。しかし一週後、ふたたびシドニーから深夜の電話で、クラウディアの容体が悪化していると知らせてきた。私は考えを変えた。九十三歳の人に会見取材するのに、航空利用者優待を待っているわけにはゆかない——。

三十六時間後、私は、シドニー郊外の聖セルギウス養老院の廊下を歩いていた。看護婦たちの態度は、なぜか敵意といえるほど冷たかった。病院の壁には＊最後のロシア皇帝一族の写真が連なって掲げられていた。それはプーシキンの牧歌的情景を思わせた。いくつかロシア正教特有の十字架が掛けられていた。応接室の空気は、人工芳香剤のせいか、よどんだ感じだった。千畝を追って何というところまで来たことか——。

婦長に自己紹介をした。ここでは、誰も千畝のことを知らなかった。弱りきった一人の患者を訪ねて一万六千キロの旅をしてきたという事実も、彼女らのよそよそしさを和らげはしなかった。それでも私は、なんとか連れていってもらえた——クラウディア・セミョノブナ・アポロノバ・

＊最後のロシア皇帝　ニコライ二世。一八六八～一九一八年。外では日露戦争が起こり、国内では革命運動が盛り上がる中で、専制政治を試みたが、一九一七年の二月革命で退位。翌年、監禁中に銃殺された。

スギハラ・ドーフのところへ。

彼女は椅子に腰かけていた。しかし、看護婦は、座るより横になっているほうが彼女には楽なのだといった。その人は、壁に掛かった写真の中の美しい人と同じだった。そこでは、彼女はキモノを着て、大正時代の流行だった手袋と日傘を手にしていた。今は見違えるほど弱っていたが――。

紹介の必要はなかった。また、彼女のいう〈亡くなった最初の夫〉を思い出させる必要もなかった。彼女は、すぐ話し始めた。

「二階のバルコニーに犬が二匹、それは可愛い子犬でした」

ロシア移民特有の情熱を込めた抑揚のある英語で、彼女は語った。

「その一匹が転落したとき、セルゲイ・パブロビッチは駆けつけ、怪我をした小犬を上着にくるんで急いで医者に連れてゆきました。セルゲイは、いつも親切で、誰かを助けようとしていました。彼は人に、そして動物にも親切でした。彼は誰とでも友達になったのです」

看護婦たちは、廊下で私たちの会話を立ち聞きしていた。数少ない遠い親戚も訪ねてこなくなり、二十年の間、この患者に関心を持つ者はいなかった。それが、なぜ――このクラウディア・セミョノブナは有名人なのかしら――看護婦たちはいぶかっていた。少し口をつけた鶏肉の煮物を載せた盆が、回収されないままナイトテーブルの上にあった。

「いいえ、何年一緒に暮らしたか覚えていません」と、彼女はいった。その目は私を見続けていた。だが、彼らがハルピンで出会ったのが一九二〇年代であったことがわかった。彼女の両親は貴族出身で、帝政時代は中部ロシアに領地を持っていた。

「かつて、ひとかどの人間だったのに、今は無一物になって貧しさの中で生きている人を、彼は気の毒に思っていました」

私は、二人の馴《な》れ初《そ》めの経緯《いきさつ》を聞いた。クラウディアは深窓の令嬢として育てられたが、ロシア革命の後、一転して家族を支えるために女給として働かねばならなかった。その彼女の酒場に、ある日、一人の若い眉目秀麗《びもくしゅうれい》な日本人が入ってきて一隅に座った。

「お独りなの」

彼女は問いかけた。そして彼らが独りでなくなるのに、それほど時間はかからなかった。

「なぜ千畝は、日本女性でなく、ロシア人の女性を選んだのでしょうか」

彼女は、私の問いの背後にあるものを読みとったようだった。

「彼はロシア人が好きなんです。ロシア人をわかってくれるのです」

彼女は、これを現在形で明確に喋《しゃべ》った。そして、そのとき、千畝のゆったりとした姿が私の前に現れてきた。傷ついた犬を抱く千畝、洪水にあえぐ中国人*苦力《クーリー》に問いかける千畝、そしてカウナスの町で〈かつては相応の暮らしをしていたのに、今は無一物になった〉人々を見つめる千畝が――。私は、過去がよみがえってきて自分に触れるのを感じた。

＊苦力
中国やインドの下層労働者。〈クーリー〉はヒンディー語の呼称。

扉の向こう側で聞き耳を立てていた看護婦たちが、ざわめき出しているのがわかった。掃除機があちこちにあたって、騒がしい音を立てる。クラウディアが、思いのほか確かな手つきで茶碗を口許に持っていったとき、私は尋ねた。

「彼は、あなたを何といってよんでいましたか」

「ユリコ――。きれいな名前と思いません？」

私はうなずいた。

「で、あなたは彼を何と――」

「セルゲイ――セルゲイ・パブロビッチ。私は、まだ若く十六歳でした。そんな私に、彼はよくキャンディを持ってきてくれました。自分勝手な人ではありませんでした。踊るのが好きで、私をよくファンタジアというダンスホールに連れていってくれました。私は、彼が人に対し、いえ動物にだって優しいのを知りました。私は若く、男の人のことも知りませんでした。それで、彼を自分の家へ連れてゆき、愛し合うようになったのです」

そのとき突然、扉が押し開けられ、あの婦長がものすごい鳩胸を突き出して向かってきた。何かを振りかざしながら、大仰な身振りで彼女は叫んだ。

「ミセス・ドーフ！　あなたは、そんな質問に受け答えするのですか」

クラウディアは私を見、次いで婦長を見た。私は、ここは慎重さが肝心と自分にいい聞かせた。

一瞬、間があき、彼女は再度、私を見て、婦長のほうを向いた。ちょっと、こわばった頰《ほお》は、微笑《ほほえ》みに変わっていた。

「そう、私は、あの人のこと想い出したいのです」

婦長はそうそうに退却した。闖入《ちんにゅう》したのは、このためだと言い訳するように、昼食の盆を下げていった。掃除機のうなりが遠くなり、私とクラウディアは静けさの中に残された。

「セルゲイ・パブロビッチというのは、どういうわけなんでしょうか」

「年とった神父様がつけてくれたのです。セルゲイという発音はスギハラに似ているし、神父様の名前がパーベルでした。千畝は彼を父のように思ったのです。その神父様が私たちに結婚の祝福をくださいました。私は彼に宗教を変えてほしいとは望みませんでした。無理をいわなかったのです。でも、彼はロシア正教に入信しました」

神道を認めることが国家への帰一の証《あか》しであった時代に育ち、神とは何かといった問いかけに、あまり馴染《なじ》んではいなかったこの若い日本人官吏が、洗礼を受けたのである。それも愛ゆえに——と、私は思った。それとも、教会に漂う、あの香の匂い、蠟燭《ろうそく》の明かり、そして神父の教えまでが一人の心優しい男の感性を刺激したのだろうか。なにはともあれ、この天皇の官吏は、今やスモレンスク*の聖人に忠誠を誓うことになったのである。

彼の友人たちの目にも、この入信は奇矯《ききょう》な行為と映っていた。もちろん、彼らにとってもハル

*スモレンスク
ヨーロッパロシア中西部の都市。聖母被昇天聖堂が有名。

ピンの白系ロシア女性は魅力的だった。彼女たちはピアノが弾けた。教養があった。自分というものを持ち、肌は薔薇《ばら》色だったが、与《くみ》しやすいとはいえない雰囲気の女たち――彼女たちが、性の対象だったことを千畝の親友たちも認める。志村や他の友人はいう。少なからぬ学院生が〈ロシア女性と関係を持つのはあたり前のことだった〉と。志を持った若い日本人官吏が、ロシア語の上達を図るのに、その言葉を話せる愛人を持つことより良い方法があるだろうか。しかし、だからといって彼女と結婚するとか、その女の宗教に帰依するとかは、まったく別の問題だった。だが、新妻を娶《めと》り、異なる宗教と新しい名前を得ることで、二十四歳になった千畝は、彼が望んでやまなかったものを見い出したのかもしれない。新しい家族、父親をもかえてしまう完全に新しい家族を――。

日本では、ふつう妻は夫の家族に結びつく。しかし、千畝・セルゲイは、クラウディア・ユリコのほうに身を寄せかけたのだ。クラウディアによれば、アポロノフの家族は、ハルピンの日本領事館に、つまり、その構内の千畝の官舎に移り住んだ。その時代、日本人官吏が白系ロシア人と親密な関係を築くのは普通のことだった。両者は、ともに共産主義の蔓延《まんえん》、特に中国など、日本が帝国主義的野望を持っていた地域にそれが広がることに神経をとがらせていた。天皇に忠誠な人間と、ロシア皇帝に忠実な者とを同じように考えていたのかもしれない。しかし領事館の中へ、白系ロシア人の妻ばかりか、その家族まで引き入れるとは――。これは、彼の友人志村が、いみじくも評した、千畝が〈ちょっと先へ行きすぎる〉一例かもしれない。

クラウディアは、父親が苦しい亡命生活中に警官になったことも話した。それは、ロシアが管理していた東清鉄道の警備員だったようだ。

「セルゲイは父の職場を見に行き、父とも友達になりました。ただ顔を合わせるのではなく、何か父の役に立つことがあれば、と思ったのでしょう。彼は政府の職員たちにだけでなく、普通の人にまで親切でした。父を私たちの新居にも招待してくれました。彼はロシア人を愛していました。彼が私を愛し、私がロシア人だったからです」

千畝は、その義父を助けた。そして、そのお返しに義父からも助けられたのではないだろうか。義父セミヨン・アポロノフは、情報提供者として千畝の役に立った。ロシア革命の内戦期間中、彼とその息子たちは、悪名高い反ユダヤ主義の指導者、アタマン・セミョーノフの軍隊に属して戦った。セミョーノフは、革命の後、ロシアに足場を確保しようとしたアメリカなど国外の勢力に支持されていた。伝説によると、シベリア出兵をした各国の軍隊のおかげで、彼は満州に帰ってこられたが、そのとき、列車には略奪品を山と積み、さらに密かに金塊をシベリアのどこかに埋蔵して残してきたという。

このセミョーノフを、一番本気で長い間支えたのが日本だった。日本は、彼を〈自由ロシア〉の傀儡《かいらい》に見立てていた。義父のアポロノフは、セミョーノフ軍団の中で、大佐の位にまで昇っていた。家族によると、内戦終結後も、この悪党のために大連で働いたという。

千畝は、満州の白系ロシア人社会で活発に活動していた。それはスパイを集めるためだった。

彼らはセミョーノフ軍団が、もしもロシアを〈解放〉でもしたら、そのときのためにとっておく男たちだった。

千畝の白系ロシア移民社会への接触は、相当に成果が上がっていた。一千五百キロにおよぶ東清鉄道沿線と、その鉄道周辺の数千平方キロにおよぶ租借地でロシア側がどういう活動を展開しているか、その情報は貴重だった。その内部情報源と、時に一杯やって勘定を持ってやるぐらいは、日本の情報官吏として当然のことだった。しかし、千畝がアポロノフ一家を日本人官舎に住まわせたことは、誰が誰をスパイしているのかわからない、といった疑惑を周囲に起こさせた。旧友に対して今でも好意を失わない志村ですら、〈これはどうかな、とよく思った〉と認める。ほかの者は、彼の忠誠心にもっとあけすけな疑惑を持っていた。


私はクラウディアに、千畝がユダヤ人の友人を持っていたかどうかたずねた。彼女は特に記憶していなかった。ハルピン時代の千畝の友人が覚えていたユダヤ人らしいヤコという名前を持ち出してみたが、それにも格段の反応を示さなかった。

「彼はユダヤ人にも非ユダヤにも親切でした。彼のところへ来た人とは、誰とでも友達になりました。彼はロシア語が堪能で、教養もありました。私に会う前、彼はモスクワ大学に行っていたのです」

この言葉をどう受けとめるべきか私は迷う。彼の家族、友人、かつての同僚もそれを知らない。外務省の記録にも、彼がそのころモスクワを訪れた事実は記されていない。しかし、事実でないと否定もしきれないだろう。

クラウディアは、千畝の優しさとロシア人への愛情を繰り返し強調した。しかし、それは二人の力関係も暗示した。明らかに彼女は主導権を握っていた。たとえば次のような話である。

ある年の夏休み、クラウディアは、当時の保養地だった鎌倉へ行くことにした。そのとき、彼女は、留守の間、夫の性的慰めの相手をするロシア女性を雇った。そして、クラウディアがハルピンにもどったとき、サービス代として、その女性に十ドル渡そうとした。しかし、問題は金ではなかったという。クラウディアが帰ってきたため、その女は千畝との関係を終わらせねばならず、それが不満で彼女に会おうともしなかった——。

印象の強い、この女性と話しながら、私は聞きにくい質問をもうひとつ出そうと用意していた。これが彼女と最初で、そしておそらくは最後の会見になるだろうとの思いが、逡巡《しゅんじゅん》する私に力を与えた。看護婦たちも私たちを放っておいてくれた。

クラウディアは同じ話を繰り返し、頭の中がいくぶん混乱しているように思われた。それでも、彼女は、二人が最後まで愛し合っていたことを確かなものとして語り、間接的にではあったが、時折互いに文通しあったことも認めた。

「彼はいつも長い愛の手紙をくれ、そこで私の愛を感謝していました」

千畝が彼女に最後に送った贈り物の函《はこ》が、そこにあった。それには和服が入っており、一九八一(昭和五十六)年の消印が押されていた。

一九三六(昭和十一)年一月二十一日付の千畝の履歴書には、「離婚届」の記載がある。そして非公式に、〈一九三五年十二月三十日、双方の合意により離婚〉と、追加されている。二人が別れたとき、千畝の友人たちは、千畝がクラウディアを棄てたかどうかで議論した。

「杉原は彼女を愛していた」

志村は迷わずにいい切る。

「しかし、彼は領事になりたがっていた。私は、本気で出世を望むのなら、ロシア人と今みたいな関係を持っていては駄目だ、と忠告してやった」

ハルピンの白系ロシア人は、一九三五年の末ごろには、もう日本人にとって役に立つものではなくなっていた。彼らがソ連で権力を奪回するなど不可能なことは明らかだった。そうした時代の風潮に屈して、あの〈人にも動物にも優しかった〉千畝が、そろそろ重荷になってきていたクラウディアを離別したのだろうか。

クラウディアは、うたた寝をしている。空港へ向かう時間は近づいてくる。私はひとつの事実に決着をつけねばならなかった。本当に千畝は、出世のために愛する女と別れたのか——。

「ミセス・ドーフ——」

ほとんど嘆願する調子で、私は尋ねた。

「どうか教えてください……なぜ、ミスター・スギハラはあなたを離縁したのでしょうか」

彼女は目をあけ、椅子の中で真っ直ぐに背を伸ばした。

「セルゲイ・パブロビッチは――」

しっかりとした口調でいった。

「彼は私を離縁したのではありません。私が彼を離縁したのです」

正確な記録のために、これに追加するものはない、とでもいうように彼女はいい切った。私は呆然《ぼうぜん》とした。そんな可能性を考えたこともなかった。

「私は冷たい女です。でも、なぜか男たちに好かれました」

彼女は続ける。

「スギハラは、私には子供ができないと考えていました。しかし、私は医者に行き、堕胎《だたい》してもらったのです。彼はこれを知りません。私は絶対にいわなかった。彼はとても悲しみました。子供が欲しかったからです。堕胎は一回で終わらなかった。医者はセルゲイには黙っていてくれました。私はわがままだったのです。それでも、セルゲイは私に冷たくはしませんでした。

『わかるよ。君はやはり自分の国の人が好きなんだ』

彼は私に愛人がいると思ったようです。それを怒らないといってくれました。私は子供が欲しくなかった。今はそれを後悔しています。私は、彼に誰かほかの人と結婚して、子供を持ちなさいといいました。私が子供を欲しくなかったのに、彼は欲しがっていたからです」

クラウディアも子供を欲しかった。しかし、それ以上に子供を生み育てる苦労を知っていた。あの混沌《こんとん》の日々、アポロノフ一家はボルシェビキから逃れて、ほかの難民とともに、貨車や車庫で長い幾夜かを過ごした。思春期のクラウディアは、出産時の苦しみを、それが時に致命的な結果をもたらすのを、いやというほど見てきた。一家がボルシェビキによって放逐《ほうちく》されたとき、彼女の母は家庭を切り盛りできないほどの精神的傷痕を受けた。母に代わって、生き残った弟妹を育てなければならなかったクラウディアには、気楽な娘時代はなかった。

「今は後悔しています」

クラウディアの声は震えていた。

「赤ちゃんを欲しがらなかったことを――」


もう出発時間になった。彼女は、この会見中、私が見つめていた壁の写真に歩み寄った。

「どうぞ、持っていらして――」

彼女の〈亡き最初の夫〉が送ってきた彼の写真と、それが入っていた擦《す》り切れた封筒も一緒だった。タクシーの中で、私は、和服姿のクラウディア、華麗なる一九二十年代の衣裳のクラウディア、そしてクレムリンの前に立つ千畝、それらの写真に目をやった。それは、砕かれた愛、砕かれた世界だった――。

時差ボケから十分に立ち直る間もなく、クラウディアの家族から手紙が届いた。私の訪問の後、すぐ彼女は亡くなった。看護婦によると、その最後の日々、彼女はかつてなかったほど幸せそうだったという。あれほど頑《かたく》なな態度を私に見せていた婦長も、クラウディアが本当に穏やかに亡くなった、柩《ひつぎ》に横たわった彼女の顔には〈至福〉ともいえるものが漂っていたと話した。

告別式にはわずかな旧友が出席し、ユダヤ人医師ドーフの敬虔な未亡人だった彼女を偲《しの》んだ。式場に、セルゲイ・パブロビッチ・スギハラの情熱的妻だった彼女を知る者はいなかった。しかし、私には彼女がアクセントの強い声で、「そう、私はあの人のことを想い出したいのです」といっているのが聞こえてくるようだった。

後に、私は千畝とクラウディアがともに過ごした生活について、もう少しくわしく知ることができた。その情報源の筆頭は、四歳のとき京城で母親を失い、一九九五（平成七）年に亡くなった千畝の妹・中村柳子であった。彼女は私が会ったとき、一宮市で喫茶店を経営していた。

柳子とクラウディアは親しかった。

「いい時代には、アポロノフ家の人たちは優雅な馬車に乗っていたそうです」

と柳子は語った。

「彼らが住んでいた中部ロシアの町にボルシェビキがやって来て、長兄を逮捕したのです。クラウディアは看守に愛嬌《あいきょう》を振りまき、彼を釈放させました。でも、その後、もっと恐ろしい革命派の一団がやって来て、母親の目の前で彼を刺し殺したのです。母親はこの衝撃から生涯立ち直れず、アポロノフ一家は金もないまま逃げ出し、あちこち彷徨《ほうこう》した末、革命直後にハルピンにたどり着いたのです」

柳子は、一九三〇年代のはじめ(昭和初期)を千畝たちとともにハルピンで過ごした。

「二つの応接間と、婦人用の客間までありました」

それは柳子にとって驚きだった。

「冷蔵室でさえ八畳間二つ分の広さがありました」

取材旅行で知った日本の今の都会の住宅に比べると、この広さはなんとも印象的である。柳子は、その広い住まいで開かれた盛大なパーティーを回想する。

「兄は、二つの応接間に十卓の麻雀卓をつないで並べ、会場にしました。特務機関*の代表や諜報《ちょうほう》部《ぶ》の将校をふくめ、五、六十人の軍人が、若い日本人官吏と美しい白系ロシア人の妻が主催する夜会に集まりました」

彼女は誇らしげに語った。

柳子は、千畝がクラウディアとその一族の面倒をよく見ていたと強調する。それは、二人の結婚生活が終わった後も変わらなかった。離婚の後、彼はクラウディアに、住む家を一軒と、生活を支えるための貸家を買ってやった。さらにハルピンの短い夏を過ごすためにと、スンガリー近

＊特務機関
一九一八(大正七)年のシベリア出兵のとき設置されたのが始まり。スパイ、暗殺など、大陸政策の推進に重要な役割を果たした。

くの小さな別荘まで与えた。彼はアポロノフ家の三人の子供の学費を負担し、年長の者には職を見つけてやった。クラウディアは第二次世界大戦中は上海で過ごし、その後、オーストラリアに移住した。彼女はユダヤ人のドーフという男と再婚したが、やがてアポロノフ家の兄弟は四散し、なかには、ソ連に帰った者もいる。

ところで、大パーティーを開いたり、アポロノフ家の面倒を見る以外のとき、植民地官吏としての千畝は何をしていたのだろう。

一九二四(大正十三)年から一九三五(昭和十)年一二月まで、二人の結婚がまわりにどんな疑惑を招いていたにせよ、職階と俸給の双方で、彼は着実に昇進し、その仕事ぶりを認められている。彼の履歴書には〈一九二五年六月三十日、給六級俸。一九二七年六月三十日、給五級俸。一九二八年十一月十六日、内閣賞勲局より即位大礼章授与〉とある。もし、クラウディアのことがなければ、彼の昇進はもっと早かったかもしれない。だが、しかし彼の昇進がこの程度に終わった決定的な要因は、彼が東京帝国大学の卒業生でなかったことだろう。それが、有能な彼を二流の地位にとどめたのである。

ハルピンの情報マンとして

おおかたの官僚は、問題が起こった場合、遠くからそれを観察し、報告を書いて済ます。それに比べると、千畝ははるかに行動的で、自分流に問題を処理した。しかし、必要な場合には彼は腰を落ち着けて座り、報告をまとめることを厭《いと》わなかった。クラウディアと一緒にいた時期に、外務省欧米局から分厚い『ソヴィエト連邦国民経済大観』が発行された。巻頭に、発行者からの献辞が掲げられ、以下のように記されている。

「本書は大正十五年十二月、在ハルピン帝国総領事館杉原書記官の編纂《へんさん》にかかわる執務上の参考に資すること多大なるを認め、これを*剞劂《きけつ》に付す」

つまり、この『大観』は、ほとんど千畝によって書かれたものであるが、残念ながら、六〇八ページにおよぶこの労作から、彼の精神をのぞきみることはできない。

その当時、ソ連について書かれたものは、すべて論争の的になった。だから千畝は、この報告書の中でもロシア経済の状況を説明するだけにとどめ、政治的判断に立ち入るのを避けている。資本主義の擁護もないが、ソ連の各種経済政策を支持もしていない。ただ一か所だけ、いかにも千畝らしい文章がある。農業を回復させながら重工業を建設するというソ連の計画に触れ、これ

*剞劂　「出版する」という意味。

らが市場の成長につながるかどうか、その有効性に疑義を唱えている部分である。そこでは、こうした計画が〈木に縁《よ》りて魚を求める〉類いと、千畝は論評している。

この報告書は、それより少し前に公刊された二つの研究と比較されるべきだろう。それは、満鉄調査部による『ロシアの労働者と農民』（全六巻）と『ロシアの経済』（全八巻）である。満鉄調査部は、ソ連について膨大な資料を集めていた。そこの研究者たちは、一九二〇年代を通じ、いや一九三〇年代になっても、イデオロギーに拘束されないで自分たちの思想的立場を主張することができたようだ。この調査部は、あの〈偉大な自由主義的〉創設者・後藤新平の最良の伝統を引き継いでいた。

だが、当時千畝が席を置いていた外務省の空気は、これとは違っていた。役所の雰囲気が彼の論文の中立性にどの程度影響を与えたかは判断しにくいが、彼が自分の意見開陳に消極的に見えるのは、自己規制が働いていたせいかもしれない。上司がソ連について何を知りたがっていたか、彼は十分に承知していたはずだ。この無味乾燥な文章こそ、千畝が外交官として成功することを示している。彼は無表情を装い続けたのである。

では、こうした報告書を書くほかに、千畝はどんな仕事をしていたのか。

「情報――」

志村は秘密めかしていった。

「杉原と一緒に、いろいろ悪いことをやりましたよ」

「どんな悪いことを――」

「反乱を抑えた」

「誰の反乱？　どのようにして？」

彼は笑って答えない。七十年前の秘密を守り続けるのだ。ハルピン時代の千畝の仕事をこの老《ろう》獪《かい》な人物から聞き出せないのなら、ふたたびあの後藤に登場してもらい、彼の〈提案〉をもとに、何がハルピンと満州で起こっていったかをたどってみることにしよう。


一九二五（大正十四）年、引退前の後藤新平は、重要な計画をたずさえてソ連との交渉の最終段階にのぞもうとしていた。それは、満州とシベリアを日本の植民地にして、日本の防衛と人口過剰の二つの問題を解決しようというものだった。

「現在の鉄道の経営で、今後十年間に五十万の日本人を満州に移民させることができれば、ロシアの国力がいかに強かろうと、われわれが冒険的敵対行為を起こす必要はなくなろう」

一九二〇年代を通じて、中国とソ連が主権・各種の管轄権をめぐって争った広大な地域が満州とシベリアにあった。千畝や志村は、いずれそれらが併合されるだろうと、日本の前哨《ぜんしょう》線の強化にあたっていた。志村は、煽動《せんどう》や陰謀、地方に割拠する軍閥の暴力、日本の居留民が直面した執《しつ》拗《よう》な民族闘争などについて語った。千畝が配属される前の一九二〇年、ウラジオストクに近いニコライエフスクでは、ソ連が主権を主張して日本の軍民多数を虐殺した(尼港事件)。ニコライエフスクは、日本のアラモ*となった。それ以来、ソ連に対する不信感は募るばかりだった。千畝らは、こうした背景のもとで仕事をしていた。

これほど危険で不安定な状況でも、後藤の決心を変えることはできなかった。一方、ソ連の代表A・ヨッフェ*の来日は、東京の街々で来訪反対の暴動を引き起こした。後藤自身、ヨッフェの人格に疑問を持ち、〈そのユダヤ的性格が悪い〉と評した。この評価には、おそらくスターリンも同感したことだろう。

交渉継続のため、後藤がモスクワを訪問したとき、スターリンはユダヤ人の外務委員ヨッフェを、同じユダヤ人の政敵トロツキー*ともども、すでに追放していた。この時点では、後藤でさえ、ソ連相手の交渉では、ほとんど何も達成できないと認めざるをえなかった。後藤は失望して東京に帰った。一九二九(昭和四)年に亡くなるころには、満州への夢も醒《さ》めていた。

昭和初年の狂乱の時代に、ロシアについて、なにか前向きの関心を持ち続けるのは、容易なことではなかった。杉原の語学力、情報収集力、結婚、所属部局内外での動き——などは、確かに同僚の注目を浴びた。しかし、いい仕事をしていながら、かえって、面倒に巻き込まれなかったとも限らない。千畝の人となり、結婚、所属部局内外での動き——などは、彼の出世を遅らせたかもしれない。だが、それらが、かえって、彼をして偉業を達成せしめたのかもしれない。植民地官吏・杉原千畝の名は、エリート大学の卒業生名簿に載るようなものではなかった。しかし、

*アラモ
アメリカのテキサス州南部、現在のサンアントニアの中心部にあった砦《とりで》で知られる場所。テキサス独立当時、独立軍が立てこもり、多数の死者が出たことで有名。

*A・ヨッフェ
一八八三〜一九二七年。ソ連の革命家・外交官。

*トロツキー
一八七九〜一九四〇年。ロシアの革命家・ソ連共産党の指導者。レーニンの死後、世界革命を説いたが、スターリンと対立し、国外に亡命中に暗殺された。

杉原夫妻の颯爽《さっそう》とした接待振りは、確実に、何人かの陸軍将校、政府官僚に強い印象を残した。こうした人的つながりは、困難な状況においては、地位や職場でのつながりよりも、はるかに重い意味を持ちうるのである。

今はもう残っていない記録を、なんとか文学的に再現しようと試みると――

一九四〇(昭和十五)年の冬、その夜は満天の星で凍えるほど寒かったはずだ。一人の日本人官吏がシベリアを横切り、はるかな辺境の地に立っている。寒さを気にするばかりではと、彼はハルピン学院の青春の日々に思いをはせる。足を踏み鳴らし、襟《えり》巻きを強く巻きつけ、そして時間つぶしに歌い出す。

　オーロラよ、我らを導け
　旭日は昇らんとす
　汝らは　東洋の民に
　王道を示すもの！
　命の源は東方に向かう

暗い空に白い蒸気を吐きながら、列車が着く。一団のユダヤ人難民が、転がるようにプラットフォームに降り立つ。誇りは傷つけられ、優雅さは色褪《あ》せ、恐れが顔に刻まれた人々。彼らが提出する怪しげな書類には〈杉原千畝〉の署名がある。

〈スギハラ！　あいつは、今、こんなことをやっているのか！　あいつとロシア人の妻は、ハルピンですばらしいパーティーを開いてくれた。酒に珍味に、そして、あの照明と暖房――〉

役人は、一瞬、思い出にひたる。はるかなものと思われていたのが、今、その心の中で花開く。荒涼たるシベリアの寒気の中で、思い出はいっそう切実だった。

〈しかし――〉と、役人はつぶやく。

〈書類を見なければならない。通過ヴィザは通過ヴィザだ。書類は本当に妥当なものか？　それにしても、こいつらの恰好《かっこう》はどうだ？　杉原は、いったい、こんな金も行き先もないような連中に、本当にヴィザを出したのか？　本省からの訓令にそむいてはいないのか？〉

数分後には――懇願する男女、泣き叫ぶ子供たち、移動させる荷物の山、三連記入式の書類で、ここはごった返すだろう。彼らをヨーロッパに送り返す反対向きの汽車が次に来るまで、何日間かの宿泊の手配もしなければならない。役人は、幸福な思い出から現実へ引きもどされ、騒ぎと混乱を予想して嫌になる。寒さの中で震えながら、際限なく時間を費やすことになろう――。その疲労を想像して欠伸《あくび》をする。

しかし、そのとき、杉原千畝の署名がまた目に入り、彼の精神はふたたび羽ばたく。

「我、正義のために立たん」

学院の歌が思い浮かんでくる。

〈杉原は馬鹿じゃない。といって悪党でもない。ヴィザを出すことの意味はわかっているはずだ。あの輝やける日々を記念して――〉

役人は決断する。彼は旅行者に手を振って検問所を通過させる。

懐かしい学院歌がよみがえってくる。彼はそっと口ずさむ。

「命の源は東に向かう」

そこにいたユダヤ人にとって、この歌の言葉は、彼が思っているよりも、はるかに真実のものだった。

第三章

外交官と諜報活動

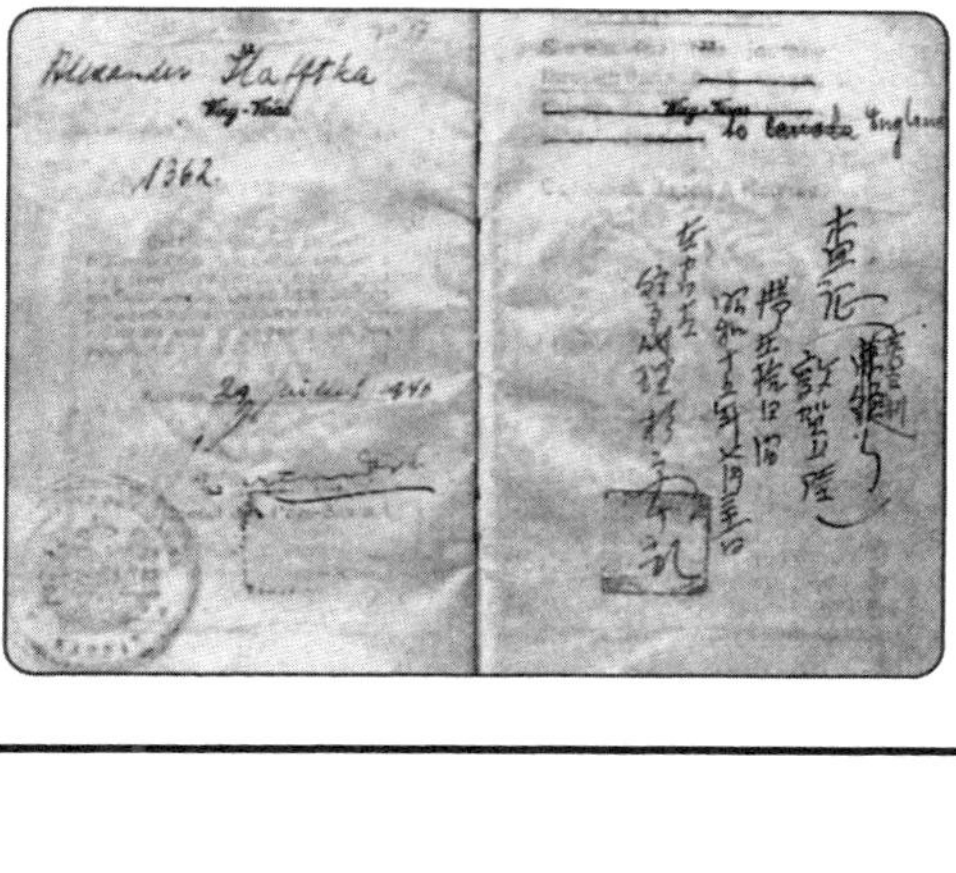

1930年代のハルビン市内

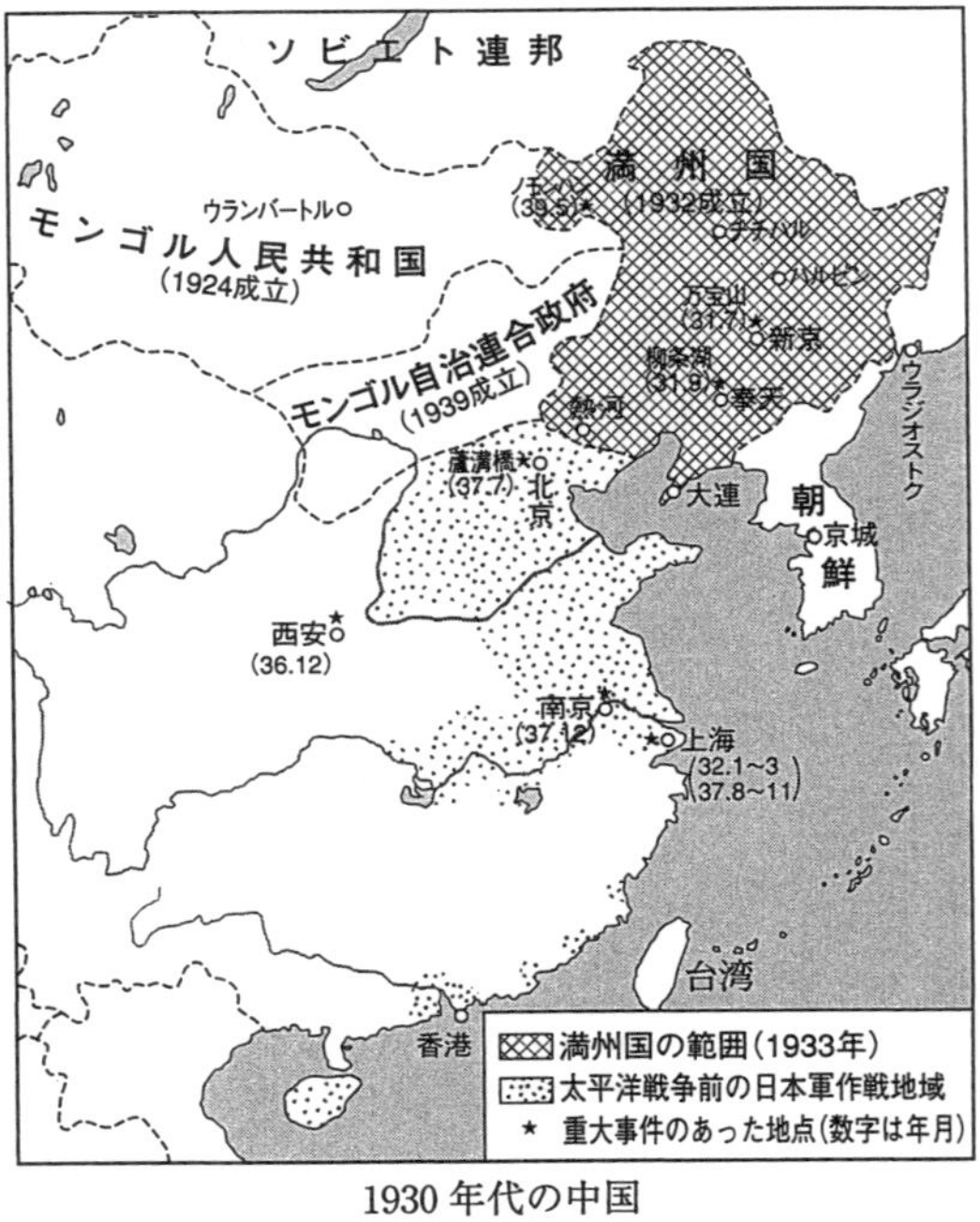

1930年代の中国

満州事変

一九三九(昭和十四)年九月、カウナスに赴任した千畝は、その街に混沌《こんとん》と恐怖を見た。しかし、彼は、すでにこうした状況をいくたびか経験していた。八年前の一九三一年九月、千畝はハルピンにいた。その時期、彼は帝国陸軍の将校であり、満州国にも関わったと思われる。この二重の身分を貫きとおすには、高度の遊泳術が必要だった。外交官であり、スパイであり、役人でもあること――それらが、彼に〈悪いこと〉をするのを求めていた。それは危険な在り方だった。

そのころ、ハルピンのウチャストコーワヤ街の道路には砂袋がぎっしりと積み上げられていた。日本人の理髪店は、客から情報を得るため、愛想を振りまいていた。なかでも特によく知られていたのが、コンスタンチン・イバノビッチ・ナカムラという男だった。彼は、千畝同様ロシア語に熟達し、ロシア人の気質にも通じていた。ロシア人の妻を持ち、ロシア正教に改宗していた。当時、千畝は、すでに一人前の外交官で、領事館のロシア通として知られていたが、ナカムラの正体は誰も知らなかった。この男には理髪業以外に、いろいろな評判がついてまわっていた。麻薬の売人、幼児への淫行《いんこう》、少女売春のぽん引き、など。しかし彼は、法律で咎《とが》められることもなく、泰然としていた。中国官憲が彼を告発しても、満州国の日本代表部は受けつけなかった。これは、彼が権力と特別の関係を持っていることを意味した。

事件が起こった九月十九日に、その関係がいくらか明らかになった。その前日、ハルピン南西五百六十キロの奉天で、列車が爆破され、中国兵が逮捕された。柳条湖《りゅうじょうこ》事件である。その事件のうわさは、翌日ハルピンにも流れた。ナカムラは、すぐ子飼いにしてきた白系ロシア人のグループを召集した。理髪店に集まった男たちに、彼は拳銃や手榴弾《しゅりゅうだん》を渡し、日本人と白系ロシア人の財産を守れと命じた。

「中国人がすぐやって来るだろうが、彼らの後ろにはソ連がいるのだ」

ナカムラは、一席、弁じた。

「今や南満州の関東軍*は、共産主義的な中国軍から満州国民を解放し、お前たち愛国的ロシア人を助けて、ソ連から祖国を解放しなければならない」

いっせいに歓呼の声が上がった。

この理髪師は「自分は帝国陸軍憲兵の秘書兼通訳だ」と称していた。憲兵は、本来は軍隊内部の警察だが、実際には民間の不平分子まで調査・弾圧する諜報《ちょうほう》機関だった。この組織は、軍に反抗する〈特殊犯罪人〉を容赦《ようしゃ》なく始末すると恐れられていた。それと同時に、彼らは賄賂《わいろ》・恐喝《きょうかつ》のほか麻薬にまで手を出して、稼ぎまくっていた。そして、〈日本が満州で過去に払った犠牲を回収している〉と、自己の行為を正当化していた。

ほかにも、主としてソ連をスパイしていた特務機関とよばれる諜報機関があった。〈満州のロレ*ンス〉ともいわれた土肥原賢二中佐の機関が、その代表格であった。千畝はこうした社会の中で動いていた。

＊関東軍　一九一九（大正八）年から四五（昭和二十）年まで満州に配備された日本の陸軍部隊。

＊T・E・ロレンス　一八八八～一九三五年。イギリスの軍人で探検家・考古学者。第一次世界大戦中、オスマン帝国に対するアラブ民族の反乱を指導した。〈アラビアのロレンス〉の呼び名で有名。

柳条湖の鉄道爆破は中国人によるものとされたが、事実は日本の諜報機関による破壊工作だった。劇的効果をねらってか、工作員は、軍服を着た中国人の死体を破壊された鉄道近くの泥の中に並べていた。しかも、その顔を付近にあった中国軍の兵舎の方向に向け、死体になった中国兵がいかにも爆破の下手人のように見せかけていた。

工作員は鉄道を爆破はしたが、日本からの積み荷を運んでくる次の急行列車の障害にはならない程度に、巧妙に破壊した。

同様に周到に計画されていたのが、この〈中国人による〉挑発行為に対する日本軍の反応だった。日本兵は、もはやポーツマス条約でいう〈鉄道警備員〉の形をとる必要はなくなった。彼らは、今や、本来の兵士として行動できた。ロシア統治下のハルピンで地下の工作員として潜っていたナカムラたちも、表舞台へ出てきたのである。

一九三一（昭和六）年九月に起こった満州事変は、なにも特別に暴力的だったわけではない。日本国内で大臣の暗殺計画や暗殺事件が頻発《ひんぱつ》していたし、その後にも起った（五・一五事件*、二・二六事件*など）。これらの陰謀はいずれも天皇のために、あるいは天皇の名のもとに企《たくら》まれた。事件の実行者のほとんどは青年将校であり、時には、それを上官が暗々裏に承認していた。彼らへの資金はおおむね大企業から提供されたが、時には軍部に寄生する超国家主義の団体からも出た。日本では一九二七年から一九三七年の間に、十二万二千人の構成員を擁する六百三十四の右翼団

＊五・一五事件　一九三二（昭和七）年五月十五日、海軍の若手将校らが中心となって起こしたクーデター未遂事件。犬養毅首相らが殺害された。

＊二・二六事件　一九三六（昭和十一）年二月二十六日、陸軍の若手将校らが起こしたクーデター未遂事件。内大臣・蔵相などが殺害された。

体が結成された。政府全体に、軍部が政治を引きずる危険性は認識されていた。しかし、こうした軍の暴走はほとんど罰せられないままで終わった。

満州事変が起こるまでの期間、千畝はどこにいたのだろう。彼の二通の履歴書と、そのほかの報告書は、彼が満州の現場にいたことを物語る。満州国建国宣言から二年後の一九三四(昭和九)年三月一日、彼は建国功労章を授けられた。これは、日本の傀儡《かいらい》政府である満州国への貢献によるものであった。それから二か月後の四月二十九日、昭和六年から同九年にかけての貢献を理由に、勲章と百五十円の褒賞金を受けている。

千畝は別の意味でも、満州に巻き込まれていた。満州事変は後藤新平の汎アジア主義、科学的植民地主義、〈文装的武備〉によって種を蒔《ま》かれていたが、文装の観念がほころびて、その縫い目から武備が突出してくるのを、千畝は目撃することになるのである。

これらの事件に、彼がどのように対処できたかを知るのは簡単なことではないが、いえることは、千畝のような官吏は、典型的な軍国主義者や外務省内のその種の同調者に、いつも緊張を強いられたはずである。彼は忍耐して、そういう連中との関係を保っていたのかもしれない。彼が頻繁に仕事を変えているのは、その証《あか》しになると思われる。しかし、大部分の日本人にとっては、自由主義を選びとることと、日本の帝国主義を支持することは、別に矛盾するものではなかった。

満州事変が勃発して以降の何か月か、千畝はハルピンにもどっていた。関東軍は、事を急いでいなかった。中国の領土はすでに手中に落ちかかっていると思われていたからだ。ただ、ソ連が〈東清鉄道への回廊〉と主張する領土については問題が残っていた。この回廊は、ソ連が中国と共有している鉄道線で、そこはポーツマス条約によって、諸々の権利がソ連に保証されていたからである。ハルピンこそ、満州におけるソ連の権益の拠点であった。ロシア通の千畝は繁忙をきわめていた。

ハルピンでは、かなりの数の亡命白系ロシア人が、不安を深めながら日を送っていた。〈ひょっとすると、あのスターリンがやって来て、この危なっかしい避難所ハルピンをとりあげてしまうのでは――〉

これに対して日本は、中国人に白系ロシア人を襲うよう仕向け、結果的に不安におののく白系ロシア人が日本軍のハルピン駐留を歓迎するよう工作した。そして、事実、彼らは日本軍を歓迎した。亡命ロシア人にとって、当時はまだ日本のほうが、憎むべきソ連よりはるかに好ましかった。

この街には、中国人・日本人、そしてユダヤ人をふくむ白系ロシア人がいたが、その勢力関係は、特に強い者がいない均衡状態だった。こうした状況下で一番繁栄していたのはユダヤ人だった。彼らにとって、日本軍は最も面倒の少ない支配者に見えた。しかし、日本人がどんどん流入してきて、彼らの安全とハルピン経済に影響が出始めると、多くのユダヤ人は、中国でも、さらに安全な地域へ移っていった。

前に触れたマサチューセッツ工科大学の教授ドーマーは、ポーランドで動乱を経験していたが、それでも、この三一(昭和六)年秋から翌年の冬にかけてのハルピンの日々は、彼に強い印象を残している。積み上げられた砂袋の向こう側で、日本人がどんなに厚かましくなっていったか、その変貌にいかに驚いたか、彼はよく覚えている。ハルピン学院の講師を兼ねていた教師から、日本人は礼儀を重んじる国民であり、見習うべきだと教えられてきた。だが、その数年後、ドーマーは、日本人が、どのようにして領土を拡大し、支配を厳しいものにしていったか、彼自身の言葉でいえば〈悪く立ち回るようになったか〉、嘆息するようになった。

千畝の妹・中村柳子《りゅうこ》は、土肥原たちがハルピンを征服した一九三二年二月五日の夜を覚えている。砲弾の音が大きく近くなったとき、千畝は官舎を出て領事館に行こうとしていた。居間では、クラウディアと母と、そして二人の弟が、心配そうに状況の展開を見守っていた。領事館は、ハルピンを放棄しようとしている中国軍兵士や民兵の恰好《かっこう》の目標だった。千畝は「危険だから窓から頭を出すな」と家族に警告した。

しかし、柳子は好奇心を抑えられなかった。召使が「お嬢さん、外で何が起こっているかを見たければ、二階へまいりましょう」というのを聞き、兄の言葉を無視して階段をのぼり、窓際から花火のような閃光《せんこう》に見入った。

しかし、千畝のいう危険とは、爆発する砲弾や震える窓ガラスではなかった。日本軍のハルピン入城は、目前のことだった。〈そのあとが手に負えなくなる〉と彼は考えていた。満州事変は二重の意味で〈事件〉だった。それは軍の統帥権《とうすいけん》の失墜《しっつい》という意味で日本の国内危機であり、同時に、国際秩序の危機でもあった。千畝は、その二つのものの接点に立っていた。

彼は、砲弾の炸裂《さくれつ》で明滅する夜の闇を走り抜けた。前庭を急いで横切り、領事館に飛び込んだ。こんな状況でなければ、強いウオッカか自家製のロシアビールを冷蔵庫から出し、キタイスカヤ街のユダヤ人の店で買った料理を並べて、その夜の会合に備えたことだろう。そこには、いつも関東軍司令部の軍人や諜報関係者が出席していた。その多くが同僚か、かつてのハルピン学院の級友だった。

関東軍は、武力による満州併合に政府が逡巡《しゅんじゅん》しているのを、道義的頽廃《たいはい》の徴《しるし》と見ていた。すべての日本人、とりわけ指導者どもが堕落に染まっていると——。全満州を日本の支配下に置こうとしている自分たちの努力に反対することは、とりもなおさず、愛する祖国が憎むべき共産主義者の手に落ちつつある証しだった。すぐに陛下でなくスターリンが支配することになる。日本国民は天皇を頭にいただく大家族であるとの、うるわしい信仰——〈國體《こくたい》〉に、階級闘争がとって代わる。

「今こそわれわれは、共産主義の浸透に対し、強力に動かねばならない」

第二次世界大戦下で、日本のために働いたイタリア人スパイ、アミレト・ベスパは、情報機関に所属する日本人の一人が次のように心情をもらしたと報告している。

「われわれは、情けや弱さを見せてはならない。たとえ罪なき千人を罰することになろうとも、一人の共産主義煽動家《せんどう》を逃がすべきではない。この原則に立って行動すべきだ」

関東軍の青年将校たちは、アジアの〈新秩序〉と満州の将来に立ちはだかる、もうひとつの脅威を感じていた。アメリカと西欧諸国である。この種の盲目的愛国者は、ソ連に対しては恐怖と軽侮《けいべつ》を抱いていたが、日本人を蔑視《べっし》するかに思われた西欧人には、憎悪を燃やしていた。満州を〈開化〉させようとする日本の崇高な努力に、アメリカが介入してくるのは間違いない。

だが、関東軍は、アメリカの対日経済制裁の脅かしは口先だけのものと見ていた。アメリカが日本を経済封鎖するのは軍事的に不可能、と安心していた。ある将校は次のように語っていた。

「西欧諸国は、極東に特別の権利を有すると信じている。日本が一歩踏み出すたびに彼らはこれに干渉するため、愚にもつかない口実を探し始める。われら日本人は、かかる権利を認めない。アメリカはモンロー主義*を掲げている。ならば、われらも同様である。全東洋は、われらの影響力下にあり、われらの統制に服すべきである。朝鮮・満州・蒙古、そして遠からず中国とイルクーツク以東のシベリアが一大帝国を形づくることになるだろう。天皇の統治する大日本帝国である」

青年将校たちは、参謀本部が、国際情勢について、彼らと異なる見通しを持つかもしれないと

*モンロー主義　アメリカ合衆国第五代大統領モンローが一八二三年の教書で、アメリカ大陸とヨーロッパの相互不干渉という政策を打ち出したことに始まる。以後、第一次大戦までアメリカの基本的な外交原則となった。

か、あるいは逆に現地指揮官が戦術上の疑問を出してくるかもしれないといった可能性を考えようともしなかった。千畝のまわりでは、「いかに中央が誤っているか、自分たちの動機の純粋さをどう伝えるべきか、満州の将来構想の素晴らしさをどのように訴えるか」などが熱っぽく語られていた。彼らは、相次ぐ政治テロも、軍内部の腐敗の結果起こったものではなく、「愛国心の表れだ」と主張していた。

千畝は、数年の間、ソ連で何が進行しているか見守ってきた。今では、彼はロシア人が何を考えているか予測できたし、たいがいのことに自信を持って対応することができた。最近の数か月間は、ソ連が〈満州危機〉に対して、どんな態度をとるかの分析に忙殺されていた。彼の活動にはスパイをスパイすることが、当然ふくまれていた。白系ロシア人の飲み仲間には、シベリアの奥地から、外モンゴル、さらにトランス・バイカル*にまで諜報網を張りめぐらしている者もいた。千畝はハルピンに住むソ連人とも密接なつながりを持っていた。

あの砲弾の響きに身をかがめながら領事館に入った夜の会合は、千畝がソ連の意図全般についての評価を披露する最後の機会だったのだ。同僚たちが彼の意見を求めるのは確実だった。日本がハルピンとその周辺を制圧すると、ソ連は大反撃を仕かけてくるのか、こないのか。彼には領事館の中にいるほうが安全なのか、どうかわからなかった。

モスクワからいろいろな情報が流れてきても、〈スターリンが挑発されて満州での全面戦争に突

*トランス・バイカル　モンゴル北縁に接するシベリアのバイカル地方。

入することはありえない〉と千畝は予想していた。事実、日本の進出に対して、ソ連は、西では外モンゴルの国境、東では沿海州地方と重要拠点であるウラジオストク港を念頭に置いて、防衛線を引こうとしていた。これらの地域の防衛力増強には、戦闘行動は不必要だった。

千畝も関東軍将校も想像できなかったのは、スターリンが、比較を絶する高度な情報網を日本国内に築きつつあったことである。ドイツのジャーナリスト、*リヒアルト・ゾルゲに率いられたこのスパイ組織は、そのころ日本国内に確実な足場を築きつつあった。その線から、スターリンは、日本の領土的野心が満州の地方都市と鉄道沿線の支配にあることを見抜いていた。彼は、もし日本のファシストどもが満州を発進基地にしてソ連を攻撃し、〈東方のナポレオン〉たらんとしているなら、それは〈西のナポレオン〉の轍《てつ》を踏むものにすぎないと、考えていたのかもしれない。

千畝たち学院卒業生のロシア通には、まだ記憶に新しい歴史の教訓があった。それは、後藤新平の〈愚行〉ともいわれた、ロシア革命中のあのシベリア出兵である。結果は、不毛の思いと失望だけだった。この事実が千畝をして、慎重な行動をとるよう警告させたと推測もできる。

満州全域を征服した後になって、日本軍はソ連不介入の発表を聞いた。それは、ソ連が自らの満州の権益を守りえないことを実質的に認めるものだった。その事実がわかると、日本はいっそ

*リヒアルト・ゾルゲ
一八九五〜一九四四年。一九三三年に特派員として来日。日本の国家機密をモスクワに送る。スパイ活動が発覚し、判決により刑死。

うソ連をあなどり、さらに攻撃的になっていった。そして、千畝のほうは、ソ連の反応にひと安心した。満州で日本の権益保護のために働いてきた官吏にとって、ソ連の脅威なしに日本軍がハルピンに入れるのは、喜ばしいことだったに違いない。

日本のために働いていたイタリアのスパイ、ベスパは、ハルピンの白系ロシア人がこの事件に興奮したと書いている。彼らは、これが、祖国ロシアのボルシェビキからの解放の前触れで、満州に白系ロシア人国家を建設する起点になると考えていた。しかし、ベスパは記している。

「哀れで愚かな、妄想がいっぱいの連中だ。白系ロシア人の〈バンザイ〉は長続きしないだろう」

彼によれば、ハルピン在住の中国人・ユダヤ人らは、そんな幻想にはうんざりしていた。そして——白系ロシア人の夢が破れるのに長くはかからなかった。ハルピン征服を日本が発表した数日後、日本と協力していた中国人官僚は、満州が中華民国から、すなわち蒋介石率いる南京の国民党政府から離脱すると発表した。こうして一九三二(昭和七)年三月初めには、満州国の独立が宣言された。

新国家が疑う余地もなく正当なものであると見せかけるため、土肥原大佐は清朝最後の皇帝・宣統帝溥儀*《ふぎ》を誘拐《ゆうかい》した。彼の部下たちは、溥儀を満州国皇帝に帰り咲かせるべく、身支度をさせていた。

日本はその征服を正当化するため、満州事変を調べる国際連盟の調査団の派遣を受け入れた。イギリス人、V・A・リットンを団長とする調査団*は、一九三二年四月二十日から六週間かけて

*宣統帝溥儀
一九〇六～六七年。三歳で清朝皇帝に即位したが、辛亥革命で六歳で退位。一九三四～四五年、満州国皇帝となる。

*リットン調査団
国際連盟が派遣した満州事変調査団。その調査報告にもとづき、国際連盟総会で満州国の建国は認められないという勧告が採択された。日本はこれを不服とし、連盟を脱退した。

状況を調査した。そして秋の初めに報告書を出した。調査団は、躊躇《ちゅうちょ》することなく「前年九月の関東軍の行動が正当な自衛措置とは認めがたい」と言明した。「一九三一(昭和六)年七月に起こった万宝山《まんぽうざん》*事件以前には耳にしたこともない満州独立運動は、日本軍の存在によってのみ、成立しえた」と報告書は記した。

日本は、ポーツマスで約束したように、今後も中国で門戸解放政策を保持する、と請け合ったが、リットン調査団の委員たちに効果的な印象は与えなかった。彼らは、「満州の事件は、日本の征服と併合である」と報告した。またしても——日本が軍事的勝利と思ったものが、外交的には壊滅状態というべきものに一転したのである。

日本は、自らが提唱する〈大東亜共栄圏〉に国際世論の賛同を集めようと、さらなる努力を重ねた。一九三二年十二月、国際連盟に日本代表として松岡洋右《ようすけ》が送られた。彼はアメリカのオレゴン大学の卒業生で、かつては後藤の弟子であり、やがて満鉄総裁、外務大臣を歴任する。したがって、千畝の上司にもなった。〈お喋《しゃべ》り機械〉のあだ名でもよばれる彼は、日本への支持を回復させようと、西欧も共感できる比喩《ひゆ》を用いて訴えた。松岡は、日本を十字架上のキリストに擬したのである。

二千年前、人々はナザレ人《びと》イエスを十字架にかけた。そして今、誰が国際世論なるものが

＊万宝山事件
長春近郊の万宝山付近で起こった日中間の武力衝突。同年九月に始まった満州事変の導火線となった。

誤りを冒してないといい切れようか。われわれ日本人は、今、裁判に引き出されているの感を持つ。この二十世紀において、ヨーロッパとアメリカには、日本を十字架にかけたがっている人間がいるようだ。しかし、われわれは信じている、確信もしている——数年以内に国際世論が変わることを。そして日本が、ナザレのイエスのように理解されるにいたることを。

自らについて、「余はキリスト教徒だが、松岡派キリスト教徒である」といったこの人物は、明らかにユダヤ人・反ユダヤ主義についての知識を持ち合わせていた。恐らく彼はオレゴン大学で学んでいたころ、ユダヤ人と知り合いになり、また、キリストの処刑でユダヤ人が非難されているのも見聞したことだろう。さらに、共産主義者の中にユダヤ人が多くいた事実をもって、ユダヤ人を破壊分子とする世評もあった。

したがって、こういう演説をした松岡が、特別にユダヤ嫌いだったというわけではあるまい。むしろ、彼は、日本の満州政策への反対者を反ユダヤ主義的表現と結びつけることで、〈敵の敵〉と提携する——ユダヤ人に対しては同様に反発するキリスト教西欧国家の同感を得ようとしたのではないだろうか。

だが、その動機がどこにあれ、彼の戦術はわずかな国々にしか響いてゆかなかった。満州国をただちに承認したのは、エルサルバドル、バチカン、ドミニカ共和国だけだった。数年後、やがて同盟国となるドイツ、以前から親日的なポーランド、ファッショ化したハンガリーが満州国と外交関係を持つことになった。

満州国外交部

満州国樹立が宣言された一九三二(昭和七)年三月一日以降、千畝の経歴は急展開し始める。三月三十一日、朝鮮への出張を命ぜられ、その後、東京~ハルピン間の旅が続く。少なくともひとつの情報によれば、彼は四月五日までに、建国間もない満州国外交部のため、何らかの仕事をしている。五月十八日、大使館の二等通訳官に昇進した。同じころ、彼はこれまでの外務省の仕事ではなく、内務省高等官という違った部門で働くことになる。帝国内閣から、彼はソ連での仕事を命じられる。ところが、この華々しい出世のすぐ後に、奇妙な報告が付く。〈一身上の都合により退職。一時金九百三十円を受取〉と。

いったい、いかなる一身上の理由が、新しい職務をあきらめさせ、ソ連行きを中止させたのか。彼の履歴書には奇妙な記述が残っている。そこから引き出せる最も妥当な解釈は、実際は彼が秘密の情報任務を帯びてソ連に行ったのではないかということである。〈一身上の都合〉とは、彼の足跡を消すための方便ではなかったのだろうか。彼がソ連に行ったはずの時期に、そこには彼が行かなかったと記されている。私の手元にある二通の履歴書は不自然である。彼の履歴書には、彼が行ったと思われる都市名は記録されておらず、ソ連の資料にも彼の訪ソの記録はない。たぶん、ここで示されているのは、ソ連に置かれた別の機関の賛同のもと、ある仕事につく前に、外務省を形式的に辞任したということであろう。千畝のかつての同僚の中には、酷薄《こくはく》な対敵諜報《ちょうほう》機関をかかえていた内務省のために、彼が何かの仕事をしていたとの中傷をもらす者もいる。

この時期、千畝は内務・外務両省の、あるいは文官と軍人の板ばさみになっていたのだろうか？日本が東清鉄道を買収する交渉を準備するため、満鉄に派遣されていたとは考えられないだろうか。実際、その履歴書によれば、一年後、彼はこの交渉に深くかかわっていた。

当時、満州国は好景気にわいていた。そこで千畝は今まで属していた組織から離脱し、そうすることによって財閥の手助けもできた。巨大製造業や貿易を傘下に置く財閥は、当時(現在もそうだろうが)、官僚と特殊な関係を持っていた。

この時期、官僚の中には、政府と民間企業の間を行き来する者も少なくなかった。たとえば、松岡は満鉄と外務省の間を行きつもどりつしていた。また、千畝と志村を連れて吉原で遊んだ大橋忠一《ちゅういち》は、志村によると、一時期、政府から離れて材木業を始めたという。こういう現象の背後で何が行われていたにせよ、満州国政府は日本のねらい通りに組織化されつつあった。千畝は、そうした組織の中のひとつの駒だったのである。

大橋は、満州国建国の前はハルピン領事だった。一九三二年の春、彼は満州国外交部副部長、兼最高会議委員に任命された。この新任務では信頼できる部下が必要だった。彼はかつての部下で、同じ岐阜県出身の千畝をよんだ。こういう場合、同郷人の間で成立する日本人特有の、強烈で排他的な意識が作用することになる。西欧の人間にとっては、規律とは合理性のある、個人の事情を超えた行動規範を意味するが、日本人にとって重要なのは、それよりも小集団の共通の体験を通して確認できる個人的結合なのである。この傾向は今でも存在するが、当時はもっと根強いものだった。

志村がいうように、大橋は千畝を信頼することができた。一九四〇(昭和十五)年、外務次官だった大橋は、カウナスから送られてくる千畝の電報に目を通していた。彼は受けとった電報類に、自分の頭文字を残している。同県人の後輩・千畝がヴィザを発給していた重大な局面で、大橋は、かつての自分への忠誠に報いてやったのだろうか?

一九三二年以降、日本が満州支配を強めていく中で、千畝や志村など多くの官僚が傀儡《かいらい》政権の役人として送り込まれた。この事象の明るい面は、地方出身で、これという門閥もなく、帝国大学出でもない非エリートに、活躍の場がそこそこ与えられたことだろう。暗い面としては、植民地官吏を養成・採用したのが外務省だったのに、満州国を牛耳ったのが陸軍だったことである。

千畝たちは、日本国内で勢いをつけていた軍国主義の脅威を肌で感じていた。政治的暗殺や、その他の汚い策動が、とみに増えていたことを考えると、官僚の世界の空気も決して心地よいものではなかった。ただ、千畝は、それまで官僚としては二番手に付けていたのだが、この年の春までには、上位に昇っていた。彼は満州国外交部の事務官になり、大橋の下で仕事をした。そのころには、中国人の行商人も車夫も、みな彼にぺこぺこと頭を下げていた。

満州では名目的には民本主義*に立つとの合意はあったが、ほとんど軍部が決定権を持つ混乱状態だった。そのうえ、軍隊、警察、諜報《ちょうほう》機関などの権限が重なりあい、命令が重複し、混乱に拍車がかかっていた。不正が罷《まか》り通り、ある機関で強請《ゆす》られ、それに屈してやっと解放されると、すぐ別の機関が強請りにくるといったことが日常茶飯事になっていた。彼らは、政治や治安維持のために満州国に派遣されたのだが、利権争いに狂奔《きょうほん》していた。

日本人の官吏は、母国向けにはそれまでの状態の改善をうたいながら、そのじつ、賄賂《わいろ》をとって麻薬売買に目をつむった。満州には阿片窟《あへんくつ》がたくさんあり、中国人をおもな相手にして商売が行われていた。モルヒネ売買はおおっぴらだった。客が腕をまくって、映画館のチケット売場のような小さな窓口に、現金を握った手を入れる。金がとられると、静脈に注射針が刺される。先々もこの商売で稼げるように、学校の近くでは〈児童用〉の麻薬も売られた。〈家庭への配達サービス〉が行われたほか、飛行機からチラシをまいたり、美しいケシの花を紙幣に印刷するなど、〈洗練された〉広告計画まで実行された。

こんな状態だったから、豆よりもケシを栽培しろと小作農を脅かす必要もなかった。役人たち

*民本主義
吉野作造が唱えた民主主義的政治思想。政治の目的は民衆の幸福にあり、政治決定は民衆の意向に従うべきとする説。

は、中国人労働者を麻薬漬けにしておくほうが、政治暴動を起こされて弾圧するより、よほどいいといった。彼らは麻薬市場を合理化して満州国麻薬専売局を設置し、特別区に免許や利権を与えた。こうした方法で、彼らは満州国政府と自分たち自身のふところに莫大な富を得ていたのである。

同じねらいで、彼らは、白系ロシア人には穀物や馬鈴薯からウオッカをつくるよう勧めた。白系ロシア人たちは、共産党政府のせいで失った土地、邸宅、その他もろもろの富を忘れられず、恨みと郷愁で新しい現実に順応できないでいた。日本の企業家・役人たちは、彼らの協力者になってやり、白系ロシア人女性に甘言を弄《ろう》して売春をさせた。もちろん、いつものように警察・軍隊・諜報機関に分け前を与えた。好みの違う顧客には、日本の各都市から着物姿の女が定期的に動員され、彼女たちは宣伝用のオープンカーでハルピン市内を練りまわった。

一方、ハルピンのユダヤ人は、強請りの恰好《かっこう》の標的にされた。先に触れたイタリア人スパイのベスパは著書『私は日本の秘密情報員だった』の中で、彼が日本人上司と交わした会話を残している。

上司がいう。

「ロシア野郎どもには、あの大嫌いな金持ちのユダヤ人を締め上げる手伝いをさせてやる。奴らの財産をとりあげて、満州からたたき出してやる。出てゆくとき、奴らのポケットは空だろう」

ベスパは、抗弁した。

「ユダヤ人全部が悪いわけじゃない。完璧な紳士もたくさん知っている。真面目に仕事をし、日本人が満州にいるのを喜んでいる」

上司はとびあがり、私のノドをつかまんばかりに、突進してきた。

「おれに向かって、よくそんな口がきけるな。どうしてユダヤをかばうのだ。もう一言でも同じ台詞《せりふ》を吐いたら絞め殺してやる。ユダヤ人はみな豚だ！　毛唐はみな犬だ！　だから奴らを支那から太平洋へ追い出すのだ。お前にやった名簿に載っているロシア野郎どもは、汚い仕事を平気でやる連中だ。日本人は手を汚さないからな」

満州国建国の十日後に、ロシア通でぽん引きのコスチャ・ナカムラは白系ロシアの殺し屋に命じて、ハルピンの富裕なユダヤ人薬種商ホフマンを誘拐させた。妻は一万八千ドルの身代金を払ったが、ホフマンの死体は路上に捨てられていた。

翌三三（昭和八）年八月、ナカムラは〈別の日露共同事業〉に参加した。今度はセミョン・カスペの路上誘拐《ゆうかい》だった。セミョンはハルピンのユダヤ人富豪の息子で、パリで修行を積んだピアニストだった。フランス領事が介入し、これは国際的醜聞《しゅうぶん》になると警告したが、身代金交渉が失敗すると、拷問《ごうもん》の痕《あと》があるセミョンの死体が年末に発見された。盛大な葬儀には、日本人をふくむハルピン各界の名士が参列し、憤りを表明した。ユダヤ人協会の会長A・カウフマンは、下手人とその黒幕を非難した。彼が誰をほのめかしているのかは、明白だった。だが、その後、憲兵がカウフマンのところへやって来て脅迫じみた警告をした。この一件で、ユダヤ人のハルピン脱出は、早められた。

千畝は、こうした人種差別主義や外国人嫌いの根本のところを、十分理解していた。ベスパが〈日本人上司〉のものとして伝えた次のような言葉を、千畝もどこかで耳にしていたはずである。

「地上で、神の民は日本民族だけである。これが、日本人が他人種と交わらない唯一の理由である。われらの文化は神聖であり、すべて日本の物は神聖である。われらの文化を、征服した民族、あるいは将来征服するであろう民族に分かち与える意思はない。朝鮮人は悪徳によって、中国人は阿片と麻薬で、そしてロシア人はウオッカで、それぞれ滅びる。天照大神《あまてらすおおみかみ》の子孫だけが帝国の住民である。そして、これは神がわれらに与えた事業の第一歩にすぎない。次の段階では、インドと太平洋のすべての島々、さらにウラルにいたるシベリアの征服が求められる。この宣明《せんみょう》を笑うなかれ。神は虚言は使わない。日本の運命は、神によって定められた。日本が地上最大の帝国になるのを、誰もとめられない！」

満州国建国の理念のひとつとして、漢・満州・蒙古・日本・朝鮮の〈五族協和*〉がうたわれた。その結果、満州の全住民に天皇への尊崇が強制された。満州国の市民は、皇居がある東京の方角

＊五族協和
満州国の建国理念——順天安民、民本主義、五族協和、王道楽土。〈五族〉とは漢・満・蒙・日・鮮のこと。

に向かって、礼拝しなければならなかった。でなければ、近くにいる日本人官吏にうやうやしくお辞儀せねばならなかった。儒教に発した、この〈王道〉の概念は、本来、愛と尊敬を生むはずのものだったが、満州国では恐怖を惹《ひ》き起こした。千畝は、こうした服従に賛成でなかったかもしれない。しかし、彼がお辞儀をされたことは確実だった。

この間、ロシア通の仕事は急速に変わっていっていた。一九二〇年代、千畝や志村がハルピン学院を出て就職したころ、帝国陸軍・警察・諜報機関などは、部署によっては、さして緊張した雰囲気のところではなく、むしろ軍人や官吏が碁や野球をして時間つぶしをするような場所だった。だが、満州事変後、新しい問題が起きていた。そして、〈旭日の先駆者〉たちも眠りから醒《さ》めなければならなかった。日本の軍事計画立案者たちは、はじめはソ連の飢饉《ききん》や粛清《しゅくせい》の情報で自己満足にひたっていたが、やがてソ連経済はテンポをあげるようになり、ソ連軍の装備は、武器、戦車、航空機にいたるまで、質量とも充実しつつあった。満州は間もなく、三方向から囲まれることになる。

満州事変までは、ソ連周辺の国で日本の在外公館に陸軍武官が駐在していたのはポーランド・ラトビア・トルコの三国にすぎなかった。これらの国は、ソ連に対する諜報活動を行うための要所だった。その活動は、ハルピンの特務機関と協調することになっており、千畝もそれに関係していた。一九六七(昭和四十二)年に彼自身が書いたメモで示しているように、千畝とポーランド情報部との関係は緊密で、友好的なものだった。

また、一九二〇(大正九)年、ボルシェビキ軍がワルシャワを包囲したとき、日本はロシアの暗号解読法をワルシャワ防衛軍に教え、封鎖を破るのに成功させた。一九三〇年代に入って日本の軍事専門家がソ連の脅威を、より真剣に考えるようになったとき、今度はポーランドが日本を助け、ロシアの暗号解読を手伝った。クラクフのヤジェロニアン大学哲学科の記号論理学の教授陣は、この問題では世界一流の水準だった。多くの暗号作成と解読の専門家が、そこで育てられた。

千畝は何回かヨーロッパへも出張したが、一度ポーランドの暗号を持ち帰っている。くわしいことは後で述べるが、一九四〇年代の半ば、ワシントンとロンドンを基地とする連合国の暗号解読班には、ポーランド出身者もいた。ここで、日本の決定版の暗号〈紫〉が解かれた。その結果、連合国側の諜報担当者に、カウナスで千畝がどういう活動をしているかの情報が入ることになる。

一九三〇年代には、ソ連を監視するために、ほかの日本大使館でも武官が増員された。彼らは、千畝のような軍事的任務を持った外交官によって助けられた。こうした外交官は、極秘に配置された。彼らは、貿易展や文化的な催しやヴィザの発給などよりも、軍事情報の収集に力をそそいだ。実際には軍の伝書使だった彼らは、ほとんど偽装もしないで、毎月、シベリア横断鉄道でモスクワやヨーロッパ各地へ新しい暗号書を届けた。その途中では、できる限り、ソ連の陸軍基地・航空基地・軍隊の移動・兵器工場・新兵器・要塞などを観察した。

東清鉄道の買収

一九三三(昭和八)年六月二日、ハルピンの満州国外交部の担当者だった千畝は、ソ連総領事から、日本がポーツマス条約の規定を犯していると強く抗議された。それは、こと新しいものではなかった。過去に、両国はしばしば、そうした争いを起こしていた。しかし、今回は違った。東清鉄道をめぐる状況は、一触即発の危険な状態にあった。問題解決のために、ソ連と満州国の代表は、東京で会談を持つことになった。

当時のアメリカの諜報《ちょうほう》報告書が、この紛争を要約している。

「日本の北満支配の戦略上の最大の弱点は、ロシアが東清鉄道を所有していることにある……。対ロシア戦争が不可避であるとの結論を、日本の陸軍がすでに出していることに疑問の余地はない」

そして「鉄道と、その他のソ連の資産——たとえばウラジオストクの空軍基地など——は、ソ連が強大になる前に、接収されるべき目標になっている」と結論づけている。

この問題には長い歴史がある。千畝の学生時代においてさえ、東清鉄道はもめごとの種だった。かつて帝政ロシアと中国政府の間で取り決められた所有権と経営に関する協定は、現実の役には立っていなかった。そして、満州建国で、日本は好機到来とふんだ。中国の国民党政府は派閥の割拠で弱体化し、問題外だった。しかし、満州国内に正式なソ連の権益が厳存していることは、日本にとってノドに刺さったトゲのようなものであったし、絶えず共産主義思想を広められる脅威もあった。他方、ソ連についていえば、かつて利益をもたらした東清鉄道が、今では損失をもたらす荷物になっていた。その原因は、匪賊《ひぞく》の横行だった。彼らの背後には、ときには日本側の諜報機関がいて、被害がいっそう大きくなるよう画策していた。

やがて、ソ連は、国益を守るために機関車や車両を自国領内の路線に移し始めた。この措置に対抗して、満州国当局者は、東清鉄道とトランス・バイカル鉄道の間の貨物輸送の停止命令を出した。停滞する貨物をねらい、ときには満州国境を越えてシベリア鉄道にまでおよぶ破壊活動が行われるようになった。

日本の指導部は、満州からソ連勢力を一掃することでは意見が一致したが、それをどうやって実現するかについてはなんの考えもなかった。陸軍は、第二次日露戦争を引き起こせば戦利品になるかもしれないものについて、交渉をするのに乗り気でなかった。だが、外務省は、交渉の成立に楽観的だった。軍人でもあり、外交官でもあった千畝は、深刻な争いに巻き込まれた。しかし彼は、結局、外交交渉で解決をめざす側に加わり、国際取引を成立させる当事者になった。

この交渉での主務者は、将来を嘱望されていた俊秀の外交官・東郷茂徳《しげのり》だった。後の一九五〇(昭和二十五)年に、東郷は東京の巣鴨拘置所で、この交渉について書いている。彼は第二次世界大戦当時、外務大臣だったため、戦争犯罪人として連合国側に告発されていた。

「自分は平和の側に立っていた」と、彼は数例を挙げて主張したが、その中で、一九三〇年代に行われた東清鉄道の譲渡に関して、「自分が積極的役割を果たした」と強調している。東郷の説明によると、「当時、ソ連は、帝政時代からの帝国主義的遺産を清算し、そこから可能な限り大きな収入を得ようとしていた。彼らは、日本との論争の種を除こうとしていた」

しかし、と東郷は強調する。

「一九三三(昭和八)年六月の朝、満州国外交部ハルピン事務所の杉原所長に苦情の申立をしたとき、ソ連は別の大きな問題をかかえていた。西方国境でナチス・ドイツが台頭し始めたため、この新情勢に対する準備をしなければならなくなっていた」

一方で日本政府と満州国との内輪《うちわ》の齟齬《そご》、他方でロシアとの対立——これらが交渉を不安定にし長引かせた。日ソは、東清鉄道の売値と条件でかけ離れていた。

それでは、この交渉での千畝の役目は何だったのか。彼の任務は、満州国外交部次長・大橋忠一の補佐として現地におもむき、山賊たちと議論することだった。彼らは政治的立場も軍隊での階級も違った信用できないロシア人や、非友好的中国人などの取り合わせだった。こうした中で、千畝は鉄道の資産価値を算定していった。東清鉄道の旅客者数や貨物輸送の正確な実態をつかみ、貨客の量を、シベリアを迂回する他路線の量と比較した。また、日本人によって経営改善がなされた場合、将来期待できる利益を算出した。さらに、ソ連が自国領内に移し、隠していた機関車や車両の数・位置の情報も集めた。これらの資料は、本省側がソ連を論破するのに用いられた。

千畝の報告を武器に、東郷と大橋は、具体的な数字を挙げて、ソ連がいかに吹っかけているか（金貨で十億ルーブル）を暴露した。東郷は、交渉のいきづまりを打開するため相手を宥《なだ》め如才無さを発揮した。しかし、ソ連側の報告を見る限りでは、大橋は露骨に敵意を示した。彼はソ連の東清鉄道への投資額を問題にし、独占権の主張に反撃し、為替交換比率についても論争をやめようとしなかった。ソ連代表団は「日本の外務当局、軍部と満州国外交部の混成軍——この両者の間で対立があるのが、明々白々になった」との報告を本国に送っている。大橋は、交渉決裂は望まないまでも、それが長引くのを意には介さないようだった。

「交渉が難航している間に」と東郷はいう。

「満州国外交部が少数の日本陸軍将校と共謀し、この鉄道のロシア人従業員多数を逮捕してしまった。ロシア代表は、彼らが釈放されない限り交渉継続は不可能と主張した」

「誰がこの〈高等な〉陰謀を企《たくら》んだにせよ、その者は、望んだものを手に入れた」と東郷は付け加える。

「交渉は決裂したかに見えたのだから」

その当時、満州国外交部で働いていた千畝にとって、軍国主義者の台頭や交渉反対派の派閥行動は不快なことだっただろう。もっとも、反対派にしてみれば、千畝たちがソ連をもう一回交渉の席に着かせるよう手配したときは、もっと不快だったろう。

交渉は二十一か月におよんだ。日本は、ソ連が満州国代表と直接交渉するのを望んでいた。それが満州国の事実上の承認になると見ていた。だが、東郷は、彼自身で問題解決にあたらなければならないと考えた。

「それ以来、交渉は一方にソ連、他方に日本という形で進んだ。私が交渉に責任を負うようになった」と彼は記している。

最終的に手づまりを打開したのは、ソ連側だったようだ。彼らは、ここで強情を張るのは、日本の反ソ派を強めるだけと悟った。もし戦争になれば、ソ連は鉄道を失うかもしれない。しかし交渉をすれば、期待したほどではないかもしれないが、いくらかは支払ってもらえる。さらに、ナチスがソ連の現実の恐怖になってきていた。ここは、妥協したほうが得策である。ソ連としては、国の東西の両面で行われる戦争だけは何としても避けなければならなかった。

一九三五(昭和十)年三月二十三日、ヒトラーがベルサイユ条約*を無視してドイツ再軍備を宣言した数日後、日本とソ連はこの交渉を終えた。ソ連は、東京で満州国との協定に署名した。ソ連は〈東清鉄道とそれに付随する事業・資産に関する全権利〉を満州国に割譲した。それに対して、満州国政府は一億四千万円を支払った。その額は、当初、ソ連が要求した六億二千五百万円より、はるかに少なかったが、日本の最初の提示額を九千万円上回るものであった。千畝の周到な資産評価が、両国を現実的価格に歩み寄らせたものといえよう。

その日の朝、東京で調印式が行われた。ソ連・日本・満州国の役人が出席し、将来について楽

*ベルサイユ条約
第一次世界大戦後の一九一九年、ドイツと連合国との間で結ばれた講和条約。

観的見解を述べた。満州国代表は大橋だった。出席者の名簿に大橋と並んで杉原外交部科長の名が掲載されている。

ハルピンでも、祝辞と祝杯が交わされた。その行事に千畝が出たという記録もない。しかし、困難な任務をやりとげ、不可避と思われた戦争が避けられたのだから、千畝が幸福だったことは確かである。

だが、満州政権内の千畝の友人や多くの日本人にとって、この決着はほろ苦いものであった。対ソ全面戦争の第二ラウンドを不可避と信じていたタカ派にとって、鉄道沿線の紛争が平和的に解決したことは、ソ連に対し予防戦争を始める機会を逸したことを意味した。日本は開戦の主導権を失った、というのである。タカ派は、千畝が交渉に関与したことを責めたかもしれない。

この交渉では、ソ連が長い間求めていた不可侵条約は成立しなかった。「当時、日本政府は、こうした条約を結ぶのに時機を得ているとは考えなかった」と、東郷は後に記している。

実際、両国とも〈平和〉について、永続的といえる構想は持っていなかった。ソ連にとって、満州からの撤退を決めたこの協定は、単に戦術的なものにすぎなかった。ある日本人の情報将校は、このとき、ソ連の鉄道従業員たちと交わした会話を覚えている。彼が「君たち——、長年つくしてきた満州を去るのは残念だろう。それに、東清鉄道の売却のような〈完敗〉ぶりを見るのは辛いだろう」と問うたのに対し、従業員たちは答えた。「遅かれ早かれ、われわれは鉄道を取りもどすだろう——金を払わずに！」と。

実際、この〈小休止〉の間に、ソ連側は防衛力を強化していった。鉄道をめぐって日本側と小競り合いを起こす心配がなくなったソ連は、五か年計画に邁進《まいしん》した。兵器を増産し、基地を増やした。ウラジオストクの基地滑走路にも、新装備の爆撃機が並べられた。当時の駐日ソ連大使ユレネフの言葉によれば、〈これらは紙と木材でできた日本の家にとって脅威〉だった。外交官らしい言葉とはとてもいえないが、「日本の工業中心地は一晩の空襲で破壊されるだろう」と脅かした。

この〈小休止〉は、国際世論の中でソ連の立場をよくし、ボルシェビキは好印象の得点を稼いだ。日本が国際連盟を脱退し、孤立を深めていたとき、ソ連は逆に連盟に入ろうとしていた。日本の対アメリカ・中国関係が緊張の度合いを増していたとき、ソ連は両国との関係を改善していっていた。

満州周辺のユダヤ人

一九三五(昭和十)年、東清鉄道の最後のソ連人監督官と政治委員が出国すると、日本は何の邪魔もなしに、満州の開発と植民地化を進められるようになった。それは慶賀さるべきことであったが、当時、日本の政治は派閥争いに明け暮れていた。陰謀が政策にとって代わり、政策決定は難しく、その実行はさらに困難なものになっていた。

満州開発については、多くの提案がなされた。その中には、ユダヤ人——それも〈アメリカと特別にいいつながりを持つ者〉や財産家――に避難所を提供するという案があった。ヒトラーのユダヤ人弾圧がいっそう激しくなるにつれて、高度の教育を受けた科学者、技術者、音楽家が、絶望的状況の中で職と家を求め、ドイツから大量に脱出していた。満州開発の速度を上げようとしていた日本にとって、これは願ってもない好都合なことだった。

しかし、反ユダヤ主義は、日本や満州でも高まっていた。日本でもすでに『*シオン長老の議定書』は翻訳されており、ユダヤ陰謀説に感染した者もいた。

なんとも皮肉なことに、日本が満州にユダヤ人の避難所をつくることを論じていたとき、ハルピンのユダヤ人は、誘拐などの暴力におびえ、満州から脱出しようとしていた。

日本政府には、満州の開発計画の中でユダヤ人を利用できる別の理由があった。ソ連は、一九二八(昭和三)年に満州から撤退していたとき、満州との国境を流れるアムール河(黒龍江)沿いの*ビロビジャンに、ユダヤ人自治区を樹立する計画を発表した。この計画には三つのねらいがあった。第一は国境を越えて侵入する日本軍を、ユダヤ人が防御最前線で防ぐ。第二に、ビロビジャンがソ連国内に住むユダヤ人の恰好《かっこう》のゴミ捨て場になる。第三は、これが最も重要であるが、当時、スターリン一派の野蛮さを伝える報告が国外にもれており、この計画はソ連の悪評を訂正するのに役立つだろうというものだった。

「ドイツやアングロサクソンと違い、われわれはユダヤ人を助けている」と、ソ連は自賛した。

一九三〇年代、ナチスは反ユダヤの*ニュルンベルク法を実施し、イギリスはパレスチナで反ユダ

*『シオン長老の議定書』 帝政ロシア末期、〈ユダヤの長老会議が世界制覇を目論んで議定した文書〉と偽って出された本。ナチスのユダヤ人迫害政策にも利用された。

*ビロビジャン ロシア連邦東部、ハバロフスクの西北西約一七〇キロのある小都市。人口の約八パーセントがユダヤ人。

*ニュルンベルク法 一九三五年、ドイツのニュルンベルク市で開かれたナチスの党大会で発表されたもので、ドイツに住むユダヤ人から市民権を剥奪するという党議。

ヤの委任統治を行っていた。彼らとは対照的に、「ソ連は、ユダヤ人がパレスチナでローマ帝国と戦って祖国を失って以来二千年、はじめてユダヤ人の〈祖国〉を建設してやっている」というわけだった。

ビロビジャンの鉄道駅には、早速、イディッシュ語の標識が掲げられた。〈数千のユダヤ人がソ連の文化を享受している〉と、ソ連はにぎにぎしく宣伝した。

日本側は、この時期にソ連がビロビジャン開発に力を入れるのは、宣伝のためだけなく軍事目的もあると受けとめていた。ユダヤ人居留地は、かつて関東軍が赤軍を相手に激しい衝突をした地点からアムール河を少しさかのぼったところにあった。

「日本軍がソ連領に侵入した場合、このビロビジャンのユダヤ人は、われわれにとって厄介《やっかい》な荷物になっただろう」と、第二次世界大戦中の外相・重光葵《しげみつまもる》は記している。

「それは、ユダヤ人の問題が世界世論に影響をおよぼすことを考えたうえで、ハバロフスクの軍事基地近くにつくられた」

一九三四年、満州国外交部ソ連科長兼計画科長・杉原千畝が、機関車や外交官をまともに走らせようと頑張っていたとき、陸軍大佐・安江《やすえ》仙弘《のりひろ》は、自分の仕事のできばえに満足していた。この軍事専門家は、〈軍事クラブ〉の援助を受けて、『ユダヤの人々』という本を出版したところだった。この本には陸軍大臣の序文が付いていた。それは、ユダヤ人に対するお世辞と反ユダヤの主張からなる奇妙な文章だった。こういう怪しげな姿勢こそ、日本の反ユダヤ主義の典型といえる。そこでは、ユダヤ人が政治・経済の分野で活躍していることを強調するとともに、そうした分野で彼らが頭角を現そうと過熱するところから弊害が出ていると述べている。

安江の軍人としての経歴は、第一次世界大戦後のシベリア出兵に、歩兵部隊の大尉として参加したことから始まる。そのとき、彼はロシア革命から逃れてきたユダヤ人と出会った。同時に、母なるロシアにふりかかった災厄《さいやく》は〈主イエスと皇帝の敵であるユダヤ人のせい〉と考える白系ロシア人をも知ることにもなった。帝国陸軍は、専門家を養成して必要分野に配置するよう心がけていたので、一九二七(昭和二)年には、この新米の〈ユダヤ通〉をヨーロッパとパレスチナに出張させ、ユダヤ人社会を勉強させた。

一九三〇年代、安江は満州国の各地に駐在し、そこで内外のユダヤ人社会をスパイしていた。また、当局がユダヤ人に何かを伝達する、あるいは何かの政策を実行する場合、彼が連絡係になった。一九三〇年代後半、彼はハルピンにいた数人のユダヤ人指導者を督励して、極東のユダヤ人のために三つの会議を開催した。これらの会議は、事前の教育が行き届いていたと見え、どの演説者も異口同音に日本がユダヤ人に親切だと礼賛した。ユダヤ人のある者は、満州が彼らを歓迎する最終地点になるかもしれないと思っていた。

一方、日本は満州に自国の移民を多く入植させることができない場合、少なくとも中国人の影響を減らすかたちで、満州の人口構成を変えていきたいと考えていた。その意味では、ユダヤ人は安定剤の役目を果たすだろう。ビロビジャンを向こうにまわして、満州のユダヤ資本とその影響力を利用する。ただし、〈ユダヤの共産主義〉の危険は居留地に封じ込めておく――日本は当時、そんなことを考えていたようである。

安江は一九四〇（昭和十五）年、日本陸軍を免官になった。

「父があまりに親ユダヤなので、ナチスは解雇を要求したのです。父は敗戦後、ソ連に捕らえられ、強制収容所に消えてゆきました」

と長男・弘夫は語る。彼が父と別れたのは子供のころだった。いま彼は会社員生活から退き、父の名誉回復とその事蹟を明らかにすることに生涯をかけている。

一九九四（平成六）年八月、東京のアメリカンクラブで弘夫は私に語った。

「父は反ユダヤではなかった。それを証明するためには、何でもやるつもりです。ユダヤ人だって父をたたえているのです」

彼は挑戦されているかのように喋《しゃべ》った。

「ユダヤ人は、二冊の神聖な書を持っています。金の書と銀の書です。金の書には世界的に有名なユダヤ人の名前が記され、銀の書には、ユダヤ人に貢献した外国人の名前が載せられています。私の父の名は銀の書でなく、金の書に入っています。ユダヤ人は、父が彼らのためにしたことに、特別の感謝の気持ちを表したかったのです。一九四一（昭和十六）年に彼らがこれをしたのは、日本陸軍の懲罰が不当だったと訴えたかったからです」

これは奇妙な理論であった。彼が言及しているのは、植林のために基金活動をしていた、あるユダヤ人機関のことで、そこでは寄付金の額の代わりに金・銀の書に名前が記されることになっていた。われわれの知る限り、この書は、その書に名を入れられた人物に歴史的評価をくだすものではない。

ユダヤに対する日本人の態度は、安江に見られるように矛盾だらけである。

日本の外務省外交史料館には、反ユダヤ主義の文献がじつに多く収集されているが、そのほとんどはアメリカでつくられたものである。それらの邪悪な、しかし丁寧に保存されている史料をつらつら眺めていると、千畝の世代がいかに世間知らずだったかが——あるいは、逆に、世界を知ろうとしていた、その熱意が伝わってくる。これらの史料を集めた官吏たちは、ただひたすら、ユダヤ人とは何者なのか、なぜ彼らは、これほど嫌われるのかを、知ろうとしていた——。

〈ユダヤ人とは協力したほうがいい。日本人の目の届くところに彼らを置いておくのが望ましい〉という内容の、極秘の印が押された一通の政策文書。日付はないが、間違いなく早い時期の政策を示す、この『（日本での）ユダヤ人の扱い方』では、そうした主題を展開している。

一、日本の貿易はユダヤ人に頼っている。彼らによって発展・運営されている。もしユダヤ人が日本に敵対することになれば、われわれの貿易は痛手をこうむるだろう。

二、外資導入のために、ユダヤをわれわれの側につけなければならない。満州の生産力を上げるには多大の資金が要る。もし、われわれがユダヤを敵に回すと、彼らの世界金融市場での力はきわめて大きく、海外からの資金調達は不可能となろう。

三、アメリカ・イギリスが日本に経済的圧力をかけてきた場合、われわれはユダヤを利用しなければならない。ユダヤには強い民族的連帯があり、もし、われわれが彼らを虐待すれば、われわれに不利なことになろう。

四、ユダヤを排斥すれば、アメリカの中立法*の発動をうながすことになる。満州事変以来、この中立法は、いつ発動されても当然という状態にある。それがまだ制御されているのは日米間の経済関係による。もしユダヤ感情が傷つけられれば、彼らが貿易の利益を放棄することになれば、あるいは、在米四百五十万のユダヤが同法に同意すれば、同法は必ずや発動されるにいたろう。

五、日本には現在二千のユダヤがいる。そのほとんどが東京・横浜に住み、教師・音楽家を職とする。神戸・大阪に住む者の大半は貿易に従事している。満州・北支那には約二万のユダヤ人がいる。われわれは、彼らが日本に悪影響を与えることはないと信じる。しかし、この状況は欧米諸国とは著しく異なる。これらの国々において、ユダヤ人は国家機関に浸透し

＊中立法
一九三五年以降四回にわたり制定され、交戦国・内乱国への武器輸出と借款供与の禁止が規定された(三九年法では武器の禁輸条項は撤廃)。

つつあり、政府はこれを統制できない。しかし日本では、かかる事態は起こりえない。もしも、なんらかの危険分子が入り込むようであれば、われわれは、共産主義者の入国を禁止したように、通常手段によって規制することが可能である。われわれは、彼らがユダヤ人であるという理由だけで、ユダヤを排斥する必要はない。われわれは彼らを利用し、ユダヤ人に敵意を抱かせぬよう努めるべきである。世界のユダヤ人は、今、われわれを見守っている。日本にはユダヤへの差別がありえないことを示さねばならない。

こうした態度が、どの程度一般的だったかは確かでない。外務省に残っている同様提案の数から推して、これは安江大佐のような少数の〈ユダヤ通〉の仕事ではないと思われる。この種の提言の特徴は、日本の行政下にあるユダヤ人の状況を、アメリカの政策に結びつけて考え、政策の行方を懸念していることである。これらの提言は、おもに英米派から出されたと考えるのが妥当だろう。

私は疑い始めた。千畝は英米派の一人として、ユダヤ人を救出したのだろうか。この一派が、彼を成功させようとして助けたのか——。

疑われる千畝

こういうユダヤ問題の議論があった一方、日本は満州国建設に乗り出していた。不毛の荒れ地に新しい都市が続々と出現した。工場の数は、一九三一(昭和六)年の四百三十から、一九四〇年の一千八百五十三へと急増した。大陸をめぐる鉄道網は、総延長五千三百キロにおよんだ。なかでも代表的幹線の大連~新京*間を、美しい姿の特急〈亞細亞《アジア》号〉が、欧米の最高速の列車にひけをとらない速度で走った。一九二九年の世界恐慌は、日本の農村にも深刻な打撃を与えたが、農業労働者は急成長の満州に仕事を見つけることができた。一群のユートピア信仰者は、満州こそ日本の社会的・経済的危機を救う特効薬と考え、そうした幻想を振りまいた。実態は帝国主義支配地で排外主義の傾向も強かったが、日本は〈大東亜〉の理念で異民族の共生を唱えていた。熟練者の需要は大きく、ユダヤ人も歓迎された。

鉄道の整備、大規模な上下水道施設の建設などで、満州は好景気にわいていたが、それは、なお武装兵士に守られた荒野であった。日本が期待したほどは、ソ連との緊張も緩和していかなかった。一九三五(昭和十)年だけでも、ソ満国境での小紛争は百五十二件にのぼった。両国とも、スパイや挑発者を送り込み、疑似戦争の状態が続いていた。どちらが衝突の原因をつくったにせよ、とにかくソ連は次第に手に負えない相手になり、日本が敗れることが多くなった。日本が北満鉄道(かつての東清鉄道)を買収してから二~三か月後の一九三五年七月に、モスクワでコミンテルン*

＊新京
長春が満州国の首都に制定されたのを機に改称されたもの。

＊コミンテルン
共産主義インターナショナルの略。一九一九年、世界革命をめざして、レーニンらによって創設された。その後、各国の共産主義運動を指導したが、一九四三年に解散。

ン第七回大会が開かれた。そこで、日本・ドイツ・ポーランドによる〈世界再編成の帝国主義的野心〉に対する闘争が決議された。日本は、それに対抗して脅しをかけた。陸軍大臣・荒木貞夫は語った。

「もしソ連がわれわれをわずらわせ続けるなら、蝿《はえ》を駆除するようにシベリアを一掃しなければなるまい」と。

しかし、荒木の部下は、ソ連軍が数でも熟練度でも兵器の性能でも、日本軍に優っていることを思い知らされていた。一方、軍部内の別の一派は中国を撃つべしと唱えていた。この派には、土肥原大佐や石原莞爾《かんじ》*がいた。石原と千畝は、満州国建国以前に若干の関係があった。

この中国を撃つという案は、そのときは挫折した。〈北の熊〉ソ連は、その古い策略を始めようとしていた。――そして千畝は、ふたたび板ばさみになっていた。一九三五(昭和十)年七月一日、満州国が北満鉄道の買収協定を締結した三か月後に、千畝の履歴書には〈依願免本官〉と記されている。その〈願〉は、ある程度、強いられたものだったかもしれない。

「杉原は、陸軍が満州国政府を支配する、そのやり方がいやで満州の仕事を辞め、本国の外務省にもどったのだと一般的に考えられています」

と、千畝の友人・笠井唯計《ただかず》は語った。

「憲兵は、彼がロシアのために働いているのではないかと疑っていました。北満鉄道買収のときに彼はロシア人と非常に親しくなっていたし、ずいぶん多くの情報を持っていたからです。彼は

*石原莞爾
一八八九〜一九四九年。軍人。一九二八年、関東軍作戦主任参謀となり、満州事変の謀略を主導し、満州国建設を推進した。

帰国を命じられたのです」

千畝・志村・笠井――。彼らは、役人・外交官・スパイの役を交互に演じながら満州でともに働いていた。笠井は一九三八年、ハンブルグ総領事館に、高等官試補として赴任し、ベルリンに派遣された。彼は大戦期間中、駐ドイツ満州国代表として勤務し、一九四〇年にベルリンで千畝と再会した。現在、彼は八十六歳、私たちは岐阜市の彼の家で話をした。

笠井の記憶に残る千畝の人間像は――寛大で、他人の世話を熱心にみ、学生に対しては誠実で、仕事好き、といったものだった。ハルピンで、千畝は笠井を夏の仕事に雇ったことがある。笠井も岐阜県出身、年齢は千畝より下だが、ハルピン学院卒業生だった。千畝は笠井を自分の妹に紹介さえした。この思い出は、半世紀後の今でも、笠井の顔を赤らめさせる。しかし、彼の心に一番残っているのは、やはり千畝の流暢《りゅうちょう》なロシア語だった。

「杉原はロシア人と気楽に付き合えました。彼らとうまくやってゆくセンスを持っていました。あの人は、ロシア人たちとの間に温かい雰囲気を醸《かも》し出しました。ロシア人たちが激論しているので近づいてみると、その一人は、夢中になってやり合っている杉原でした」

と笠井は思い出す。笠井にいわせれば、千畝は、〈現地人〉になってしまった植民主義者であった。故国の仲間から離れ、ハルピンの白系ロシア人やユダヤ人に深く入り込んでいた。

「杉原はユダヤ人とつながっていました」

と笠井は確信をもっていう。しかし細部は覚えていない。千畝のそうしたつながりが、満州国の鉄道購入にあたって、かなり貢献したのは確かである。だが、結局のところ、上司たちは、その彼に感謝することがなかった。彼の抜群のロシア語と、ロシア人との親密な付き合いぶりは、憲兵に二重スパイの疑いを抱かせることになった。

ロシア人の妻を持っていることも助けにはならなかった。ソ連側から手に入れるよりも多くの情報を、相手にもらしているのかもしれないと想像されたかもしれない。

「大橋氏は関東軍とも密接な関係を持っていた」

と千畝の上司に言及して笠井はいう。

「軍が杉原を追い出そうとしたとき、大橋はとめなかった。杉原のパーティーに出たとき、一度警察から聞かれた。杉原とどんな話をしたかと。私は、ありきたりの話題が出ただけといってやった」

要するに、千畝の同僚の、誰かが裏切ったのである。他の者は彼を支持したが――。鉄道を妥当な額で評価し、日本政府に大きな利益になるよう取引をまとめたことも、彼に対する疑惑を打ち消すことにはならなかった。おそらく、千畝の有能さそのものが、恨みを買ったことと思われる。

笠井は、千畝が独立心を持っていたこと、上司との軋轢《あつれき》は、一九四〇(昭和十五)年夏にリトアニアで始ったわけではない、と明言する。

日独防共協定[*]

笠井唯計は一九四〇（昭和十五）年から、ベルリンの公使館に勤務した。このドイツの首都にはすでに岐阜の素封家《そほうか》出身の陸軍大佐・大島浩が、一九三四年に大使館付き武官として赴任していた。彼は独自の路線を伸してきていた。彼は、早々とヒトラーをはじめナチスの高官と個人的に親しくなった。満州の兄弟国・日本を代表するスタッフに有能な岐阜県人がいることが、若い笠井には心強かった。彼はベルリンで、じっくりと〈独立国・満州〉の国益を増進させなければ、と思った。〈型破りの外交官〉大島が、後日、最も微妙な任務に、それほど若くもない千畝を選んだのが、同県人意識によるものかどうかはわからない。ただ日本とドイツの複雑な関係と、着任以来の大島の勇み足を見れば、一九三九年の千畝のカウナス派遣は納得できるものと思われてくる。

野心的で向こう見ずの大島は、日本がナチス・ドイツと軍事同盟を結ぶべきであると固く信じていた。彼は、両国の上層部の信用を失わないよう心がけていたが、大事なときに足を踏みはずすことになる。

大島は千畝より、十三歳年上だった。千畝がロシア文化に傾倒したように、大島はドイツ文化に魅了されて専門家になり、熱烈な愛好者でもあった。二人とも仕事ができ、外国人の前でも自信に満ちていた。ただ大島は、千畝・笠井・志村と違って、富裕で著名な家の出自だった。大島

＊日独防共協定　コミンテルン（共産主義政党の世界的統一体）とソ連に対抗するための協定。一九三六（昭和十一）年に締結。

家とドイツや陸軍とのかかわりは、少なくとも一世代前にさかのぼる。

彼の父・大島健一は、後藤新平と同時代人で、プロシャの有名大学で学んだ最初の日本人だった。一八九〇年代から第一次世界大戦まで、陸軍中将にいたる公職期間中に、ヨーロッパをくまなく旅した。その後、彼は陸相をへて貴族院議員、枢密顧問官などを歴任した。

息子・大島浩は、陸軍士官学校と陸軍大学でドイツ語を学び、その流暢な語学力は他を圧した。最初の海外勤務地として、誕生間もないワイマール*共和国に派遣された。これには第二次世界大戦で重要な役割をになう、後にともに有名になった東条*英機《ひでき》と山下*奉文《ともゆき》が随行した。

大島がベルリンに着任したとき、これらの有力将校との個人的関係が有利なことを知る。彼らの支持が、後にナチスとの交渉を成功させた。ベルリンでの大島は、適所に配された適材だった。

東京から大島に送られた訓令ははっきりしていた。第二次日露戦争が始まった場合に、ドイツが日本側につくことを明確にさせることである。彼は、ソ連に対する日本・ドイツの情報協力態勢を確立することも命じられていた。千畝が反対側の国境で、平和への障害物を除こうとしていたとき、大島はソ連に対して効果的に戦える同志を探していた。

最も恐ろしいのは、二面戦争に巻き込まれることであり、最もいい計略は敵を二面戦争に引きずり込むことだった。ただ、それには相当の手腕が必要だった。

大島は、満鉄顧問だった実業家F・W・ハックの助力でドイツ社交界に登場した。そのころハッ

＊ワイマール共和国
一九一九年、ドイツ帝国に代わって成立。正式名はドイツ共和国であるが、当時世界で最も進歩的な憲法といわれたワイマール憲法の制定地にちなんで、俗にこうよばれる。三三年、ヒトラー内閣成立により崩壊。

＊東条英機
一八八四〜一九四八年。軍人政治家。一九三七(昭和十二)年、関東軍参謀長。四一年、首相。太平洋戦争に突入。東京裁判の判決によって刑死。

＊山下奉文
一八八五〜一九四六年。軍人。一九四一(昭和十六)年、軍司令官としてマレー半島上陸作戦を指揮。四四年、フィリピンで米軍と交戦する。敗戦後、戦犯として処刑された。

クは、日本軍部に飛行機や兵器を売り込んでいた。ハックは、この新武官を、旧友の外務大臣J・*フォン・リッベントロップに紹介した。彼と数回会った後、大島は総統に引き合わされた。ヒトラーは、すぐ、この東洋の武人に好感を持った。二人がワグナーを聴きながら武士道を論じている光景を想像していただきたい。ことによると、ヒトラーが大島に傾倒した結果、日本国民向けの〈名誉アーリア人種〉なる範疇《はんちゅう》が創造されたのかもしれない。ナチスの人種理論から逸脱しているのを、どう理屈をこねて合理化したのか知らないが、ヒトラーは大島と並んで写真に納まるのが好きだった。ヒトラーのほうが、頭ひとつ、背が高かったことが気に入っていたのかもしれない——。

ベルリンで大島は、かなりの印象を与えた。ある女給はいっている。

「大佐はそつがなく、あたりが柔らかで、なにか鰻《うなぎ》のような感じで…… 非常に聡明で抜け目がなく、多才な人です。日本の国家主義とナチズムが似ていると何度も強調しました」

間もなく、彼は国家社会主義や、その新秩序について、宣伝大臣ゲッベルス*顔負けの熱意で声明を出し、論文を書くようになる。

「ドイツ国民の総統への信頼が、空前の、偉大にして驚異的業績を達成させた。今日、八千万ドイツ人は、西のムーズ*川から東のネマン川まで、北海とバルト海から南のアルプス国境まで——まさに〈一つの民族、一つの国家〉である。偉大であり、強力であり、無敵である!」

数年後の一九四二(昭和十七)年四月には、ゲッベルスが賛辞を送る——。

*J・フォン・リッベントロップ 一八九三~一九四六年。ナチス・ドイツの政治家・外交官。ニュルンベルク裁判で死刑の判決を受け、刑死。

*J・ゲッベルス 一八九七~一九四五年。早くからヒトラーと行動をともにし、特にナチスの宣伝面で力を発揮。三〇年代の党勢拡大に寄与した。ベルリン陥落直前、自殺。

*ムーズ川 フランス・ベルギー・オランダをへて北海に流れ出る国際河川。ドイツ語ではマース川。

「大島は枢軸国の政策を雄弁に物語った。彼は賢明で、行動は颯爽《さっそう》としていた……。ドイツは彼に敬意を表して記念碑を建立すべきだ」と。

しかし、大島の宣伝面での業績に比べ、その外交上の功績は、いささか精彩に欠ける。ベルリンで見聞したものに彼は感動したが、その感動が深くなるほどに、彼が伝えるナチスの〈偉大さ〉に東京は複雑な反応を示し、そのことに彼は鈍感になっていた。そのことは、一九三六(昭和十一)年に彼の努力で実現した防共協定——コミンテルンに対抗する日本とドイツの協定——で、最も明らかになる。その協定は、たいした効力を持っていなかった。日本の外務省にはアメリカ・イギリスに敵対したくない者もいたので、その協定には東京で秘密議定書がつけ加えられ、きわめて限定された内容のものになった。

一方、スターリンは東西から包囲されるのを恐れ、中立化に向かった。それは、日本が中国での戦争を終わらせようとする場合、日本の自由行動をさまたげることになった。

大島が手がけた日独防共協定が、そんな状態だったのに比べ、スターリンのスパイ網は大活躍した。例のゾルゲは日本の上層部に食い込み、日本がこの協定に限定的支持しか与えていないことをスターリンに報らせた。ところがフランクリン・D・ルーズベルト*大統領とアメリカ国務省は、これを過大評価した。その結果、アメリカは日本に対して猜疑《さいぎ》心と敵意を強めてゆき、日本国内の親英米派の立場を弱めることになった。結果的に親ドイツ派の立場を強めることになった

*フランクリン・D・ルーズベルト　一八八二〜一九四五年。第三十二代アメリカ大統領。一九二九年の大恐慌への対策としてニューディールを推進。第二次世界大戦中は連合国側を指導した。

アメリカに、大島は感謝してもよかったのかもしれない――。

ナチスに対して好悪の感情が分裂していたのは、東京ばかりではない。ベルリンの日本大使館も、ナチスとの同盟をめぐって分裂していた。大島の上司、東郷茂徳《しげのり》大使は、どちらかといえば親英米派だった。しかし大島は、一九三八(昭和十三)年秋には、この官僚間の勢力争いに勝ち、ドイツ大使に昇進した。東郷は、慰労の意味でモスクワ大使に任命された。東郷と彼のドイツ人の妻・エミリー・ギーゼッカーは、あの〈水晶の夜〉*の直前にベルリンを離れた(東郷は未亡人だった彼女と一九二二年に結婚していた)。エミリーが最初の結婚で産んだ息子ギドは、若い優秀な建築家だったが、情緒不安定だった。ギドは一家がベルリンで生活していたとき、公共の病院に強制的に収容させられていた。祖国も息子もともにナチスに乗っとられ、エミリーはひどい鬱《うつ》状態に陥った。

次の年、ドイツ当局からモスクワにいる東郷に、ギド死亡の知らせが入った。ドイツ側は「死因は心臓障害。遺骨はそちらに送る」と伝えてきた。ギドの死は、三十年代末期に行われた身障者への実験――それによる殺害の一例だったのだろうか。ここで開発された技術は、後にユダヤ人の殺害にも使われた。

六十年たって、なお東郷の家族にとって、ギドの死は謎である。ギドがナチスの安楽死政策の犠牲者だと、東郷が知っていたか、あるいはそう感じていただけなのかはわかっていない。確実

*水晶の夜
一九三八年十一月、ドイツ全土のユダヤ教会に火がつけられ、ユダヤ人の店がこわされた事件。ナチスによるユダヤ人迫害の引き金になった。

なのは、彼がナチスを憎悪していたことである。この夫妻がギドをしのび、〈彼らの敵の敵〉であったユダヤ人に、なんらかの特別に強い同情を抱いていたとは考えられないだろうか。

一九三八(昭和十三)年十一月から四〇年十月まで、東郷は、大使としてモスクワに勤務した。そして、四一年十月に外務大臣として入閣するまで、外務省に籍を置き続けた。

その東郷のモスクワ時代に、杉原ヴィザを持つ何千人ものユダヤ人がモスクワを通過した。そして彼の東京帰任後も、彼らは日本にやって来た。東郷の彼らに対する態度に、その個人的体験が作用しなかっただろうか。戦後に書いた回想録で、東郷はそうした同情の気持ちがあったことを認めている。一九三六年にすでに、こんな事件が起こっていた。そのころ、新交響楽団の専任指揮者にドイツ系ユダヤ人のJ・ローゼンシュトックが任命された。駐日ドイツ大使館は、日本政府に彼を解雇するよう圧力をかけた。しかし、このユダヤ人指揮者の任命を守り抜いたのは東郷だった。

一方、千畝の仕事はどのように続いていたのだろう?

一九三四年八月二十五日、鉄道買収交渉で奮闘している最中に、彼は満州国外交部でロシア科長兼計画科長に昇進していた。その成功が何によるものであったにせよ、束の間のことだったのは、すでに見てきた通りである。彼は翌年七月一日、依願退職し、その同じ日に外務省にもどって大臣官房人事課に勤務することになる。

七月七日、満州国の首都・新京を出発し、十五日に東京に到着。二十三日、〈情報部一課に勤務〉の任命を受ける。これは広報よりも諜報《ちょうほう》を主とする外務省の部署と考えられる。新しい任務は、コミンテルンが日本の中国侵略を非難する声明を出した後に発せられている。一九三五年は、だいたい東京で暮らしたようである。その年の十二月三十日、彼とクラウディアは〈双方の合意により〉離婚した。

東京は、二十年前の早稲田時代とは、すっかり変わっていた。関東大震災の跡は大規模に復興され、政治情勢も大きく変化していた。千畝が帰京して間もなく、青年将校の一派が政府転覆を企てた。一九三六年の二・二六事件である。三〇年代前半にも五・一五事件のような暗殺やクーデター未遂事件はあったが、この事件は日本の危機が新しい段階に達していることを示していた。かつて彼が満州国で見た省庁と軍部との軋轢《あつれき》は、今や中央にまでおよんでいた。

いつの時代でもそうだったが、この時代も、日本は内外で西欧の影響と取り組んでいた。当時の日本の人口は六千五百万人。そのうち、西欧人の数は一万未満、ユダヤ人は九百人以下で、国籍は様々だった。その大部分はバグダッド・ボンベイ・上海などから来ていた。なかには、ハルピンや満州国経由で来日した者もいた。ドイツ系ユダヤ人の中には、ドイツの有力大企業の一族もいた。たとえば、あの悪名高い武器製造会社クルップ社の代表者などがいた。この本社では、数年後にユダヤ人を奴隷労働に使役し、数千人を死にいたらしめた。

日本とドイツの関係が緊密になるに従い、日本政府はナチスの反ユダヤ政策に同調するようになったが、ある面では、むしろ当惑していた。なるほどユダヤ人は、気に食わない連中かもしれない。それにしても、なぜ、その才能・技量・富を犠牲にしてまで、彼らを追い払わねばならないのか――。

まぼろしの〈ユダヤ領事館〉

千畝が生きていた時代は、各強国が、同盟を結んだり破棄したりの権謀の時代だった。それは、たとえばドイツと日本、ドイツとソ連、さらに日本とソ連との間で繰り広げられた。これまで強調したように、大部分の日本人はユダヤ人のことをほとんど知らなかった。その基本的知識は、安江大佐が伝えたような矛盾した印象に基づくものだった。ユダヤ人が嫌われるのなら、それなりの根拠があるに違いない。他方、日本人は、新交響楽団の指揮者の場合のように、職を失い国を離れてゆくユダヤ人にひきつけられてもいた。急速に工業化していく日本にとって、ユダヤ人の科学者、技術者、企業家を使えるのはありがたいことだった。どんな理由があるにせよ、ドイツが彼らを放逐《ほうちく》するのは、もったいないことと日本人には思えた。ドイツの反ユダヤ主義はドイツの信用を高めることにはならなかった。

もちろん、時には日本も同盟国への礼儀上、ドイツのユダヤ人排斥運動に用心深くこたえることもあった。たとえば外国レコードの販売店は、日本で最も人気があり尊敬されている音楽家がユダヤ人だったとわかったときは、そのレコード販売を遠慮するよう求められた。しかし繰り返すが、ナチスはユダヤ人の国外移住を、一九三九(昭和十四)年、第二次世界大戦が始まった後でも、かなり奨励していた。ユダヤ人の輸送では金儲けができた。ヒトラーは、要するに彼らがいなくなればいいと考えていた。ナチスが同盟国日本に、上海居住のユダヤ人難民をかくまうなと圧力をかけてきたのは、もっと後になってからのことである。

日本政府の奇妙な態度を反映している良い例は、親ナチスの外務大臣・松岡洋右《ようすけ》の文章である。これは杉原ヴィザを持ったユダヤ人たちが、日本に到着し始めた一九四〇年の秋に書かれた。

「いかにも私はヒトラーと条約を締結した。しかし、私は反ユダヤになるとは約束しなかった。これは私一人の考えではない。日本帝国全体の原則である」

一九四一(昭和十六)年十二月八日の真珠湾攻撃の前夜に、日本でユダヤ人がどのように受けとられていたか、それを伝える回想記がある。ドイツ系ユダヤ人H・シュトラウスが、一九七一(昭和四十六)年に孫のために書いたものである。

その日の電話の相手は内務省の鈴木氏だった。

「失礼ですが、あなたはユダヤ領事館と関係がおありですか?」

シュトラウスは、ほんの一瞬考えて「はい」と答えた。

外国人の中には、正式な外交代表部を持っていないものもいることなど、日本人には想像もできないのを、私は承知していた。ただ日本人も、そのころにはもう、ドイツ系ユダヤ人がドイツ領事館によって保護されていないことを知っていた。だから、ユダヤ領事館なるものがあると彼らが考えても、それほど見当はずれのことではなかった。

「じつは厄介な問題をかかえています。東京で重病にかかっている人がいます。今、病院に入っていますが、世話する家族がいません。そちらで必要な処置をとってはいただけませんか」

「その人はユダヤ人ですか」

「いや、そうではないようです——。興味があるなら、いいますが、彼は黒人でダンスホールでトランペットを吹いています。どうも結核にかかっているらしいと心配しているのです。国はジャマイカといっています。イギリス領事館に連絡したのですが、そこでは、旅券を失くしたというその人のことは知っているが、当人がイギリス人であるかどうかはわからないというのです。はっきりいうと、イギリス領事館は、この人の面倒を見るのを断ってきたのです。それも不躾《ぶしつ》けに——。それで、あなたに電話をしているのです」

私は鈴木氏に伝えた。

「ユダヤ領事館は、流浪の外国人に同情を寄せる日本政府の態度に感服し、喜んで、ご意向にそいましょう」と。

シュトラウスは、千畝と同じ年にドイツのザルツブルクで生まれたが、一九三二(昭和七)年、ドイツのレコード会社の社員として、商標問題を処理するため、日本に派遣された。彼にとって運がよかったのは、その折衝が予想以上に時間がかかったことである。というのも、翌年、故国ではヒトラーが政権を握ったからである。彼は恐怖政治が始まった国に帰るよりも、日本にとどまろうと妻子をよび寄せた。彼は西欧古典音楽についての助言者として、日本のレコード会社の輸出マネージャーになった。

シュトラウスの回想はさらに続く。

一九三八年ごろには、私は日本の実業家の間では、経験豊富で良心的な人材派遣業者として知られていた。ある日、電話がかかった。鳥取鉄鋼の社長から、社へ来てほしいという要請だった。

広い事務室、一ダースもの側近。社長は聞く。

「装甲板の専門家はいますか?」

「専門家?　私はドイツと上海にいるユダヤ人の専門家の完全なリストを持っており、そういう特殊技能の専門家がいれば、知っているはずだが——。そんな専門家はいないと断言できる」

社長は微笑していった。

「東京帝大の図書館で装甲板の書籍を見つけてある。ドイツ語で書かれ、一九一四(大正三)年、ウィーンで発行、著者はF・ラツキィ。この人物が欲しい」

「その人が生きているか、ユダヤ人かどうか知らないが、やってみます」


シュトラウスは、当時すでにドイツ占領下であったウィーンに電報を打ち、そこのユダヤ人協会にF・ラツキィの調査方を頼んだ。四日後にウィーンから返事が来た。

「ご厚意に感謝す。F・ラツキィはウィーンを出発。比叡丸《ひえいまる》に乗船し、横浜着の見込み……」

鳥取鉄鋼はこのユダヤ人技師を、シュトラウスの想像以上の給料で雇った。

そのラツキィが、チロル帽の先っちょに大きな羽根飾りを着けて現れたときの驚きを、シュトラウスは描写している。

そして装甲板の専門家であるはずの人間は、じつは南京錠の専門家だった。いかにしてこの苦境を乗り切るか、シュトラウスが解決策を模索しているうちに、鉄鋼会社の社長以下が丁寧に挨拶をした。この親切な雇用主は、すでに快適な住宅、別して可愛らしい小間使い、日本語教師を用意していた。

シュトラウスは仲間のユダヤ人を招集し、局面打開のため〈ユダヤ領事館〉の会議を開いた。鉄鋼会社が雇ったユダヤ人には、期待された能力がないと報告すべきか、彼らが、それに気づくのを待つべきか。その結論が出ないうちに社長がやって来た。日本海軍が、造船作業で外国人が働くのを不許可にした、という。そして、申し訳なさそうに、社長は二年分の給料を支払い、ラツキィを辞めさせた。

このユダヤ人が自分の幸運を喜ぶ間もなく、海軍とつながりを持つ別の会社がユダヤ人の雇用許可をとってきた。シュトラウスは、厳密にいえばラツキィは適任でないとその会社に説明した。しかし、それは信じてもらえなかった。ところがラツキィがテストにかけられる前に、ふたたび巨額の金が積まれた。二番目の鉄鋼会社は、海軍の許可をとったが、最初の会社が差別だと抗議してきたので、海軍から契約破棄を迫られたのだった。金は契約不履行を詫びる違約金だった。ラツキィはユダヤ人協会に気前のいい寄付をし、残った金でウィーンの家族をよび寄せた。

時がたつにつれて、シュトラウスは、雇用と求人、文化の違いによる誤解の解決、新しく到着したユダヤ移民と役人との仲介などで、様々な経験を積んだ。ある日、シュトラウスのもとに、中央ヨーロッパから優雅な初老の女性がやって来た。若いころには少しは知られたバレリーナだったというが、シュトラウスは捗々《はかばか》しい印象を受けなかった。

数週間後、警官が現れて、ミス・ゴールドバーグのことを知ってるかと聞いた。

「シュトラウスさん、誤解しないでいただきたいのですが――日本人は、西洋人ほど狭量ではありません。われわれは人間性をクリスチャン以上に理解しています」

しばし躊躇《ちゅうちょ》した末、彼はいった。

「じつは彼女は、そこらじゅうで春をひさいでいるのです」

「信じられない！　ぱっとしない婆さんじゃないですか」

「たで食う虫も好き好きです。立派な大学の先生は、あなたとは見方が違うようです。ミス・ゴールドバーグも、その辺で商売をとめておくなら問題はないのですが、最近、彼女は学生にまで手を広げている。それが困るのです。性をどう考えるか、というのではなく――そんなことには興味がない――、われわれは規律のない西洋デモクラシーという危険思想から、この国の若者を守らなければ……」

シュトラウスは、ミス・ゴールドバーグに高年齢層だけを相手にするよう説得して、一件を落着させた。次いで、彼女は、この〈ユダヤ領事〉に妹を呼び寄せたいのだが、と切り出した。

「妹さんも――その、お仕事は――同じようなのですか？」

〈ユダヤ領事〉は知っておかねばならなかった。

「いいえ、妹は婦人服のほうです」

西欧ファッションの熟練者の需要は大きかったので、シュトラウスは安心した。その妹が到着すると、ヨーロッパの新しいドレスメーカーのうわさがすぐ広まり、東京でも最も上流階級の夫人たちが押しかけてくるようになった。

しかし、面白い話ばかりではなかった。あるユダヤ移民が、ソ連にスパイ行為を強いられているとのうわさが立ったことがあった。たまたまシュトラウスが世話した住宅のせいで、〈ユダヤ領事館〉の責任者が、首相・近衛《このえ》文麿《ふみまろ》公爵《こうしゃく》の弟と親密になっていただけのことだが、その話を聞いて仰天した、と彼は記している。

日本のユダヤ人は神経を使って暮らしていた。ナチスは、日本人に、ユダヤ人は共産主義者の片割れだと信じ込ませようと必死になっていた。

「憲兵がユダヤ人を尋問すべきだ。ユダヤ人委員会は、首相一家と親しくしている家にソ連スパイを送り込んだ」と。

この話を耳にしたシュトラウスは、二人の友人と相談してみようと考えた。だが、彼らはちょうど避暑地に出かけていた。そこで、夜九時発の列車に乗り、四時間かかって友人のところに着いた。三人で協議して、E・ベアワルドという友人が、次の列車で東京に引き返した。後で聞いたところでは――彼は午前三時半に首相を叩き起こし、事の次第を話し――われわれは災難を免れた。このように、〈ユダヤ領事館〉は、いつも用心を怠らなかった。

〈ユダヤ領事館〉は様々なつながりを持っていた。E・ベアワルドが、日本の首相を夜中に寝床から叩き起こしている間に、その兄であるP・ベアワルドはニューヨークで別の救援活動に従事していた。彼は、難民救済活動の組織〈アメリカ合同配給委員会(JDC)〉の会長で、一九三八(昭和十三)年四月十八日、ルーズベルト大統領から書簡を受けた。

ホワイト・ハウス、ワシントン

親愛なるベアワルド氏へ

貴国際委員会は、ドイツとオーストリアから政治的難民が容易に移住できるよう努力されています。この組織に協力するため、アメリカ政府は、このたび多くの他国政府代表を招きました。ドイツとオーストリアから、他国に避難しようとしながら、資金と身分証明書がなくて何千人もの人が苦しんでいます。貴委員会が彼らを救えたら、と私は希望しています。しかし、このたびの各国代表への招待状に述べているように、われわれは現行移民法を、いささかも変更しようとは思いません。さらに、救援活動の費用は非政府団体の寄付金によるものといたします。

貴国際委員会の仕事を前進させるため、アメリカ人民が、さらに効果的に活動できるよう望みます。そのため、国際委員会と、アメリカ国内で政治難民を扱っている他組織との仲介役として、私はアメリカ委員会を任命いたします。

このルーズベルト大統領の書簡が書かれた三か月後、ジュネーブ湖のフランス側岸でエビアン会議*が開かれ、P・ベアワルドはアメリカ代表の一人として出席した。この会議には三十一か国の代表が集まり、人種・宗教・政治的信条によって迫害されている難民の移住を討議した。しかし、この会議は始まる前から失敗に終わる運命だった。その第一の理由が、ルーズベルトの書簡に暗示されている。大統領と国務省は、〈現行移民法のいかなる変更〉にも反対し、ナチスから逃れようとしているユダヤ人を、行き場のない過剰人口と表現した。後年、ベアワルドが孫に書いているように、この会議に参加するのは彼にとって誇らしいことだった。しかし、この会議は、危険にさらされていたユダヤ人を救出する一歩とはならなかった。ベアワルドは、国務省の〈何もしない〉政策に暗黙の了解を与えるより手がなかったのである。

しかし、東京の〈ユダヤ領事館〉のシュトラウスやベアワルドや、横浜・神戸在住のユダヤ人は、仲間の避難民の苦労を少しは和らげることができた。シュトラウスの会社は、一部の政府役人に、ユダヤ人に対して好意的態度をとらせることができた。千畝は東京には短い間しかいなかったので、ドイツ系ユダヤ人とは知り合えなかった。しかし、彼は政府の各省庁に出入りしているうちに、ナチスの反ユダヤ政策が、日独同盟にとって必須の部分ではないと知ったに違いない。

日本の政府高官たちは、ヒトラーとどんな取引でもするつもりだったが、彼ら自身西欧に反感を持っていたので、ヒトラーが人種差別を怒号しても、話半分程度に受けとっていた。そして千

*エビアン会議　一九三八年七月、ヨーロッパで発生したユダヤ難民問題を検討するため、フランスのエビアンで開かれた国際会議。

畝は、その間の事情を観察していた。この点に関して、彼は、日本はユダヤ政策で独自の路線を歩もうとしていると、自分なりに結論をくだしていた。それは、高尚な理想と実際的配慮を組み合わせたもので、人種差別への反対を強調しながら、日本の国益のためにユダヤ人の影響力と富を利用しようとするものだった。こうした政策は、終始一貫、声高に唱えられたわけではなく、また日本の全官吏がいったわけでもない。〈ユダヤ共産主義〉への恐れと外国人嫌いが、それを妨げた。しかし、シュトラウスが理解したように、日本人は独自のやり方でユダヤ人と付き合っていたのである。

一九三六(昭和十一)年四月七日、千畝は再婚した。相手の名は菊池幸子《ゆきこ》。二人は彼女の兄を通じて知り合った。彼は東京の保険会社のセールスマンで、外務省によく出入りしていた。ある夜、彼は保険の勧誘を目的に、千畝を家の晩飯に招待した。そこで、千畝より十三歳年下で、二十一歳の妹を紹介した。菊池家は高学歴の家族で、なにかにつけ現代風だった。幸子の父母はテニスで知り合った。それは当時としては珍しいことだったと、後に幸子は誇らしげに私に語った。

一九九〇(平成二)年、幸子は回想記『六千人の命のビザ』を書いた。その中で、彼女は、やがて夫になった千畝を、次のように回想している。

「私が思いつきの質問をするたびに、彼は微笑して、私をまっすぐに見ながら、きちんと答えてくれました。……真面目な態度で話そうとしているので、私は不思議に思いました。当時、女性の話を真剣に聞いて、真面目に答えてくれる男性は稀だったからです」

そして、千畝が真剣な気持ちを表すまで、あまり時間はかからなかった。

「どうして、私と結婚したいのですか?」

との彼女の問いに、彼は即座に答えた。

「あなたなら外国へ連れて行っても恥ずかしくないから」

「そのころは恋愛結婚のできる自由な時代ではなかったので」、彼女は「年齢の違う人との結婚のほうが、かえって将来間違いがない」と、より実際的に判断した。事実として、彼女が千畝に何を感じたのか、彼女はいわない。これが激しい恋愛結婚だったかどうかも、はっきりしない。彼女は外交官の妻として海外に行き、そこで住み、彼女のいう〈華やかな生活〉を送るという考えが気に入ったらしい。

しかし、カムチャツカのペトロパブロフスク*は、華やかといえるものではなかった。千畝は結婚の翌日、四月八日に、外務省書記官として、荒涼たる都市、ペトロパブロフスカとウスカム*に赴任した。〈外国に連れて行ける〉女性であったかもしれないが、そのときは幸子を同行しなかった。九月半ばにウスカムを離れ、長男・弘樹《ひろき》の誕生に立ち会うべく、東京に四日間帰った。クラウディアはそれを許さなかったが、彼は今や父親だった。

*ペトロパブロフスク
カムチャツカ半島南東部の港湾都市。カムチャツカ州の州都。現在の正式名はペトロパブロフスク・カムチャツキー。

*ウスカム
カムチャツカ半島中東部の港町。ウスカともいう。現在の正式名はウスチカムチャーツク。

新たな彷徨

一九三六(昭和十一)年の大晦日《おおみそか》から翌三七年八月まで、千畝が何をしていたのか、カウナスへの途中、どこに立ち寄ったかについては、二つの説がある。二通の履歴書では事情は明確である。「十二月二十六日、ソ連勤務を命ぜらる」。三つの文書によって、その命令を確認できるし、ひとつは、その事実を叙述している。しかし、理由はわからないが、幸子も長男・弘樹も、一九三六年末には「千畝はソ連の近辺にすら行かなかった」という。

幸子は、一九三七年に、夫がモスクワに配置されたと記憶している。彼のロシア語の力から、これは当然だった。

「ロシア語で話すときには目が大きくなり、顔つきまで変わるのです」

と彼女はいう。そういうことを加味しなくても、「日本人離れしていた」と彼女は誇らしげにいう。褐色の髪にはウェーブがかかり、目は普通の日本人より大きく明かるかった。

しかし、いずれにせよ、千畝はソ連には行かなかった。彼が、その地の雰囲気に、あまりにもうまく馴染《なじ》めるのをソ連政府が嫌ったのでは、と幸子夫人は示唆する。それが何をいわんとしているのかは、よくわからない。そして、彼女の回想記は、外務省の年次報告書と矛盾している。その報告書には二様の記載があり、彼の陸軍と外務省での官職・昇進・給与が記入されている。第一の記載は捕らえどころのないもので、〈陸軍歩兵隊少尉、現在勤務中の大使館の二等通訳官で高等官七等〉と記されている。第二の記載では〈ソ連で勤務すべく二等通訳官として四級俸〉を受けたとなっている。

しかし、私がソ連外務省の資料館で発見したリストでは、奇妙なことに、杉原夫妻がモスクワにいたことになっている。『モスクワ駐在外交団』の一九三六年末から三七年はじめにかけての表には、夫人同行の千畝の名前が載っている。

その当時のモスクワ外交団のことを記録しているほかのリストと比べると、奇妙なことに、千畝の住所が記されていない。三七年七月のリストで千畝の名は挙げられているが、幸子の名はなく、ここでも住所は書かれていない。三八年一月には、千畝の名は消えている。しかも他資料*によると、彼は、三六年にはペトロパブロフスク日本領事館の一等書記官であり、三七年から三九年にかけてはモスクワ大使館の二等通訳官だった。

これらの表は公式のものだが、細部において異なっている。つまり、ひとつの誤りが元になって、ほかの資料まで誤りがおよんだものではないと考えられる。

これまで見てきたように、植民地官吏だった何年かの間に、千畝がソ連を訪れた形跡がある。満州のソ連地区やシベリアをめぐった記録が残っている。クラウディアはそれを明確に覚えていた。一九三〇年代前半の東清鉄道交渉で成功したことで、周囲は彼に疑惑の目を向けた。日ソ関係は、さらに複雑化し緊張を増していた。千畝が異なる派閥の間で苦労していたからといっても、驚くことはないだろう。

＊他資料
G・A・レンセン著『ロシアにおける日本外交官』上智大学出版、一九六八年

いろんな勢力の間をくぐり抜け、それで力をつけてきた別の男が、ここでは登場してくる。彼の名はリビコウスキー。通称〈R大佐〉として知られていた。ナチスの対敵諜報《ちょうほう》機関の最高責任者W・シェーレンベルクは、有能な相手への敬意を込めて、この男を「厄介なポーランド野郎」とよんでいた。私のR大佐との付き合いは、一九九四(平成六)年十月のある朝、始まった。

電話が鳴った。

「リビコウスカ*です」と、年配の女性の声だった。

先方は親しそうに話しかけてきたが、その名前に心あたりはなく、返答に窮した。話しぶりで、何か大事なことだとは感じられたが、私は困惑し、苛立《いらだ》ってさえいた。と、突然、思い出した。かなり前、ポーランドの新聞に、私は杉原ヴィザを受けた非ユダヤ人の消息を求める告知を出し、たくさんの反応があった。

「杉原からヴィザをもらった方ですか」

「いいえ」

相手の答えは簡潔だった。

三日後に、モントリオールのソフィ・リビコウスカ博士から小包が届いた。その中に、彼女の夫、故リビコウスキー大佐の写真・高校卒業証書・軍隊記録・私信が入っていた。しかし、それでも、まだ私は、これが大きな意味を持っていると覚っていなかった。読んでゆくうちに、ポーランド歩兵大隊の軍旗に触れた文章が目にとまった。旗は、R大佐の部下の手によって、〈カウナ

*リビコウスカ　リビコウスキーの妻を表すポーランド特有のよび方。

スの一日本人外交官〉経由で、彼の手元に返されたという。ようやく私にも問題がわかってきた。千畝はカウナスで何人かの個人的助手をかかえていたが、みなポーランド人だった。なぜ千畝が外国人を雇うのか、はじめ私にはわからなかったが、リトアニアでは、有能なポーランド人を使うほうが、日本人を見つけてくるより、はるかに簡単だったのだ。

数日後、私はワルシャワに飛んだ。リビコウスカ博士からは、ポーランド陸軍情報部の資料館でR大佐の関係資料の閲覧を認める添え書をもらっていた。これまでの東欧での経験から、一九八九(平成一)年以降についてでも、資料館に入れてもらえる自信は私になかった。しかし、事情は逆だった。館長や研究員の協力のおかげで、千畝の物語に新しい展望が開けてきた。シェーレンベルクの〈厄介なポーランド野郎〉は、カウナスの近くで生まれたらしい。そこは、ポーランド・ロシア・リトアニア・ユダヤ文化の接点だった。リビコウスキーはポーランドの熱烈な民族主義者になっていった。

「私はビリニュスの大学(ステファン・ベイトリ大学)で歴史と文明を学んだ。後者が私の主要関心事で、この知識が日本人を理解し彼らと協力して仕事をする助けになった」と、彼は一九七八(昭和五十三)年、あるイギリスの教授への手紙で書いている。

第一次世界大戦後、リビコウスキーは、ポーランドの陸軍士官学校で学んだ。彼は〈ドイツの行動様式〉の専門家になり、ある時期には陸軍諜報部の対ドイツ部門の責任者になった。「この地位にいたので、当時ポーランドにいた多くの日本人と接触することになった」と、彼は書いている。

一九三十年代の後半には、ポーランドの政府・軍部の上から下まで、かなりの人々がナチス支持派になっていた。ヒトラーが領土要求を始めたとき、彼らは自分の地位と財産をなんとか温存しようとした。リビコウスキーは、ナチスとの戦争が不可避と考えていた将校の一人だった。そして彼は絶対的に反ナチスだった。彼は、抵抗運動の末端組織を努力してつくり、来るべきドイツの占領への準備をした。そして、ドイツの国内からさえ情報提供者をつのった。

その目的のため、彼はP・イバノフという名のラトビアの陽気な実業家を隠れ蓑《みの》として案出した。その人間になりすまし、彼はベルリン・スカンジナビア・バルト諸国を往来した。一九三八(昭和十三)年ごろ、彼は、地下運動の将来の幹部のために、講座を開設した。教科内容には、破壊活動の基本的要素、隠密の無線通信、情報網の確立、爆発物の使用法、その他スパイの必要知識が網羅されていた。

リビコウスキー門下の優等生の中に、A・ヤクジャニエッツ大尉、通称〈クバ〉がいた。軍隊で訓練を受けた、リビコフスキー自慢の筋金入りだった。

ポーランドに降りかかった今度の災難も、クバのような出自の者からすれば、この国の古い箴《しん》言《げん》〈わが国は無秩序の上に存在する〉の哲学を裏書きするものだった。だから、たとえポーランドがナチスの征服に十分に抵抗できなかったとしても、それはほかの国々でのように、秩序立った在来の形で抵抗できなかったというだけで、最終的にはポーランドは、何か不思議な仕方で強さを発揮するのだった。

リビコウスキー大佐は、クバに、さらに高度なスパイ網づくりの仕事をさせたいと思っていた。千畝も明らかに同じ考えだった。一九四〇年に、ヤクジャニエッツと友人J・S・ダシュキエビッツ〈通称ペルツ〉は、カウナスの日本領事館に勤めることになり、のちに千畝についてベルリンに行く。この結びつきが千畝のユダヤ人救出に役立つことになる。

ヘルシンキへ

将来の事態に備え、クバとペルツがポーランドのどこかで訓練を受けていたころ、千畝は、日本領事館書記官・通訳官の仕事とは別の業務を仕込まれていた。一九三八(昭和十三)年、パリの日本大使館は、千畝にある秘密任務を与えた。そのすぐ後に、彼はフィンランドに出発している。フィンランドは、ソ連国内のできごとを知るには重要な場所である。千畝は、ソ連やナチス・ドイツをスパイするために、〈北欧の中立〉*を利用していたと考えられる。

白系ロシア人の女性と結婚して十二年、千畝は、スラブ諸国をスパイすることにかけては、外務省で専門家だった。そして今では、中立国からのほうがソ連に接近しやすくなっていた。フィ

*北欧の中立
大戦に巻き込まれることを恐れた北欧四国(スウェーデン・ノルウェー・フィンランド・デンマーク)は、一九三九年八月、中立宣言をした。

ンランド国境外では、どんな形で連絡をとるのも自由だった。前に触れたように、ポーランドと日本は、対ロシア・ソ連工作で長い協力の歴史を持っていた。R大佐の場合からもわかるように、ドイツの侵攻に対する準備では、ポーランドの諜報《ちょうほう》部門は、軍隊よりも、はるかに進んでいた。バルト諸国の情報活動の拠点は、当時スウェーデンにあったが、千畝はフィンランドに根拠地を置く連絡網をつくろうとしていたようだ。これが後日、カウナスで役に立つことになる。

千畝がフィンランドで、どんな活動をしていたかについて、私はおもに幸子から情報を得た。杉原一家は、北欧へ向かう長旅をソ連経由でなく、太平洋・アメリカ横断・ヨーロッパのルートで行った。千畝は、どんな理由であったにせよ、ソ連勤務を拒否されていたからである。

一方、幸子は、赤ん坊の世話を手伝ってもらうため、妹・節子を同行させた。この旅は幸子の人生観を変えるほどのものだった。彼女の回想記には、近代日本の歴史に見られる苦痛と誇り、自己意識の向上がうかがえる。

千畝たちはニューヨークから、ナチスの旗を掲げたドイツ大西洋航路の客船ブレーメン号に乗り込んだ。そこで幸子が見たものは——。

「年配の豊満な奥様たちが昼間は甲板で日光浴を、夜は豪華なイブニングと宝石に身を包んで談笑しています。朝昼晩の食事はダイニングルームでとるのですが、そのたびに着替えをしなければならないのです。私はドレスも宝石もあまり持っていませんから、日本から用意していった着物を着て過ごしました」(『六千人の命のビザ』より)

着物でダンスは踊りにくかったし、当時まだ慣れていない異国の言葉でお喋《しゃべ》りに付き合うのも楽ではなかった。また、「貴女の顔はなぜ黄色くないのですか?」といった無邪気な人種差別の質問に品よく受け答えするのも難しかった。

ヘルシンキに着いても、公使館関係の仕事は簡単でなかった。公使・酒匂秀一《さこうしゅういち》は妻を日本に残してきており、何か催しが行われるたびに、幸子は公使夫人の代理として駆り出された。

杉原夫妻が住んでいた公邸では、ほとんど毎晩催しがあり、彼らも社交の勤めをした。一九三八(昭和十三)年の末ごろ、酒匂公使はワルシャワに転勤した。酒匂の出発と同時に、千畝は公使代理になった。

「公使代理の妻というのは、私には荷が勝ちすぎていました」

と幸子は認める。接待日程を消化しながら、彼女は次男・千暁《ちあき》を産んだ。

幸子はまた、千畝の性格に触れる回想をしている。ヘルシンキで三十八歳の千畝は、自動車の運転を習った。

「私たちのおかかえ運転手は、自動車学校の校長をやったことがあったので、杉原は彼を先生にしました」

幸子はふり返る。

「免許をとって数日後に、運転手が飛んで来て、車が盗まれたといいました。そのとき、主人はそこにいませんでした。数時間後、公使館に入ってくる車の音が聞こえました。出てみると、車から満足そうな顔をした杉原が降りてきたのです。あの人は免許はとったが、運転手がいるときは、車の中で静かに座っていました。でも自分で運転したかったので、夜こっそり車を持ち出して運転したのです。自分がやりたいようにする性格でした」

千畝はスパイ活動も自分流でやった。もちろん、それは〈外套と短剣〉式メロドラマではなく、観察と考察によるものだった。日本公使館には、スパイが何人かいた。幸子は、泉という二等書記官の白系ロシア人の妻がスパイではないかと思っていた。彼女はあまりにも頻繁にスイスへ出かけた。後に、この女がスパイであったことが発覚した。しかも、その夫である泉自身も、幸子によれば〈ゾルゲをしのぐ大物スパイ〉だったことがわかった。千畝は一九三八(昭和十三)年から三九年八月まで、こうした状況下で過ごした。

ヘルシンキは、千畝にも親しめる街だった。フィンランドは日本と似たところがあった。彼らも隣国ソ連に脅威を感じていた。一九三九年夏、満州国とソ連国境で、日本軍とソ連軍の衝突が起こった。*ノモンハン事件である。日本陸軍はこの衝突で完敗した。この時期の千畝は、時折出されるソ連の声明などに最大級の注意を払っていた。例えばレニングラード党首A・ジュダーノフの声明。「もしもドイツがフィンランドで事を起こせば、ソ連はこれを痛撃し、二度とレニングラードに目を向けられないようにする」といった内容のものである。

そのころには、日本もフィンランドも、独ソ不可侵条約の均衡が失われた場合、どれほど高いものにつくか、よくわかっていた。

スターリンはフィンランドに領土割譲を迫り、一九三九年冬には侵攻してきた。満州国にとっても他人事ではない、と日本に思い知らせるできごとだった。

一方、凍てつくヘルシンキから離れたベルリンで、大使・大島浩は苛立《いらだ》っていた。一九三七年十一月に*日独伊防共協定は締結された。しかし、この〈空疎な〉協定は、ナチスが内容の希薄さに不満をつのらせ、いっそう形骸化していた。ナチスは、彼らがポーランドを侵略している間、ソ連が身動きできないように、日本がソ連を牽制するのを期待していた。しかし、日本本国では賛否の勢力が対立し、大島は身動きがとれず、ドイツの注文――軍事同盟の締結を伝達しかねていた。

一九三九年の春には、ヒトラーは*第三帝国が計画通り事を進めるためには、別の方法をとらな

＊ノモンハン事件
一九三九年、モンゴルの不明確な国境線をめぐって日本軍がソ連軍と衝突した事件。

＊日独伊防共協定
一九三六年に締結された日独防共協定にイタリアを加えたもので、日本が枢軸陣営に加担する大きな一歩となった。

＊第三帝国
ナチスの支配体制。ヨーロッパ制覇のために第二次世界大戦を引き起こし、四五年に滅亡した。

ければならないと覚った。大島の友人で防共協定作成の同志・リッベントロップが、密かにベルリン〜モスクワ間を往復し始めた。スターリンは、帝政ロシア時代に失ったポーランド領土の回復をめざし、事のついでにバルト諸国もいただこうとナチスに要求した。ヒトラーは、この要求をのんだ。ただし、リトアニアだけは独ソ間の地政上の緩衝《かんしょう》地帯として、別にしておこうと提案した。

日本はその年、八月二十三日に調印された独ソ不可侵条約に仰天した。時の平沼騏一郎《きいちろう》内閣は「欧州情勢は複雑怪奇」の声明を出して総辞職するにいたった。いったい、ヒトラーは、事情説明のため飛んで帰ろうとした大島に、この条約は一時の方便にすぎない、共産主義国には別の戦略があるのだと説明しなかったのだろうか？　その点は不明である。明瞭なのは、難民たちに、リトアニアが〈東方のスイス〉のように見え始めたことである。そこにはすでに多数のユダヤ人が住んでおり、国境はスイスより越えやすかった。こうした状況展開が、カウナスの千畝を取り囲むことになった。

第四章

カウナスへの道——思い出の街

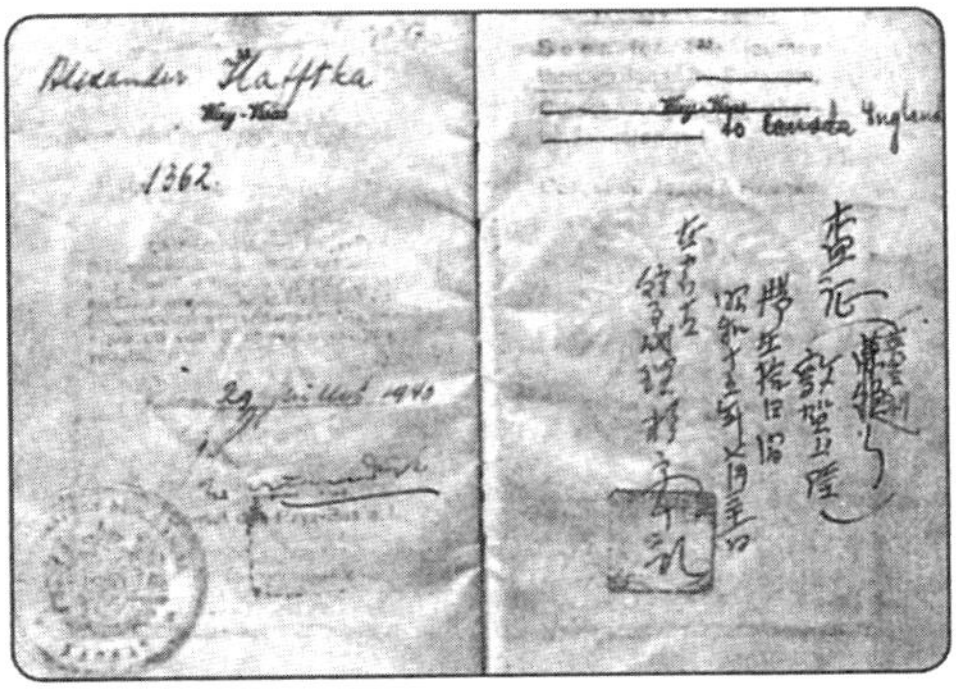

虐殺のため、カウナスの第九砦に引き立てられてきたユダヤ人(1941年)

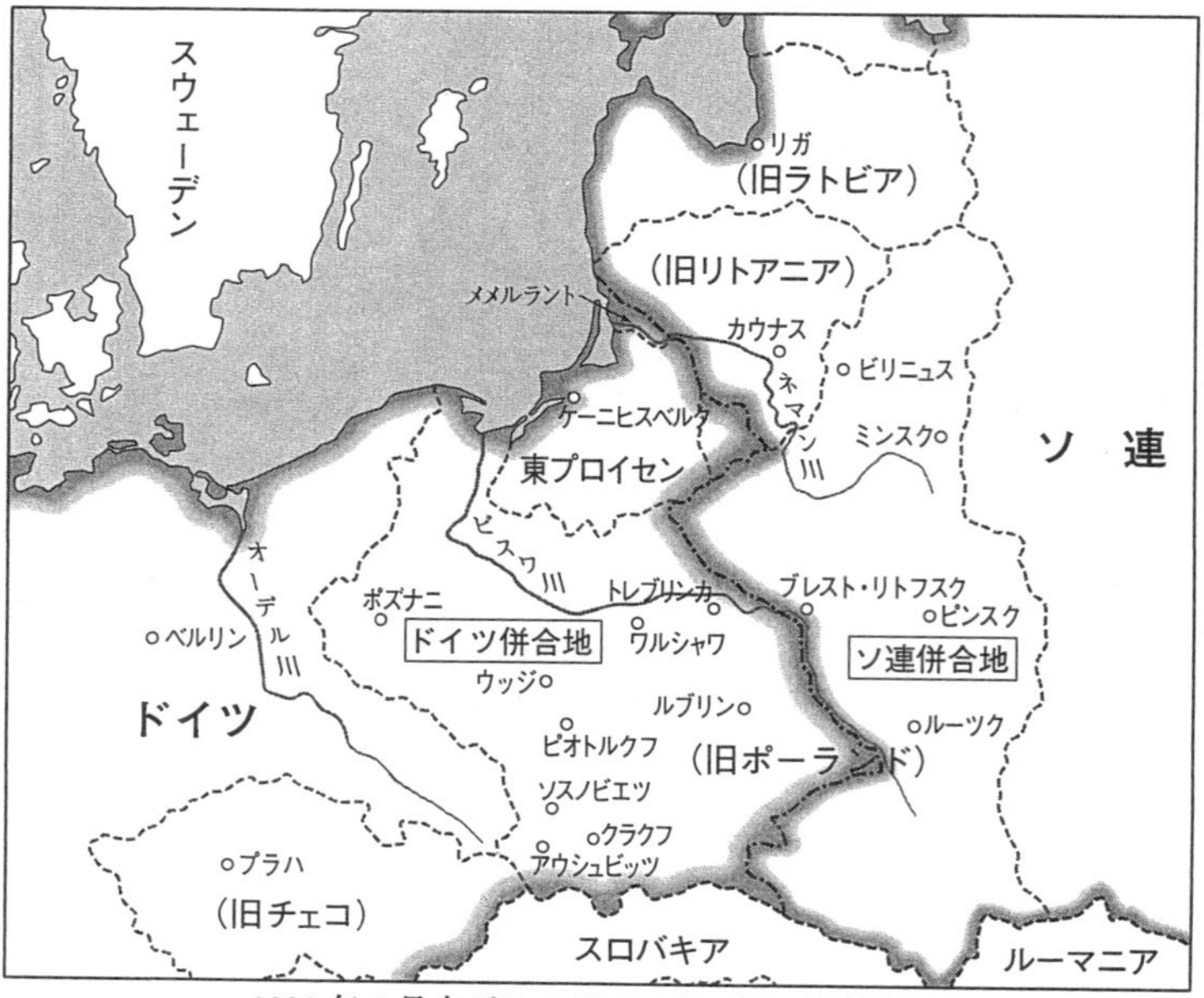

1939年9月末ごろのドイツとソ連の国境付近

千畝は、ヘルシンキからカウナスへの転任について、ポーランドの抵抗運動の研究家R・コラブ‐ザブリク博士への手紙で記している。

カウナス領事館には武官が全然いなかった。したがって、そこの新任の領事として、自分の主要任務は外務省向けでなく、陸軍参謀本部へのものであることがわかった。リトアニアとドイツ占領下の国境地域での事件・風説、独ソ不可侵条約破棄の兆し、ドイツのソ連侵攻の準備などのすべての情報を送ることだった。日本は、リトアニアに新しい目を必要としていた。

杉原一家がカウナスに移った一九三九(昭和十四)年夏から秋にかけて、世界は急激に動き始めた。各国は、従来の条約を廃止し、新しい相手と同盟を結んだ。そして、避難民がいたるところで現れてきていた。東欧では、あるポーランド人はナチスから逃れ、別のポーランド人はソ連から逃げた。ユダヤ人は、その両者から逃げなければならなかった。当初、リトアニアは安全な避難場所に思えたし、杉原リストに載った多くが、そう希望したはずである。ゼル一家、バルハフティク一家などの家族。例のR大佐も、このころ、贋《にせ》のラトビア旅券を持ってリトアニアにいた。

日本とバルト諸国は、共通の仮想敵国・ソ連を抱えており、両大戦にはさまれたこの期間には友好関係にあった。これらバルト諸国は、ベルサイユ条約によって、末期状態の帝政ロシアから独立した。諸々の帝国に囲まれたバルト諸国は、政治・経済のうえでは、それほど重要なところではなかった。しかし、いま国際緊張が高まるにつれ、それらの国々が独立を全うできるかどうかはわからなかった。国家として政治力を持つかどうかは疑問だったが、それが位置する戦略的価値に疑問はなかった。アメリカはリトアニアが独立したときから、カウナスに小さな事務所を置いていたが、代表部はラトビアのリガに設置していた。それが変わったのは、つい二年ほど前、O・J・C・ノレムが特命全権公使に任命されてからである。

千畝の転任手続きには二か月以上かかった。ラトビアのリガ在住の日本公使・大鷹正次郎が、リトアニア政府と、首都カウナスに領事館設置の交渉を行い、一九四〇(昭和十五)年七月十二日、外務大臣・有田八郎に報告をしている。外務省では、この新しい事務所に専門外交官を派遣するか、それとも名誉職的な代表を置くか迷ったようである。大部分の国は後者のほうを選んでいた。だから、リトアニア在住の日本人でも、あるいは日本に親しい関係を持ったリトアニア人でも、大使館業務は消化できた。リトアニアへの侮辱になってはいけないが、あまり目立ってもいけない――どんな理由で、その方針がとられたにせよ、完璧な外交官でもなく、かといってただの市民でもない杉原千畝の起用は、ちょうどいい妥協だった。ヘルシンキで一時的に公使代理を勤めたことを除けば、彼の職歴は書記官と通訳官だけだったからである。

しかし、もし千畝が、二、三枚のヴィザに署名し、日本とリトアニアの文化交流を図るだけの仕事でなく、何かそれ以上のことのために派遣されたのであれば、この〈領事代理〉という身分任命は、その真実の使命を隠すのに役立ったはずである。

ただ、どんなに千畝の任命が緊急な状況だったとしても、この東大出身でなく肩書のない非エリートを大使に抜擢《ばってき》することは、外務省には容認できなかったように見える。

一九三九（昭和十四）年八月二日、リトアニア政府は、この外務省の領事候補に承認を出した。その日、リガの日本公使は、有田外相に「リトアニア政府、杉原領事を了解」と通告している。千畝はヘルシンキで情報収集や報告の作成に多忙だった。七月二十一日、彼は「欧州の政策」と題した二通の報告を送っている。八月九日、大鷹は本省に、リトアニア政府からの了解を書面で取りつけると再報告している。そして九月二日に、千畝は新しい椅子に就いた。

九月十四日、千畝は本省とリガに進捗《しんちょく》状況の報告を送っている。リトアニア領事代理の姿が見えてくるだけでなく、外交電報の定型様式の文を通して、その肉声が聞こえてくる。

「当地は非常なる住宅難」と彼は書く。

「ホテルで長く執務を続けるのは不便であり、リトアニア外務省も速やかに、正式の領事館を開くよう求めている」

避難民は続々とカウナスに流れ込んでおり、千畝が住居問題を誇張していたわけではなかった。

電文は続く。

各方面に奔走した結果、ようやく適当な家屋を見つけたり。市東部の高台で、付近には各国公使館も多数あり。三階建てで、一・二階が借用可能……これ以外には当分物色は至難の状態である。……家主側においては他にも借家希望者があり、今月十九日までに当方の確答を要求……。この家を借用する件につき至急返ありたし。

千畝は、領事館として使用する場合の建築改装計画を同封した。三日後、大鷹は千畝の要望に添った手紙を本省に送った。

杉原領事代理によれば、カウナス領事館の開館期日は、御異存なければ今月二十日と致したく。また開館費は金庫、和洋食器類、装飾品を除き大体リトアニア貨で二万リトス(英貨で約八百七十ポンドなり)を要する見込み…………。同領事館開館にあたっては、暗号表と電信用金庫を備えつける必要あり。杉原をベルリンに出張させ、同地大使館より暗号表の配布を受けるとともに、金庫(価格約五十ポンド見当)を購入させたし。この段、御許可願いたし。

この後に続く電報で、千畝は、移動と新領事館開設を認められた。細部にわたるまで彼の希望はかなえられた。しかし、これらすべての事柄は、なぜ大戦前夜に、こういうことが起きたのかを明らかにしてはくれない。なぜリトアニアの僻地《へきち》に、新任外交官が必要だったのか。なぜ千畝が起用されたのか。日本が〈新しい目〉に期待したものは何か——。

ポーランドのスパイ・コネクション

こうした疑問を解こうと、私は何百通もの外交電報に目を通し、そしてワルシャワのソ連式アパートに、八十歳を過ぎたコラブ - ザブリク博士を訪ねた。それは一九九四(平成六)年の凍える日だった。その禁欲的風貌《ふうぼう》から、共産主義社会で四十五年生き延びてきた人が、金で左右はされない者であることを示していた。

一九六〇年代にコラブ - ザブリクは、日本の最初にして最後のカウナス領事について調べた。それは容易な仕事ではなかった。当時の共産党指導者は、第二次大戦のポーランドの抵抗運動について一貫した姿勢を持っていなかった。古い仲間に競争意識を燃やし、英雄に祭り上げたかと思うと、犯罪者の烙印《らくいん》を押したりした。千畝を取り上げることはコラブ - ザブリクの最初の研究意図に入っていなかったし、ユダヤ人を取り上げるのは、別の意味でも危険だった。ポーランドの抵抗運動と亡命政府が、どの程度、ポーランド在住のユダヤ人を助けたかは、博士が千畝に関する事実を調べようとしたとき、争点だった。それは今なお変わってはいない。加えて、博士が一九三九(昭和十四)〜四〇年のカウナスの史実を記録に残そうとしていたとき、一九六七(昭和四十二)〜六八年のワルシャワでは抵抗運動の古株M・モチャールが反ユダヤ運動を展開していた。

しかし実際には、博士は千畝を探すのに、それほど難儀したわけではない。

「六〇年代に私は、モスクワのウクライナ・ホテルのロビーではじめて千畝と会った。そのころ、彼は日本の貿易会社の代表として、モスクワに住んでいた。名前をセンポ・スギハラと改めていた」

このポーランドの学者は、日本の漢字が、そうも読めると説明した。

「今後、手紙をくださる場合には、この名前を使ってください」

と千畝は、コラブ‐ザブリクに一九六七年七月二十一日に書いている。その中で、彼のカウナスでの救出行為がソ連に知られて、戦後やっと手に入れた、なんとか様《さま》になる仕事に悪影響を与えてはと心配している。

「彼は、いつも不幸な人だという印象を持ちました」

とコラブ‐ザブリクは思い出す。この歴史家は千畝に、戦時中のポーランド情報将校との交流について、いくつかの質問をした。どうやって複雑な国際スパイ網を維持したのか、被占領国の中で進行している事象の情報を、どうやって伝えたのか、彼らの情報に連合国側がどう支払いをしたかなど。千畝はロシア語で会話し、質問に答えるに質問をもってした。コラブ‐ザブリクが我慢強く応対したので、千畝の物語を彼自身の言葉で、いま聞くことができる。

一九三九(昭和十四)年秋、日本帝国外務省の命により、私はリトアニア共和国の臨時首都カウナスに最初の日本領事館を開設した。リガには日本公使館があったが、私の領事館は外務省直属で、リガの監督を受けなかった。そこには大鷹氏がいたが、カウナスでは私独りだった。第二次世界大戦前の数年間、陸軍参謀本部には、ドイツ国防軍と密接な関係を持ちたいと望む狂信的将校がいた。その代表的指導者が駐独大使・大島中将だった。大島は日本・ドイツ・イタリアの三国軍事同盟の立て役者で、ヒトラーから、近いうちにドイツはソ連を攻撃すると事前に警告を発せられていたと思う。

ただ、大島はヒトラーの情報の正確さを完全に信じていたわけではないので、自身でも調べたいと思った。三国同盟に責任を負ってもいたので、ドイツ国防軍のソ連攻撃意図を気にしていた。そうした状況下、もしドイツがソ連を攻撃するなら、参謀本部は満州の精鋭部隊を南太平洋の諸島に派遣できる、その場合には可能な限り早く送らなければならないと考えていた。

私の領事館の主要任務は、このドイツのソ連攻撃時期を突きとめることだった。参謀本部が外務省を動かし、カウナスに領事館をつくったのは、その理由からだった……。周囲の事情から私にもわかってきた……。ヒトラーは、軍事計画の細部までを大島にもらそうとはしなかった……。

一年後、一九四〇（昭和十五）年八月三十一日、リトアニアのソビエト新政権は、領事館閉鎖を命じてきた。領事館の財産、書類をたずさえ、家族とともに八月三十一日、ベルリンに向かった。カウナスには思い出がいっぱいだった。亡くなった三男は、そこで生まれた。


言葉では郷愁を訴えているが、この手紙の響きは暗鬱《あんうつ》である。

「カウナスには思い出がいっぱいだった」

と千畝は書く。彼の妻がいう〈華やかな外交官生活〉の回想でもなければ、ヴィザで救ったユダヤ人の生命の記憶でもなく、九年後に亡くなった息子・晴生《はるき》の誕生の地としてだった。千畝は、息子が生まれた折りの混乱が、その子を弱いものにし、白血病にかからせ、死にいたらしめたと考えていたらしい。

「戦後、私は過去を忘れようと努めた」と彼は記している。


この手紙で驚かされるのは、その職務の従属関係が複雑なことと、報告の経路が混み合っていることである。リガの大鷹の関与にも触れているが、千畝が直接報告を入れたのは本省だった。外務省への請訓についても言及してはいるが、辺境への任命に他機関が介在していたことを強調もする。通例の派遣と思われたものが、規格外れのものであるとことがわかってくる。

〈新しい目〉に千畝が選抜されたのは驚くにあたらない。千畝らは、外交官とスパイの二役を消化していた。しかし、カウナスに着任した千畝は、彼の実質的上司が誰であるかを知り、動転したように見える。

「陸軍参謀本部には、ドイツ国防軍との密接な関係を望む狂信的将校がいた」と彼は書いた。つまり、それは日本の親ナチス派とその指導者、千畝と同じ岐阜県出身の駐独大使・大島中将である。大島が、このカウナスの新しいポスト設置の黒幕なのか。もしもそうなら、これはあまりにも痛烈な皮肉である。多数のユダヤ人を救った千畝自らが、彼は日本で最も過激な親ナチス派の手先として働いたと主張しているのである。

この謎解きにとりかかろう。第一に、外交史料館は、リトアニアの領事館設置に大島が関与していたかどうかについては沈黙を守っている。千畝は一九三九(昭和十四)年九月に、領事館用の金庫購入・暗号表受領のため、ベルリンの日本大使館におもむいた。このとき以外に、彼のカウナス駐在初期に、千畝と大島との間には、何の接触もなかった。千畝のカウナス在勤期間中、大島はほとんど本国におり、ベルリンにはいなかった。たとえ千畝の記憶が確かであっても、また、たとえ歴史の順序が違っていたとしても、千畝の手紙が伝えているものは、日本・ドイツ関係の背景にあった情緒的なものにすぎない。この時期、日独の関係は〈空疎な同盟〉でしかなく、不信感に満ちたものだった。

千畝は一群のエリートたちに情報を提供しなければならなかったが、そのグループは、他のグループと鋭く対立していた。彼の上司は外務省の中にもいたが、陸軍の中にもいた。両省の上司たちは、自己の出世と国家の安泰をヒトラーという理解しがたい男に賭けていた。彼らは、ヒトラーの計画が日本にもなんらかの好機をもたらすと期待し、ナチス・ドイツとの提携強化を唱えていた。新任領事代理の主人たちとは、そういう連中だったのである。

一九三九(昭和十四)年夏、杉原一家がヘルシンキで引っ越しの荷造りをしていたころ、日本陸軍は、国内政治で発言力を強めてはいたが、深刻な局面にはまりこんでいた。そして注目の大島中将は、重なる紛糾《ふんきゅう》から逃げ出せなくなっていた。巨視的に状況を描くと——中国戦線では百万を超す軍隊が、果てしない戦争に縛りつけられていた。そして、その戦争は日本と諸外国との関係を悪化させた。アメリカは、日本にとって絶対必要な物資の供給をとめる制裁で脅かしていた。満州の中国の重要な同盟国・ソ連は、日本との紛争解決に、以前より厳しい態度を見せていた。ノモンハンでの国境紛争は、第二の日露戦争に発展しかねなかった。日本は四方八方から包囲されていた。

その間、ヒトラーのお気に入り、リッベントロップ外相は、一九三六(昭和十一)年に締結した防共協定を強化しようとしていた。ナチス指導者は、ポーランド侵略を開始する前に、日本との協定を拡大強化したいと切望していた。もし、それができれば、ソ連は包囲される。それはベルリン—東京、ベルリン—ローマの枢軸の基礎になろう。その代わりとして、大島はナチスの友人に、ドイツに日本の対中国政策を支持するよう頼んだのである。

しかし、両国とも譲らなかった。政界の陰謀、軍隊の反乱、内閣と議会との際限ない駆け引きを繰り返していた日本に、ヒトラーは我慢できなくなってきていた。彼は、裕仁《ひろひと》天皇は権威を持っていない、将軍連中は決定したことを実行できないと軽蔑《けいべつ》していた。さらに、貴重な同盟者であるにしては、日本はソ連との国境紛争で不器用な処理の仕方を見せていた。ヒトラーは、欧州新秩序の構想では、大島と肝胆相照らした。自分も同じことをやっているので、満州国を承認し、国際連盟脱退を支持もした。

しかし、ナチスがヨーロッパを征服したとき、日本はパートナーとして信頼できるか。日本は、欧州諸国のアジア植民地を経営できるだろうか。ちょうどチェコスロバキアというおいしい一切れを貪《むさぼ》り食ったところなので、ヒトラーは計画通りにやりたかった。しかし、日本には軍事上でも政治の面でも、彼は失望させられた。日本は満州でソ連軍を抑えられず、ドイツ軍を安心して中央ヨーロッパにおもむかせるだけの戦力も、持っていないことを露呈した。ヒトラーは何か別の手を考えなければならなかった。

ナチスとソ連が〈思いもよらぬ〉接近を討議していたのを、大島大使が薄々感づいていた証拠はある。他の外交官たちは、そうした親密さを偶然知ったようだ。一九四〇(昭和十五)年五月にリッベントロップが、これを口にしたとき、大島は不機嫌になり、聞くことを拒絶した。たとえ冗談にしても、そういう話は友情を終わらせる、と大島はいったという。ドイツの外相は友情を大切にして、以後、独ソ交渉の進行状態を大島に伝えるのをやめた。

そこで再度、問いかけるが――大島はヒトラーの短期の計画について確かに知っていたのではないか。ポーランドと特別な関係を持つ日本は、ヒトラーの侵攻をやめさせるべく、最後の瞬間まで、ドイツ・ポーランド間の条約締結に奔走していた。

ヒトラーは、その〈ボルシェビキ・ユダヤ帝国〉撲滅《ぼくめつ》の計画を、すでに大島に話し、検討中の独ソ不可侵条約は一時的・戦術的なものにすぎないと、彼を説得しようとしていたのだろうか。そして大島は、独ソ間の緊張緩和を持ち出して、本国の英米派に圧力をかけようとしていたのだろうか。それとも大島は、日本がナチスとの連携を強める真のねらいは、ソ連軍精鋭を満州西部の紛争地域に送り込ませないようにするところにある――といって陸海軍・政府メンバーを説得しようとしていたのか。

「参謀本部は、満州の精鋭部隊を南太平洋の諸島に可能な限り早く派遣したいと考えていた」という千畝の説明は、大島が訴えかけていたもうひとつのセールス・ポイントを示唆する。その戦略で、たとえばオランダ領インドネシアの産油植民地を抑えれば、日本はアメリカの圧力にかなり耐えられるだろう。千畝は、あの手紙の中で、少しばかり地理上の間違いを冒したのだろうか。つまり、オランダ領インドネシアの油田を、実際より少し東に想定していたのだろうか。彼は、万一アメリカが日本の補給線を妨害するようなら、南太平洋でアメリカと対決する〈決意と計画〉があったことを、正確に伝えようとしていたのか。

たぶん、その手紙で千畝は、その当時の大島の思考・行動について、われわれが考える以上に正確で深い報告をしているのである。大島とヒトラーの間に何が起こっていようと、ヒトラーは彼の計画を進めていった。総統は部下の司令官たちに、イタリア・日本に対して秘密厳守を命令していた。こうした状況は、千畝のリトアニア派遣を、いっそう重要にした。大島は、ナチスが新しい同盟国ソ連に軍事行動を起こす準備を進めているかどうか、千畝に観察してほしかったのである。自分の出世と国の安泰をヒトラーの行動に賭けていた大島は、千畝を必要としていた。

誰にも予想できないやり方で、日本はドイツのポーランド攻撃を助けた。ソ連は日本との国境紛争に我慢できなくなり、八月二十日、満州の日本軍に大攻撃を開始した。このノモンハン事件のヤマ場で、日本の第二十三師団が壊滅《かいめつ》する。同時に、二正面作戦を恐れたソ連は、リッベントロップに不可侵条約締結の用意があると連絡した。大喜びしたヒトラーは、「世界はおれのポケットに入った」と豪語したという。彼は日本との防共協定に背反することを気に病むような人間ではなかった。むしろヒトラーは、日本の裏をかいたことに、格別、満足していた。

「日本は無条件でわれわれと同調はしない。私は、それに気づいていた……が、われわれは主人である。これら日本人どもは、せいぜい鞭《むち》で打たれて動く漆塗《うるしぬ》りの類人猿と考えるべきだ」

〈名誉アーリア人〉といっても、この程度のものだった。

大島が独ソ不可侵条約の報道に衝撃を受けたか、あるいは前もって知らされていたかはともかく、彼は外務大臣・有田八郎に辞表を出した。彼は、いささか文芸的にすぎる言葉で儀礼的に遺《い》憾《かん》の意を表明したが、これを額面通りに受けとるべきかどうか、有田が検討する暇はなかった。彼もまた、すぐ辞職したからである。ドイツの裏切り行為に国民は怒り、軍部と緊密につながっていた内閣は、八月二十八日、総辞職した。

八月三十日、軍部とはいくらか距離のある阿部信行内閣が発足し、次の外相が見つかるまで首相が外相を兼任した。

一九三九(昭和十四)年の十月、解任された駐イタリア大使とともに、大島は東京に向かった。辞任にまでいたった不幸な事情にもかかわらず、リッベントロップ自らがそのベルリン出発を温かく見送った。リッベントロップは、大島を日独関係改善に役立つ地位につけてくれるよう日本政府に要請した。大島は、その年の冬から翌年冬まで、ベルリン大使に再任されるまでの約一年間、多くの聴衆に日独同盟の重要性を演説してまわった。彼がベルリンのナチス仲間と連絡をとりたいときは、東京のドイツ大使館に行けば事足りた。大使館では、彼に暗号通信のサービスをしたという。腹心をカウナスに残しているので、大島は東京で采配《さいはい》を振っているほうがよかった。にもかかわらず、千畝がカウナスで働いていた時期には、日独関係は冷却していった。
しばらくの間、日本は他国との同盟の可能性を探していた。アメリカとの和解も考えられないことではなかった。

ドイツとの同盟が形骸化《けいがいか》した結果、他の点でも日本は困ることになった。大島がナチスと組んでやろうとしたことのひとつは、ソ連に関する情報の共有だった。一番大事なときに、その情報源が涸《か》れてしまった。日本は別口を捜さねばならなかった。論理的に代替として考えられたのは、すでに長い間、日本と実り豊かな関係を築いてきたポーランドだった。

独ソ不可侵条約に衝撃を受けたとはいえ、日本は、その条約の「秘密議定書」のひとつから利益を得た。日本は満州国境ノモンハンの〈宣戦布告なき戦い〉で惨めな負け方をした。しかし九月十五日、ソ連は不可解にも休戦をよびかけてきた。二日後、ソ連のモロトフ外相が発表した。「ポーランドとドイツの戦争で、ポーランド国内の破産状態と国家としての無力さが明らかになった……。ポーランド国民は、不運な指導者から見捨てられた。その国家と政府は、現実には、もう存在しない。したがってソ連とポーランドの国家間の条約も消滅した」

ソ連は二正面戦争を避けたので、結果的にはポーランドが苦しむことになった。日本はポーランドに同情はしたが、ソ連の戦車が満州を疾駆《しっく》しないで、ポーランド東部を席捲《せっけん》することになり、一安心した。ポーランドはふたたび分割され、併合された。そこに住むユダヤ人は、いつものように両側から襲われることになった。

バイツガンタス街からの眺め

ポーランドが二つの強国に蹂躙《じゅうりん》された翌月、一九三九(昭和十四)年十月十七日、千畝はバイツガンタス街三〇番地の宿舎に身を落ち着けた。この二～三週のうちに、彼はヘルシンキからカウナスに移り、ベルリンから暗号表と金庫を運び、リトアニア政府に信任状を提出した。そして今、彼は、いい庭があり、眺望もきく理想的住居で、カウナスで初の日本領事館を開こうとしていた。

このころの情勢を考えると、それは生易しい仕事ではなかった。ナチスがポーランドに電撃作戦を敢行してから一か月半しかたっていない。世界は——日本の国際関係も、一変した。

ポーランド侵攻でイギリス・フランスは、ヒトラーに対する宥和《ゆうわ》政策を見切り、ドイツに宣戦を布告した。アメリカは、なおも中立政策を続けた。ナチスは、東ヨーロッパの征服を、当分はバグ川でとどめることにした。それは、いま千畝が住んでいるところから、数百キロ離れていた。ほんの数キロ東では、ソ連軍がポーランド軍の掃討作戦を展開していた。ナチスは、それをソ連に任せていた。〈独立国リトアニア〉は包囲されていた。

驚くべきことに、千畝の隣人たちは、それほどこの情勢を憂慮《ゆうりょ》してなかった。二羽の禿鷲《はげわし》が次の獲物をねらっているのに、カウナスでは、ポーランドの災いがリトアニアの福というううわさが流れていた。リトアニアとポーランドとの間にあった友情は、すでに消えていた。かつて十五世紀には、両国は同盟を結んでいたのだが、今では正式の外交関係さえなくなっていた。

数世紀前にリトアニアの首都だったビリニュスは、第一次大戦後、両国がロシア帝国から独立を勝ちとった直後、ポーランドに占領されていた。街に流れるうわさでは、ソ連は、このビリニュスをリトアニアに返還するという。そうなれば、ポーランド語でビルノとよばれていたこの街は、ふたたびビリニュスとよばれるだろう。この歴史の修正に対し、リトアニアは、ちょっとした返礼を求められる。二万五千の赤軍部隊を入れさせろというものだった。

ここ数年、千畝は特命任務として、ソ連の活動を政府に報告してきた。ヘルシンキでは、第二の特命事項ともいえるものを抱えることになった。それは独ソ不可侵条約の行間を読み抜き、そこに内包されているものを報告することだった。あらゆる条約には、表に出されない秘密条項が必ず付随していたが、彼は特別のつながりを通して、それを明らかにしようとした。本国では、この条約のおかげで内閣が倒れ、政治家は一喜一憂し、省庁・軍部は分裂していた。とどの詰まり、日本はソ連と協定を結ぶべきなのか。それとも、大島大使がベルリンにもどり、ヒトラーが三年にわたって求めていた軍事同盟に調印すべきなのか。それはイギリス・フランス・オランダ、そしてアメリカとも対立することになるのだが――。たぶんナチスとの関係が疎遠になったことは、いいことだろう。千畝が見た通り、九月一日ナチスが、同月十七日ソ連がポーランドを攻撃してから情勢は変わった。満州事変以来、反日的なアメリカ世論を、この新しい事態下で、少しでも好意的なものにできないものか。千畝は、〈不可侵〉の両当事者が出会う発火点に座っている〈新しい目〉だった。彼の具申すべき意見とは、どんなものであったろうか。

任務を遂行しているうちに、千畝は四半世紀前のJ・ピウツキーの遺産であるポーランド地下運動の組織とめぐり合うことになった。それはバイツガンタス街をくだったところ、中立国スウェーデン領事館のパーティーから始まった。千畝は日本領事館にもっといい雇い人を入れる必要があり、街で求人をしたいのだが、との意向をもらした。特に男の雇い人が欲しかった。するとB・ロッチキというポーランド青年が推薦されてきた。それ以後、千畝はポーランド人を雇うようになった。執事、秘書、運転手――不思議なほど、よく訓練された者が来た。そして、彼らは千畝に高度の情報を提供したが、後でわかる通り、彼らは雇い主をもスパイしていた。

この〈ポーランドの情報網〉をつくり上げた職員の一人が、リビコウスキー大佐の門下生S・ダシュキエビッツ中尉、通称ペルツだった。最近、ワルシャワのポーランド陸軍情報部資料館で、一九四八(昭和二十三)年の彼の回想記が発見された。そこには、彼の活動が——最初はリトアニア人の背後で、次いでソ連の内側で、そして千畝のために行った初期のスパイ活動の模様がくわしく記されている。独ソ両国にポーランドが分割された後、彼はリトアニアとポーランドの国境を越えてナチスから逃れた。しかし、彼はすぐポーランド将校狩りをしているソ連軍から隠れなければならなかった。捕まった将校の消息は、二度と聞けなかった。リトアニア市民になっていたポーランド人の助けで、彼は、J・スタニスラフ・ペルツ名義の偽造証明書を手に入れた。彼の言葉を引用する——。

カウナスで二~三日過ごし、非合法にビリニュスに行った。市役所に行き、そこの役人に、戦争前に高い地位にいたわが国の人々の書類を廃棄処分するよう依頼した。二人の女性が避難民の登録票作成の作業をしていた。私は、接触する人間の網を広げ、ソ連・スパイ網に浸透していった。

ペルツは、すぐカウナスにもどり、イギリス領事館と接触を持つ。彼はかねて習熟のスパイ技術を駆使することになる。

私は、ヤクジャニエッツ大尉(通称クバ)との連絡路を確立した。彼は私に、ポーランド問題担当事務所の職を世話してくれた。私が、その地方のことや出入国する人間を、よく知っていたからだ。われわれは情報を集め、必要な証明書を出し、文書を偽造した。ドイツかソ連がリトアニアを占領するとのうわさがあり、現場の仕事は次第に緊迫していった。私はフィンランド領事館の書記官から多くの情報をもらった。フィンランド領事自身がポーランド人に好意を持ち、ドイツの動向についてたくさんの情報を出してくれた。

千畝が必要としていたのは、まさにこの種の情報だった。だから、この〈ポーランドの情報網〉が、千畝が雇い人を入れたときから始まったのか、それとも以前からあったのか——が問題になってくる。千畝のフィンランドとのつながりから考えると、彼もまた、フィンランド領事館から情報を得ていた可能性が高い。スパイ活動という薄暗い世界では、あらゆるつながりがありえた。リビコウスキー大佐は自分の回想記で、カウナスへの旅行、かつての彼の優秀な教え子たちと連絡をとろうとしたことを記している。

この小規模な地下組織ででも、彼らは二重スパイを警戒し、互いに知らぬ振りをした。リビコウスキー大佐とクバは、街路の反対側を歩くことにしていた。ホテルのメイドといい仲になるのも死活にかかわることだった。緊急の会合のため部屋を都合してもらうことや、情報交換も頼めたからだ。話をするのが危険な場合は、机の引き出しに暗号メッセージを残すこともできた。

リビコウスキーは、ビリニュスに寄り道してから、十月にカウナスを通ってパリに移った。パリから西三〇〇キロに位置するアンジェーに、ポーランド亡命政府があった。その後、政府はロンドンに移った。

この年の二月、大佐はカウナスに旅行した。クバとの接触から「情報もれが判明、いっそうの秘密保持が必要」と彼は書いている。他方、彼は「クバと当地の日本領事・杉原との協力が、非常にうまくいっている」と喜んでいる。そして「杉原はクバを尊敬している。彼の勇気、創意、指導力を評価している。日本人が、その周囲の人々に非常に厳格で、要求も厳しいのを知っているので、私はこれを知ってうれしかった」と、付け加えている。

一九四〇年春には、リビコウスキー大佐はラトビアのリガにもどり、そこで〈日本公使館付き武官〉と協力して〈情報本部〉をつくった。しかし、それは三か月しか持たなかった。ソ連が、六月十五日、ラトビアを占領したからである。そこでリビコウスキー大佐は、駐スウェーデン日本公使館のストックホルム事務所にもぐり込んだ。そこには公使館付き武官・小野寺信陸軍大佐がいた。小野寺は、ヨーロッパ駐在武官の中で抜群の情報専門家であり、英米派の一人だった。真珠湾攻撃以前——いや、それ以後にさえ——彼は日本と西側との関係修復に努めた。今次大戦の最重要機密が、ここストックホルムで、小野寺とリビコウスキーの協力によって交わされたのだった。

「杉原の赴任で、カウナスは諜報《ちょうほう》活動と抵抗運動の中心地になった」と、リビコウスキーはいう。

亡命ポーランド政府の情報網は、ローマ・リスボンからロンドン・パリ・ベルリン・ストックホルム・ワルシャワまで延び、カウナスからモスクワへ、そして東京までも、日本の外務省の外*交伝書使を使って広がった。

「その計画は、ワルシャワと連絡しながら徐々にドイツに浸透してゆくものだった」とリビコウスキー大佐は説明する。

ここで疑問を持つ。カウナスでのカクテル・パーティーの雑談といった偶然から、小さな日本領事館の領事代理が、ポーランドの大物スパイに巻き込まれたというのだろうか。それとも――千畝に、もともとポーランド・スパイを雇う意図があり、彼らを引き込むために「領事館で人手がいる」といったのだろうか。千畝は、彼をはじめに引き立ててくれた親ナチス派を裏切って、親西欧派に乗り換えたのだろうか。われわれは、ユダヤ人やポーランド人の救い手として、千畝が〈単独で〉あの決断を行ったと、まだ信じていいのだろうか。それとも、リビコウスキーのいうような、より高次元の〈ポーランドと日本の協力関係〉の中に千畝を置いてみて、彼の役割を評価すべきなのだろうか。

その〈高次元〉を最初に検証してみる。リビコウスキーは、関東軍参謀本部第二部長・樋口季一郎少将、陸軍次官・山脇正隆中将など、数名の日本の将官を挙げている。

＊外交伝書使
特別な外交文書を運ぶ役職。外交伝書使が携帯するものについては、税関などでチェックされない国際法上の取り決めがなされている。

樋口と山脇とは反ナチスだったかもしれない。彼らは士官候補生時代にポーランドを訪れており、懐旧の念は抱いていただろう。昔からの盟友国ポーランドに、そこのユダヤ人にさえ、温かい気持ちを持っていたかもしれない。樋口は一九三八(昭和十三)年、満州国国境で立ち往生した汽車の乗客を救出している。それには多くのユダヤ人乗客が乗っていて、寒さで凍死寸前だった。

この二人は、リビコウスキーのような諜報将校となんらかの関係を持ったかもしれない。少なくとも彼を覚えていて、協力の申し出に応える態度を示したかもしれない。そして千畝が、申し分ない仲介者として選ばれたのかもしれない。千畝とこの将校たちは、長い満州勤務時代を通じて旧知の間柄だったからだ。そこで最後の設問は——千畝は、ユダヤ人救出に、これら軍人の支持を期待できたのか。また実際に支持があったのか。〈善意の陰謀〉があったのか。誰が誰を主導したのか。

今、これらの設問に答えることはできないが、ユダヤ人に何が起こりつつあるのかを千畝が知っていたという証拠はある。さらに、彼がユダヤ人と親しく交際していたことを、ここではじめて確認できる。リトアニアに難民があふれていたこの時期に、ハルピン学院の同級生・笠井が、ベルリンとカウナスに千畝を訪れている。その笠井はいう。

「ユダヤ人を差別するため、衣服や住居に〈ダビデの星〉*の印をつけさせられていたことを、千畝は私に尋ねた。彼はユダヤ人のことを十分わきまえていた」と。

＊ダビデの星
二つの正三角形を逆にして組み合わせたユダヤの伝統的なマーク。ナチスはユダヤ人差別のためにこれを利用し、このマークのついたバッジや腕章などの着用を支配下の全ユダヤ人に強制した。

一九三九（昭和十四）年十月十一日、千畝は、まだメトロポール・ホテルに逗留《とうりゅう》していた。その日、近くの教会や寺院の鐘が鳴り響いた。ソ連が、ビリニュスとその周辺地域はリトアニアに返還されると発表した。カウナスのキリスト教住民は彼ら流に――つまりユダヤ人を殺して、それを祝った。千畝がこの襲撃を見聞したのは間違いない。

しかし、千畝はこのころには単にユダヤ人の苦しみを表面的に知るだけでなく、その内側をも知るようになっていた。カウナスには、富裕な者もふくめて、いろんな階層からなる、かなり大きいユダヤ人社会があった。ここのユダヤ人は、ナチスから逃れてきた人々に援助を惜しまなかった。少数の者は、ここから脱出すべきだと考えていたが、ソ連占領下の一か月が過ぎると、ビリニュスには明るさがもどってきた。リトアニアの新しい主人・ソ連は、ポーランド人や〈共産ユダヤ〉とは、いずれ決着をつけようと思ってはいたが、ロシア流の非能率のおかげで、現実には人間らしさのあるものになっていた。地元のユダヤ人は、パニックに陥らないでよかったと考えていた。

千畝は、時折、街の様子を見るため、リトアニア南東部に愛車のビュイックで出かけた。十月の第二週にソ連軍がビリニュスから撤収《てっしゅう》していたころ、彼は二十代前半の、元気のいい青年に会った。スイス、グルノーブルの商科学校から帰省していたボリス・ミンコウィッツだった。一九三九年九月一日に大戦が勃発し、彼はフランスにもどれなくなった。彼の父は、麻の世界的貿易業者で富裕なユダヤ人だった。その子息とこの日本外交官とは、ウマがあったらしい。彼は千畝をショパン通りの豪邸に招待した。千畝は、そこをたびたび訪れるようになった。

当時十六歳だった、ボリスの末弟モシェは、〈親切で威厳のある外交官〉が家を訪問していたのを覚えている。彼らは千畝が〈救い手〉になるのに、どんな影響を与えたのだろうか。

今、アメリカ風にマイケル・メンケンと名乗っているモシェ・ミンコウィッツは、その大家族の中でホロコーストを生き延びた唯一の人間である。彼はニューヨークでダイアモンド商になり、千畝を最後に見たときの光景を鮮やかに覚えている。

千畝はカウナス駅に立っていた。それは、家族とともにモシェがはじめて彼に会って十か月余りしかたってなかった。

「ベルリン行きの汽車に、もう乗ろうとしていたのに、ヴィザにスタンプを押していた」

マイケル・メンケンは涙しながら回想する。

話を領事館開設の時期にもどそう。

一九三九(昭和十四)年十月半ば、杉原一家と職員はメトロポール・ホテルから、やっと領事館に移った。千畝は館内部の配置などを指図しなければならなかった。本省での人事異動のため、建物賃貸契約の説明を、また繰り返さなければならなかった。しかし、千畝は、もうリガやベルリンでなく、直接、本省に報告を送ることになった。

付近には領事館多数あり。交通は便ならず。隣家は近過ぎず、道路の正面向かいは空閑地なり。われらの特殊情況に好適なり。一、二階を借りたり。三階には居住者あり。全家屋を必要とせざるも、秘密保持のため、三階借用を持ち主に申し出たり。しかれども、三階居住者は移転を肯んぜず。

信じがたいことだが、半世紀の時間と四つの異なる政治体制をへて、今も同じ住人が、その三階に住んでいる。彼女の名はヤドビガ・ウルビダイテ。〈移転〉を、いまだに断り続けている。しかし、千畝と違い、彼女は〈秘密保持〉にあまり関心はない。彼女の回想は、細部はともかく、当時の雰囲気をよく伝えている。

「彼は美しかった、その顔がです。それまで日本人を見たことはなかった」と、ウルビダイテ女史はいう。はじめて千畝に会ったとき、彼女は当時二十二歳で、以前からそこに住んでいた。

「彼は上の階の私たちのところには来なかった。しかし、千畝の子供が私たちの階に遊びに来ていたから、連れに来たかもしれない。私たちは隣人だったが、友人だったわけではない」

彼女は注意深く強調する。

「召使がアイスクリームを届けに来ることがあった。私の兄が領事館のパーティーに招待され、お茶をいただいた。杉原は仕事を世話してくれようとしたが、兄は断った」

千畝が階上の若い女性から適度の距離を置いていたとしても、無関心や冷淡というわけではなかった。彼女が悲しみに暮れていたとき、交わした会話を、昨日のことのように思い出す。「彼は私をよびとめ、悲しみを察しているといった。〈この世の中、必ず善悪の平衡はとれるもの。だから、必ず、遅かれ早かれ、あなたの問題も解決される。悪いことは、いいものに、とって代わられる。自棄になることはないのです〉」

隣人を勇気づける言葉をかけることはあったが、ウルビダイテ夫人は、千畝が刻苦精励していたことも覚えている。

「いつも朝早く、彼は窓の前の小庭園で手入れをしていました。人々は、それを見つめていましたが、その動作ではなく、彼の立派な顔を見ていたのです。べつに風変わりな人ではなく、教養のある人でした。

杉原夫人には、自分のスケジュールがあったようです。車を使って、始終、買い物に出かけていました。庭で働くことはなかったし、オフィスで見たこともありません。

メイドが二人、ボレスラブという運転手がいました。領事館職員が二人、彼らはリトアニア人ではなかったのですが、リトアニア語を喋《しゃべ》っていました。一人はドイツ人だと皆がいっていました。

私たちは町で会うと、親しく挨拶しました。何度か車で送ってくれたこともあります。杉原さんは近所の人に話しかけ、皆も彼を好いていました。杉原一家は非常に親切で人付き合いもよかったのです。彼らは礼儀正しく、私たちは気持ちのいい近所付き合いができました」

そしてユダヤ人が、やって来はじめたときは——と私は尋ねた。

「ユダヤ人が、やって来はじめたとき、何が起こったのか皆わかっていた」と彼女は答えた。

それから彼女は、この最後の言葉を少し訂正した。

「近所の人たちは、ここでユダヤ人に何が起こっているか、あまり興味はなかったのです。通りすがりに、ユダヤ人とちょっと話すことはありました。しかし、関心は持ってなかったのです、絶対に」

一九四〇（昭和十五）年初夏、どういうふうにユダヤ人が領事館にやって来るようになったか、それが夏になってどう増えていったか、彼女は語った。

「長い行列で、二百メートルはありました。皆、子供を連れて立っていました。ヴィザがもらえないかと心配で、恐慌状態でした。私たちは、彼らを安心させようとしました。〈杉原さんは立派な人です。あなた方に手を貸さないはずがありません〉といって——」

そうした状況が起こっているとき、警官も兵士もいなかったと彼女は強調する。

「ユダヤ人を救うのを話題にしたことは絶対にありません」

近所の人々の動向について彼女は語った。

「それどころか、それには触れまいとしていたのです。家のまわりでヴィザを待っているユダヤ人を気の毒だとは思いました。たくさんのユダヤ人で、テントを張ってる人もいました。ちょうど、この家の前にテントを張って、その中で眠ったのです。私は自分の階によんであげ、夕食を上げたものです。サンドウィッチや、お茶で――。洗面所も使わせてあげたし、弱っている人をソファに横にならせてもあげました。ユダヤ人は私に褒美《ほうび》を出してもいいのです」

ウルビダイテ夫人の善意にもかかわらず、戦後何十年と続いたソ連の占領、それによる痛みが、千畝の業績を錆びつかせたように思われる。もちろん、彼女は、この〈並でない〉家にずっと住み続けてこられたのをひとつの特典と思っている。「この家は神聖なのです。なのに政府は、これを私から取り上げようとしています。ここは博物館にすべきなのです」と彼女はため息をつく。

その〈神聖な家〉で行われていた領事館業務は、高度のスパイ行為を隠すため、ありきたりのものだった。そのスパイ活動が、どんな性質のものだったか、正確なところはわれわれも知ることができないだろう。なぜなら、仮にそれらの記録が保存されていたとしても、そうした記録は、いろいろな国々――千畝のスパイ活動に、今なお利害関係を持っている国々の資料庫で〈眠らされて〉いるからである。

われわれは、千畝が黒塗りのビュイックを走らせ、国境両側の軍隊の動静を観察したり、各種の情報屋と議論を交わしたことについて、ほんの少しの情報しか持っていない。外務省の誰が千畝の報告書を読み、他の誰がその貴重な情報を受けとることになっていたのかを知らない。しかし、その領事としての仕事については、よく知っている——というのも、その仕事に関しては誰もべつに隠そうとはしなかったからである。

ユダヤ人、カウナスへ

もちろん、バイツガンタス街に並ぶ行列を、秘密にしておくことはできなかった。あそこにいるのは誰なの？　なぜ並ぶの？　杉原リストの七八九番と七九〇番のゼル夫妻、バーナードとロシェルは、二人で回想記を著した。それは、彼らの家族やユダヤ人社会に降りかかった災厄《さいやく》から、いかに逃れたかを記した物語である。夫バーナードは、一九八五(昭和六十)年に死んだ。妻ロシェルは八十歳を超えて、なお元気で、アメリカで有名な一族の家長である。私はシカゴの家に電話し、ロシェルは二人の脱出を語ってくれた。

一九三九(昭和十四)年十月十五日、バーナードとロシェルは、ポーランドからビリニュスに着いた。彼らは、ドイツ人からもロシア人からも安全な場所を捜していた。さらに、ポーランド人からもリトアニア人からも安全なところ、彼らの墓場になりつつあるヨーロッパから逃げ出す〈開いた窓〉はないかと想像をめぐらせた。

裕福で若く、活気があって積極的だった二人は、寒い隙間風《すきまかぜ》が入る家畜車で三晩過ごした。「その床は、戦争が始まる前によく見かけたポーランド語の反ユダヤ宣伝チラシで一杯だった」とバーナードは記す。

彼らは西ポーランドの町、ソスノビエツを離れて一か月半以上、路傍で過ごした。穀物仲買人として成功していたので、彼は不動産にも手を出していた。ヒトラーは、厚顔にもポーランド占領を主張しているが、まさか彼らが住んでいたところまでは手を伸ばすまいと、彼は踏んでいた。しかし、安全のため、不動産の処分を決心した。

彼は回想する――。


私はワルシャワの不動産業者と連絡をとった。八月二十四日、私は〈魚雷号〉というモダンな列車に乗った。ピヨトルクフの駅で新聞売り子が「号外!号外!」と叫んでいた。すぐ外に出て買った。ドイツ外相リッベントロップとソ連外相モロトフが昨日、不可侵条約を結んだ、とある。これは終わりの始まりだ、とすぐ思った。線路を横切り、ソスノビエツ行きの列車に乗った。汽車はソスノビエツに午後二時に着き、家まで歩いて十分かかった。

私は、妻に「午後四時発の列車でここを出る」といった。

妻は反対した。しかし、すぐに赤ん坊ジュリーを抱き、持てるだけの衣類を荷造りした。家も、商売も、かなりの銀行預金もそのままにした。四時発東行きの列車を駅で待つ間に、身内に電話して、一緒に来るようにいった。しかし、二人の両親は親族ととどまるほうを選んだ。

「彼らは私たちを見送って嘆いた――。今から起こることを信じようとしなかった」と夫妻は思い出す。

脱出の途中、バーナードは妻と娘をある町に残し、もう一度自分の家にもどった。手遅れにならないうちに逃げるよう、重ねて身内や友人に説いた。しかし、誰も動こうとしなかった。運命の分かれ目だった。

一九三九(昭和十四)年九月一日、ナチスの攻撃が始まった。昼間、街道では避難民の列が、戦闘機の機銃掃射から逃げまどい、夜には宿泊した町が爆撃される――そんな日々が続いた。九月四日、ナチスが故郷ソスノビエツでユダヤ人十三人を射殺との知らせが入った。彼らは町々を東へ東へと移動した。行く先々で地方の製粉所に泊めてもらった。それまで取引はしていたが、会ったこともない人々だった。道沿いのユダヤ人の家は避難民でごった返していた。

バーナードは書いている。

私たちは、やっとルーツクで休むことができた。ほかに行くところはなく、選択の余地はなかった。ルーツクはソ連との国境に近く、そこに入るのは嫌だった。私たちはロシア人を恐れていた。金を奪われ、飢えたまま放置され、悪くすればシベリアの収容所に送られる。そこまで行かなくとも、私たちはソ連に世界に開かれた窓がないことなど知っていた。その行きたくないソ連が、向こうからやって来た。すべてが早いテンポで動いていた……。九月十八日、ソ連軍隊がルーツクに入ってきた。町中がポーランドの死を見守った。

突然、彼らは、ソ連がリトアニアにビリニュスを返還しようとしているとのうわさを聞いた。ポーランドはソ連に併合されたばかりである。とすれば、彼らはヴィザなしでビリニュスへ行くことができる。なぜなら、この両地域ともソ連の管轄区域になったのだから。だから、もし彼らがビリニュス明け渡しのとき、そこにいれば、彼らが国境を越えなくても、国境のほうが彼らを越えてくれる――それはヴィザなしでソ連を出てゆくよりも、いい手ではないか。

「十月十五日に、私たちはビリニュスに着いた。美しい午後だった」

バーナードは記憶を繙《ひもと》く。

「ポランカ街の真ん中に立ち、次は何をすべきか考えた」

千畝の扉を叩いた者には、個人もいたしグループもいた。そして、ユダヤ人組織の指導者もいた。杉原リスト四五五番のゾラ・バルハフティクが、その一人である。私はエルサレムの中心部にあるアパート、ユダヤ法の書籍がぎっしり詰まっている本棚に囲まれた部屋で、彼にインタビューした。

バルハフティクは、かつてイスラエルの宗教大臣で、独立宣言に署名し、建国時から数年前に引退するまで歴代の政府に仕えた。九十歳になるこの老人は、短く、簡潔に答えた。その修辞は巧みで、大戦前、弁護士としてポーランドの法廷で事件を扱っていたとき、あるいはシオニストの宗教団体を率いていたとき、そしてイスラエル国会で演説をしていたときと同様に冴えていた。しかし、話が亡くなった妻ナオミにおよんだときには、悲しみに沈んだ。私は、カウナスで彼が、千畝とどういうふうに交渉したのかを質問するつもりだった——。

一九三九(昭和十四)年、ゾラとナオミは結婚して一年半目だったが、新婚旅行には、まだ行っていなかった。ワルシャワでの彼の弁護士の仕事は順調だった。そのうえ、常人を上回るエネルギーで、彼はユダヤ人の国際組織の指導者としての仕事も消化していた。彼の辞書に休暇という字はなかった、といえるほどの多忙さだった。その年の八月、ジュネーブで開催された国際シオニスト会議に、彼は出席を求められていた。妻のナオミも一緒に行けるし、湖と山で過ごす数日間は、遅ればせながらの新婚旅行にもなると思われた。

ジュネーブには夏の盛りに着いた。八月二十四日、代表団が討論をやめ、ラジオの周囲に集まってきた。そしてドイツとソ連の外相が不可侵条約の締結をうたいあげるのを、絶望の思いで聞き入った。

「会議は中止ということになり、出席者は暗い気持ちのまま散っていった」とバルハフティクは回想する。出席者たちに、世界シオニスト機構の議長C・ワイズマン博士が別れの言葉を述べた。

今の世界情勢について説明する必要はないと思います。闇が私たちを取り巻き、暗雲の彼方《かなた》を見ることはできません。私は、生きて再会できればと祈るだけです。生き延びてさえいれば、私たちの事業は続けられると信じます。真の闇の中からだけ、新たな光は射してくる――と、いえないでしょうか……。あなたたちとともに、その日が来ることを祈ります。イスラエルに栄光あれ！

危険を承知のうえで、ポーランドの代表たちは故郷に帰ろうとした。
「ワルシャワの家族のもとに帰り、忠誠な市民としての義務を果たそうとした。ユダヤ人としての責任とポーランド国民としての義務の念が、このときほど一致したことは、かつてなかった」とバルハフティクはいう。
彼らは、ドイツを通らずにユーゴスラビアとハンガリー経由で祖国に帰る〈封印列車〉を調達した。九月二日、第二次世界大戦の二日目、彼らは汽車の窓から、ポズナニ*を逃げ出す避難民を見た。その彼らに、対向列車から「ユダヤ人はパレスチナに帰れ」の罵声《ばせい》が浴びせられたが、ポー

*ポズナニ　ポーランド中西部の中心都市。

ランドを愛する気持ちに変わりはなかった。バルハフティク夫妻はワルシャワに着き、市周辺に対戦車壕《ごう》を掘る義勇隊に参加した。しかし、それがドイツ軍を阻止できるとは信じていなかった。

九月七日には、ポーランドの防衛態勢は崩れ、政府は亡命した。バルハフティク夫妻は数人のシオニストの友人とともに東部へ逃れた。彼らが出た直後、ドイツ軍がワルシャワを封鎖した。その後の数日間、彼らはドイツ空軍の攻撃と、統制を失った危険な敗残兵を避けて、夜、歩き続けた。ときどき、彼らはユダヤ人の村落にたどり着き、食物を振る舞われた。ナオミは妊娠しており、最悪の状態だった。

「最初の計画では、ブレスト・リトフスク*まで行き、そこで軍に申告するつもりだった」とバルハフティクは私に語った。

しかし、混乱状態が広がり、動員令の責任者もいないという話を聞き、方向を南東に変え、ルーマニア国境への途中にあるルーツクに向かった。ワルシャワから、ほとんど徒歩で、ここまで十一日かかった。私たちは疲労困憊《こんぱい》していたが、肉体的なものより精神の疲れ、不安のほうが、はるかに応えた。路傍に横たわる難民の死骸は、終わりのない恐怖映画のようだった。

シオニストの仲間たちにまじってルーツクで一息入れていると、急いで行けばヴィザなしでリ

＊ブレスト・リトフスク　ポーランドとの国境に近いベラルーシ南西部の都市。第一次世界大戦末期の一九一八年三月、ドイツとロシア革命政府との間で単独講和が結ばれた地として知られる。現在の呼称はブレスト。

トアニアに入れることがわかった。一夜にして、その国はポーランド系ユダヤ人の大避難所に化そうとしていた。バルハフティクは、もしも自分たちの聖地パレスチナにたどり着けることがあるとしても、それまでに、どれほど多くの国境を越えなければならないか考えた。国境を越えるには、もちろんヴィザがいる。そして今、国境は閉ざされつつあり、流言飛語だけがあふれていた。

「私は絶対に忘れない」と、あるユダヤ人が匿名で書き残している。

この大規模な脱出の最初の二〜三週間、赤軍警備兵は、誰彼なく国境越えを許し、しばしば思いやりのある態度を見せた。しかし十月十五日ごろ、国境は突然、厳重に閉ざされた。もはや歩哨《ほしょう》は友好的ではなく、国境近くの町村で越境避難民が摘発された。捕まった者はドイツ占領下のポーランドに送還された。ソ連の国境警備兵は、越境しようとする者を片端から射った。他方、ナチスの国境警備兵は、もどってこようとする者を誰でも射った。二つの火線にはさまれた不運な難民は、国境沿いの無人地帯にとどまるしかなかった。

そうこうしているうちに、厳冬になり凍死者が続出した。国境の町に住んでいたユダヤ人は、困難な交渉の末、ソ連当局から埋葬の許可を得た。私自身、七十歳の老人、三か月の乳児を持った若い母親の哀れな埋葬に立ち会った。彼らは身を隠すところなく、厳寒にさらされて死んだ。

結局、何千人もの難民が、この無人地帯に集まってきた。ナチスの国境警備兵は、彼らを〈おもちゃ〉にし、その叫び声は国境の両側に響いた。現地のユダヤ人はできる限りのことをして避難民を助けた。すでに人で一杯の家に入れてやり、最後のパンの切れ端を与えた。

一方、赤軍警備兵は、陰気な顔をして黙って立ったままだった。避難民の我慢が限度に達すると、彼らは獣の群れのように暴走した。数人は撃たれたが、数で歩哨を圧倒し、大半が国境を越えた。避難民に同情した赤軍兵士が、時に上官の命令を無視してくれることもあった。

ワルシャワ出身のユダヤ人の給仕が、別の越境方法を考えついた。ひもじさと寒さで数日過ごした後、彼は布切れで赤旗をつくり、避難民を率いて国境に向かった。精一杯の声で「インターナショナル」を唄いながら——。この奇妙な光景にソ連警備兵も銃を下げ、避難民の入国を許した。

ベックルマン——リトアニアのもうひとつの〈新しい目〉

モー・ベックルマンは、東欧ユダヤ社会の指導者で歴史家だったS・デュブノフの思想的後継者であり、また、千畝の協力者だった。さらに、杉原リストで一八九〇番の彼は、唯一のアメリカ人だった。彼は一九三九(昭和十四)年十月半ばにカウナスのメトロポール・ホテルで、千畝と顔を合わせていると思われる。領事館が開かれるまで、杉原一家はこのホテルに仮住まいしていた。たぶん、あの日本人外交官と身の丈百八十センチのニューヨーカーは、ロビーで挨拶を交わしたことだろう。

当時三十三歳のベックルマンは、アメリカのユダヤ救援組織、合同配給委員会(JDC)から、この地へ派遣されていた。しかし、カウナスのユダヤ人の指導者は、無愛想に彼を迎えた。彼らは「避難民の状況が誇大に伝わっているのに驚いている」といった。「カウナス近辺にはユダヤ人二十五人がいるだけ」ともいった。これに対し、ベックルマンは一万五千人いる、と反論した。

JDCはそのころ、リトアニアの状況を次のように書いている。

「ドイツ、ポーランド、ラトビアではユダヤ人が抑圧されている。この三国に囲まれたリトアニアは、今日、ユダヤ人が自由にくつろげる東欧で唯一の場所である。ここの政権はユダヤ人に友好的である」

しかし、ベックルマンは、そんな綺麗事《きれいごと》を信じなかった。満州での千畝と同様、彼も自分の目で見なければ承知しなかった。カウナスに到着するや否や、現場調査が始まり、山のようにメモが積まれていった。彼は、この国が、避難民であふれているのを知る。そして、ニューヨークに書き送る——「西をナチスに、東をソ連に征服されたポーランドから、ユダヤ難民が、この二か月間だけでも二万五千人ビリニュスに集まっている」と。

そして十月十一日、ソ連がポーランド領ビリニュスはリトアニア領ビリニュスになると発表して以来、ユダヤ人にとって状況はさらに悪化した。〈リトアニアの旧首都返還〉の祝賀行事が終わるか終わないうちに、市民たちが〈リトアニア人のためのリトアニア〉を維持するため、厳しい手を打ち始めたのである。

突如として、リトアニア在住のユダヤ人九万人は市民権を奪われ、経済活動の制限措置を受けることになる。これは流入した避難民でなく、それまで定住していたユダヤ人を対象にしたものだった。そして、この政策は国外退去にまで発展しかねなかった。リトアニア市当局は、二十年前、つまりポーランド併合以前から居住していると証明できる者に限って、市民権を与えると決定した。だが、この市のユダヤ人もポーランド人も、その大多数が第一次世界大戦直後に旧帝政ロシアから移住してきた者だった。今や、それ以降の世代は、その子も孫も、生存を脅やかされていた。ベックルマンの虎の巻に、こんな場合の対応の仕方など書かれてはいなかった。しかし彼には対策があった。ユダヤ人を移住させることだった。

十月二十四日、ベックルマンはニューヨークの本部に電報を打つ。

「自棄的になっている難民を強く応援し、第三国への通過ヴィザを与えるようリトアニア政府と協定を結べば、なんらかの解決策になると思考す。これには、アメリカ領事への照会が必要。遅くとも二~三か月以内の実行。他地区への移住をも加味すれば、この案は成功しよう」

そして、すぐ付け加える。

「ただし、現実には無理かもしれない。なぜならば、たとえリトアニア政府が、市民として認めない人々を追放したいと考えても、ポーランドを占領したソ連とドイツの両国がそれらの受け入れを拒否すれば、これは実現しないから」

ベックルマンは、悪しき国の悪しき意図が、より悪しき人々によって裏をかかれると説明している。そして条件を付ける。

「ポーランドのどこかにユダヤ人国家をつくるという案が実現しない限りは」と。

〈ポーランドのどこかにユダヤ人国家を〉の語句を見て、私たちは、ナチスにそんな期待をした無邪気さにあきれる。しかし、その当時は、ポーランド南東部にユダヤ人を集結させていたナチスの意図を、そのように希望的に解釈していた。ドイツの〈生命圏〉の考え方は、まだ〈最終的解決〉案にいたってなかった。ナチスのユダヤ人孤立化政策が、大量殺戮《さつりく》への準備ではなく、ユダヤ人自治への序曲と考えたのは、なにもベックルマンだけではなかった。独ソ両国占領下のポーランドで何が起こっているのか、それをＪＤＣへ報告するのが、ベックルマンの仕事だった。

Ｊ・シムキンという男が、ワルシャワのＪＤＣ支部からやって来て、ベックルマンに確実な近況報告を行うようになった（シムキンには習字の才能があり、後に千畝の筆跡を真似た偽造書類をつくり、多くのユダヤ人を助けた）。それによると、ポーランドでのユダヤ人への暴力行為は、ドイツ人の承認の下で行われている、という。

一方、ベックルマンは結論としては、ポーランド人がドイツ人を教唆していると見ていた。ヒトラーの『わが闘争』刊行後十五年だというのに、他のユダヤ人同様に、ベックルマンも、ゲーテやベートーベンを生んだ国が、そんな汚いことをするとは信じられなかった。ドイツが、ポーランド人の無頼漢をただ黙認してるだけだと考えていたのである。

数か月たつと、ベックルマンは、ユダヤ人の状況が絶望的になっているのに、その報告を額面通りに受けとめないJDC本部に不満をつのらせていった。必要な救援資金も思うように届かなかった。それでもベックルマンは、報告がJDCの救済基金キャンペーンに役立つと信じていた。また、彼は例の〈移住の計画〉を探していたが、いっそう苛立《いらだ》つばかりだった。彼はスウェーデン領事館にも行った。千畝が執事を推薦してもらったようなパーティーにも顔を出した。しかし〈移住の計画〉に話がおよぶと、座の雰囲気は冷たいものに変わった。スウェーデンは、十五歳から五十歳までの男性ユダヤ人の通過ヴィザさえ認めようとはしなかった。いったん事が起こったとき、その年齢の男子は兵士になる、それはスウェーデンの中立性を危うくする、という理屈だった。

ベックルマンは、この街のアメリカ外交官と協力するのが嫌ではなかった。仕事上、総領事O・J・C・ノレムに、ワシントンにより良い情報を送れるよう協力した。生まれ育ちは違っていたが(ノレムはミネソタ出身のルーテル派)、二人はうまくやってゆけるように見えた。事実、一九四〇(昭和十五)年夏、事態が急変したとき、ベックルマンはノレムにジュネーブへの航空便を見つけてやった。

外交官生活を終えた後、ノレムは『不滅のリトアニア』と題した本を刊行した。そこで彼は書いている。

「リトアニアのユダヤ人問題は、処理しがたい難問である。彼らが〈自分のパレスチナ〉を持つことが唯一の解決策だろう。ユダヤ人は、その親類アラブと対決して、自らの運命を開拓することだ。十分な武器があれば、なんとかやれるだろう」

これらの疑似シオニズム的言行はともかく、そしてユダヤ人への個人的感情がどうあろうと、ノレムは周囲の反ユダヤ主義を忘れてはいなかった。リトアニアにいた三年間、彼はユダヤ人の状況を国務省にきちんと知らせていた。新聞記事を翻訳し、政府・政党幹部の人事を分析した。一九三九年二月一日付の報告では「ここでは、ある種の人々が反ユダヤ主義を楽しんでいると信ずるに足る理由がある」と書き、すぐ追加している。

「これは、カウナスが帝政ロシアの支配下にあったときからの名残である」

そして、本国アメリカでの反ユダヤ主義についても、ベックルマンは、幻想を抱いていなかった。彼がアメリカを出発する少し前、ユダヤ系の国会議員は、少数の難民に扉を開こうとしていた。一九二四(大正十三)年制定の割り当て制限を変えようとしたのではない。法律で認められたわずかのヴィザを、効率よく配分するのを勧告しただけだった。しかし、今ではユダヤ難民の忠誠度を疑う〈アメリカ国内のヒトラーの奴隷〉といった見出しの記事が出ていた。B・ロングやJ・E・フーバーなどの政府役人も〈第五列*〉への警戒をよびかけ、ヨーロッパからの移民は潜在的スパイと見なされると叫んでいた。

リトアニアに話をもどす。ノレムの補佐官だったB・ガフラーは、本国のそういう傾向に同調した。彼は一九三九(昭和十四)年五月十二日、「カウナスでの外国人登録」と題し国務省へ報告を送った。その中で、ガフラーは、家族がアメリカにいないユダヤ人を閉め出せば、ヴィザ発給を減らすことができ、通関業務の効率化、財政の節約にもなると誇らしげに主張している。彼はこの政策を地方新聞で宣伝した。さすがの国務省も、この提案には賛成しなかった。ガフラーは叱《しっ》責《せき》され、業務の再開を命じられた。

今度は、ガフラーは、ヴィザ申請者が書き込む全項目に、非常に厳しい基準を適用することにした。しかし、実際のところ、その作業をするのはリトアニアの警察官だった。彼らは、この仕事をユダヤ人を強請《ゆす》る絶好の機会にした。

*第五列
戦争の際、正面から戦闘にあたる部隊のかげで、敵側に入って諜報活動や破壊工作を行う人々。

ベックルマンは、のみ込みの早い男だった。その彼でさえ、最近の状勢に追いつくのは容易でなかった。事態が、あまりにも早く進行していたからである。十月二十四日、彼はアメリカの自宅に電報を打っている。

「問題がなければ、明日か明後日までビリニュスにいる。電話と電信の回線が復旧しないなら、一日おきに本部があるメトロポール・ホテルにもどる予定」

彼は苦労してビリニュスに入る許可をとるが、すぐ、すべてが御破算になる。赤軍が、ビリニュスのリトアニア返還前に略奪を欲しいままにしたからである。そして十月三十一日、暴動が起こった。*ブロンクス育ちのベックルマンは、大通りを外れて歩くユダヤ人にどんなことが起こるか知っていたが、それでもはじめて*ポグロムを目撃した衝撃は大きかった。以下は、彼がその直後にニューヨークに送った報告である。

「パンだ、パンをよこせ、金を出せ！」

午前七時半、ホテルのまわりの群衆の騒ぎで起こされた。窓から見ると、五百人ばかりがわめいたり、歌ったりしていた。ほどなく、二人の友人が部屋に来た。彼らは四輪馬車に乗ってきたのだが、ここから五街区ぐらいのところで、誰かが「見ろ、ユダヤが馬車に乗ってるぞ」と叫んだ。兵士が走ってきて友人の一人を殴ろうとした。彼は「私はリトアニア人だ」と叫んだ。兵士は拳を引っ込め、もう一人の友人の腹に銃の台尻をぶち込んだ。友人は、同

*ブロンクス
ニューヨーク市内の区。市の北部にあり、高級住宅街が多い。

*ポグロム
もともとは、十九世紀末〜二十世紀はじめ、ロシアの各地で起こった歴史的なユダヤ人虐殺をいう。

じ光景が市内いたるところで起こり、ユダヤ人と思われたら叩きのめされているという。

窓にもどって見ると、白い腕章をつけた市民が、石や棒で通りすがりのユダヤ人を片端から殴っていた。警官は、まったく制止しない。私は、一人の男が通りの向こう側を歩いていた老人に忍び寄り、拳で彼を打ち倒すのを見た。そばに立っていた女は警官の注意を他に向けさせた。襲った男は白い腕章をつけ、歩き去った。私は、また馬車から二人の男が引き出され、市民に叩きのめされるのを見た。警官が来て、犠牲者を逮捕した。騒乱は、他の地域に広がり、暴徒は店や住宅を襲い始めたという。


ポグロムの直後、カウナスの空気は最悪だった。

「しかし、数日たつと、雰囲気はやや良くなった」

とベックルマンは冷静に報告している。十一月三日、彼はジュネーブのＪＤＣに電話し、ポーランド・リトアニア国境で立往生しているユダヤ人が心配だといった。ソ連がビリニュス地区をリトアニアに返還した数週間後に、国境警備は以前より厳重になっていた。加えて、ナチスは、この国の北部スワルキ地方を併合した。


季節は冬に向かい、寒さが厳しくなっていった。何千人もの避難民が無人地帯に足どめされていたので、ベックルマンは最悪の事態を予想した。彼は国際救援機関やポーランドのクエーカー*

*クエーカー
一六五〇年ごろイギリスで創設されたプロテスタントの一派。第二次大戦中、多数の良心的戦争反対者を生んだ。

教徒に警告し、ＪＤＣに赤十字へ数千ドル送るよう依頼した。それら諸機関の間で連絡がとれ、彼の救助活動に役立つと思ったのだろう。どんな機関が仲介に入っても、ドイツ人のユダヤ人への態度が金で変わるなど、ありえなかったのに——。しかし、Ｐ・ベアワルドという人物は、アメリカ赤十字への十一月十四日付報告の中で、ベックルマンの要請をとりあげている。ポーランドでの戦争状態で起こった事態を報告し、ベアワルドは、ＪＤＣが過去数週間にユダヤ避難民救援で百万ドル以上を支出し、年末までに二十七万ドルをリトアニアで使うことになるといっている。

ベックルマンは、その年の最終報告書で、「リトアニアをユダヤ人の避難所にするという考えは浅いのではないかとの懸念が強まっている」と書いている。彼は、リトアニア自身が生き残れないと見る。「遠からず、ソ連がバルト諸国を征服する」と彼は悲観的見通しを出している。ベックルマンは、これまで十万を超えるポーランドのユダヤ難民のため、食料・衣類・住居の費用を確保しようと奔走してきた。しかし、その彼が移住以外に解決策はないと主張するところまできた。ただ、どこへ？　アメリカには——問題があると思い知らされた。西欧——問題外だった。ソ連——同じく問題外だった。しかし、もう一か所あった。信じがたい、意外なところ——日本である。

ハヌカ*のケーキ

一九三九(昭和十四)年十二月、「杉原はハヌカの祭りを祝っていた」と、S・ガノールは語る。彼は六十歳代で、短躯《たんく》だが筋肉質な身体で、一年の半分を地中海を見下ろすイスラエルのヘルツェリアで、後の半分をカリフォルニアのラホラにある海辺の家で過ごす。海が好きで、その顔は陽に焼け、何十年も海を渡って商売をしてきた商人を思わせるものだった。今から五十年前、彼の両親はカウナスを離れる決心をした。

一九四〇年の夏に、ソ連がリトアニアを併合したとき、ここに住む市民はソ連国民になり、ユダヤ人は自由に出国できなくなった。ガノールの名前は杉原リストには載っていない。しかし、彼は一九四五年、〈日本人〉に救われることになる。そのとき、ガノールは強制収容所をいくつか回され、最後のダッハウ収容所から雪の中を行進させられていた。疲れて倒れていたとき、なにか見覚えがある顔の兵士、日系アメリカ人の五二二部隊に救出された。この日本人との幸福な出会いを、ガノールは思いめぐらさないではいられなかった。

ガノールは、伯母のA・ストロムを通して千畝を知った。美しかった伯母は、高級チョコレートとシャンパンの店を経営し、カウナスでは有名だった。一九三九年十二月のある日、十一歳のガノールは伯母の店に向かっていた。ユダヤの祭り、ハヌカが始まろうとしていた。彼は贈り物がもらえる季節を心待ちにしていたのだった。

*ハヌカ
ユダヤ教徒の祭りのひとつで、先祖が神殿を異教徒から取りもどしたことを祝う。

しかし、その年、私は集めていた貯金をユダヤ難民基金に寄付してしまった。十リトスは大金だった。すぐに後悔した。その週に「ローレル・ハーディ」の映画が劇場にかかることになっていたが、金が残ってなかった。母は貸してくれそうだったが、父が許してくれなかった。

「いったん決めたら、やり通すべきだ。難民にお金をあげるのは気高いことだ。しかし、それで愚痴をこぼすのはよくない」と。

幼いガノールにも父親のいうのがもっともだとはわかった。しかし、それは正義の厳しい声だった。伯母なら、もっと優しくしてくれるだろう。

戦争が遠くで起こっていて、ナチスがポーランドを攻略したことも知ってはいた。しかし、ユダヤ難民の問題がなければ、あまり気にしなかったぐらいだった。伯母の店へ行く途中、私はユダヤ人の家の窓際に、蠟燭《ろうそく》を立てたメノラを見た。*一方、キリスト教徒の家にはクリスマス・ツリーが飾られていた。

店に入って行くと、伯母が立派な身なりの、目尻の切れあがった人とロシア語で話をしていた。

「私の甥です。ハヌカのお小遣いをあげなくちゃね。こちらへ来て日本領事のスギハラ様に

*メノラ
ユダヤ教の燭台。通常は七枝だが、ハヌカ祭のときだけは八枝のものが使われる。

ご挨拶して」

私はじっと彼を見、近づいて丁寧に挨拶した。彼は私の手をしっかりと握り、微笑した。その目の奥に、ユーモアと温かさ、彼方《かなた》にいる人間を感じさせる、なにかがあった。うまく説明できないが、善意と優しさが立ちのぼるのを感じた。

千畝は、少年ガノールにいわば東洋的伝統を感じさせた。ガノールの頭に軽く触れ、「私は君が好きだよ。きっと前世で出会っているのだろう」といった。たぶん、ガノールの博愛行為を聞いていたのだろう、伯母がいった。

「映画に行きたいのでしょう？　一リトスいるんでしょう？」

彼女がレジスターのほうへ行ったとき、千畝はポケットから光る一リトス銀貨を取り出し、ガノールの手にのせた。

「ハヌカだから、私を伯父さんと思ったらいい」

一瞬、躊躇《ちゅうちょ》して、それを受け取った。そして思わず、いってしまった。

「伯父さんだから、土曜のハヌカのパーティーに来てください。家族みんなで、お待ちしています」

何年後になっても、ガノールは、どうして、あのとき、あんな大胆なことをいえたのか不思議だという。

伯母が取り繕うとする前に、千畝が答えていた。

「私はハヌカのパーティーに出たことがないが、喜んで出席させてもらうよ。ただ、その前に、ご両親に聞かなくていいのかな？」

話はすぐにまとまり、ガノールは映画に行った。

六時きっかりに、伯母が杉原夫妻、義理の妹・節子を連れてきた。杉原夫人は優美な黒のドレス、杉原は正装の縞のスーツに身を整えていた。二人とも際立っていた。テーブルには最高の珍味が並べられ、驚いたことに伯母が自分の店から日本の食料品まで持ってきていた。

杉原幸子も、その夕べを覚えている。

「食べきれないほどのお料理を用意してくれていたのです。それで驚いていたら、最後に、すごく大きいケーキが出されたのです。妹などは、どうしたらいいと泣きそうでした」

そのとき、ガノールの家には、ワルシャワから避難してきたローゼンブラッツ一家が滞在していた。彼らは自分たちの経験を喋《しゃべ》り始めた。祝日の暖かい居間で、愛情がいっぱいの家族や新しい日本の友人たちと一緒に座っていて、ワルシャワから逃れてきたユダヤ人は、自分たちが別の惑星に住んでいるのではないかとの感じを持った。その恐ろしい物語を聞くのは苦痛だった。しかし、千畝は一言一句に耳を傾けた。ローゼンブラッツ家の娘が、ガノールと一緒にハヌカの蠟燭を灯した。誰かがハーモニカを吹き、ガノール一家がハヌカの歌、ヘブライの歌を唄った。

「杉原は私のかたわらに立ち、祝祭の光景を見つめていました」とガノールは回想する。

少して、杉原は、日本にも、お灯明をあげる似た行事があるといった。そしてマカビ*の歴史的背景について、もっと知りたがった。

杉原は、私の趣味についても尋ねた。郵便切手を収集していると答えると、日本の切手をあげようと、領事館に招待された。杉原家の人々は、このハヌカの祭りを楽しんだ。私たちが唄った歌も気に入ったようだ。彼は、家族の一体感に感銘を受け、日本を思い出したと、母たちにいった。

「あなた方が、お互いに愛し合ってるのが感じとれる。ユダヤ社会の人々をもっと知りたい」杉原は、はっきりといった。

突然、ローゼンブラッツが母のところへ来て、日本領事に紹介してほしいと頼んだ。盛装した人たちの間で、彼は場違いな感じだった。父があげた洋服は大きすぎて似合わなかった。父は卓上鈴を鳴らし、一同の謹聴を求めた。

「つい最近ポーランドから脱出してきたローゼンブラッツさんをご紹介します。彼の話を聞いてください」

皆が彼のほうを向いた。彼は、ちょっと居心地悪そうだった。

ローゼンブラッツは、イディッシュ語では理解されにくいので、杉原にもわかるようにドイツ語で話した。最初は、おずおずと喋っていたが、やがて話に熱中していった。黙って聞いている人々に、ナチスがポーランドのユダヤ人に、彼とその家族にどんな恐ろしいことを

*マカビ
前一七五年、シリアで反乱を起したユダヤの愛国者一家。

したか、話した。そして感情が激して床に倒れ泣いた。

杉原は、注意深く聞いていた。その報告に明らかに動揺していた。そして、ナチス占領下のポーランドの状況を、もっとくわしく知りたがった。

少しして、ローゼンブラッツが、この日本領事にヴィザを出してくれるよう頼んでいるのを聞いた。

「通過ヴィザでもいいのです」と頼んでいた。

杉原は困っていたようだが、領事館に来るよう、そして何ができるか考えようといった。

後で杉原は、父に「この気の毒な人に何かしてあげなければならない。ナチスが、そんなに卑劣な行為をしているとはまったく知らなかった」といった。しかし、いつものように、杉原はそう見えたよりは、はるかに事情を知っていたらしい。数日後、私が約束の切手をもらいに行くと、杉原ははっきりといった。

「家族や友人にいいなさい。ここを出るのは、今だと」

千畝と教理問答

千畝は、旺盛な好奇心と、同時に人を見る目を持っていた。これは、スパイにとっては必要な職業的能力だった。他の面では平均的日本人だった千畝だが、彼の好みの人間に出会ったときには、日本人特有の慎重さを捨てて省みなかった。彼は、階上の隣人やS・ガノールに対して示したように、一気に心暖かく親しくなるのだった。そういうときの彼の言葉は、受けとる側にとって神のお告げのように聞こえた。

ハヌカの祭りは、千畝にとって新しい経験になった。しかし、外交官としての〈華やかな生活〉の面で、千畝は、国境や軍隊の移動といった深刻な問題に関係ない分野の人々にも会っていた。外交官たちの、とあるパーティーで、彼はリトアニア駐在のエストニア総領事J・ラティック博士に紹介された。ラティックはエストニアの神学校で学び、ユダヤについての知識が豊富なだけでなく、ヘブライ語も流暢《りゅうちょう》に話した。彼はパレスチナにも行っていた。数年前、エストニアの教育相を勧めたとき、タリンにヘブライ語の高等学校をつくるのに同意したほどだった。

ラティックには、M・ブラウンズという子供のころからの友人がいた。ブラウンズは医師で、後にカウナスのゲットーで多くの住民を助けた。私は、このブラウンズの息子——今、ロサンゼルスで外科医をしている——ジャックに会った。彼はラティック博士と父親の一風変わった素敵な交遊ぶりを、よく覚えている。

私の父と博士とは親友だった。博士が晩餐《ばんさん》をともにするために訪れると、二人は居間に行って葉巻をくゆらし、ユダヤ法について、あれこれ議論した。父は医学をドイツで学んだのだが、子供のころ、タルムード*を勉強したのが、とても楽しい思い出になっていた。

ある夕べ、博士はカウナスのわが家に、新しい日本領事を客として連れてきた。そのとき、私は十五歳、日本人というものに会ったことがなかった。だから、彼は随分違って見えた。背は高くなく、目が変わっていた。非常に礼儀正しかった。その人は、父たちと書斎に引きこもった。

ジャック・ブラウンズ医師は、何十年もたった今でも、書斎の三人から聞こえてきた話を覚えている。彼の父、そのキリスト教徒の友人(ラティック)、そして日本の外交官は、タルムードを勉強していたのだ! 二人のユダヤ人は、杉原にタルムードの、ある判例を説明していた。その判例は〈石を食べた牛〉を仮定したものだった。そういう牛は内臓が傷ついており、ユダヤの教義上では食べてはいけないことになる。しかし、もしこの牛の持ち主が、金持ちでなく貧乏人の場合は?

律法は厳しいが、貧しい人が、牛を売れずにいっそう貧しくなるのはよくない。そのため、何人かの導師が、様々な論理を、あるいは詭弁《きべん》を考え出していた。博士と医師は、いろんな角度から検討した。聞いていた杉原は、タルムード研究に秘められた慈悲の心を理解したらしい。三人は夜遅くまで議論した。タルムード談義に、ユダヤ人の悲劇と、いま何ができるかの議論が加わった。杉原は真剣に聞き入っていた、とブラウンズ医師はいう。

*タルムード
社会生活のためのユダヤ律法書。

「夏になると家族揃ってパランギに出かけた」と彼は続ける。

「リトアニアの有名な避暑地で、ラティック博士もたびたび訪ねてきた」

一九三九(昭和十四)年夏、バルクという名の裕福なドイツ系ユダヤ人の一家も、その避暑地に滞在していた。

「その家族には可愛らしい娘が二人いて、ナチスがユダヤ人にどんな仕打ちをしているか、声を潜めて話してくれた」

ラティックは、ドイツにもどらないほうがいいと彼らを説得し、エストニアに逗留《とうりゅう》できるヴィザをとってやった。

数か月後、バルク家がまた連絡してきた。ドイツへ帰るのは危険すぎるのでやめたが、落ち着くところがないという。ラティックと父は問題を話し合い、杉原領事と相談した。領事はバルク一家にソ連経由でアメリカへ行ける通過ヴィザを出した。

本来は他の任務でカウナスに派遣された千畝は、とうとう本物の領事になっていった。

ピアニスト千畝

カウナス駐在になったことが、千畝をユダヤ人やスパイたちと結びつけはしたが、彼とポーランドとの、そもそもの縁は、もっと以前からのものだった。ハルピン時代、あるいはそれ以後の友だちも、はっきり覚えていることがひとつある。夫の、その風変わりな行為について、幸子は「取り立てていうほどのことでない」とするが、それが謙遜してのものか、あるいは傲慢《ごうまん》からなのか、なんともいえない。ただ、この音楽に関する一挿話は、千畝の人柄を物語るものではあろう。

野球や碁と同じように、千畝は音楽にも熱中した。クラウディアと過ごしたハルピン領事館の階上で、ヘルシンキの湖畔の優雅な領事館邸で、カウナスのバイツガンタス街の家で、幸子とともに、そして最後の鎌倉の家で、彼は何時間もピアノを弾いた。その家のかたわらを通り過ぎる者は、確かな音程、テンポの良さに感心したことだろう。しかし、何度も通る人は、そのレパートリーが極端に少ないのに、すぐ気がついたはずだ。ハルピン時代の友人・志村は千畝が三年間ピアノを習っていたという、ただひとつの曲だけを――。

その曲は『乙女の祈り』だった。なぜ、その曲なのかはわからない。たぶん、この曲が感傷的な割に、その主題の変奏部分が、それほど複雑には展開していないので弾きやすかったといった理由だろう。あるいは、彼がスパイした国の人々に、親しまれていたからかもしれないし、それとも単純に、彼がその旋律を好んだからかもしれない。

千畝の旧友・志村は、千畝がこの小曲に一途だったと、さらに語る。

「杉原がこの曲を弾いていると、ベートーベンやモーツァルトぐらい弾けると誰しも考える。しかし、これ一曲しか弾けなかった。日本国歌も弾けなかった！　童謡も弾けなかった！　他に、なんにも弾けなかった!!」

宴会の余興として習熟したのかもしれないが——日本では、まま、あることだ。それでも、われわれはひとつの行為で無類の業績をあげた人間の、いわば原型を知りたい。そして、この奇妙な些事《さじ》は何事かを意味していると感じる。

タルムードの中で、古代の導師たちは「世には、一瞬にして永遠をつかむ型の人間がいる」といっている。千畝は、私にこの言葉を思い起こさせる。つまり、導師たちがいおうとしていることは、データが乏しい伝記的研究にもあてはまるのではないか。

導師たちは、たいていの行為が、長い練習と準備の末、ようやく完成されるという。しかし、こうも付け加える。非常に大胆で、その結果が衝撃的行為とは、往々にして準備の過程を見せないものだと。千畝の音楽面の全資質は、一曲にそそがれた。彼の同情心と戦略のすべてが、救出の数日間に凝縮された。一瞬にして永遠をつかむ——私は、その一瞬を知りたい——。

第五章

カウナス領事館の外側
――一九四〇年春

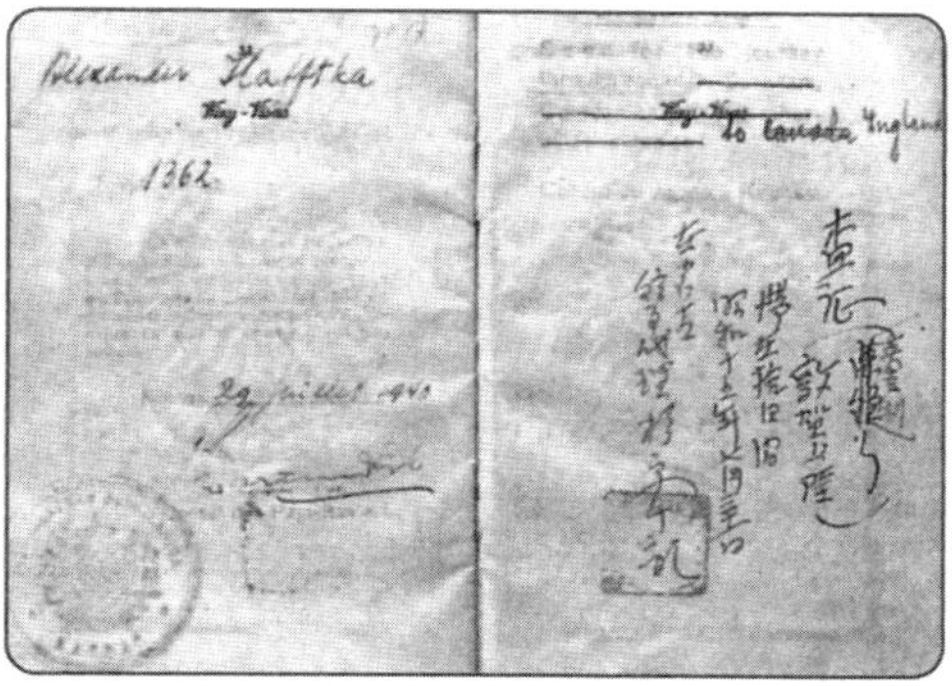

1940年ごろのカウナス市街

……カウナス領事館の外……柵の向こう側にポーランド難民の群れが見えた。……男だけでなく、女・老人・子供もいた。皆疲れていた。カウナスのどこかに寝る場所があったのか。たぶん駅か路上で寝ていたのだろう。……もう、本省と議論をしても無駄だと考えた。

本省との論争

一九四〇(昭和十五)年四月六日、カウナス発、電報五八号、杉原領事代理。
外務大臣宛
領事館建物賃貸契約更新の件
杉原・家主両者ともに契約の一か年延長を希望す。双方とも車庫増築を考慮中。

領事館の賃貸期間は半分しかたってなかったが、千畝にはカウナスの住居不足がわかっていた。今、この提案をしておくべきだと考えた。街は難民であふれ、皆が宿所を探していた。大半がナチス占領下の西ポーランド、ソ連占領下の東ポーランドからの人々だった。ドイツに併合されたリトアニアからも、まだ、いくらか入ってきていた。ドイツ、チェコ、オーストリアから逃げてきた運のいいユダヤ人もいくらかいたし、ヨーロッパの他の国から、さらに入ってくる可能性もあった。千畝は、この電報五八号発信の三日後に、ドイツがデンマーク・ノルウェーへの電撃作戦を開始する情報を手に入れていたのかもしれない。ルクセンブルク、オランダ、ベルギー、フランスは一か月で陥落するだろう。カウナスをめざす難民が、今後どれだけ増えるかわからなかった。避難所というものは、もう、どこにもなくなっていた。本省への連絡は今のうちだった。まだ半年の余裕があったが、外務省の役所仕事も早いほうではない――。

しかし、この電報を打ったとき、千畝は、ソ連が何時リトアニアに行動を起こすかの情報はつかんではいなかったようだ。六月十五日から、ソ連がバルト諸国を併呑《へいどん》しようと躍起になり、独立国の証拠である領事館の閉鎖まで行うと、このとき、千畝が知っていたとは思われない。

リトアニアが独立国である限り、そこはユダヤ人にも、戦争から逃れようとした人にとっても理想的な場所だった。そのため、不動産の価格は上がっていた。投機をやる地主なら、土地を細分化して一財産つくれた。もし家主が、もっといい借り手を見つければ、千畝は借家から締め出されたかもしれない。千畝は、その事情を知っていたので、賃借契約や増築計画を、くわしく電報で打ってきたのだろう。平凡なことのようだが、生命にかかわることだった。二千百三十九人のユダヤ人と家族にとっては――。

私は、日本の外交史料館で、千畝が階上の隣人と暖房費の分担を交渉している記録を読んで面白く思った。些細なことには違いない。しかし、恵まれた境遇、暖かい家にいて、千畝は他の外国人が、それほど幸運ではないことを知っていた。この数か月、多くの難民が寒さにさらされていたし、警察は彼らを郊外の混んだアパートやドイツ軍占領下の国境地帯に追いやった。千畝も、彼の本国が行った略奪地域で、哀れな難民を見たことがあるはずだ。

四月、雪が溶け始めた。千畝は、菜園に手間をかけるよりも、混迷の相を見せる本省の方針に対応しなければならなかった。それは、それほど楽なものでもなかった。この一年間に内閣は四回代わっていた。当時モスクワ駐在だった東郷も〈故国の状況は憂慮に耐えなかった〉と回想している。

千畝を〈新しい目〉として派遣したのが誰だったかはわからないが、その最初の手はずは有田八郎外相のときに整えられた。千畝自らは、軍部の親ドイツ派に送り込まれたと信じていたが、有田は軍部からは、むしろ離れていた。彼は枢軸国との関係強化には反対で、アメリカ寄りだった。しかし、立場上、彼は軍部との妥協を強いられた。一九三九(昭和十四)年夏の独ソ不可侵条約締結の後、彼は総辞職により退任した。

一九三九年九月、千畝がカウナスに着くころ、阿部信行が首相兼外相に就任した。阿部は陸軍大将だったが、日中戦争の終結と、ヨーロッパの紛争に中立的態度を貫くことを唱えていた。軍内部の人間として、彼には軍を抑えることが期待されていた。九月末に、阿部は外相に海軍大将・野村吉三郎を任命した。この外相就任は、必ずしも円滑に行われたものではなかった。千畝は新任大臣宛に、賃借条件と契約書を再度送らなければならなかった。しかし、すべて無駄だった。翌一九四〇（昭和十五）年一月、阿部内閣は辞職した。軍部とのつながりはあったが、主要政党の協力取りつけに失敗したからである。そして、次の米内《よない》光政内閣で、有田が外務大臣に返り咲いた。

これら閣内の抗争や不一致に加えて、どの外相も内閣も各々違った外交政策を持っていた。そして千畝の電報は、いつも外務大臣宛だった。この宛先それ自体は、公式の線に添ったものだろう。もし外務省が普通に機能していれば、ヴィザ発行をふくめ、領事の業務が国家的問題にはならない。それらは、中程度、あるいはそれ以下の官吏で処理された。イデオロギー上の問題で政府首脳が交代しても、千畝程度の地位の人間に大きな影響をおよぼしたとは考えにくい。

一般に〈主君なき男〉がある組織で、快適な椅子を占めるのは難しい。ところが千畝は対立する利害関係の間を泳ぐコツを身につけていた。ときには、それは彼の挫折につながり、ときには、対立する両者を操るのを可能にした。英米派も親独派も、共にソ連に対するドイツの真意を知ろうとしていた。その状況が、この低い位の官吏を、いわば不相応に高く押し上げたのである。しかし、本省とどんな議論を重ねていたにせよ、明確な決定はなかなかおりてこなかった。

ヴィザ発行の政策

いうまでもなく、領事館の造作などが千畝の主要業務ではなかった。領事の仕事よりも重要な仕事があった。しかし、領事館をいったん開設してしまうと、それはそれで一人歩きをし始めた。領事館は見せかけだけ、というわけにはいかなかった。人々はヴィザを求めており、それは領事に頼むことだと考えた。ソ連やドイツ軍隊の動静をスパイするのに忙しいと言い訳するわけにはゆかない。また、ヨーロッパのどの国が、日本の同盟国になるかを知るため、独ソの提携内容を推定するのに手一杯ともいえない。いわんや、それらの成り行きが外務省・内務省・陸海軍の各派にどう影響するか、自分自身のためにも考え抜いているなどとはいえなかった。

彼が任命されたときには、ヴィザ発行などは、業務の下位に置かれていた。通常の事態であれば、その仕事は三つの〈S〉――サイン・スタンプ・シールで、外交官の正規の業務ではあったが、手間のかかるものでもなかった。だが、これほど多くのリトアニアのユダヤ人が、よりによって日本に行きたがるなどと誰が予測できたろう？　事態は正常でなかった。各国が門戸を閉ざせば閉ざすほど、日本は、よく見えてきた。

しかし――そもそも、何がきっかけで、このヴィザ希望者たちは日本領事館への道を見つけたのだろうか。また、どの範囲まで、千畝は本省と相談しなければならなかったのか。そして本省と相談した後、千畝は、どういう基準でヴィザ発行をしたのか。その早い時期のヴィザ発行は、翌年夏の大量発行に、どう結実したのか。その答えを引き出すのに、メトロ・ゴールドウイン・メイヤーズ（MGM）のカウナス代表A・カッツの場合を検討してみよう。

ポーランド生まれのカッツは、リトアニアのMGM支社で働いていた。映画が彼をカウナスに連れてきたし、また脱出させたといえる。

千畝は、一九四〇（昭和十五）年一月、外務省アメリカ局第三課長から、連絡を受けた。

「MGM東京支配人ベルマンより、現在貴殿担当地域に亡命中の義弟A・カッツ（ポーランド人）を、約一か月東京におよび寄せたい旨、願い出あり」

もちろん、外務省はこの件で内務省とも協議済みだった。千畝には、外交電報の費用も前払い済みと保証されていた。だから、もしカッツがカウナスで申請をすれば「日本への入国ヴィザ発給に、なんら問題はない」（同右電）はずであった。

一見簡単なことだが――にもかかわらず、種々問題を蔵しているとも見える。一九四〇年三月二十一日、千畝は電報を打つ。

一月中旬の貴職よりの電報に基づき、小職は当国ビリニュス在住のA・カッツに対し三月二十一日、本邦入国ヴィザを発給したので、本件ヴィザ調書*を別添送付す。なお同人は〈ナ

*ヴィザ調書
姓名、生年月日、出生地、国籍など十二項目を記した調書。

ンセン旅券〉にて出国手続きを終えた後、ヴィザ発給を願い出たり。もし当領事館にてこの旅券でのヴィザ発給を拒めば、彼の出国は事実上不可能となる。よって情状やむをえざるものと認め、例外としてこれにヴィザを発給したので御了承ありたし。

一通のヴィザに、何故これほど気を使うのか。なぜ千畝は、わざわざ報告書を送るのか。それが普通の手続きなら、なぜ彼はそれほど大袈裟《おおげさ》に構えるのか。どうして、ことさらに承認を求め、さらに心配もしているように見えるのか。カウナスのたいがいの難民と違い、カッツは、いい仕事を持っており、国際的人脈もあった。彼には東京での援助も、すぐ別の国に行ける確約もあった。カッツの場合、日本の門戸を、ちょっと開閉するだけのことではなかったか。

しかし、事実としてはそう簡単なものではなかった。その発行手続きは、哀れなカッツと、心配していた東京の親族にとって、想像できない障害をふくんでいた。

数千のユダヤ難民がナチスを出し抜こうと必死になっていた。そのため、彼らは各国政府の官僚的応対におとなしく従わざるをえなかった。カッツの場合が違っていたのは、そこに千畝が関係していたことだけだった。

一問題を説明してみる。カッツはポーランド人であり、ポーランド国の旅券を所持していた。一方、日本政府は、太平洋戦争開始時まで、ポーランド国の承認を継続しており、亡命中のポーランド政府は、その代表者を東京に駐在させていた。しかし、スターリンとヒトラーにとって、ポーランド政府とは、もはや〈存在しないもの〉だった。

日本人にとっては馴染《なじ》めない事情だが——この時点で、ナチスの迫害から逃れていたドイツやオーストリア国籍のユダヤ人は、それぞれの国の——つまりドイツやオーストリアの旅券で旅行をすることができた。しかし、ドイツとソ連がポーランドを分割し、自国領にした去年の秋以来、三百万のポーランドのユダヤ人は〈無国籍〉になったのである。そのため、千畝はカッツが持っていたと思われる旅券ではヴィザ発行ができなかった。ソ連が、カッツの旅券を認めないと考えられたからである。

しかし、ひとつの救済策が手近にあった。カウナス駐在のイギリス領事T・プレストンが、*ポーランド亡命政府の代表に、イギリス領事館内で外交事務の執行を許可したのである。

そのポーランド外交官たちは、「安全行動書」という書類を発行していた。千畝が、より正確に〈ナンセン旅券〉と記したものである。この〈セミ・ヴィザ〉ともいえるものは、一九二二(大正十一)年に、国際連盟の理事F・ナンセンの提案でつくられ、彼の名が冠せられることになった。以来、有為転変を繰り返す国際情勢の中、数百万の国籍喪失者が、この〈旅券〉を使って国境を越え、安全地帯に逃れてゆくことになった。カッツは、明らかにイギリス領事館で、このナンセン旅券を受けていた。

しかし——国際連盟を脱退し、それを敵視していた日本政府が、この〈旅券〉を承認するだろうか。

*ポーランド亡命政府 前年の一九三九年九月、ドイツがポーランドを侵略したとき、イギリスはドイツに宣戦布告、第二次世界大戦が勃発した。この時期、イギリスはポーランド亡命政府を認めていた。

理屈からいえば、「安全行動書」さえあれば、カッツは通過ヴィザをもらえただろう。そのヴィザでリトアニアを出国し、ソ連を横切り、日本の入国地点に立つことができただろう。しかし、これは、あくまでも理屈上での話である。この一騒動は、千畝の行動を分析する貴重な機会である。もう少し追ってみよう。

カッツの義兄、MGM東京支配人ベルマンから送られた料金前払いの電報は、多忙な千畝が受け取った多くの電報の中のひとつにすぎなかった。ベルマンが強力な人脈を持ち、特別扱いされた可能性もある。しかし、たとえ、そうであったとしても、千畝が、もっと楽な行動をとることはできたはずである。本国で何が起こっているか、あまり情報を持ってない役人が、千畝のような立場に立たされたとすれば、彼はカッツが有効な旅行書類を所有していないと返電し、それで一件落着したことだろう。これが、最も安全な対処であった。彼は、それで良心的なことを示すこともできたし、あるいは軍国主義者の肩を持ち、西欧と国際連盟への反感を表し、点数稼ぎさえ、やろうと思えばできた。

彼は、そうしなかった。彼はあえて許可を得ようとしないで、先例をつくった。「小職は当国ビリニュス在住のA・カッツに三月二十一日、ヴィザを発行。この件および他の件につき報告す」と彼は電報を打っている。この電報で、千畝は彼自身を――そして大勢のユダヤ人を守った。この電文内容で、彼は、決定をくだした外務省の権威を擁護している。また、ナンセン旅券という問題があることを指摘し、それを公的に記録している。そして間接的に、この旅券の有効性を疑問視することを否定している。そして最重要なことだが、彼は果断に危険を冒し、彼に挑戦する者がいれば、その代償が高くつくようにしている。

われわれは、千畝が報告書に何を書いたか、また、カッツが最終的にどうなったかを知らない。しかし、このカッツの件を通して、千畝のやり方を、よく知ることができる。一例を挙げると、彼は便利な官僚用語〈やむをえざる事情〉を使っている。これは、ふつう、その立場にある役人が、何もしないことを正当化するときに使う言葉である。日本のヴィザ発行問題の最中にあって、無国籍難民という新しい事態とか、国際連盟への敵意とか——そういうゴタゴタは、カッツの申請を却下しさえすれば、彼は完全に避けることができた。しかし、彼はあえてその道をとらなかった。

そして、この巧妙な戦略と、すべてを明らかにはしない方法で、彼は、この時期、ヴィザを求めていた〈他の件〉を暗示している。ただ、それは、あくまで暗示にとどめられている。彼は、自分が手がけている事態の承認を求めている。この時期、ヴィザを求めていた〈他の件〉の人々とは誰だったのか。後日のために、彼はここで布石を打っていたのか。彼は、本省とどういう議論を重ねたのか。最終的に、彼はその議論を〈無益〉と見なしたわけだが……。

彼が、頼みにできた後ろ盾は、せいぜい一部の思想傾向を代表する派閥だった。そのグループから与えられた小さな職権で、どんな危険を冒そうとしていたのだろうか。それとも、彼は、危険を顧みず行動しようとしていたのだろうか。

〈水晶の夜〉と五相会議

カウナスでA・カッツの小さな問題が起きている一方、東京では未解決の議論が果てしなく続いていた。この数年間、ユダヤ人のヴィザ問題については、かつてパレスチナに旅行し、ユダヤ陰謀説を本に書いた安江仙弘《のりひろ》のような〈ユダヤ通〉の投機的提案があっただけだった。そのほとんどは、ユダヤ人が東洋に共産主義を広めるという恐怖を煽《あお》るものだった。

そこへ、一九三八(昭和十三)年十一月九日を中心に、ドイツとオーストリアの各地で、ナチス主導のユダヤ人襲撃が惹起《じゃっき》した。ユダヤ人経営の店の飾り窓は、すべて打ち壊された。粉微塵になったガラスを忘れないために、ユダヤ人は、この恐怖の夜々を〈水晶の夜〉と名付けた。

この事件を境に、日本の対ユダヤ政策も、曖昧《あいまい》なままでは済まされなくなった。伝えられるところでは、事件一か月後、首相・陸相・海相・外相・蔵相の五大臣が出席し、ユダヤ人移民問題を討議した。五相会議である。

そのころから、極東地域へのユダヤ難民の数は劇的に増えてきていた。彼らは、日本・満州での通過ヴィザを申請したり、ヴィザ不要の日本占領下の上海に行こうとした。一九三九年九月にポーランドが崩壊した後、この数は急上昇した。日本の各省間の、いつもの縄張り意識、加えて満州国政庁と協同作業がなかったことが、しかるべきユダヤ難民対策の立案を阻害した。どの省庁からも明確な指示は出されなかった。千畝が「本省との合議は無駄」といったのは当然である。

ナチスはユダヤ人を憎悪している、アメリカ人やヨーロッパ人は無関心のようだ、各国の動向はどうか——日本の内閣・議会の最高責任者は、そちらに関心を持っていた。しかし、西欧でユダヤ難民を受け入れる国はほとんどないことが、一九三八年七月のエビアン会議で、はっきりした。〈水晶の夜〉は、その年十一月に起こった。そして翌年春、イギリス政府は白書を出して、パ*レスチナに移住するユダヤ人の数を厳しく制限した。

一九三九（昭和十四）年六月、ユダヤ難民一千百二十八人を乗せたセントルイス号がハンブルク港を出てアメリカに向かったが、アメリカ・キューバで入港を拒否された。ほとんどの乗客が正規の書類を持ち、アメリカの親戚が経済的責任を負うと保証したが、一人として上陸できず、船はヨーロッパにもどった。彼らは、結局、ホロコーストで殺されることになった。この〈漂える監獄〉は、ユダヤ人お断りの象徴になった。

こうした状況下、日本政府はシベリアのビロビジャンに〈ユダヤ自治区〉を建設したというソ連側の宣伝に圧され、いくらかのユダヤ人を満州に入れるのを検討することになった。

日本人は、旧敵のロシアに宣伝戦でも引けをとりたくなかったのである。しかし同時に、日本政府は、もし本当にユダヤ人を排斥することになるのなら、その責めを満州国に負わせるよう、

*パレスチナ移住　バルフォア宣言（第一次世界対戦後、パレスチナにユダヤ人国家の建設支持を約束した宣言）と国際連盟委任統治条項で、イギリスはユダヤ人の移住を保証していた。

仕組もうとした。満州国駐在の日本大使は、彼の部下たちに指示している。「諸君が国際的論議に巻き込まれることなどないように、ユダヤ人入国問題には、満州国警察の手を借りることだ」と。

一九三八年十二月に、ユダヤ人問題について重要な通達がなされた。五相会議の後に出され、他の通達に優先するものだった。これは将来に備える思想と行動の規範だった。

五相会議「ユダヤ人対策要綱」

独伊両国との親善関係を緊密に保持することが日本の外交枢軸であるため、盟邦の排斥するユダヤ人を積極的に日本に抱擁することは原則として避けるべきであるが、ドイツと同様に極端に排斥するがごとき態度に出るのは、日本が多年主張してきた人種平等の精神に合致せざるのみならず、現に日本の直面する非常時局において戦争の遂行、特に経済建設上外資を導入する必要と対米関係を悪化することを避けるべき観点から不利な結果を招くこと大なるため、左の方針に基づき、これを取り扱うものとする。

方　針

一、現在日満支に居住するユダヤ人に対しては、他国人と同様公正に取り扱い、特別に排斥するがごとき処置には出ないこと。

二、新たに日満支に渡来するユダヤ人に対しては、一般に外国人入国取締規則の範囲内で公正に処置する。

三、ユダヤ人を積極的に日満支に招致することは避ける。ただし、資本家、技術家など、特に利用価値ある者はこの限りにあらず。

この方針の起案者が誰か、また、どの省庁が実施主管だったかは不詳だが、これが政府最上層の考え方だったのは間違いない。多少の曖昧さを残してはいるが——ここに書かれた範囲内でユダヤ人にヴィザを出すのは正当ということになった。とにもかくにも、日本の現場の領事たちに〈歩み出す順序〉がさし示されたのである。これら諸方針は、官僚間の争いの果てにまとめられたものではない。現に、上海総領事・三浦義秋《よしあき》は野村外相に秘密電報を送り、そこで〈ユダヤ特別区をつくりアメリカと協同作業する〉討議を要約して示している。

陸軍の安江仙弘に好一対だったのが、海軍の〈ユダヤ通〉犬塚惟重《これしげ》大佐だった。第二次大戦中に二万余のユダヤ人が上海にいたが、彼らに対する政策を犬塚が立案することになった。彼はまた、満州国にユダヤ人避難所の建設のため、海外協力を募る計画にも携わった。彼は前・満鉄ニューヨーク連絡員だった田村光三《みつぞう》とチームをつくった。田村はニューヨークでユダヤ人実業家と付き合っていたらしい。この当時には大阪鉄鋼の役員で、外務省とつながりがあった。田村は、上海のユダヤ難民協会のE・ハイム会長を通し、ユダヤ系アメリカ人F・ガーソンに紹介された。彼は、ニューヨーク郊外のロングアイランド機械会社の社長だった。

日本が戦争準備のため、特殊鋼や機械類を必要としていたこと、アメリカは日本の軍需・民需産業に禁輸の脅しをかけていたこと、その政治状況を考えると、どういうユダヤ人有力者と話が進められたか、だいたいわかってくる。ガーソンは鉄鋼界の大物などではなかったが、田村のほうでは、ガーソンが鉄鋼とユダヤ人社会の双方に影響力を持つと考えたらしい。

何はともあれ、彼らが交わした電報は、堂々めぐりの様相を呈している。その中の一通で、ガーソンは、これ以上条件を付けず日本式の膝突き合わせた交渉を始めるため、急ぎ東京に代表を送れと申し込まれている。一方、満州国のある地域に何人くらいユダヤ人が住めるかとのガーソンの質問は撥《は》ねつけられた。鉄鋼の手配がつくまで、その話には乗れないと東京からの電報は仄《ほの》めかしている。

しかし、日本側は別の形で取引することも考えてはいた。もしガーソンなり、その会社が、アメリカのマスメディアで日本礼賛をしたら、ユダヤ人にヴィザを出そういうのだった。これが第一条件。次いで、この日本人は三万人のユダヤ難民受け入れに一億ドルを要求した。

一九三九年末から一九四〇年夏まで交渉はガーソンの頭越しに進められた。ニューヨークの有名な導師S・ワイズは、F・D・ルーズベルト大統領と密かなつながりを持っていた。彼も、この交渉を知っていたが、日本側に利用されるのではないかと懸念するようになり、アメリカの国益を損なわずにユダヤ人を救出できるかどうか、その可能性を探らないまま、国務省のいいなりになってしまった。結局、どちらも望んだものを手に入れられず、話し合いは物別れに終わった。

しかし、日本側は諦《あきら》めなかった。アメリカの代わりとして、日本側は〈価値ある〉ユダヤ人を抱える別の連合国イギリスに向かい、上海のV・サスーン卿《きょう》に取り入ろうとした。彼は学者や商人を輩出している有名なユダヤ人一家の当主で、イギリス当局にもつながりがあった。サスーン卿は一八八一(明治十四)年、インドで生まれ、イギリスで学び、一九一五(大正四)年、イギリス海軍航空隊に入り、訓練飛行中、墜落したが生き延びたという経歴を持っていた。一九三一(昭和六)年、家業の銀行を上海に移し、不動産業で成功した。美しく有名なビルディングを、いくつか上海に建てた。その贅沢《ぜいたく》なパーティーは国際都市・上海の名を高め、彼は、この地のユダヤ人社会の中心人物になった。彼はまた、自分と同じスファルディ*系ユダヤ人に対する最大の慈善家でもあった。

もっとも彼の信心の型は、かなり世俗的なものだった。「世にはユダヤより優れた種が、ただひとつある。ダービー競馬の馬だ」と彼はいった。言葉通り、彼の持ち馬はケンタッキー・ダービーで四回優勝した。

サスーン卿は、アメリカのユダヤ人実業家に比べ親近感の持てる、理解しやすい人物と思われた。日本人は、この実力派商人の動きを監視し、上海を支配してからは、いっそう力を入れた。一九三九(昭和十四)一月二十三日、三浦上海総領事は有田外相に、サスーンがユダヤ難民救援のため百五十万ドル寄付したと報告した。上海では近く、駐在各国の外交官会議が難民政策を議題に開かれることになっていた。有田は報告を受けた三日後、会議で日本がどう行動すべきか、三

*スファルディ
スペイン系ユダヤ人。

浦に指示を与えた。その内容は──「移住のために、あまり積極的姿勢をとるのは避けよ。しかし、商工省工部局提案の目的を達成するよう処理せよ」というものだった。

この微妙で漠然とした文言からは、外務省が、どんな〈目的〉を持っていたのかわからない。わかるのは、敵に回すにはサスーン卿は大物だと考えられていたことだけである。

一九三九年二月二十八日、ジャパン・タイムズは貴族院で行われた予算質疑を報道している。その席で、出淵勝次議員は「ドイツで行われている反ユダヤ運動の結果、最近、極東地域でユダヤ人が増加しており、わが国の一部でも憂慮している」と発言している。これに対し、有田外相は「ユダヤ人居住者あるいは移民に対し、日本国内で差別はしない」と明確に答えた。

にもかかわらず、この年の夏、日本政府は、上海へのユダヤ難民の受け入れ数に制限を設け、既居住者には登録を命令した。ドイツはこの措置を歓迎し、ドイツ系ユダヤ人は、もはや上海に入れないだろうとラジオで放送した。しかし、日本にこの制限を継続せよと強要したわけではなかった。

結局、この秘密交渉も、公然と唱えられた〈ユダヤ避難所〉建設の構想も、日本政府部内の各省間の抗争で、当然のことに、頓挫《とんざ》してしまった。そして一九四〇(昭和十五)年春、ヒトラーの軍隊がヨーロッパで勝利を収め、日本の親ドイツ派はテコ入れされた。この一派は、日本の〈ユダヤ避難所〉構想に対するナチスの不快感に、かなり気を使っていた。しかし、この親ナチス派でさえ、ユダヤ人の資本と能力には魅力を感じていた。ユダヤ人の植民や定住は実現しなかったが、ユダヤ人への道筋は残されていた。——もしも誰かが開こうとしたならば……。

ステラのヨーロッパ脱出

本国政府が対ユダヤ政策で悪戦苦闘していた間、千畝は領事館の日常業務をこなす一方、偶発的に起きてきた問題も器用に捌《さば》いていった。ハルピン学院の寮歌を引用するなら、千畝には〈根性も腹〉もあったが、〈憐憫《れんびん》〉も併せ備えていた。これらの資質はステラ・コミンスカヤにまつわる挿話で花開くことになる。

彼女はカウナスでヴィザをもらった非ユダヤ人である。私は彼女に一九九五(平成七)年二月に会った。この八十歳代の、しっかりした婦人は、今でも千畝のこととなると熱中して語る。「彼はほんとに素晴らしい人でした。いい人なんです」と、彼女は〈いい〉の母音に力を込め、強調していった。

一九六〇年代末、ステラはポーランドの学者コラブ‐ザブリクの求めに応じて、千畝について短い回想記を書いた。それから間もなく、千畝がロンドンにいた彼女に電話をかけ、ステラの思い出が蘇《よみがえ》った。おそらく、その文章で懐旧の念に駆られ、千畝は衝動的に電話をしたのだろう。

いずれにせよ、それは年老いた領事代理にとって劇的なことだったようだ。彼は八十歳代に近づいており、モスクワに本拠を置いて、裁縫ミシンの販売の仕事をしていた。後に触れるが、戦後の彼の生活は、逆境の連続だった。

それは彼女が覚えている生気に満ちた千畝ではなかった。一九四〇(昭和十五)年の写真の中とは違って、二人とも年をとっていた。その写真は、友人や家族の一団がカウナスの駅にいるものだった。ステラは若く美しく、大きな花束を抱え、まるで休暇旅行にでも出かけるように帽子をかぶり、コートを着ている。そして、そこに千畝がいる。心持ち体を前に傾け、三つ揃いの背広にこうもり傘、洒落《しゃれ》た角度に中折れ帽をかぶり、この催しの主催者といった感じである。そこには自信があふれている。互いに戦っている国々で、いつ暗殺者を向けられても不思議でないくらい図々しくスパイしている男、本国の対立する勢力の間で勝負している男にしては、不似合いなほど寛《くつろ》いでいるように見える。

一九四〇年春、ステラと夫のS・カスプチク大尉は、あまり期待を持たず千畝のところに来た。ステラは、ベルギー人の母と白系ロシア人の義父の下、義父の土地があるポーランドのバラノビチで成長した。ソ連が前年秋に、その地方を併合したとき、貴族的で反ボルシェビキの義父は秘密警察を恐れ、家族とビリニュスに逃げた。それが最善の策だったかどうかわからない。というのも、彼の義理の息子、つまりステラの夫は、ポーランド情報部で相当の地位にいたのだが、リトアニアでは共産主義者のスパイとして、すでに三回も逮捕されていたからである。彼にもソ連を恐れる理由はあった。リトアニアの役人からは「別の国に行ったほうがいい」といわれた。そのときの懊悩《おうのう》を、彼女は覚えている。

カスプチクは罠《わな》に嵌《はま》ったと思った。彼らは世界で安全なところはどこにあるか、思いをめぐらせた。仮にそんな場所があっても、そこに行く書類がないと絶望した。そのとき、突然、ステラの母が、自分の学生時代、ブリュッセルで日本人と奇妙な友情で結ばれていたのを思い出した。それほど日本領事館がどこかにあるはずだ、といい張ったとき、ステラは冗談だと思った。それほどに考えられないことだった。しかし、バイツガンタス街の領事館からもどったとき、ステラは、泣いていいのか笑っていいのかわからなかった。彼女は母にいった。

「素敵な紳士が、『喜んでお手伝いします』といってくれた」と。

そして、どうなったか──千畝が自らの言葉で語る。コラブ‐ザブリクのための回想メモの中の「カウナスとケーニヒスベルクでのポーランド人の友」と題した文章である。

　領事になって二〜三か月後、少しアジア的なところのある若いヨーロッパ女性が訪ねてきた。彼女はポーランドの旅券を持っていた。日本に住むカワゴエという男の娘で、日本で父に会いたい、という。翌日、彼女は夫と一緒に領事館に来た。年のころは二十六〜七歳、ポーランド陸軍の大尉と自己紹介した。私の理解したところでは、彼は参謀本部で情報担当だった。東洋文化に関心を持ち、妻と一緒に彼女の父に会うため日本行きを希望した。

日本に若干の照会をし、しばらくしてカスプチク夫妻に、ドイツ経由で日本に行けるよう手助けできると知らせた。照会でわかったことは——当時学生だった川越がベルギー女性と親しくなり、ステラが生まれた。しかし、川越は両親の命令に従い、ステラの母親と別れ、日本に帰った。母親のほうは帝政ロシアの将校と結婚し、ビリニュスに住んだ。川越は、川奈の高級ホテルとゴルフクラブの支配人になっていた。彼はステラが実の娘であることを認め、彼女を日本に来させるよう、その旅行に必要な情報と費用を与えてやってほしいと連絡してきた。

まもなくカスプチク夫妻は、私が発行した証明書を持って、ナチス・ドイツとイタリアを堂々と通過して日本に旅した。道中無事に二人は父の国に着いた。戦後、彼女の夫が中国で殺された、その状況は不明だと聞いた。ステラは再婚し、コミンスカヤの名でイギリスに住んでいる。

この文章は〈虚構のお手本〉とでもいうしかない。そもそも、この〈日本人の父〉が怪しい。ステラは日本人の血筋を引いていることを否定する。そして、この川奈の紳士は彼女の母親の大学仲間だったにすぎない、という。〈当時の写真の中の彼女に〈アジア的なところ〉など、まったくないこともステラの主張を裏書きする)。川越は彼らがヴィザをとれるよう、カスプチク夫妻が自分の名を使うのを、すぐ同意したらしい。この領事代理は、ポーランド情報将校の〈東洋文化への関心〉を強調するために、履歴書と海外研究のプログラムまで用意してやった。千畝は、これらすべてのことに指揮棒を振ったのだが――二十七年後になっても、偽装を続けているのである。

その当時、日本へ行く道は二通りあった。ひとつは陸路ソ連を経由するもの、他はドイツ・イタリアを通り、船に乗り継ぐもの。どちらも安心できるものではなかった。ソ連とナチスの両者いずれも、カスプチク大尉を逮捕する可能性があった。ソ連に捕まっていたら、彼はカチン*の森に送られたはずだ。そこで、その年の春、ソ連は四千五百人のポーランド将校を射殺した。ナチスの場合なら、強制収容所送りになっただろう。ヴィザがあっても、この若い大尉夫妻に逃げ道はないと思われた。

千畝は、彼らに少しでも危険のないほうを選び、西に行くように勧めた。「何とかやってあげましょう」と安心させ、必要書類をつくってやった。ステラは、自分が冷静に「三日間恐怖の中で地中海まで行くほうが、十七日間怯《おび》え続けて、ソ連を横断するよりましでしょう」といったのを覚えている。彼らは怖さのあまり、寝込んだほどだったが、千畝を信頼するしかなかった。

出発の前夜、彼らは、お別れの晩餐《ばんさん》をカウナス駅で共にした。家族、友人が集まり、日本の領

＊カチンの森
ロシア連邦のスモレンスク近郊にある。

事代理も加わった（ヴィザを与えた者と一緒に食事をした領事が何人いたことだろう）。そのときの様子が写真に収められている。

皿が片づけられると、千畝はステラをかたわらによび、小さな包みを渡した。

「この中に手袋が一組入っている。外務大臣への贈り物だ。これを東京で届けてほしい。国境通過の際、この包みを役人に見せてやりなさい。あなたは外交伝書使と思われるから」

千畝がヨーロッパ経由で行くよう勧めたのは、こういう手があったからであった。この偽装は、ソ連よりも日本により友好的な国で、効果があったはずだ。その包みは彼らの命綱だった。

ステラは国境にさしかかるたびに、この包みを引っ張りだした。厳重に警備された、リトアニアとドイツ占領下のポーランドの国境、戦火の跡も生々しい国々から獣の地ドイツに入ったとき、窓からオーストリア、イタリアを見て通過したとき、そしてナポリで日本の船に乗り、〈母国〉に向かったとき——。

乗換駅では、客車の扉が乱暴に開けられ、客室には定員以上の旅客が詰め込まれた。そしてナチスやファシストの警備兵が入って来た。そこには、必ず一人の平服の役人がついてきていた。その役人は、書類を丹念に改め、手で触って見、捺印《なついん》を検査した。自分の番が回って来たとき、新調の民間人の服装をしたカスプチク大尉は、いかにも横柄な官僚的態度で、手袋の入った包みを差し出した。封蠟《ふうろう》され、捺印された包み。警備兵はカスプチク大尉を一瞥《いちべつ》し、呟《つぶや》く。

「外交伝書使か」

そして、きちんと敬礼して立ち去った。

この挿話の千畝のやり方は冴えている。しかし彼は、お返しもしてもらっている。彼の〈外交伝書使〉は、多くのつながりを持ったポーランドのスパイだった。カスプチク大尉は、貴重な贈り物を千畝に残していった。この夫妻は、千畝の〈ポーランドの友〉の中の二人にすぎない。彼が〈精巧なスパイ網〉とよんだ、その組織は、その後何か月にもわたって千畝の役に立ったのである。

カスプチク夫妻に対する千畝の援助が、領事としてのものか、スパイ網のためか、それとも〈素敵な紳士〉だったからなのかはわからない。わかっているのは、手続き上の曖昧《あいまい》さを逆手にとって、彼が戦略を立て、臨機応変の措置をとったことである。千畝の行動を検討すると、彼の創意と融通性を認めないわけにはゆかない。

千畝はヴィザを希望する者に、無関係な、瑣末《さまつ》な、わかりきった質問を多く投げかけた。そして、それらの答えを、細部まで完全なある物にふるい分けた。この作業が、独自の計画案に実ってくる——偽りの父親、一組の手袋、ヴィザを正当化するために弾力的であれば何でもよかった。そして、本省に対処するときにやったように、千畝は自分の計画に都合の悪い問いかけを意識的に行わない。こういうやり方は、本省の指揮系統が曖昧だった間は、うまく作動していた。内紛が絶えない外務省に〈権威ある決断〉を期待しても駄目なことは、現地の領事たちは皆知っていた。そして〈主君なき男〉にとっては、本省に問い合わせをしないのが、最良だった。

春になり……

一九四〇年(昭和十五)年五月二十九日、千畝は、有田外務大臣名の電報一四号を受け取る。彼が四月はじめに出した電報への返事である。「領事館家屋賃借の契約更新を承認する」というものだった。しかし、六月十五日、ソ連は、ラトビア、エストニアに続いてリトアニアを占領し、一か月以内の選挙を要求した。選挙に参加できたのはリトアニア共産党員だけだった。当然のことに九十九パーセントの票を獲得した。数日後、新議会はソ連政府に、リトアニアのソ連併合を〈請願〉した。ソ連は、この請願を〈受け入れ〉、リトアニア駐在の各国代表に、それらの国はモスクワ駐在の大使によって代表されると通告した。千畝は、ノレムやプレストンたち他の領事と同様に、一か月の期限で領事館を閉鎖せよと告げられた。

このとき、千畝が領事館建物の契約の交渉を、どの辺で中止したのかは不明である。とにかく彼の意欲は、この件に関しては無駄になった。杉原家の家族も、ここしばらく桜を賞《め》でることができなかったが、故国の花に似て、カウナスの日本領事館も、まぶしいほど美しかったが、短命だった。

千畝はたしかに、ソ連が何かをねらっていたのは知ってはいたが、彼らが併合まで行うとは考えなかった。

一九四〇(昭和十五)年春は、大きな転換期だった。まずロシアが西に侵入し、ドイツがそれを認めた。ヒトラーが自分の領土の東側にスターリンの属領を認めるなど、誰が想像したろうか。西の作戦に専念できるよう、ヒトラーはスターリンに骨を投げ与えたのだろうか。当時は、そう思われていた。しかし、ヒトラーはスターリンの勝利が一時的なものであると心得ていた。スターリンがバルト諸国を手に入れた一年と一週間後の一九四一年六月二十二日、ドイツはソ連を攻撃した。

その一年間、ドイツはユダヤ人狩りに専念していた。その段階では、暴力と大量殺戮《さつりく》ではなく、移民に策をとっていた。だから、わずかだが脱出口はあった——そのひとつがカウナスの領事館だった。

ここで時間を少し前にもどし、千畝が前年秋、カウナスに着いたとき、すでに、この街に到着し、はじめてのリトアニアの春を味わっていた他の避難民に、目を向けてみる。すでにわれわれは、どういうふうに彼らがリトアニアに入ってきたかを知っている。今度は、いかに彼らがリトアニアを去る決心をしたかを見てみよう。

実業家の才覚を持った者にとっても、リトアニアは金メッキの鳥籠みたいな感じになってきた。西と北にはナチス、東と南にはソ連がいて、どの方向にも出口はなかった。誰もが自分のできることをした。Z・バルハフティクは、リトアニアでシオニスト運動を組織していた。ポーランドから、いろんなユダヤ人団体――宗教の団体、ユダヤ擁護組織、政党、法律家の組織が入ってきて、彼らに残された唯一の場所で再建を図っていた。

両大戦間のポーランド系ユダヤの文化は、きわめて華やかだった。ナチス占領下、最後の悲劇的瞬間に直面したとき、短い合間だったが、魔法のように再生し始めた。

ナチスがポーランドの大都市にゲットーをつくり、ユダヤ人を隔離し始めたとき、地下組織の指導部がカウナスやビリニュスに設立された。リトアニアにいたユダヤ人は、可能な限り、ポーランドに残してきた同胞と連絡をとろうとした。西だけでなく、東にも同胞はいた。ソ連の国境が変わっていったため、革命以来二十年間途絶えていたソ連のユダヤ人と連絡をとる機会ができた。そして、パレスチナ、アメリカ、その他ユダヤ人が脅かされてない土地があった。彼らが援助してくれるかもしれない。突如として、リトアニアがユダヤ人の中心になっていた。多くの者にとって、そこは最後の、最善の地に見えた。

バルハフティクほどの能力と熱意ある指導者には、なすべきことが多くあった。しかし、彼が回顧する通り、〈時が味方してくれなかった〉。彼には、イスラエルに移住する計画に全力をそそぐのが、ただひとつの合理的対処と思われた。これは誰にとっても明白な結論というわけではなかった。リトアニアは、そのときなお、避難所、東欧のスイスと見られていた。

多くのユダヤ人は、国家間の協約などが、いかにもろく信用できないものか、これまで見てきているのに、ナチスとソ連はリトアニアに中立性を保たせることで共通の利益があると信じたがった。おまけに、ここは故国にいるような感じだった。年老いた両親を小さな町に残してきた者にとって、遠く離れたところへ行くのは気が進まなかった。パレスチナなど月の裏側のように感じられた。

実際、多くの者が、着いてすぐリトアニアに根をおろし始めた。学校や文化組織がつくられ、近所の付き合いが始まった。このやり方は、ビリニュスの精神的指導者であった一導師の教えに従ったものだった。彼はいった。

「座れ、何もするな」

解決できない苦境に陥った場合には、座して動かず、行動を起こしたい本能を抑えるのが真の勇気だというのだった。

この座して定住する方針に、激しく反対する者もいた。学校を建て、劇団をつくることは、脱出や抵抗運動の資金・エネルギーを分散させるというのだった。そういう楽観的な日常活動は、この土地に住むユダヤ人に、自分たちが持っている以上の力があるように思い込ませた。戦雲が広がっても〈座して動かぬ〉ユダヤ人は、そのやり方に疑問を持たず、いっそう強く固執していった。一九四〇（昭和十五）年春のユダヤ人の冗談には〈……いずれ、われわれは水中でもやってゆけるようになるだろう〉という落ちがついていた。

その春、リトアニアにはバルハフティクのようなシオニストが、およそ二千五百人いたと見られている。彼らも建物などをつくったが、前に出てきた人々のとは違った動機からだった。前に触れたデボラ・バロンの寓話にあったように、シオニストたちは自分たちの運命は自然と祖国イスラエルに委ねられているという前提を立て、暖かい春の太陽の下で農作物を育てていた。彼らは聖地での開拓者になろうとして、その準備段階として、農業の実地訓練を続けていた。それはポーランドで成功していたが、ナチスによって中断された。

千畝は、戦車の移動などを観察するため、しきりに田舎に出かけた。農夫に、冬季用軍服の羊毛を誰が買いつけているか尋ね、軍隊が将来のため棺桶を買い置きしている場所を見つけた。有能なスパイが、予測を立てるために必要な情報を集めていた。そうしたとき、千畝は、聖地の開拓者を志望する都会育ちのユダヤ人が、安息日の服装で不器用に鋤《すき》を押している妙な光景を見たことだろう。彼らは、その活動が、ポーランドの古い生活と、新しくアジアで生まれる祖国をつなぐものと信じていたのだった。

短かい間しか過ごさなかったリトアニアの春を回顧して、バルハフティクは、フロイト*の精神分析風に要約して語った。

*フロイト　一八五六〜一九三九年。オーストリアの神経病学者で精神分析学の創始者。

「シオニストの開拓者のグループは、将来への不安を、日常の仕事や教育文化の計画に打ち込むことで解消した。一方、リトアニア中に散らばっていた神学校の学徒たちは、タルムード教典の底知れぬ海に、彼らの悲しみを紛らわせた。避難民の群れは、ほとんどがビリニュスに集まってきて、公共活動と文化活動に従事することで不安を解消しようとした」

その〈公共活動〉のひとつは、余裕のあった人だけのことだが、街の建物や設備を、ぶらつくことだった、と私は推測する。カウナスの日本領事館から少し丘をくだったところにあるローズマリン・レストランは、洗練された趣味と膨れた財布を持った人向けの店だった。知識人や有力者につながりを持つ者はキャフェ・メトロポールにたまっていた。いつも有名人がいて、興味をそそる話題が交わされていた。貧乏人はアレクサンダー・レストランに行った。そこなら、一日あたり一・二リトスの合同配給委員会(JDC)からの食料配給でやっていくのに心配なかった。腹を空かせた難民には、東欧の伝統的料理、ショランが振る舞われた。香辛料を利かした肉・芋《いも》・豆の熱いシチューである。

バルハフティクは、レストランにも、新緑の野にも神聖な学究の場にも、あまり関心がなかった。彼はパレスチナを目標に、多くのユダヤ人をヨーロッパから連れ出すのに忙しかった。そのために、彼はナオミとともに、ビリニュスから、領事館や政府機関が集まっているカウナスに、一九三九(昭和十四)年十一月に移っていった。

しかし、カウナスの住宅事情は最悪だった。避難民の流入はとどまるところを知らず、家主は好き勝手な要求を出した。バルハフティクは思い出す。

「日増しに状態が悪化した。私たちに子供が生まれると、泣き声がうるさいからと立ち退きを迫られ、次に移ったところでは、アパートの中で炊事するのは困るといわれた」

住宅のほうは、そういう事情だったが、彼の仕事は順調だった。彼は実質上、自分の〈領事館〉をつくるのに成功した。彼は、法の小さな抜け穴に滑り込んだのである。それは、イギリス政府がパレスチナでのユダヤ人の自治をわずかながら承認しているのを発見したところから始まった。バルハフティクは エルサレムのユダヤ機関にいる友人に、〈アリア委員会〉なるものを任命させようと思いついた。この委員会が、エルサレムと現地のイギリス領事館を代表し、パレスチナ行きの貴重な移民証明を発行するという目論見だった。

バルハフティクはくわしく説明する。

「われわれの委員会は、エルサレムから全権を委任され、カウナスのイギリス領事館と交渉することができた。それまでは、カウナスのパレスチナ事務所が、この仕事にあたっていた。私は毎日、これらの事務所、領事館、各国代表部の間を走り回っていた」

〈走り回り〉ながら、バルハフティクはシオニストの他の各派とも話をつけなければならなかった。そして、どこにでもある特権乱用、安全地帯からの無責任な、虫のいい要求。

「指導者たちは、いかに責任と仕事から、体よく逃げ出せるか、そのお喋《しゃべ》りばかりしていた」と彼は苦々しくいう。

しかし、この時期のM・ベックルマンとアメリカの社会福祉指導員による救援活動に対しては、バルハフティクも感謝している。ベックルマンはバルハフティクについて書いてないが、二人の志向は、まったく同じだった。ベックルマン同様、バルハフティクも、海外の同胞が、この重大な状況を認識していないことに苛立《いらだ》っていた。たとえば、基金の使途についても、証明書の割り当てにも、彼はいちいち指示を受けていた。

しかし、現地の事態から見れば、まったく見当外れだった。アメリカ・シオニストの一幹部はエルサレムからバルハフティクに苦情を持ち込んだ。子供たちに移住証明書を出すのなら、パレスチナの寮施設の収容能力を考え、それに応じた年齢の子供たちに発行すべきだと、彼を非難したのである。バルハフティクたちは、この対応に落胆したと皮肉たっぷりに答えた。これら幹部たちは、緊急事態ということがわかっていなかった。

一方、バルハフティクたちは日々、文字通りの死活問題に直面していた。バルハフティクの側も、移住割り当て確保の問題で、海外のユダヤ組織を非難した。

「この代表の一人として、私は、ポーランド系ユダヤ青年の枠を犠牲にして、ドイツのユダヤ青年に優先待遇を与えることに抗議した。どこで生まれていようが、立場はひとつであり、同じなのだと主張した」

リトアニアでの救出活動を総括し、バルハフティクは嘆く。

「残念ながら、ユダヤ人機関は、この状況の重要さを理解できなかった。私は手紙を書き、電報を打ち、電話をかけて警鐘を鳴らしたが、われわれの悲鳴に返事は返ってこなかった」

　バルハフティクは、わずかな資金と数少ない証明書で奇跡をもたらそうと懸命になっていたが、通行の問題を解決するためにも苦労した。一九四〇(昭和十五)年春には、すべての逃げ道が危険であるか、違法であるかの状態になった。彼は、ソ連経由で、オデッサ・イスタンブール・パレスチナという通過ヴィザを交渉していた。ソ連との交渉がうまくいきかけたとき、イギリス領事館が横槍を入れてきた。オデッサ経由の路は、黒海が危険なのでユダヤ人に証明書は出せない、というのだった。バルハフティクたちは、イギリス側の〈危険の強調〉を信じられず、不満なだけだった。

　しばらくして、イスタンブール経由のヴィザが何枚か偽造された。イギリスは、贋《にせ》ヴィザをつくったのがカウナスのユダヤ人であると知り、深い懸念を表明した。ところで、なぜ偽造とわかったかだが――イギリスの公文書のシールにはライオンが用いられている。本物のライオンを見たことのないカウナスのユダヤ人がつくった偽造書類のイギリスの象徴は、風変わりなたてがみをつけた猫だった――。

カウナスのアメリカ人

M・ベックルマンに話をもどす。幸い、彼は筆まめで、家へ手紙を書いたり日記を記している。ここに彼の海外生活の、料理についてのメモがある。

……ビール(うまい)コーヒー(ひどい――何度漉《こ》されたかわからぬ代物)。ちっぽけな角砂糖三つと薄いミルクがつく。鰊《にしん》のサラダ(うまいが鰊が少ない) 燻製《くんせい》鮭(薄くて透けて見えるほど)――すべてが目茶苦茶に高い。

はじめ、ベックルマンは、ヨーロッパでは音を立ててスープを飲んでもいいことに驚いていた。しかし、パリにいる彼の上司の夫人でさえ、このブロンクス生まれの青年が「ヨーロッパに来て以来、世渡りの術を着実に身につけていっている」と、認めざるをえないほどになっていた。一九四〇(昭和十五)年の新年の祝いにパリに行ったが、彼はなるべく早くカウナスにもどろうとしていた。そここそ自分のいるべきところだと思った。パリには安らぎがあった。一時ではあるが、世界が分裂していることを忘れることができた。シャンゼリゼで友人と腰をおろして喋《しゃべ》っていると、ドイツ、リトアニア、エストニアという名の奇妙な惑星のことを他人事のように話題にできるのだった。パリで過ごした最後の夜、

「オーケストラが、第一次世界大戦のときのイギリス・フランスの軍歌を連続演奏していた。私

は『彼方《かなた》へ』＊を大声で歌いたくなった。しかし、中立法尊重の立場上、我慢した」

なんとも良心的な代表――。

ベックルマンは、ＪＤＣの同僚に現状報告するためパリに行ったのだが、猛烈な不満を味わうことになった。同僚たちは、ユダヤ難民の窮状も、ヴィザ取得の困難さも、脱出路が閉ざされていることも、資金不足も理解しなかった。ベックルマンは報告し終ったとき、この光の街で自分にやれることはないと実感した。東方にもどるべきだった。

彼がパリを離れようとしたとき、同僚たちは、彼の安全を非常に心配した。それには感動したが、とどまるつもりはなかった。しかし、その劇的な機会に、もう一押し最後の訴えをした。彼は相当の経費を獲得していたが、緊急事態を再度説明した。その時点で、ＪＤＣはヨーロッパから七千人脱出させるのに二百万ドル使っていた。その半分もあれば、彼は驚異的な仕事ができた。助けてくれるだろうか。

しかし、希望は消えた。一月あたり二万五千ドル以上を保証してくれる者はいなかった。三万人の避難民を養わなければならなかったというのに――。

カウナスにもどったベックルマンは、自分は地獄の入り口にいるのに、他の連中はそうではない、その差が明瞭になってきたと思った。彼には見えたが、あの連中には見えない。彼らは〈東欧のスイス〉に差し出された機会をつかもうとしていない。バルハフティクと同じく、ベックル

＊彼方へ　第一次大戦中によく歌われたイギリス軍歌。

マンも、ユダヤ人海外機関は東欧ユダヤ人よりもドイツ系ユダヤ人の救出を優先させていると考えるようになっていった。

こうしたとき、ベックルマンは、つい、あの『シオン長老の議定書』なるものが本当のことであったらと考えてしまうほどだった。反ユダヤ主義者が説くように、もしも、ユダヤ人が世界征服の陰謀を企《たくら》んでいるなら、その機関を通してなんらかの援助が期待できるし、何かの権威の下で協力もしあえるはずだから——。確固とした組織、方針を彼は切望した。

しかし、彼に協力していたポーランド人やリトアニア人は、何世紀も専制政治の下にあったので、ベックルマンをふくめ、どんな権威に従うのにも反発した。彼らは客観的な効率性よりも、彼らの個々の要望に応えてくれる組織を好んだ。その結果、たちまち、各方面からベックルマンたちが「JDC執行部に官僚主義を持ち込もうとしている、そんな官僚主義は東欧ユダヤ人の伝統精神にそぐわない」との苦情が寄せられてきた。こうした不満を認めるのは、難民組織の指導性を弱めることになった。

二月十九日、ベックルマンは「ロシア占領下のポーランドでの蜜月期間は終わった」と本部に報告した。ドイツとソ連の均衡状態が続いても、あまり楽観はできないと彼はいう。

「難民の立場は悪化してきた」

再度、彼はリトアニアの難民への追加資金を要請する。

ベックルマンは、終日、議論好きなユダヤ人代表、リトアニア政府の腐敗した高官、外交官、赤十字、他の救援機関の代表の間を走り回った。夜には、報告書、請願書、日記を書く。そこには募る不満が記される。イギリス領事プレストンとの会合を以下のように報告している。

イギリス外交官というが、予想していたよりも、ずっと打ち解けた話をした。後で知ったが、彼は外交官よりも素人作曲家として評判だった(オペラ、バレエの作曲——どちらもつまらない)。それはともかく、彼はリトアニア人が厚かましいと憤慨し始めた。彼らはわれわれの資金を自分たちで裁量しようとしている、という。それを黙って見逃すのか、それとも彼と組んでリトアニア人に出てゆけというか、彼は尋ねた。

私はリトアニア赤十字の見解を話した。赤十字らは、ポーランド人が資金を救援のためでなく、政治目的に使うのを心配していた。

すると、彼は私の説明を鼻であしらった。そして、とても外交官とは思えない言葉でまくし立てた。

「リトアニアの役人は、金でどうにでも動く。そんな役人が、国王陛下の政府代表をとらえて、一か月四千ポンド程度のハシタ金が本来の目的通り使われているかどうかもわかっていないという。そういう神経をどこから持ち込んだのか知りたいものだ」

私はプレストンをなだめようとしていった。リトアニア赤十字は、ただ、支出を先に決めるより、支出報告を監査したいと考えているらしい、と。

三月二十二日に彼は書いている。

〈ウイリーの店に立ち寄り、ハイボールを二〜三杯引っかけ、推理小説を何冊か借りた〉。毎日、目にする苦悩と自己の能力の限界の間で、彼は〈今では、毎日、胃薬のご厄介《やっかい》になっている〉と書いている。

三月十一日、パリのJDC支部は、ニューヨーク本部に報告した。「パレスチナ行きを希望しているポーランド市民に、ソ連がヴィザを出してくれるよう働きかけてほしい」と、ベックルマンがリトアニア外務省に強く迫っている、と。この移民たちは、オデッサまでの汽車の切符と、そこからの乗船券を買うので、ソ連にとっても収入になる。この提案が受け入れられたら、数百人が出国できると、ベックルマンは請け合っていた。

しかし、状況は急速に変わり、彼がこれを実行に移す前に、その機会は吹き飛ばされてしまった。三月二十二日の彼の日記。

それから、パレスチナ旅券を持ったポーランド難民に通過ヴィザを与えるかどうかで、ドイツとソ連の長い交渉が続いた。ドイツは、リトアニアとドイツ双方の護衛兵が乗った封印列車を使う条件で、最終的に承諾した。ところが、イギリスが敵国ドイツを通過した者にパレスチナ入国を認めることはできないといって、この計画をつぶした。

ソ連との交渉は、なお続いている。彼らは、ポーランド旅券所持者に通過ヴィザを出すのに原則的に同意したという。しかし、私が今知る限り何も起こってはいない。もし、イタリアが近いうちに参戦すれば、欧州経由の道は完全に閉ざされる。何か月か前、私はウラジオストク経由で帰国するだろうと冗談をいったが、残念ながら、それが現実のものになってきそうだ。

冗談の提案

春ごろには、ベックルマンの〈冗談〉は、多くのユダヤ人にとって、まさしく冗談だった。ニューヨークから来た名士のベックルマンが、西欧を通って帰国するのに何の心配がある？　ユダヤ人には、西方への旅行など過去のものになってしまったが、彼は〈黄金のアメリカ旅券〉を持っているではないか。ただひとつ残された道は東をさしていたが、ソ連にまつわることは、恐怖をよび起こした。多くのユダヤ人が、あの広漠とした国のクレバスに消え、帰って来なかった。当時、スターリンはヒトラー同様、恐怖の象徴だった。またしても恐怖の選択——。リトアニアの情勢は極度に不安定で、ベックルマンの表現を借りると、「二匹のライオンの顎《あご》の間でバタバタしている」だけだった。とどまるのは危険だが、さりとて出てゆくのも多難だった。

神学校の生徒B・フィショフたちは、リトアニアで、なんとか安全で快適な住まいを見つけていた。この地のユダヤ人のガノール家やブラウンズ家の人々は、まだ彼らの商売や別荘までを投げ出してリトアニアを去るつもりはなかった。ほとんどの者は、導師の教えに従っていた。〈非生産的行動に走るな。慎重にとどまれ〉という教えに――。

さらに――もし、彼らがここを去れば、誰がポーランドに残された家族を助けるのか？　そして、日々の生活の馴れ。なぜ、安全な生活を放り出して、大きな危険に向かってゆくのか。得体の知れないソ連がかかわるというのに――。さらに、ここを出ると決めてから、許可がおりなかったら？　いい加減な身分証明書が白日下にさらされ、市民や避難民の身分を永久に失うことになるかもしれない。それに、もしソ連を横断できても、その後、行く場所がない。ヨーロッパは不可能。イギリスは、パレスチナ移民制限白書を出したばかり。アメリカ議会では、ユダヤ移民拡大の法案が何度も通過できないままになっていた。

ここで再度、われわれは問いかけねばならぬ。ヴィザを求める人々は、どうやって日本領事館への道を見つけたのか。ますます多くのユダヤ人が、救出は東方でと信じ始めていた。すでに何千人ものドイツ系ユダヤ人が、新しい故郷を求めてウラジオストクに向かった。彼らは、満州国、中国、上海などに落ち着いた。しかし、そのほぼ一年後の今、〈無国籍〉のポーランド系ユダヤ人にとって、ベックルマンの提案は〈冗談〉にすぎなかった。彼の案は、なお、危険すぎた。人々が、ひとつだけ安全な道があることを知るまでは——。カウナスからウラジオストクへ、さらにその向こうへの道。それは千畝の領事館を通っていた。

〈きわめて危険〉

「今が出発のときです」

と、千畝がS・ガノールの父親にいったのは、ベックルマンがはじめて〈冗談〉の提案をしたころだった。

「私なら商売のことなど考えてないでしょう」

とも付け加えた。千畝は一九四〇(昭和十五)年春、他に誰を助けようとしていたのか。彼の危機管理のやり方から何がわかるだろうか。最近、私がドイツとリトアニアの公文書館で見つけた資料は、これらの疑問への答えの一助になると思われる。それは、彼の遊び仲間だった志村がいう〈一歩先を行く〉〈少し先に行きすぎる男〉に光をあてるように見える。

カスプチク大尉と妻のステラは、カウナス駅でお別れパーティーをしたが、千畝との縁がそれで切れたわけではなかった。千畝は、彼のためにスパイとして働いた人々のことを、〈ポーランドの友人〉と婉曲に表現している。

「一九四〇年の春、カスプチクはビリニュスから若いポーランド人A・ヤクジャニエッツ(通称クバ)とJ・S・ダシュキエビッツ(通称ペルツ)を私のもとに寄越した。彼らは便宜を図ってもらいたいといってきたのではない。彼らは、私を警護することを要求した」

千畝は続ける。

私は、彼らのいい分に同意し、二人に、領事館秘書としての日本の公用旅券を与えた。そして八月二十日、二人を領事館公用車でドイツに向かわせた。ベルリンで再会を約した。私たちは九月三日に合流し、再会を喜び合ったが、今にも戦争を始めようという国では、それは危ないことだった。これは私自身、そして私の身分にとってきわめて危険なことで、私は自分の権限、公式の規律・規則を超えて、これをやった。

千畝は、時と場合によっては、かなり融通の利く型《タイプ》だったのかもしれない。コラブ－ザブリク博士は、千畝に回想記を書くことを頼んだようだが、千畝は、ある箇所は強調し、ある部分は省略する形で、それに応えている。コラブ－ザブリク博士は、ポーランドの地下組織がいかに活動的で、しっかりとした組織を持ち、成果を上げたかを証明しようとしていた。それには、ポーランド地下組織とカウナスの領事代理、その他の日本人との絆《きずな》が、それのいい証拠になる。そして、これこそ千畝が、クバとペルツに注意を払っている理由なのである。

しかし、ここの説明では、千畝は、いつ、どこで、彼とクバやペルツとが親密になったか、どんな理由で彼らが千畝の警護を〈要求〉したのか、一切明らかにしていない。千畝は、彼が使ったポーランド人の雇人、コック、執事、運転手については細かに語り、また、彼のリトアニア系ドイツ人秘書についても暖かい口調で喋《しゃべ》っている。クバとペルツが千畝のために働いているうちに——そうした事実が積み重なっているうちに、彼らの千畝警護の〈要求〉を正当化するために、千畝は秘書として任命したのか？

また、どうして千畝は危険を承知のうえで二人をベルリンに送り、そこで合流したのだろうか。そして、千畝は、一九四〇（昭和十五）年九月の三人の合流を回顧しているが、そこで、ナチス・ドイツを〈戦争を始めようという国〉といっている。しかし、そのとき、ドイツは毎夜イギリスを空襲し、ヨーロッパ全土をほとんど征服していた。すでに、そのとき、ドイツは〈戦争をやっていた〉のである。

いつも通り、千畝は、はっきりした手がかりを残していない。一九六七（昭和四十二）年にコラブ－ザブリクに頼まれ、回想メモを書いていたときでも、彼は、たぶん、情報は最小限にしかもらさないという習慣を守っていたのだろう。こういう態度が、彼が〈ポーランドの友〉と協同していたときの、本省に対する戦術だった。イギリスは、すぐに敵対国になった。その国の領事館と密接なつながりを持っていたポーランド・スパイと協力するのを、外務省の誰が承認し、誰が反対したのだろうか。

はっきりしているのは、クバとペルツが、千畝の住居を頻繁に訪れるようになったことである。彼らは独ソ関係の成り行きを見守る〈新しい目〉千畝に、つまりは日本に大きな貢献をしたのである。

千畝自身認めているように、この二人のために公用旅券を手に入れるのは、〈権限と規則を超える〉もので、容易ではなかった。クバとペルツが、どれほど役に立ったとしても、カウナスが陥落するような混乱時に、なぜ彼は二人をベルリンに連れてきたのか？〈きわめて危険〉な場合、一、二の情報屋を見殺しにした大物スパイは、過去いくらでもいた。

さらに問題になるのは、〈きわめて危険〉の程度であろう。イスラエルのヤド・バシェムは、最初、千畝の生命が危険にはさらされてはいなかったという理由で、彼が〈外国の正義の人賞〉に該当しないと考えた。〈私の職歴をも危険にさらす〉と強調したことが、その印象を与えたのだろう。千畝とその家族への危険には、どんなものが考えられるか。外務省か軍部が怒って本国に召還し、反逆のかどで告発する可能性もあったろうが、それだけではない。ソ連領を通ったときにも、その危険はあった。もう一人の大量救出者Ｒ・ワレンバーグのように、外交官・スパイたちが、その地で消されているのである。ベルリンに到着し、二人のポーランド人から、領事館の車を取りもどしたときにも、この危険が減ったわけではなかった。二人は＊スパイ工作を続け、ナチ

＊クバとペルツのスパイ工作　クバ大尉は、一九四一年六月、逮捕され、拷問のすえ処刑された。彼はベルリンのゲシュタポの妻との情事が紛糾し、最終的には自白した。クバたちによって大きな被害を蒙ったナチスは、同盟国日本との間にひびが入るのを承知で、千畝が二人に与えた外交官特権も、満州国市民権も、承認を拒絶した。

スに数回にわたって大損害を与えた。千畝は、その行為を隠してやったのである。

日本・ドイツ・イタリア三国の軍事同盟は、この年一九四〇(昭和十五)年九月に締結された。だから、その春、千畝の救出活動以前に情勢は厳しくなり、行動の危険性は増えていた。各地での電撃作戦の成功でドイツの側につくことが有利に思われ、かつては傍流でしかなかった親ドイツ派が政府・軍部の中で、のし上がってきた。五月ごろ、千畝がカスプチク夫妻を逃げさせ、イギリスの友人を助けていた時分に、日本・ドイツの同盟問題が再燃してきた。重要な問題点としては、両国の領土上の野心を、特に極東のそれを、どこで一致させるか、戦争の獲物をどう配分するかがふくまれていた。

もっと前の時期から、ナチスは、他の外交官に対してと同様、千畝をも監視対象にしていた。最初、ナチスは、彼を〈人物としては非常に信頼できる〉と評価し、しかしナチスに〈敵対的あるいは中立的外交〉活動をしていると考えた。

彼らは、千畝をスパイするだけでなく、情報を集めるために利用もした。ナチス側の記録によれば、カウナスのドイツ諜報部《ちょうほうぶ》の勧めで、千畝はナチス・ドイツの同盟国イタリアの代表を囲む〈親密な〉朝食会を主催した。ナチスは千畝に、イタリアでの反ドイツ感情を確かめさせようとしたのだった。こうした接触もあったし、スパイとしての豊富な経験もあったから、彼は自分が監視下にあることも、自分の活動が危険なもので、ナチスの注意を引くことも十分わきまえていたに違いない。

そういう条件付きで、ナチスは千畝がドイツに友好的かどうか知ろうとした。愛想がよく、活気があり、にこやかな日本領事は友好的に見えた。しかし、千畝は、一九四〇(昭和十五)年春ごろ、ナチス側から疑わしい過去を持つと見られる二人のポーランド人、クバとペルッと組んでいた。やがて彼は、二人が白系ロシアの血を引いていると偽って、満州国旅券を取得するよう手配する。翌年になって、この〈血筋〉は役に立つことになる。

二人は満州国旅券を使い、ヨーロッパ中から情報を収集し、ロンドンに亡命中のポーランド政府に送る。それは、ワシントンとモスクワにも届けられたはずである。この協同作業における千畝の役割は、もちろんナチスに〈友好的〉とはいいがたい。それは、ナチスにとって敵の行動であった。

リトアニア人、ドイツ人、そしてロシア人たちは、どの程度、このことを知っていたのだろうか。

リトアニア公文書館にひとつの報告書がある。これは、一九四〇年春の千畝の行為を直接記したもので、彼のリトアニアでの活動を記録した唯一の資料であろう。これを子細に検討することで、彼の仕事のやり方が明らかになってくる。

その報告書には一九四〇年七月十二日の日付があり、その前日、千畝がリトアニア外務省(と思われる場所〉におもむいたことが書かれている。そのとき、ソ連は、併合承認の議会決議を受け、リトアニア政府の業務を正式に引き継ごうとしていた。すでにリトアニア共産党員や同調者を政府の役職者に任命し、〈国民投票〉を七月十五日に実施しようと仕組んでいた。それによって政府を正統化するわけである。

千畝は、リトアニアの役人P・グロバッコを情報を探る目的で訪れている。彼は、目前に迫った〈国民投票〉での共産党支持率を知ろうとしていた。その役人は、千畝が、通常の共産主義体制下の選挙と同じく、九十九パーセントの支持結果を予想していた、と報告している。

これに対し、グロバッコは、いくらか控えめな観測を出したらしい。そして疑問に思った。もし、この日本人が、それほど確実な予想を立てているなら、何のためにここに来たのか？ たぶん、そこで、千畝は親ソ的と思われる官吏に、ちょっとした世辞を呈したのだろう。

次いで、千畝は六月十五日以前の、つまりソ連が乗っとる前のリトアニア政府のやり方——この場合は旅行に関するものだった——について苦情をいい、新政権が同様の問題について、どんな措置をとるのか方針を聞き出そうとした。それは、ある〈日本の高官〉が五月にモスクワ～ベルリン間を自動車旅行した際、ヴィザ提出を求められたことについてだった。グロバッコの報告からは、千畝が自分自身の経験として苦情をいっているのか、他の者のことで抗議しているのか明確にはわからない。千畝は、他国外交官はヴィザ携行義務を免除されている。日本の外交官も同等扱いされるべきである、と主張する。

グロバッコは、なんとか、この千畝を宥《なだ》めた。と、すかさず、千畝は〈領事館職員〉クバのヴィザを要求したのである。まず怒っておいて、次に、さりげなく大胆な要求を持ち出す——戦術家の面目躍如といえるだろう。そして、最後に彼は荷造り用の箱を入手したいという。新支配者ソ連の意向通り、〈店じまい〉の準備を進めている態度を示している。新政権の人気を請け合い、新しい規則を確認しつつ前政府の愚痴をこぼし、世話を頼みながら、規則には従うことを示す。率直さの仮面をかぶり、一見素直そうなようで、簡単には従わない出所進退——。

この報告書の中の、一九四〇(昭和十五)年五月にモスクワからベルリンに行こうとしていたのは誰だったのか。千畝がビュイックを走らせていたのか。彼はクバと一緒だったのか。もしも千畝だとすれば、彼はモスクワで何をしていたのか。ソ連の役人と何を話したのか。これらの疑問に答えるデータはない。ただ、いえるのは、千畝が表面とは裏腹に、背後では活動的だったことである。

興味あることに——千畝が苦情を持ち込んだ相手の〈グロバッコ〉なる者は、一か月後にバルハフティクが会ったリトアニアの新副首相ピウス・グロバッキと思われる。バルハフティクは、彼とソ連経由の通行問題について話し合った。グロバッキはポーランド生まれの共産主義者で、モスクワに何年も住み、リトアニア併合を円滑に運ぶようソ連から派遣された典型的前衛だった。彼には、ユダヤ難民に関するものなど、その他の任務があったのだろうか。

私は、ドイツ外務省で、この当時のスパイ監視の記録を発見した。それは間違いなく、杉原一家がベルリンを通過した一九四〇年十月のものだった。このメモを見ると、明らかに千畝はカウナスにいた間中、ずっと監視されていた。彼が本省に対し〈秘密保持のうえから安全〉と請け合っていた領事館は、それほど安全ではなかった。

カウナスの日本領事館は、秘密保持の点にかけては驚くほど穴だらけだった。千畝を監視していたドイツ公使館員は、手厳しい報告をしている。

「杉原は、当ドイツ公使館と積極的、というより他を寄せつけないぐらい緊密な政治的関係を有している。しかし、彼が赴任したのは明らかに軍事的方面についての関心が理由で、領事としての任務は、その偽装であると推測される」

この報告では、千畝をスパイで嘘《うそ》つきと決めつけている。

「彼は親ドイツ派を装っている。しかし、その一方で、二人の元ポーランド人の世話をしている。通称クバとペルツには日本国籍が与えられているが、彼らをわが諜報機関では親イギリス派と見ている」

そして、この報告書は不気味な警告で締めくくられている。

「すでに、これはベルリン防衛軍に連絡した。当該事情のもと、明確に杉原の牽制《けんせい》を勧告する」

千畝とその家族にとって、この〈牽制〉という言葉が何を意味しているのかは明瞭でない。おそらく、友好国外交官や武官に提供できる秘密情報も、彼には抑えておくようにとの命令が外交・軍事関係者に通達されたと思われる。明白な事実は、千畝の偽装が露《あら》わにされ、その身が危険にさらされていたことである。

千畝について、何をスパイしようとしていたにせよ、ナチスの情報員は、彼が一九四〇年春以降、ポーランド地下組織と連携を深めていった事実は、容易に観察できたはずである。彼は、至極大胆にポーランドの諜報部員を援助してきた。二人に、でっち上げの旅券と、この場合には公用車の運転手という誤魔化しの外交任務を与え、ソ連占領下のリトアニアから、そっと連れ出した。普通なら、そうした運転手の仕事は、リトアニア国内に限られるのだが、彼はその扱いをしなかった。二人のポーランド人は、ほとんど摩擦なしにバルト諸国を回り、多くの情報を集めた。そして、千畝は彼らを、ところもあろうにベルリンへ安全に送る手配をした。あの時代の空気を考えると、間違いなくたいした芸当といえよう。

しかも奇妙なことに、ドイツ公文書館の記録では、千畝のポーランド人との秘密活動は明白な証拠を挙げて指摘されているが、何千人ものユダヤ人にヴィザ発給したことは、まったく言及されていない。一九四〇年夏、日本領事館を取り巻いた長い列を、ドイツ側の誰一人も気づかなかったのか。このとき、千畝を〈牽制〉していたのは誰なのか。

これに応えるため、千畝がドイツについて〈今にも戦争を始めようという国〉と不可解な表現をしていたのを吟味してみよう。

一九四〇年の春・夏・秋を通して、ナチス・ドイツはたしかに、すでに戦時下にあった。にもかかわらず、ドイツは、日本が最大の関心を払っていた二つの戦争のうちのひとつを、これから〈始めよう〉としていたのである。このとき、イギリスが他のヨーロッパ諸国のようにナチスの軍門に下るか、それとも土俵際でしのぎきるか、誰にも予想できなかった。そして日本は、イギリスが極東・イギリス領植民地に配置していた海軍力に注目していた。もし、盟邦ドイツがイギリスを打ち破れば、日本は、フランスがナチスに降伏した際、フランス領インドシナ（現在のベトナム）を手に入れたように、イギリス領植民地を獲得できたかもしれなかった。

そういう願望が底流として存在した。したがって、イギリスと強いつながりのあるポーランド・スパイを援助し、ヒトラーの戦いが決定的段階にさしかかろうとしていたとき、彼らをベルリンに落ち着かせてやるなどというのは、生半可な行動ではなかった。もし千畝が固執すれば、〈先を行きすぎる〉傾向は、日本の国益に背くことになりかねなかった。当時のドイツ諜報部にとって、極東へのヴィザがユダヤ人に何枚渡されようが問題ではなかった。重要なのは、イギリスに関する事項だった。

しかし、そのときすでに、もうひとつの戦争が地平に姿を現そうとしていた——。そして、これは日本にもナチス・ドイツにも、決定的に違った意味を持っていた。千畝が回想の中で述べているように、このドイツのソ連攻撃で、日本・満州に対するソ連の脅威は消失した。極東において日本は自由に行動できるようになる。さらに、アメリカ・イギリスに対し、日本は有利な立場で交渉できると思われた。ドイツは、この〈戦争を始めよう〉としていたのである。

ヒトラーは、ドイツ東側の〈柔らかい脇腹〉に強い執着を持っていた。それが彼の判断を大きく狂わせ、破滅へと導いたのである。一九四一（昭和十六）年六月二十二日、ドイツは*バルバロッサ作戦を発動させ、ソ連と隣接バルト諸国に襲いかかった。侵攻の初日、リトアニアで、ナチス突撃隊とリトアニア人同調者によって多数のユダヤ人が殺戮《さつりく》された。

千畝は、こうした状況の中で行動していた。その活動は危険なものをふくんでいた。彼は、当時ドイツ大使だった大島中将とのつながりを頼みにしていたのだろうか。あるいは逆に、大島ら親ナチス派の追い落としを図る別の党派のために行動していたのか。それとも彼に行動指針を与える派閥などは存在しなかったのか。つまり、彼は〈権限も規則も超えて〉、彼自身の外交政策をつくり上げていたのだろうか。

当時、千畝が日本のどういう勢力を支持していたかはともかく、彼は、クバとペルツという信頼できる情報提供者を抱えていた。これら諜報部員らは、祖国敗北の後、戦列の再編成を図っていた。リビコウスキー大佐がドイツ侵攻に準備していたことでもわかるように、彼らは、ある程度の軍事的損失を見越していた。

リトアニアには、第一次世界大戦後、ポーランドから分離独立するまで数世紀にわたって、ポーランド人が住みついていたので、諜報部員らは、貧富いずれの階層の中へも舞台の背景に溶

＊バルバロッサ　神聖ローマ帝国皇帝フリードリヒI世（赤髭王）の副称バルバロッサからとった作戦名。

け込むように出入りできた。その場所に彼らは作戦基地をつくった。スラブとプロシャの両文化の接点に生まれたリビコウスキー大佐のような活動家は、双方の言語を話せ、両方の文化圏で土着の人間として振る舞うことができた。ラトビアの冴えない事務屋の偽装をした、この〈厄介《やっかい》なポーランド野郎〉は、常に成果を上げてきた危険人物だった。彼らは、ドイツとソ連の動きを知るうえで最高の情報を持っていた。そして、大島の部下・千畝には、その情報が絶対に必要だった。

ポーランド・スパイたちは、日本に対して彼らなりの見返りを払っていたが、それはイギリスに対しても、そして、より深いところで、アメリカに対しても同様だった。その対価として、彼らは自分たちの側の問題を進めようとした。つまり、来たるべき祖国解放に備え、兵役年齢該当者をできるだけ多く危険地帯から引き上げさせることだった。この目論見は、ドイツがソ連を攻撃した後、ようやく説得力を持つことになった。

ソ連は、その後、もしポーランド人がドイツとの戦いに参加するなら、何千人でも強制収容所から出そうと提案した。そのとき、何千人ものポーランド将校がシベリアで〈行方不明〉になっていることが発覚した。事実は、一九四〇年春にカチンの森で殺されていたのである。

戦後の一九四七（昭和二十二）年に、ペルツ（本名J・S・ダシュキエビッツ）は、当時を振り返って書いている。

われわれは軍事情報収集の仕事を続け、日本領事館と緊密な連絡をとって、リトアニア脱出を図ろうとしていた。一九四〇年春、ヤクジャニエッツ大尉の命令で、私はカウナスの日本領事館に行った。私は同大尉名で、独ソ国境におけるソ連軍の戦争準備状況を、そこで報告することになっていた。さらに、戦争準備と見なされる各地のソ連軍の集結状況も伝えることになっていた。

ソ連領の情報を日本領事に入れるのと引き換えに、私は、日本経由の通過ヴィザ発給についての答えを聞くことになっていた。そのころ、ポーランド難民を、ロシア・日本経由でアメリカか南米海岸付近のある島(キュラソー)に行かせる組織的運動が起こされていた。われわれの関心は、日本の通過ヴィザの確保だけだった。この行動に関する他の困難な問題は、すでに解決済みだったからである。領事の名は杉原千畝といった。私が行くことは、ヤクジャニエッツ大尉から電話で知らされていた。彼はすぐに私を招き入れ、ロシア語で短時間、話した。話はヴィザの問題だけだった。

彼は「日本政府が、すでに許可をくだしたから、十日間以内にヴィザを発給できる。今は外務省からの指示を待っているだけだ」と語った。この会合以来、私は、しばしばヤクジャニエッツ大尉の命令で領事に会いに行った。いろんな他の用件もあったが、ヴィザ発給のこと、誰が最初の受領者になるか、などを話した。彼は情報をくれ、私のほうも大尉と相談して決めた情報を提供したが、それはソ連問題に限られていた。

領事は、大尉と私が軍諜報の仕事に従事しているのを十分承知していた。領事は難民問題に意欲的で、これで大きな成果を上げた。ヤクジャニエッツ大尉の示唆には感謝している。ポーランド難民を日本経由で南米の小国(島の名も国名も忘れたが)に出すという提案を公式に行ったのは、まさしく杉原領事がはじめての人だった。彼は他国の外交官にも、この提案の支持をよびかけた。

カウナスにいたオランダ名誉領事は、難民は誰もそこ(キュラソー)には行かないと知っていたが、適正な手数料でヴィザ発給に同意した。日本には、まだポーランド亡命政府の代表がおり、そこから別の国に行くことができた。これがわれわれが望んでいたものだった。イギリス領事プレストンは、ほとんど何もしなかったし、当初は反対に回っていた。

このペルツの記述は、リビコウスキー大佐によって裏付けられている。戦後、大佐は部下のヤクジャニエッツについて書いたが、その中で、彼は「日本の上級官僚が、杉原の救出行為を知っていた。むしろ、それを承認していた」と書いている。彼のいうところによれば、政府が主導したとさえ思える。

現在では、彼ら(日本)が、領事とか公使館付き武官レベルではなく、陸軍省筋と外務省レベルで救出作業を始めた、と私にはわかっている。当時の陸軍次官は山脇正隆《まさたか》大将で、ポーランド人の味方だった。……ヨーロッパ情勢の説明を受けた山脇次官は、われわれとの連絡を緊密にするよう命じた。われわれの難民に、日本経由のヴィザ六百通を確保させたのは、この山脇だった。

このリビコウスキー報告には、作成年月日が記されてない。彼は、これを何年かにわたって書き直している。まずヴィザの数を九百通、次いで神学校学生をふくめて三千五百通にしている。この数はペルツの回想記からとったものと思われる。リビコウスキーは、千畝のカウナス在任中、何度か、この街を訪れているが、奇妙なことに、一度もこの領事代理に会っていない。サセックス大学の歴史家J・チャップマン博士への手紙(一九八六年一月八日付)で、リビコウスキーは、カウナスの日本領事館にいた、もう一人の職員W・グッヅを挙げている。グッヅがいたことは邪魔になったらしい。

「日本領事・杉原は、その事務所にW・グッヅという名のゲシュタポ(ナチス秘密警察)要員を抱えていた」と彼は書いている。

「杉原と一緒に仕事をしたり、会ったりすることを、絶対に避けたのは、この理由からだった」

千畝自身の回想記に、すでに、この〈非アーリア系ドイツ人W・グッヅ〉は登場している。

「彼は、当時、領事館にいた、ただ一人の秘書で……領事着任のときから雇っていた……。領事館のすべての文書処理で私の力になってくれた」

千畝は「グッツが力になってくれた」という。

一方、リビコウスキーは「グッツがいたので、杉原と一緒に仕事をするのを絶対に避けた」という。

千畝の救出作業で、グッツはどんな役割を果たしたのか。スパイを見張る〈潜伏スパイ〉として、グッツはドイツ外交代表部の情報源だったのか。千畝の〈親ドイツ〉の程度を探っていたのか。もし、そうだとすれば、グッツが、上司・千畝の〈親ユダヤ〉を見逃していたのは異常ではないか。


リビコウスキーが言及している神学校学生の一人は、このグッツを覚えている。彼、M・ズプニックは、現在、ユダヤ教の導師だが、布地の店も経営している。それはニューヨーク、マンハッタンのエルドリッジ街、古いユダヤ人街と中国人街が出会うところにある。この店は、戦前、彼の両親がフランクフルトで経営していた店のニューヨーク支店だった。杉原リスト一二二五番のズプニックは上海に逃れた。その経験から、彼は近所の人と中国語で、いくらか話をする。苦労を重ねたが、その身体も精神も、まだ輝きを失ってはいない。

私は、窒息しそうなほど暑い八月のある日、客の出入りの合間に彼と会った。ズプニックは四十五年前の八月を思い出してくれた。彼は、千畝の領事館で二週間働き、リトアニアのミル神学校の教師や学生のため、三百五十通のヴィザ発給を手伝った。千畝は彼に深い印象を残した。

「日本領事館で、杉原さんのかたわらに座っていた日々、あれは私の生涯でも最高のものです」と彼はいう。

しかし、W・グッヅは、もっと強烈な印象を、まだ若かった導師に与えた。

「あの人は〈ツァディク〉でした」とズプニックはいった。これはイディッシュ語で、〈正義の人〉という意味である――。


話が終わって、私はにぎやかなエルドリッジ街に出ていった。有名な十九世紀ゴシックのユダヤ教会堂――シナゴーグが、空に向かって屋根を張り出している。そのまわりに、ユダヤ語の専門書店や中国料理の食料品店が軒を並べている。突然、見慣れた街の風景が歪《ゆが》み、非現実のもののような気がしてくる。八月の熱気と、この驚くべき事実からだった。W・グッヅ――ゲシュタポの密偵――正義の人。いったい、千畝の領事館では、何が起こっていたのか。

この二年半の間、私は、もっぱら千畝追跡に時間を費やしてきた。そして、どうやら核心部分に迫りつつあると、自分にいい聞かせてきた。ところが、今――千畝の〈善意の陰謀〉は、神学校の学生とナチスのスパイの両者を巻き込むことになる――。驚く。じつに驚く。そんなことが本当にありうるのか。

私は躊躇《ちゅうちょ》する。どうにもとらえにくい千畝のことを考え、エルドリッジ・シナゴーグを見上げる。いくつもの小さな塔、巨大なステンドグラスの窓々。それはハルピン学院の寮歌で歌われていたシナゴーグを想い出させた。あの中の脅かすような言葉の端々が、灼熱の八月のさなかにいる私に蘇《よみがえ》ってきた。

荒鷲の翼衰えて
夕影暗しクレムリン
勇将誰に求めんや
シナゴーガーの塔高く
社稷《しゃしょく》の春や影いずこ
嗚呼《ああ》　混沌《こんとん》のこの時に……

インターメッツォ（間奏曲）

千畝に届かなかった手紙

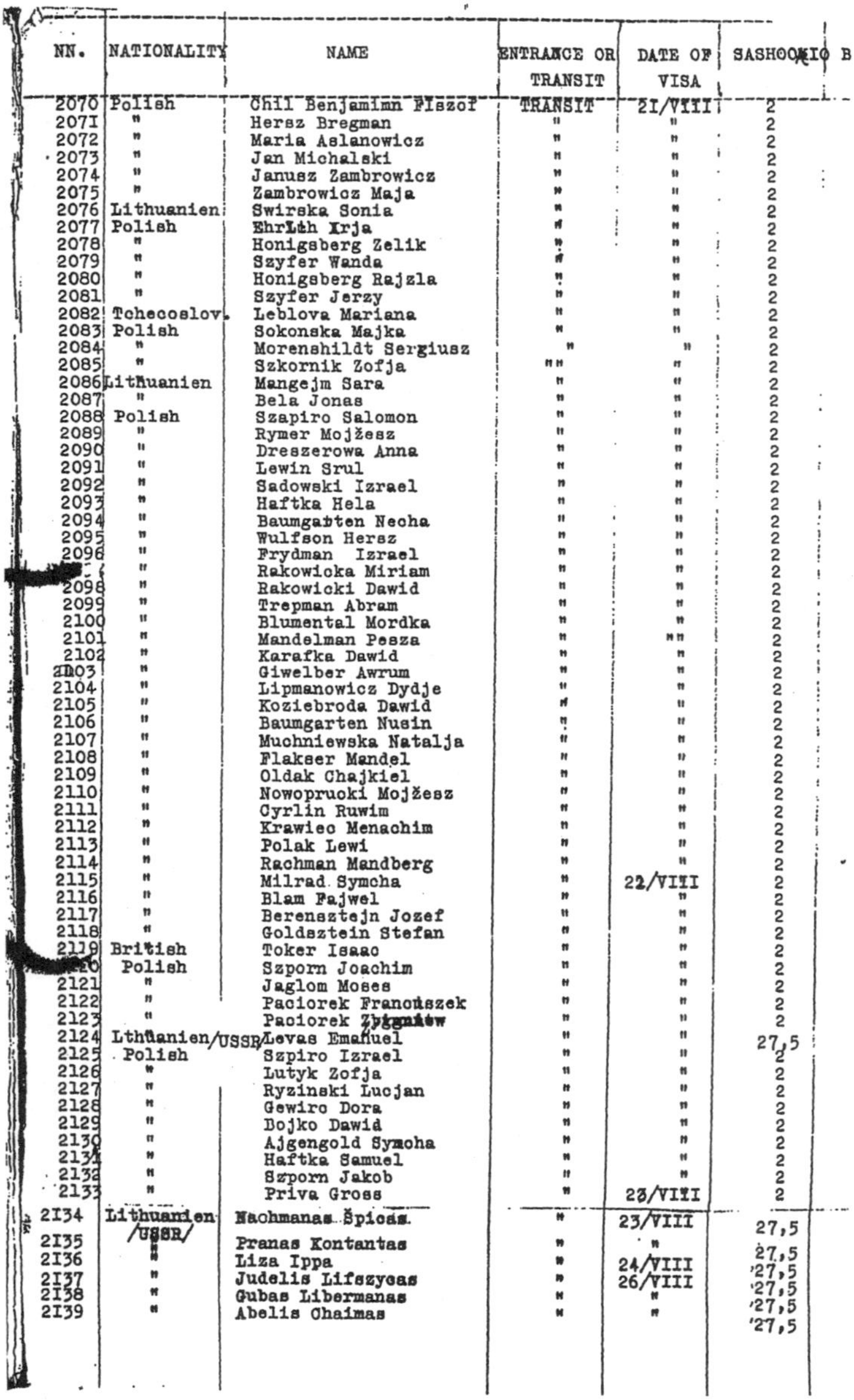

NN.	NATIONALITY	NAME	ENTRANCE OR TRANSIT	DATE OF VISA	SASHOOKIO B
2070	Polish	Chil Benjaminn Fiszof	TRANSIT	21/VIII	2
2071	"	Hersz Bregman	"	"	2
2072	"	Maria Aslanowicz	"	"	2
2073	"	Jan Michalski	"	"	2
2074	"	Janusz Zambrowicz	"	"	2
2075	"	Zambrowicz Maja	"	"	2
2076	Lithuanien	Swirska Sonia	"	"	2
2077	Polish	Ehrlich Irja	"	"	2
2078	"	Honigsberg Zelik	"	"	2
2079	"	Szyfer Wanda	"	"	2
2080	"	Honigsberg Rajzla	"	"	2
2081	"	Szyfer Jerzy	"	"	2
2082	Tchecoslov.	Leblova Mariana	"	"	2
2083	Polish	Sokonska Majka	"	"	2
2084	"	Morenshildt Sergiusz	"	"	2
2085	"	Szkornik Zofja	""	"	2
2086	Lithuanien	Mangejm Sara	"	"	2
2087	"	Bela Jonas	"	"	2
2088	Polish	Szapiro Salomon	"	"	2
2089	"	Rymer Mojžesz	"	"	2
2090	"	Dreszerowa Anna	"	"	2
2091	"	Lewin Srul	"	"	2
2092	"	Sadowski Izrael	"	"	2
2093	"	Haftka Hela	"	"	2
2094	"	Baumgarten Necha	"	"	2
2095	"	Wulfson Hersz	"	"	2
2096	"	Frydman Izrael	"	"	2
[illegible]	"	Rakowicka Miriam	"	"	2
2098	"	Rakowicki Dawid	"	"	2
2099	"	Trepman Abram	"	"	2
2100	"	Blumental Mordka	"	"	2
2101	"	Mandelman Pesza	"	""	2
2102	"	Karafka Dawid	"	"	2
2103	"	Giwelber Awrum	"	"	2
2104	"	Lipmanowicz Dydje	"	"	2
2105	"	Koziebroda Dawid	"	"	2
2106	"	Baumgarten Nusin	"	"	2
2107	"	Muchniewska Natalja	"	"	2
2108	"	Flakser Mandel	"	"	2
2109	"	Oldak Chajkiel	"	"	2
2110	"	Nowopruoki Mojžesz	"	"	2
2111	"	Cyrlin Ruwim	"	"	2
2112	"	Krawiec Menachim	"	"	2
2113	"	Polak Lewi	"	"	2
2114	"	Rachman Mandberg	"	"	2
2115	"	Milrad Symcha	"	22/VIII	2
2116	"	Blam Fajwel	"	"	2
2117	"	Berensztejn Jozef	"	"	2
2118	"	Goldsztein Stefan	"	"	2
2119	British	Toker Isaac	"	"	2
2120	Polish	Szporn Joachim	"	"	2
2121	"	Jaglom Moses	"	"	2
2122	"	Paciorek Franciszek	"	"	2
2123	"	Paciorek Zbigniew	"	"	2
2124	Lithuanien/USSR/	Levas Emanuel	"	"	27,5
2125	Polish	Szpiro Izrael	"	"	2
2126	"	Lutyk Zofja	"	"	2
2127	"	Ryzinski Lucjan	"	"	2
2128	"	Gewirc Dora	"	"	2
2129	"	Bojko Dawid	"	"	2
2130	"	Ajgengold Symcha	"	"	2
2131	"	Haftka Samuel	"	"	2
2132	"	Szporn Jakob	"	"	2
2133	"	Priva Gross	"	23/VIII	2
2134	Lithuanien /USSR/	Nachmanas Špicas	"	23/VIII	27,5
2135	"	Pranas Kontantas	"	"	27,5
2136	"	Liza Ippa	"	24/VIII	27,5
2137	"	Judelis Lifszycas	"	26/VIII	27,5
2138	"	Gubas Libermanas	"	"	27,5
2139	"	Abelis Chaimas	"	"	27,5

杉原リストの最終ページ

親愛なる杉原さん

私は、あなたを正式に「ちうね」とよぶべきでしょうか。それとも外国人に発音しやすいよう、ご自身が認められている「せんぽ」でいいのでしょうか。あるいは「ミスター・スギハラ」か「スギハラサン」にしましょうか。ひょっとすると、あなたが愛したロシア、その民衆の中の一人、「セルゲイ・パブロビッチ」の名を用いたほうがいいのかもしれません。

じつは、この呼び方が、これまでの私の研究にも近いし、あなたに救われた何千人かの同胞も親近感を抱けるのですが――。つまらない質問だとは思うのですが、あなたの生身の姿を再現する作業が、あまりにも難しいので、こんな問いかけをしてしまうのです。

生前にお会いしていたら、カウナスまで、ご一緒したかもわかりません。あなたは元領事館を案内してくださり、長い行列ができたところを指されたことでしょう。いつも開かれていた扉、外を観察された窓、ヴィザを与えられた場所などを、私に示してくださったかもしれません。しかし、あのできごとは、すべてゴルバチョフ以前の時代のことでした。ソ連は、どんなに私たちを用心深い人間にしたことでしょう。バイツガンタス街三〇番地の意味を人々に伝えることなど、あまりにも難しかったのです。それは、私たちユダヤ人にとってのシナイ山*にように、つつましい形状からではなく、そこで起こったことで重要な意味を持つようになったのです。

いや、カウナスまでさかのぼらなくとも、あなたの終焉《しゅうえん》の地、鎌倉でもよかったのです。あな

＊シナイ山
旧約聖書の中の「出エジプト記」に出てくる山。ユダヤ民族を率いたモーゼが、ここで神から十戒を授かった。

たと海岸を散歩できれば、どれほど幸福だったことでしょう。沈む夕日を右に、富士山を左に。それとも夕日が左で、富士山が右ですか。どちらにせよ、私は申し訳ない気持ちです。この地上で、四十年間、ともに生きていたというのに、私は一度も、あなたに、お会いしに行かなかったのです。

私は、今、絶望的なところに来ているのです。そして、あなたに直接、向かって行くよりほかないのです。あなたが一切を顧みずヴィザを出し始めた、そのときを描こうと、できることはすべてやってきました。にもかかわらず、いま私は不安です。それは、われわれユダヤ人が〈贖罪《しょくざい》の日〉の最後の瞬間に感じるものに似ているかもしれません。われわれは最善を尽くした。しかし、めざすところからは遠かった――。

数年前、私はカウナスの領事館の前に立ち、あなたがヴィザ発給を始められたのを想像しました。そのときから、あなたの行動開始の瞬間は私の宿題になったのです。あなたの行為は人間性にあふれていたが、注意を欠いてもいた。そのことが、私にとって深い意味を持つようになったのです。憐《あわ》れみが失われてゆく時代に、それは品性のあり方を示すひとつの灯台に見えたのです。

あの時代、突然に、ユダヤ人は西欧文化から放り出されようとしていました。その文化を創り出すのに、ユダヤ人が力になっていたというのに――。そして同時に、お前たちは余所者《よそもの》だ、と非難されました。ユダヤ人は破壊的な余所者で、強欲で、好色で、社会から一番いいところをもらうばかりで、何の貢献もしないといわれました。

しかし、あなたは違っていました。彼らを迎え入れてくださった。あなたは、ユダヤ人を母として、父として、子供として、思い出を大切にし、希望を抱く人間として見てくださった。あなたは、彼らがどこで眠るのか、どうやって暖をとるのか、気にかけてくださった。彼らの運命を心配してくださった。そう、心配されたのです。憎悪で対立していた世界で、それは希有《けう》のことでした。

かつて、あなたを知っていた人々を尋ねて、私は世界中を旅しました。友人、同僚、あなたの部下と上司、あなたの妹さんとその家族、最初の妻・クラウディア、二番目の妻・幸子、あなたの息子さんたち、その妻たち、お孫さんたちにいたるまで。そこから浮かび上がってくる杉原像は、非常に親切で温かく、語学に堪能な世界人、様々な出自の人と心おきなく付き合える人、しかも、いかにも日本的な人でした。すべてが心暖まる話でした。しかし、そのどれも、誰もが閉ざした扉を、どうして、あなただけが開いたのか説明はしてくれませんでした。

あなたについて、新しい資料を見つけるたびに、私は恐れを感じます。これこそが杉原の秘密だ、ここに隠れた動機がある、と私は考えるのです。しかし、いま私は、あの一人だけの行動が、人間性の最高の発露といえる純粋行為が、他の動機、別の配慮から進められたのだと認めざるをえなくなりそうなのです。

だから杉原さん、千畝、センポ、セルゲイ――どうか教えてください。何をしたのか、なぜ、あれをしたのかを――。

説明が不足しているわけではないのです。事実、あなたから名声を完全に横取りしようとまでしなくとも、おすそ分けに預かろうという人はたくさんいます。たとえばポーランド人。何人かのポーランドの現代史家は、長年にわたる日本とポーランド情報部門との協力を、親ユダヤ主義の証拠にしようとしています。しかし、反ユダヤ主義はポーランドの地下組織の中にも存在し、ユダヤの抵抗運動と救出活動を覆しているのです。あなたの情報提供者だったペルツは、戦後の回想記で、あなたの救出活動について「これはわれわれの努力の成果だった」と記しています。つまり、ユダヤ人の安全を憂慮したポーランド情報部があったからこそ、あなたも救出者になれた、というのです。ペルツは、私たちに、そう信じさせたいのです。


ヴィザ発給が始まると、ユダヤ人が群がって申請し始めた。ポーランド人は関心を持たず、大部分が立ち去っていった(なかには将校もいた)。そして、すぐにカルパチア狙撃隊に編入させられた。このユダヤ人たちは、アメリカやパレスチナなど世界中に散っていった。私と話しているときは、大勢のユダヤ人がポーランド軍に入るつもりだといっていたが、実際に入った者はいなかった。日本領事は六百通のヴィザを出すよう命令されていたが、結局、それより多い九百通くらい出した。

この言葉は、あなたに真実のものとして響くでしょうか。彼は、ポーランド地下組織がユダヤ人を助けたと強調していますが、その語調が自らの意図を裏切っています。ペルツは、ユダヤ人が従軍を忌避してまわったという、これまでの類型的考え方に固執しているのです。事実としては、第二次世界大戦の初頭、ポーランド軍には、将校をふくめ、ユダヤ人口からは不均衡なぐらい多くのユダヤ人軍人がいたのです。そう、たしかにユダヤ人はヴィザを手に入れました。しかし、誰がそれを責めることができるでしょうか。

一九四〇(昭和十五)年、キリスト教徒のポーランド人も、ナチス・ドイツとソ連の支配下で、多くの恐怖を味わわされました。しかし、その人たちは、ポーランド系ユダヤ人のような大量絶滅の恐怖にさらされていたわけではないのです。ペルツは、なぜポーランド人が、わざわざ、ソ連を横断してポーランド軍に再度参加するような危険を冒すことに〈関心を持たなかった〉のか、説明をしていないのです。

杉原さん、あなたはユダヤ人が、そういう危険を冒すことをわかってくれました。あなたはガノールの父に、店を売ることなど考えずに、「今こそ出国すべきだ」と忠告してくださいました。あなたが通過ヴィザを出されたのは、日本政府の中で議論されていた〈日本版ビロビジャン〉の構想に力を得てのことでしょうか。政府部内の、ある勢力が命令を出したのでしょうか。それとも、あのポーランドの友だちの〈成果〉なのでしょうか。ペルツたちは情報収集で、たしかにあなたの役に立ったと思いますが、ヴィザを求めてきたユダヤ人たちも情報を持っていました。あなたのスパイ活動とヴィザ発給には、私たちが想像した以上の深いつながりがあるのでしょうか。

ペルツは、戦後、回想記を書くとき、リビコウスキーとロンドンで会い、情報交換をしたと思われます。この回想記は、リビコウスキーによって完成されました。そのリビコウスキーは、あなたにヴィザを出させたのが〈ポーランドの友人〉で、満州と関係の深い山脇大将だったと主張しています。

……ヨーロッパ情勢の説明を受けた山脇陸軍次官は、われわれとの連絡を緊密にするよう命じた。われわれの難民に、日本経由のヴィザ六百通を確保させたのは、この山脇だった。

戦後に亡くなった小野寺信《まこと》陸軍少将は、一九四〇(昭和十五)年当時は大佐で、スウェーデン公使館付き武官として、ヨーロッパでの日本情報機関の一角を担っていました。彼はリビコウスキーとともに、上のほうから、あなたの救出活動の端緒をつけました。しかし、それは端緒にすぎません。いったんヴィザを発行し始めると、あなたは脱出を図ったポーランド軍人の数を、はるかに超えるヴィザを発行しました。山脇大将の励ましがあったとすれば（その証拠は未発見ですが）、ユダヤ人が満州経由で日本に行けると、あなたが信じた根拠にはなるのかもしれません。

しかし、ペルツの話は違います。彼は、あなたが上司から離れて行動したと感じているようです。

領事は難民問題に意欲的で、これでは大きな成果を上げげた。ヤクジャニエッツ大尉の示唆には感謝している。ポーランド難民を日本経由で、南米の小国（島の名も国名も忘れたが）に出すという提案を公式に行ったのは、まさしく杉原領事がはじめての人だった。彼は他国の外交官にも、この提案の支持をよびかけた。

救出作業の名誉を自分のものにしたがっているペルツでさえ、「まさしく杉原領事がはじめての人」と強調しています。単に命令に従っただけでない、救出者の役割を認めているのです。「まさしく……」と強調し、あなたの主導権を表現しているのです。

そして、カウナスのオランダ名誉領事J・ツバルテンディクがいます。彼もユダヤ人を助けました。彼の〈キュラソー・ヴィザ〉なるものは虚構であり、隠れ場所であり、そして、あなたが大量救出者として進み出るための触媒にすらなりました。これは彼の戦後の手紙の一節です。

日本のカウナス領事は、オランダ領西インド諸島に行けるという私の但し書き入りの旅券を持った人々に、喜んで通過ヴィザを発給した。日本の通過ヴィザがもらえれば、ソ連の通過ヴィザもとれると聞いていた。

ポーランド人のスパイと同じく、このオランダ外交官も、あなたが進んでヴィザを出したことを強調しています。あのポーランド人に比べて、彼の自己主張は、ずっと謙虚です。彼もまた、あなたと直接の接触を持ち、あなたの熱意を証言しています。あなたは、単に進んでヴィザを出そうとしたのではない。あなたは〈喜んで〉それをしようとした。あなたのいったこと、あなたのやったことの何かが、彼に強い印象を残したのです。彼はソ連の通過ヴィザについて尋ねることはしたが、彼の救出活動はヴィザ発行に限られていました。手数料として、彼はリトアニア通貨で十一リトス(約一ドル)を徴収し、あなたは二リトスでした。彼はソ連の命令通り、八月三日に領事館を閉鎖し、あなたは開いておくことを主張された。この救出活動で、彼はどんな〈名誉〉に値するのでしょう。

そして、またソ連のこともあります。リトアニアで通過ヴィザを発行した諜報部《ちょうほうぶ》(NKVD)の役人たち。ソ連のインツーリストの役人たち——何千ものユダヤ人を乗せた列車が、支線に入り込まないで、ロシアの荒野を横断するよう手配した人々。こうした大規模の移動は、あの中央集権国家では、クレムリンの承認なしでは、ありえないことです。しかし、あなたがソ連の役人を〈善意の陰謀〉に巻き込み、彼らの石の心を貫いたという、どんな証拠があるでしょう。海外からの圧力が加えられたのかもしれない。あるいは、ソ連が難民の中にスパイを忍び込ませる機会をねらったのかもしれません。上級官僚や下級役人に賄賂が贈られたかもしれません——。

あなたの妻・幸子も、あなたの名を不滅のものとする場面で、たいそうの名誉を——妥当かどうかは別として——得ています。その回想記の中で、あなたが危険を考えて悩んでおられた——当然のことでしょう——ときの、あなたの言葉を引用しています。彼女だけが、あなたの躊躇逡《ちゅうちょしゅん》巡《じゅん》を解決したというのです。

「ここで振り切って国外に出てしまえば、それでいい。それだけのことなんだ」二日二晩悩みながら、夫は私に確認するように、何度もいいました。「それはできないでしょう。これだけの人たちを置いて、私たちだけが逃げるなんて絶対できません」「そうだね」と夫はいった。「幸子、私は外務省に背いて、領事の権限でビザを出すことにする。いいだろう?」「後で、私たちはどうなるかわかりませんけれど、そうしてあげてください」私の心も夫とひとつでした。大勢の人たちの命が私たちにかかっているのですから。(前掲『六千人の命のビザ』)

するとあのとき、家族をも巻き添えにすることを熟考した末、ユダヤ人を救うという決断に、彼女が全面的に参画したというのでしょうか？

このところ、善意から彼女を礼賛する人々は、いろいろ役に立たない推測ばかりしているようです。何千枚もの書類に署名したために痛くなったあなたの手をマッサージしたという彼女の物語は、人々の称賛を集めました。しかし、それは彼女が、あなたと同じ栄光に値することにはなりません。確固とした証拠もなしに、ヴィザ発給の四十九パーセントが、いや五十一パーセントが、彼女のおかげだと、人々はいっているのです。杉原幸子が、こうした主張を承認しているかどうかはわかりません。あのとき、日本領事館で、何がどのように起こっていたか——彼女が、あの決断に直接かかわっていたという主張は、私の考えとは一致しないのです。

そうして、あなたがたの結婚について——二人の間の対話や心の通い合いが、どんなであったか尋ねたとき、彼女は冷笑しました。

「日本の男たちは皆同じですよ。話などしません」

たしかに、彼女は、あなたの行為が原因で起こったことで苦労しました。しかし、本当に、あなたは奥様と一緒になって、あの行動をとられたのでしょうか。彼女は、どんな〈名誉〉に相応《ふさわ》しいのでしょうか。いや、あなたの長男・弘樹でさえ、あの救出に、いささか功あったと主張しています。彼は、あのころ、まだ五歳に達していなかった。

「お父さん、あの人たちを助けてあげて。可哀相《かわいそう》な子供たちには、お父さんの助けがいるの」

幸子によれば、弘樹がそういったことになっています。

もう一度、お聞きします。杉原さん、あなたは何をしたのですか。あなたご自身の言葉を思い出させてください。次の言葉はコラブ‐ザブリック宛に書かれたものです。

八月のある朝早く、カウナスの領事館の外は異常にざわめいていた。人々がたまり、大声で喋《しゃべ》っていた。私は窓際に行き、何事かと外を見た。柵の向こうに大勢のポーランド難民がいた。彼らはドイツ占領下のポーランド各地からビリニュスを通って、やって来たのだった。日毎に群衆は増えていった。涙をため、彼らは他の大陸に向かうため、日本の通過ヴィザを求めた。行き先は、ほとんど南米、アメリカ、イスラエルだった。

慣例として、通過ヴィザ発行には、行き先国政府発行のヴィザか、それに代わる文書の提示が必要だった。しかし、少数の者がアメリカ政府のヴィザを持っていただけで、大部分の者は何も――日本を通って別の国に行く場合、日本に厄介《やっかい》をかけないという書類を持っていなかった。

十か月(著者注＝十日?)間、このポーランド難民へのヴィザに関して、私は本省に助言(著者注＝許可?)を求め、何回も電報を打った。彼らは、日本に着いたら必ず他国の領事館に行ってヴィザ申請をする、そのため横浜か神戸に行きたい、と私を説得したからだ。しかし、本省から返ってきたのは、反対の答えだけだった。

これらすべては、私がカウナスを引き揚げる最後の二十日間に起こった。ヴィザ申請の避難民は数を増した。八月十日、私は、もう本省と議論しても無駄だと考えた。領事館撤退で、なすべきことはほかに山のようにあったので、時間がもったいなかった。八月十一日、私は公式の許可なしに、私だけの責任で、日本通過ヴィザの発給を始めた。私のところへ来た人には、他国に行く証明書の類を持っていようといまいと、すべてヴィザを出した。

当時、領事館には、ただ一人の秘書として、非アーリア系ドイツ人W・グッツがいた。領事着任のときから彼を雇っていた。グッツは、領事館のすべての文書処理で私の力になってくれた。

八月二十日ごろから、本省と、敦賀～ウラジオストク間定期航路の船長から、私宛の至急電報が舞い込むようになった。私が出したヴィザを持ったポーランド難民が増えている。ウラジオストクで、一刻も早く乗船しようとしているとの内容だった。そして、横浜・神戸の役所で混乱が起こること、これから殺到する難民を、どう管理するのか、問題が起こるのは不可避であると警告してきた。これ以上ヴィザを出すなと、電報で私は命令を受けた。

一九四〇(昭和十五)年八月十日。この日が限界線でした。土曜日。

「私は、もう本省と議論しても無駄だと考えた……時間がもったいなかった」

私には、あなたの緊張、怒りがわかります。あなたは、すでに何百通ものヴィザに捺印《なついん》されていた――七月三十日だけで二百五十七通。

「私は公式の許可なしに、私だけの責任において、日本通過ヴィザの発給を始めた」と、あなたは書いておられる。しかし、八月十一日は日曜日で、その日、領事館は閉められていました。これは、あなたのリストからも裏付けられます。そして八月十二日月曜日の朝、あなたは、リスト番号一六〇八のオルギエ・パブロビッチと、おそらくは彼の家族何人かにヴィザを出し始めたのです。八月二十日までに、四百五十四通のヴィザが出されました。

しかし、この断言――「私は公式の許可なしに、私だけの責任において、日本通過ヴィザの発給を始めた」の言葉は私を困惑させます。あなた自身の報告から、A・カッツやステラ・カスプチクの場合、あなたがどう行動されたか、私は知っています。ポーランド軍の情報将校の場合も、今さら、指摘するまでもないでしょう。〈公式の許可〉をとるのが難しいこと、その状況で問題を巧く処理する――それが、あなたの本領でした。さらに問題があります。八月十日に、あなたが何を始めようと、その日から、難民たちがソ連のヴィザをとり、旅行の段取りをして、カウナスかビリニュスを発ち、八月二十日までにウラジオストクに到着し、敦賀行きの船長や外務省の役人を困らせることになったなどとは、日程上、考えがたいことなのです。

「発給を始めた」ですって??

杉原さん、あなたのリストを見ると、ヴィザは七月九日から出されています。いや、もっと早くから出されていたと信じる根拠もあるのです。

この話を語るあなたの声には、正確さと曖昧《あいまい》さが奇妙に混ざっています。〈八月のある朝〉という書き出しは、お伽《とぎ》話の発端の〈昔、あるとき〉を連想させる——とまではいいませんが、到底、具体的とはいえません。全体の事実の断片が、お互いに矛盾し、いくつかのできごとが省略され、別のことが混ぜられる——それらが、いかに組み合わされているか見せたいほど、あまりにも概念的なのです。これらが、どう理解されると、あなたが考えているのか、私には想像もできません。かつてのスパイ本能が働いているのです。何が事実で、何が偽装なのか、私には見分けられません。

あなたは、本当に〈八月のある朝〉になってユダヤ人の状態に気づいたのでしょうか。実際には、前年九月にカウナスに着任して以来、街路や停車場で暮らしているユダヤ人を見ていたのに——。また、あなた自身、コラブ‐ザブリックへの手紙で、八月三日か四日に撮られた、領事館前のユダヤ人の写真について話しておられます。それに、あなたは、ドイツ軍によるポーランド占領のことは書いているのに、ソ連の侵略とリトアニア併合については、なぜ触れていないのでしょうか。この併合こそが、ユダヤ人のリトアニア脱出に、大きな影響を与えたのに——。

ドイツ軍の兵士たちが入ってきたのは、あなたがリトアニアを離れて十か月もたった後でした。その翌年の六月二十二日以後、何千ものユダヤ人がドイツ兵とリトアニア人同調者に殺されることになったのです。

ところで、ヴィザ発給の是非を尋ねる電報を、あなたが本省に送られたのは、たしかに、この〈十日間〉だけだったのでしょうか。私たちは、あなたの手紙を持っています。それは、原文と思われるロシア語、それに英語、ポーランド語、ヘブライ語の各国語版です。訳文は不明確で、〈十日間〉であるべきところが〈十か月間〉になっています。さらに、あなたが〈何を〉本省に求めていたのか、はっきりしないので、いっそう曖昧になっています。あなたは〈助言〉を求められたのか、それとも〈許可〉なのでしょうか。

しかし、外務省、あるいは軍の高官から、あなたがどんな特別指示を受けたかはともかく、ヴィザを発行したのは、あなた一人ではありませんでした。この事実は、あなたの行動に新しい照明を投げかけます。日本人による別のリストがいくつか存在しているのです。

日本の外務省外交史料館で、最近発見された資料の中には、一九四〇(昭和十五)年から一九四一年末の真珠湾攻撃のときまで続いたユダヤ人へのヴィザ発給が、一覧表で作成されています。十二以上のヨーロッパの都市で、ユダヤ人たちはヴィザを受けています。特に目立つのは、カウナスのほかに、ウィーン、プラハ、ストックホルム、モスクワなどです。その記録は綿密詳細なものです。

私たちは、ヴィザ受領者がユダヤ人かどうか、その名前だけで見分けることができます。ナチスが、ユダヤ人に〈イスラエル〉とか〈サラ〉といった名前を書類に書くよう強制したからです。そうでない場合には、ただユダヤ人と記入しました。

外務省は一九三九(昭和十四)年末ごろ、各領事館に、三か月ごとに発給済みヴィザ数と次の四半期の予想数を出すよう要請したようです。この表は、それに応えたものをもとに作成されたように思われます。しかし、欄内に書かれた注釈から、いろんな疑問が出てきます。たとえばウィーンでの予想発給数は二万でしたが、実際の発給数は七百八十六通にすぎませんでした。この表では、カウナスから二千百三十二人のユダヤ人が到着すると記しており、これは、あなたのリストの数に近いものです。しかし、そこでは、カウナスでさらに三千四百四十八通のヴィザを追加発行したとも記しています。この数字が実数に近いものでしょうが、それが何に基づいているのかは、不明です。ただ、少なくとも外務省が、あなたのヴィザ発給活動を、その規模をも十分に把握していたことは明らかです。

とすると、あなたも、あなたの奥様も、なぜ政府に背いて行動したと主張しているのでしょう。親愛な杉原さん、あなたは英雄になりたくて虚偽の主張をしているのでしょうか?!

あなたの伝記の細部を必要とする段階にきて、こういう基本的な理解の問題に遭遇してしまったのです。幸いなことに、ほかにも若干の情報源があります。

そうしたものの中には、ポーランドの情報将校やオランダ名誉領事の報告のように、私たちに、これは真正の回想だと思わせる感動的言葉も出てきます。たとえば、外交史料館保存の電報です。一九四〇年七月二十八日から九月二日までの期間に、あなたが外務省に送った四通の電報と、外務大臣名であなたに送られた四通の電報。あなたの上階の隣人の観察。杉原幸子の回想——それは、後の一九九〇年代に出版されたものの内容とは一致していませんが――。

そして、私たちが注意しなければならないものに、沈黙があります。領事館前の長い行列について、他の目撃者の証言がないのは、記録が破損してしまった、あるいは記録をまだ発見していない、という理由によるのでしょうか。私たちが耳を澄ませたら、八月のあの日に、あなたに聞こえた〈異常なざわめき〉以上に〈異常〉なもの――つまり、沈黙を聞きつけるはずです。陰鬱《いんうつ》な顔で領事館に入り、明るい表情で出てゆくユダヤ人を見た人たちは、かなりいたはずです。興味本位の人、事態を懸念した者、心から心配した人々。それら目撃したはずの人が――あなたの行為に賛成であれ反対であれ――黙して語っていないのです。

そのとき、あのベックルマンは、どこにいたのでしょう。彼は八月十九日、ほかの人の手数料が二リトスだったのに、彼だけは十リトス支払い、一九八〇番の杉原ヴィザを受け取っています。彼は一九四一年二月、他のユダヤ人と同じ行程で日本に到着しています。さかのぼりますが、彼の日記は一九四〇年の五月、突然、中断しています。彼の報告書は内容が豊かで、手紙もよく書いていましたが、ソ連が侵入した一九四〇年夏から、記録は先細りになっています。記録を残したりメモを書いたりするのには悪い時期だったからでしょう。逮捕時に備え、おそらく彼は、そうした書類を破棄したと思われます。そして、ウラジオストクと日本を結ぶルートが忙しくなる八月半ば過ぎから、ふたたび彼の消息が聞こえてくるのです。しかし、それ以後の十五年間、彼は一緒に働いていた同僚にも、あなたのことを、まったく語ってないのです。

では、当時、アメリカ特命全権大使だったO・J・C・ノレムはどうでしょう。彼も詳細なレポートを数年後に書いていますが、あなたのカウナス最後の日々について、一言も書いてはいません。

イギリス総領事プレストンは、どうでしょう。彼は、あなたの出す通過ヴィザでユダヤ人がパレスチナに行くことを心配していたのですが――。

そして、あのバルハフティクは、エルサレムやニューヨークやジュネーブの友人に杉原の活動を、どう報告していたのでしょう。彼はイスラエルの宗教大臣にまでなりました。彼は、すべての会合の模様を記憶し、すべてのメモを残してきたのに、通過ヴィザ問題であなたと直接、話し合ったことについては何も語りません。私が強く迫っても、何か杉原さんと会合で話をした、誰が同席していたのかは忘れたといった程度の、漠然とした回想しか出てこないのです。

ソ連は、そのころ掃討作戦中で、大量逮捕を行っていました。それでも、あなたのヴィザを持って生き延びた人によると、彼らはわりあい親切だったとのことです。ソ連は、あなたのところで起こっていたことをどう見ていたのでしょう。政治委員に宣伝するのが上手な連中が、その評判を利用したのでしょうか。

そして最後に、あなたが本当に〈友好的〉だったかどうかを、あれほど知りたがっていたドイツです。彼らは領事館内外のできごとを監視するのに〈特等席〉を持っていました。あなたが最も強い信頼を寄せていた助手はゲシュタポでした。スパイとして人生を過ごし、こういう仕事に通じ、バルト諸国の非アーリア系ドイツ人と祖国との強い結びつきを承知のあなたが、なぜご自分の秘書を疑ってみなかったのでしょう。ドイツ人は、あなたがユダヤ人の脱出を助けるのをどう考えていたのでしょうか。あなたに関する報告・記録は山ほどあるのに、ヴィザ発給の指摘がないのはなぜでしょうか。

この謎をさらに深めているのは、数年後のバルハフティクの簡単な叙述以外に、あなたと利害関係にあった、どのグループもが、なにひとつ報告していないことです。沈黙を相手に議論はできません。けれども、この沈黙が意味するものに興味を持たずにはいられません。

第六章

「慣例として通過ヴィザ発行には…」

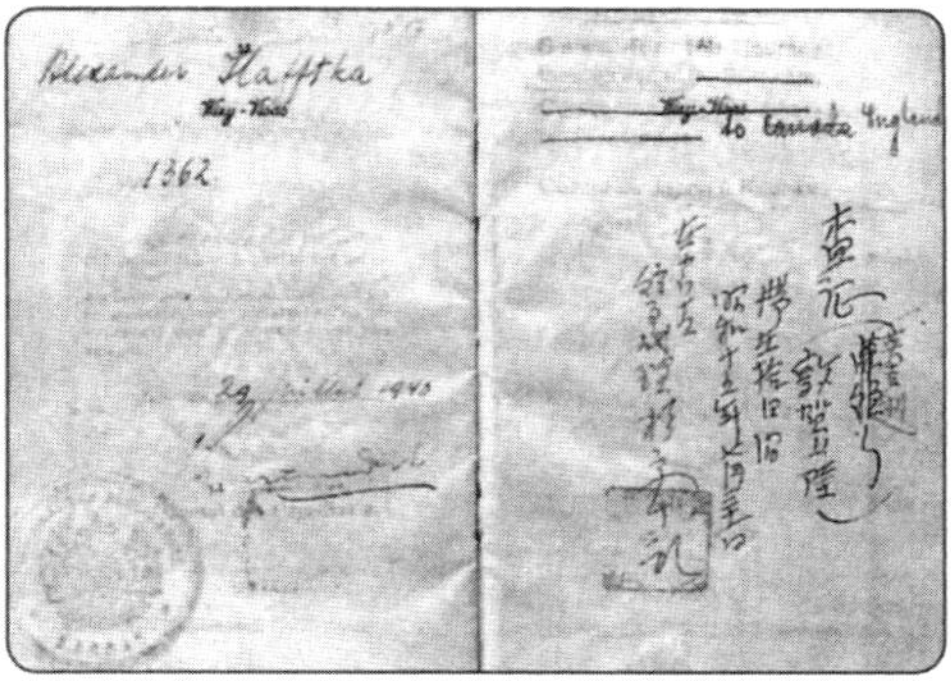

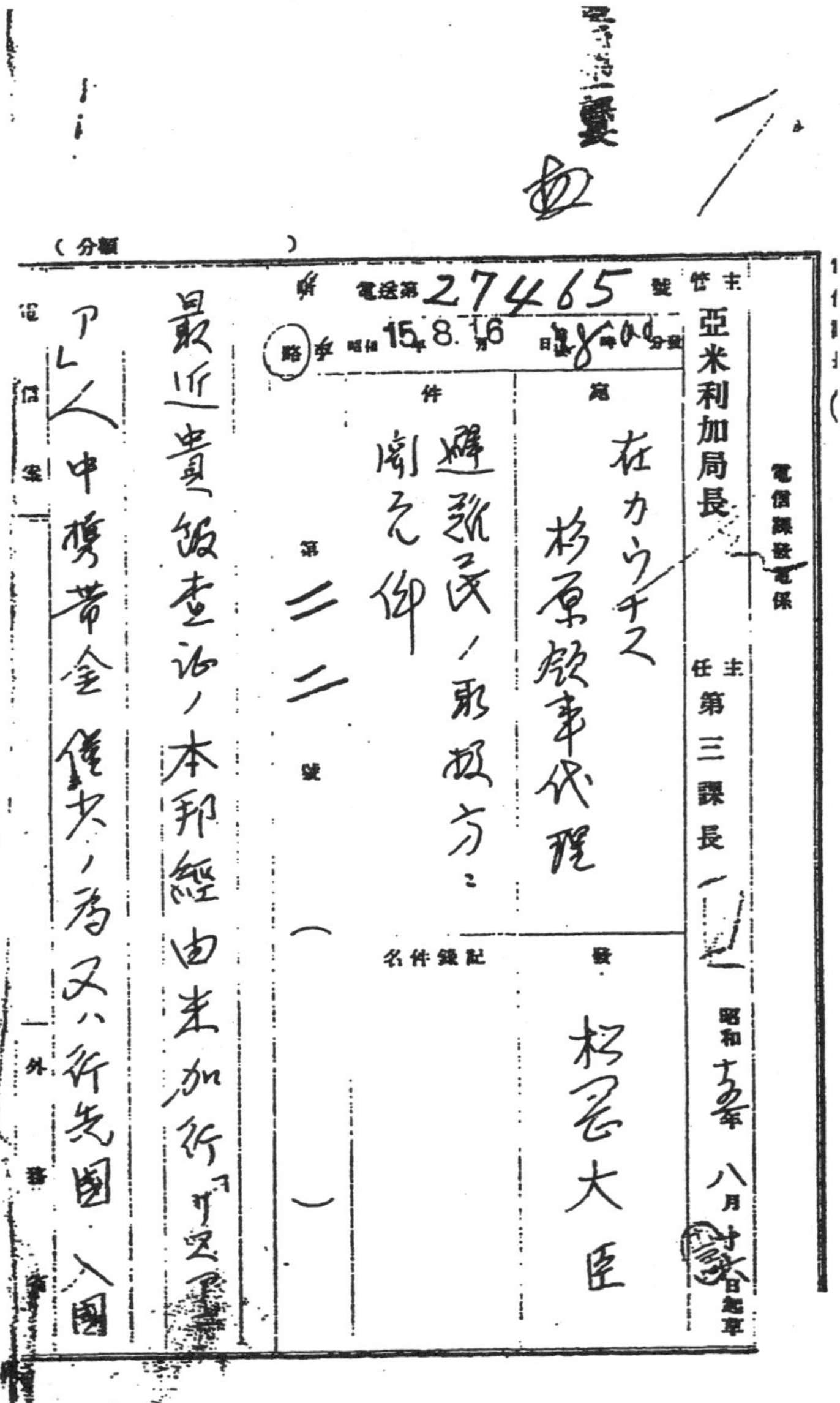
要
（分類　　　　　）
電送第27465號
略　昭和15年8月16日
主管　亞米利加局長
電信課發電係
主任　第三課長
宛　在カウナス　杉原領事代理
發　松岡大臣
件　避難民ノ取扱方ニ關スル件
第二二號
記録件名
昭和十五年八月十六日起草
最近貴館査証ノ本邦經由米加行ノ
アル人中携帯金僅少ノ為又ハ行先國ノ入國

本省から千畝に宛てた電報の下書き

もし、君が自分の立場を堅持し、相手を打ち返したら、アメリカ人は君を男と認め、男同士の話もできる。それが、現実に存在する、私のアメリカであり、アメリカ人なのだ。それ以外のアメリカもアメリカ人もない。私が考えているのは、軍部に乗って、戦争を避けることだ。これを危道というなら、その通りだ。——松岡　洋右

異常なざわめき

八月のある朝早く、カウナスの領事館の外は異常にざわめいていた……。

慣例として通過ヴィザ発行には、行き先国政府発行のヴィザか、それに代わる文書の提示が必要だった。——杉原　千畝

一九四〇(昭和十五)年八月十日に千畝が耳にした、この〈異常なざわめき〉は何だったのか。私の考えでは、まず、それは、何百人もの俳優が、朗読テストを受けるために、彼らの生か死かにかかわる台詞を練習していたように響いたのではないか。ヴィザを求めた一人一人は、領事館という舞台で、言葉を選んで強調し、監督の意図を見越さなければ、と思っていた。出身国と行き先、各種書類と証明書、家族状況と資産状態などが問われるだろう。心配でたまらない人々の

列に割り込もうとする者、それを怒る者の声。早朝の霧で騒音が高まり、不安の声が合唱になったのかもしれない。それは異常に響いたことだろう。

しかし、この騒音の変奏曲は、少なくとも七月の半ばから演奏されていた。だから騒がしいのが普通になっていたともいえた。しかし、カウナスの街で、ユダヤ人だけが俳優だったわけではなかった。ソ連も彼らの芝居を演じていた。夜でも、いろいろ動きが激しく、影が入り込む余地がないと思わせたほどだった。今では、この市の教会の鐘は、もはや心地よい音色を伝えてはこなかった。街の中央のロシア正教会の丸屋根にある灯も、暖かい光を投げかけてはこなくなった。車が音を立てて急停車する。家の扉が乱暴に開けられる。押し殺される悲鳴。時折りの銃声。鉄道駅あたりに、はっきりした目的なしに近づくのは危険なことだった。それでもユダヤ人は、リトアニア各地からカウナスに流れ込んでいた。夜間外出禁止令、携帯した書類の検問、尋問や捜索の危険を冒してまでも——。

慣例として通過ヴィザ発行には……

始まりは、いわば細い流れだった。礼儀正しく質問する人が顔を見せていた。それが、終わりには、昼も夜も立ったままの人々が、煉鉄の門を押し、領事館に入れてと扉を叩く騒ぎになっていった。人々は、これが最後の機会だと知っていた。

さて、千畝の内部の変化を理解するには、領事館の外部で——それも、そのすぐ外側だけでなく、遠く離れたところで何が変化していったかを知る必要がある。また、千畝のヴィザ発給の意味を評価するには、彼自身の言葉「慣例として通過ヴィザ発行には……」を十分に理解しなければならない。

長い列ができる前に、館内に入った生存者の声を聞いてみよう。杉原リストの二二番L・サロモンは、一九四〇(昭和十五)年七月二十六日、日本への通過ヴィザを受け取った。

「目を閉じると、今でも領事館が立っていた丘が浮かんでくる。でも、私が行ったとき、まわりには誰もいなかった」

今ではルイス・サルトンと名乗っている彼は、一九九四(平成六)年の爽《さわ》やかな秋の日、訪問中のボストンで私に語った。

「私は、早くに通過ヴィザをもらった者の一人だった。杉原は丁寧に私を迎えてくれ、茶を振舞ってくれた。旅券を見て『アメリカ・ヴィザがある？　結構です』といって、机に向かい、ヴィザを書いてくれた」。

サルトンは八十三歳になるが、なお強壮で、目は活発に動き、成功者の貫録も備えている。いま彼は、コネチカットで引退生活を送っている。

一九三九（昭和十四）年の九月、彼はナチスを出し抜こうとして、故郷ポーランドのクラクフから東へ向かったが、カルパチア山脈越えで、ソ連兵に捕まった。いくつかの岐路で、彼と仲間は、どの方角に行くべきか迷った。

「仲間たちは別の道を選び、殺された。私は生き延びた」

たまたまハンガリー警備兵がユダヤ人だったおかげで、大量虐殺から救われることになり、大《おお》晦日《みそか》で騒いでいたリトアニア国境警備兵からも逃げることができた。

彼はカウナスにたどり着いたが、いずれ移動しようと決めていた。親しくなったスウェーデン人の若者と、そのドイツ人の従兄が、オランダへ行くドイツの通過ヴィザをとるのを手伝ってくれた。しかし、その脱出に成功する前にナチスがオランダを征服した。その時点で、サルトンは、このスウェーデン人が親衛隊の手先で、従兄がドイツ国防軍に属していることを知った。

なにか、もっといい手があるはずだ。ポーランドを出発する前に、彼はアメリカのヴィザを手に入れていた。しかし、使おうとしたとき、その期限は切れていた。サルトンは、クラクフでの子供時代に英語を習熟していたので、カウナスに落ちついてからはアメリカ領事館のまわりをうろついた。そこの職員と親しくなり、ヴィザの更新をしてもらおうと考えたのである。その企ては成功し、サルトンは領事館のある職員と飲み仲間になった。サルトンが話すところでは——。

ある女性がヴィザ問題で私に相談に来た。彼女の夫と子供たちは、すでにニューヨークに行っていた。彼女は、夫が進めていたヴィザ申請の手続きを済ませたいと思っていたが、うまくいってなかった。それで私に頼みに来た。私は領事と飲んでいたとき、尋ねた。

「どうして彼女にヴィザをやらないのです？　全部、書類は揃っているじゃないですか？」

これに対し領事は答えた。

「ひとつ覚えておくことだ。わが国には法がある。これらの法によれば、外国人は、ある一定の条件下でのみヴィザを取得し、入国する資格を得るのだ。アメリカ領事として、私の仕事は、とにかくヴィザを出さない理由を見つけ出すことなんだ」

少し酔ってはいたが、とにかく彼はこう断言した。

アメリカ領事は陽気だったが、職務には忠実で、サルトンのヴィザを更新してはくれなかった。そこで、彼はまた別の案を考えた。すべての領事館をあたってみること――日本のも。かつてサルトンは、その成功の秘密を尋ねた記者に「二十パーセントは頭、八十パーセントは運」と簡潔に答えたが、それはこの場合にもあてはまるかもしれない。この〈八十パーセント〉は、現在の彼にとってすら面白くないように見える。自分の運命を、自身どうすることもできないのを認めることになるからである。彼は過去に執着する性格ではなく、千畝のことを思い出すのに、さして興味もなかった。

「が――あのリスト、そこに私の名前が載っているのを見たとき、衝撃を受けた。『なんと、これは！　こいつはおれにヴィザを寄越した男だ』。杉原領事の業績発掘のあなたの記事（ニューヨーク・タイムズ、一九九四年九月二十日号）を読み、私はあの黄ばんだ査証を眺め、記憶を新たにした」

サルトンは目を閉じ、思い出にひたりながら、あの日千畝からもらったヴィザを見せた。

「あの晩、私はキャフェ・メトロポールで友達と会い、日本領事館へ行った話をした。すぐに領事館に行列ができることになった。それから後は――歴史になった」


サルトンは、千畝とのやりとりが、簡単至極、日常茶飯だったように語る。

「アメリカ・ヴィザがある？　結構です」と千畝がいった。

〈通過ヴィザ発行の慣例〉通り、といえる。しかし、サルトンが提出したのは期限切れのものであり、日本領事はそれを意に介さなかった。その単純さは、アメリカ領事館の〈飲み仲間〉の行動と比べるとき、サルトンには、いっそう衝撃的だった。千畝は茶とヴィザを出してくれた。アメリカの外交官はリキュールを飲み、ヴィザはなしだった。それだけでなく――日本の領事と会うことは、何が起こるかわからないことでもあった。その時期、ヴィザが欲しい、ということは、相手が誰であれ危険なことだった。もし拒否され、そのことがソ連の耳に入れば、計画は逆効果を招いたかもしれない。致命的なまでに――。

「ソ連の役人に向かって、何が何でもソ連領から出たいというのは、とりもなおさず反ソ的であることを意味していた」とサルトンは説明する。

「そういう不届き者に、役人が、おいしいものをくれるだろうか」

ソ連のリトアニア併合

一九四〇(昭和十五)年七月十五日、ソ連軍がリトアニアに進駐して以来、〈そういう不届き者〉がカウナス中にあふれていた。その日、ベックルマンは、合同配給委員会(JDC)が支援していた各種ユダヤ人グループの代表たちの会議に出ていた。彼らは、いろんな神学校の代表、社会主義者、修正主義者などで、果てしない内輪もめを続けていた。ベックルマンは、何か月かかかって彼らを一堂に集め、お互いの哀れな状態を話し合い、乏しい救援物資の配分方法を討議するところまできた。彼は難事業を完成させた誇りのようなものを感じていた。

その当日朝、ベックルマンが窓の外を眺めていると、ソ連の戦車が見えた。彼のいた高台からは、街路を滑るように走る戦車も、なんだか玩具のような感じだった。一瞬、自嘲《じちょう》的思いにとらえられた。

「やれやれ、もう論争もしないで済むか」

驚いたことは事実だが、当然という気もした。ソ連を信用などしてなかったが、ソ連とナチスは互いに牽制《けんせい》し、バルト諸国には手を出さないという観測がおおかただったからだ。少なくとも、ソ連がポーランド領のビリニュスをリトアニアに返還した去年十月には、そう思われた。しかし、その冬中、ナチスは非アーリア系ドイツ人に、父祖の国ドイツに帰るようよびかけていた。何世紀にもわたってリトアニアに定着していた家族も多くいたのに——。ナチスは何かを知っていたように思われる。

春ごろ、ソ連は、リトアニアには反ソ陰謀がある、中立に違反していると苦情をいうようになった。赤軍兵士が襲われ、誘拐もされた。ソ連は、これらの〈事件〉は、無能で腐敗した反ソ的政府の下で、政府の抑えの利かないリトアニア人によって起こされたと〈解説〉した。彼らは、数年前、日本が満州でやった謀略のお復習《さら》いをやっていたのだろうか。

一九四〇(昭和十五)年五月十日、ナチスの春季攻勢が始まり、第三帝国はオランダ・ベルギー・ルクセンブルクを席巻し、全ヨーロッパの国境線はガタガタになってしまった。そして、政治に通暁《つうぎょう》しているユダヤ人か、あるいは、偏執的なユダヤ人——つまり見かけの平静さに騙《だま》されない人間は、西方で、あれだけ好き勝手をさせてもらう代償に、ヒトラーはスターリンに何を与えるのだろうと訝《いぶか》ったのだった。こうした考え方をする人々にとって、バルト諸国は、近々ソ連の獲物になる、いわば潜在的賠償領土だった。〈避難所〉リトアニアには黄色の信号が点灯していた。にもかかわらず、リトアニアはヨーロッパのどこよりも——少なくとも、あのトルストイの国よりは確実に安全だった。広漠《こうばく》たるソ連の牢獄《ろうごく》に入るという仮定は、ユダヤ人にとって最大の恐怖だった。欠陥はあるが、リトアニアのほうがましだった。

春の間中、こうしたソ連自作自演の〈反ソ陰謀〉が続けられた。当然のことに、ソ連はリトアニアに対し、いっそう残忍な態度に出た。ソ連外相モロトフは「リトアニアの運命は、ほかならぬリトアニア人の挑発者によって脅やかされている」と図々しい声明を出した。そして、ついに六月十四日、リトアニアの閣僚たちは、ソ連の実質的占領となる一連の提案を、翌朝十時までに受け入れるよう迫られた。隣国ラトビアとエストニアも、同様の経過をたどってきた。六月十五日、三十～四十万のソ連兵が各都市、空港などに入ってきた。リトアニア大統領A・スメタナはドイツ軍の前線へ逃亡した。

ベックルマンが窓の外を眺めていたとき、ロシェル・ゼルは三歳の娘ジュリーと小路を歩いていた。「戦車が私たちのほうに来たのです」とジュリーは、生々しく思い出す。「狭い道だったので、戦車が通り過ぎるとき、私たちは建物の壁にぴったり張りつかなければならなかったのです。五十六年たった今でも、目を閉じれば、あの日の情景が浮かんできます」

まもなく杉原リストに載ることになる他のユダヤ人も、自分たちの物語を語る。当時十六歳の娘L・カムシと、その姉フェイガ(杉原リスト一六〇九番)も、ソ連のリトアニア征服時、ビリニュスにいた。二人はシオニストの会合に出ていた。ワルシャワから来た青年法律家M・ベギン(後のイスラエル首相)が、二百~三百人の聴衆に熱弁を振るっていた。

突然、誰かが演壇に来て、ベギンに書き付けを渡した。すぐに悪い知らせだとわかり、私たちは怯《おび》えた。お互いに顔を見合わせ、何だろう、といいあった。ベギンの演説は、いっそう熱を帯び、終わると聴衆に起立を求め、ユダヤの歌「ハティクバ」(後のイスラエル国歌)を合唱しようといった。歌い終わると、彼は皆に家に帰るよういった。

外に出ると、ソ連の戦車と兵隊が街中を埋めていた。シオニストの幹部は、ベギンの逮捕を心配し、早く会場から出ていくようメモを渡したのだった。しかし、彼は演説をやめなかった。彼は数週間後に逮捕された。ビリニュスの空気は、あふれる兵士、パンのための行列、食料不足で、すぐ険悪なものになっていった。

L・サルトンは、ソ連のカウナス占領第一日を記憶している。

私はラジオ屋でラジオ修理の仕事をしていた。国際情勢を知るため、できるだけ、ベルリン、モスクワ、ロンドンの放送を聞くようにしていた。六月十四日、モスクワ放送は一日中「インターナショナル」の歌を流していたが、すぐに、リトアニアの赤軍兵士に対する暴行を吹聴し始めた。何かあるな、と私は思った。翌日、モスクワ放送は、リトアニア民衆がソ連軍の戦車や兵士を花で迎えていると報道していた。カウナスの目抜き通りである〈自由通り〉には人一人いなかった。ソ連は間もなく、その道の名を〈スターリン通り〉に変えた。

大通りは空っぽだったが、電話交換台のあるキャフェ・メトロポールは満席だった。そこは、不安を感じつつも、束の間の平穏を楽しもうとする人々が腰をおろすところだった。そこでは、様々なうわさや助言が、地酒の蜜入りリキュールのように流れていた——どうやって居住許可を延長するか、どこで食料が、仕事が見つけられるか、東方で、あるいは西でユダヤ人はどうなっているか——。

隣の席から、なんとか聞きとれるあやふやな話は、ポーランド地下運動の救援活動がどうとか、アメリカ・ユダヤ人代表が、スターリンとの取引を打ち切って帰国する途中、この街に立ち寄ったとか、憶測まがいの話ばかりだった。そして、最も重要な情報は、いつもヴィザの話だった。

メトロポールのユダヤ人の常連客は、彼らの命を救う情報を比べ合った。彼らはうわさと通貨を、どう評価するかで忙しかった。両方とも、ものすごい速度で変化し、流れていた。サルトンたちは、この数か月のうちに、ナチスのポーランド、ソ連の南東ポーランドなど、いろんな占領についての〈専門家〉になっていた。状況がいっそう厳しくなってきているのは、わかっていた。

と、突然、日本領事館について話す言葉がもれてきた。多くの扉をむなしく叩いた果てに、サルトンが正解を見つけた。彼は自身でも信じられない報告を持って、丘をくだってきたのだ。飲みかけのグラスをそのままに、興奮したユダヤ人たちは、あっという間に出ていった。行列に加わるために――。

そのころ、疲労困憊《こんぱい》したベックルマンが、キャフェの片隅でボルシチを啜《すす》っている姿を見かけた者がいたかもしれない。七月の半ばごろには、ソ連支配下で、どんな難民救援ができるか、彼には見通せるようになった。カウナス到着以来の九か月間に、彼は、ソ連の支配がいかなるものか、政治委員たちが、いかに現地の資本家たちを冷遇するか、いやというほど見てきた。自分のやってることは効果ないと認めざるをえない――彼は故国に帰るために荷造りしようと決めた。

しかし、最後の瞬間、彼は翻意した。政治委員が資本家にまったく無関心というのは、まさに事実だった。しかし彼らは、資本家が持っているドルには強い関心を持っていた。ソ連の国庫に――そして、いくらかは政治委員の懐に――入るドルは、ベックルマンが、陰ながら難民救援を進めるのを、もうしばらくは可能にするのではなかろうか。そして、ベックルマンが政治委員たちのドルへの執着を知り、ついで、日本領事館への奇妙な行列を知ったとき、彼はウラジオストク経由の脱出を、それほど〈冗談〉としては片付けられないのかもしれない、と考え始めた。それは、東へ向かう脱出の第一歩になるかもしれない――。

千畝の子供時代に唄われた歌は「金がすべての世の中」であったが、M・グリンバーグは同じことを「金の後を尾行しろ」という。

ポーランド出身のユダヤ人社会主義者グリンバーグは、杉原リスト六九一番だった。戦後、彼と妻サラは、アジアからメキシコに渡り、商売で成功した。ニューイングランドの大学にいる孫に会いに来た夫妻に、私はボストンのホテルで会った。あのリトアニアの夏を思い出して、彼はいう。

「ああいう事態で何が起こっているか理解するには、金の後をつけなければ――」と。

二人は、ソ連の侵入時の光景を鮮明に記憶している。

「まず、戦車の兵隊どもが私たちの腕時計を盗んだ」とグリンバーグはいう。

「すぐ、もっと整然としたものになっていった」

皮肉を楽しむかのように、一息入れた。

「ソ連の役人がやって来て、自転車もラジオも没収した。小さな店まで取り上げた」

スターリンの手下たちは、天下晴れて金を追いかけていた。この第一週、没収の仕方は凄《すさ》まじいものだった。

「次いで、彼らは避難民担当の政治委員を任命した」

グリンバーグは続ける。

「その男は、ユダヤ人で飲んだくれ、元共産主義者だったという教師。そんな男が難民担当政治委員！　それと同時に、ロシア人はリトアニアには避難民は存在しないといい出した。彼らは、私たちにソ連の市民権を押しつけ、併合賛成の投票をさせようとした。ある時期には、食料品を買うにも、投票済みの証明が必要だった。ほとんどのユダヤ人は抵抗した。ソ連市民になるという書類の提出を拒否した。恐かったが、どうしていいかわからなかった」

バルハフティクも、グリンバーグ同様、恐かった。彼にとっては、資金集めより、議論をしたり書類づくりのほうが、本来、得手だった。しかし、そのバルハフティクにも、共産主義支配になっても、「金の世の中」だということがわかってきた。この共産主義支配の初期を回想し、「ユダヤ人社会は、肝をつぶした」と彼はいう。

「われわれの組織、難民共同体は、海外から資金援助を仰ぐ救援委員会の傘下《さんか》にあった」

かつてバルハフティクは、イギリスを籠絡《ろうらく》してアリア委員会なるものをつくり上げた。しかし、今では、その委員会発行のパレスチナ行き証明書よりも、これらの資金が、ソ連との交渉で命綱になっていた。

今度のソ連のリトアニア占領で、彼のアリア委員会も、ほぼお終《しま》いになった。さらに、彼自身が、街を徘徊《はいかい》する政治委員によって、お終いにされるかもしれなかった。バルハフティクは、ユダヤ教のアキバ導師の事蹟などを思い起こしていた。西暦七十年、エルサレム陥落の後に現れた導師は、反乱に加わり、結局、殉教者として死んだ。バルハフティクは、東欧のユダヤ人社会で生きてきた。その社会が、今、まさに滅亡しようとしている――。

「私は首の回りの輪が、だんだんせばまってくるのを感じた。われわれの活動は、明らかに監視されていた」

そういうとき、彼はタルムードの教えに従おうとした。教えの中のひとつ、「評議は野外で行え」――を思い出した。

「われわれは、街路や公園で会うことにした。ベンチに座り、イズベスチヤを広げる。その私のかたわらに、同じような仲間が来る。そして情報交換、計画立案をした。私は、ソ連の捜査官がアリア委員会の責任者を探している、と警告されていた。尋問を受けた者は、そんな組織などないとかわしていた」

予想とは違い、ソ連の諜報部《ちょうほう》(NKVD)は、バルハフティクを逮捕も射殺もしなかった。しかし、それでも彼が外国とのつながり、特にイギリス領事館とのそれを保つのは危険だった。併合の二～三日後には、ソ連がイギリスなどカウナスの各国公館を閉鎖させることがわかった。リトアニアの〈新ソ連市民〉を孤立させようというねらいだった。

バルハフティクは、この苦境をどう見ていたか。

「イギリス領事館を閉鎖させるとの知らせで、われわれは震え上がった。イギリス領事は、われわれに用意していた証明書類を全部持ってゆくだろう。われわれがパレスチナに帰る最後の機会は失われた。モスクワ駐在イギリス領事館が、すでにパレスチナ・ヴィザの裏書きを拒否すると宣言していたので、われわれはカウナスのイギリス領事館を、いっそう応援しなければと感じていたのだが、それも徒労になってしまった」

ソ連軍の戦車が侵入してきた六月十五日は、恐怖の日だったが、七月十五日も、それに劣らず不幸な日になった。インチキな国民投票によって、九十九パーセントのリトアニア人が〈母なるソ連〉への併合を選んで投票した。その結果、母らしからぬ軍隊と大砲、秘密警察の一団がいたるところに現れ、逮捕者・国外追放者を乗せた列車が次から次へと走った。リトアニアのユダヤ人は電気ショックを受けたようになった。

「屋根と食物がある間は、誰も危険を冒さない」と杉原ヴィザによる生存者B・ウィンターは、当時の無力感を、そういう言葉で表現している。

B・ゼルは、あの不快な既視感*を覚えている。去年の九月、ポーランドで経験したのと同じ状況、同じ心理状態を、リトアニアでまた、味わおうとしていた。

「だから私は、一瞬でも自分が難民であることを忘れぬよう、以前のような気休めに陥らないよう心がけた。『ここで、そんなことが起こるはずはない。われわれは、ここで、戦争が終わるまで安全に暮らそう。戦争をやり過ごすのに最適の場所だ』あのとき、リトアニアにいたほとんどの

＊既視感
はじめて見るのに、前に見たように感じること。

ユダヤ難民、特に生計を立てるのにさほど苦労しなかった者は、そう考えがちだった」

こうして、リトアニアは避難所でなくなった。ソ連は情報屋を雇い、スパイ網を広げ、誰のことでも知っていると人々に思い込ませた。事態が予想を越えるものになっていくにつれ、ユダヤ人はいっそう危険を冒すようになった。七月半ばには、領事館から領事館へと走り回った。しかし、行列に並んでいても、いつ、理想郷・ソ連に反対の意志を表明していると見られ、逮捕されるかもしれなかった。最大の皮肉は、西への脱出口が全部閉じられていたので、ソ連から逃げ出すには、シベリアを通るしかなかったことである。ゼルは、この八方塞《ふさ》がりの脅威を説明する。

一般的な風評もさることながら、私たちにはソ連に特別の恐怖があった。そのころまでに、ロシア人が一九四〇(昭和十五)年六月、リボフ*でポーランド避難民に何をしたか、私たちは聞いていた。ロシア人は、ポーランドに帰国したい者は登録するようにといった。こうして、ロシア人は名前と住所を知った。

六月のある夜、ポーランド帰国希望者全員が逮捕された。待機していた貨車に乗せられて、シベリアに送られた。ビリニュスにいた私たちは、ロシア人が鼠《ねずみ》取りゲームをやっているのではないかと戦々恐々だった。彼らの支配から逃げ出すヴィザを申請させておいて、一斉に逮捕するかもしれなかった。いつ、ソ連が突然やって来てシベリア送りにするかわからない

*リボフ
ウクライナ西部の中心都市。

ので、一番温かい衣類と、一番頑丈なロシアの長靴をベッドの下に隠しておいた。

シベリアへの片道旅行という忌《い》まわしい想像をして、ユダヤ人が戦《おのの》いていたとき、訳のわからない事件が起こった。ソ連の旅行社が、カウナスとビリニュスに支店を設けたのである。政治委員が接収した店先にやって来て、内装を変え、ペンキも塗りなおす。

〈モスクワの夜を見にどうぞ〉

〈ウクライナ旅行中は晴天続き〉

〈バイカル湖で釣りを〉

といったポスターが張り出される。多くのユダヤ人は、この宣伝物を嘲笑《あざわら》った。

「共産主義者どもは、おれたちをズブの馬鹿だと思っているのか」

たぶん、それは、官僚主義的命令のひとつだったのだろう。もし、ソ連の一機関、たとえばNKVDが新規に併合した地域に支部を開設すると、ソ連のすべての機関がそれにならったということだけかもしれない――。

一九四〇年半ばのリトアニアでは、ナチスの脅威は、ソ連の強制収容所の恐怖ほど切実ではなかった。赤軍とNKVDが、リトアニア人や難民を大量に連行・逮捕しては、オンボロ列車に乗せようとしていたのだから、シベリア送りに人々が震え上がったのは当然だった。唯一の対策は、共産主義の〈資本主義的側面〉に訴えることと思われた。政治委員には現金が格別にものをいった。賄賂《わいろ》が横行した。それだけでなく、ソ連領にいったん入ったら、新しい主人のスパイを勤める条件も付けられた。カウナスの日本領事館に行列ができたように、旅行社のまわりにも人だかりができた。

千畝は、こういうことを、どう考えていたのだろうか。十八歳のとき、父と韓国に住んでいて、彼は、支配者の軍隊が民衆に何をしたのか目撃した。そして、ソ連がいかに残忍にカウナスのユダヤ人を扱ったかも、十分に見ていた。これらの経験が、千畝をして〈通過ヴィザ発行時の慣例〉を〈異例〉のものにさせたのではなかろうか。間に合わせの旅行事務所を開いたとき、たしかに、ソ連は慣例の範囲を越えていた。では、ソ連は、どうしてユダヤ人を奴隷労働に就かせるよりも、ユダヤ人にヴィザを売りつけるほうがいいと考えるようになったのか。そちらのほうが、ずっと金になると考えたのは間違いない。千畝は、クラウディアがいったように、ロシア人をよく知っていた。彼はソ連の旅行社の戦略と、何かかかわっていたのだろうか。

〈バスに乗り遅れる……〉　連合国と枢軸国の間の日本

ソ連の旅行社が繁盛し、領事館の行列が増えていたとき、日本の状況はどう展開していたのか。政治では親ナチス派が力を持ってきた。一九四〇(昭和十五)年の春から夏にかけて、日本とドイツの会談が重ねられ、ついに九月二十二日、日本はナチス・ドイツ、ファシスト・イタリアと三国枢軸同盟を結ぶにいたった。

一九四〇年五月十日のヒトラーの電撃作戦開始に先立って、日本陸軍の参謀本部は、解決の見通しが立たない支那事変の処理に関して、秘密決定に到達した。もしも、日本がどうしても全面的勝利を勝ち取れない場合には、損害を最小に抑えつつ撤退をする、ただし、中国北部、つまり満州での地位は保持する、満州国は共産主義への防壁として維持する、という内容のものだった。しかし、電撃作戦実施後、ヨーロッパ各国が次々に陥落すると、日本の軍部指導者たちは、この決定を悔《く》やむことになった。ヒトラーは、日本に対して、かつて見たことのない機会を示してくれたのである。

中国からの撤退を唱えた将軍たちが、今度は、シンガポール急襲を主張し始めた。瓦解した西欧諸国の、そして包囲されたイギリスのアジア植民地を、資源確保のため攻撃せよといい出した。〈バスに乗り遅れるな〉が新しい合言葉になった。

ヒトラーとリッベントロップは日本の新しい傾向を知り、日本を誘惑する会議を再三招集した。先の駐ドイツ大使・大島浩は、この夏、東京にいて、両国間の文書伝達や同盟強化の交渉進行を訴えるのに大忙しだった。

春の間、大島は、絶えず流されてくる千畝の報告を読んでいた。それには、ポーランド人や白系ロシア人のスパイが探り出した独ソの軍事展開が記されていた。しかし、八月には、千畝の署名入りの書類を持って日本に入国する、いろいろな種類の外国人の話が届くようになった。このとき、人脈がモノをいう日本の政治で、大島の好意ある言葉が、魔術のように千畝を保護したのだろうか。千畝は主人持ちではなくとも、保護者はいたというのだろうか。

〈危道〉

千畝がカウナスで聞いた〈異常なざわめき〉のうちのひとつは、日米関係の軋《きし》みだったといえるかもしれない。新しく千畝の上司になった松岡洋右《ようすけ》は、この一九四〇（昭和十五）年の夏、彼が〈危道〉とよんだものに打ち込んでいた。

一方、日本が三国同盟に食指を動かしていたとき、アメリカは、その目的を探ろうと躍起になっていた。ナチスの成功に鼓舞されて、日本が、中国や東南アジアの西欧植民地に領土的野心を抱くことは、連合国との関係を改善するものではなかった。アメリカには、自分なりの策略があった。あからさまな非難、貿易協定の破棄、通商停止の脅し、そして実際に貿易制裁を課すこと。三国同盟が発表されると、アメリカは日本をただちに親ナチスと決めつけた。あの当時、連合国が日本の親米派を強化できたかどうかは、いまだに論議される問題である。本当にバスに乗り遅れたのは誰だったのだろうか。

事態がどうであれ、連合国の政策決定は、西欧から冷遇されるのに極度に敏感だった日本との関係を、壊滅状態に追い込むと思われた。当時のアメリカ駐日大使J・グルーは、相手を認めないと大声をあげてのぞむのは、日本を遠ざけるだけだと警告している。

「われわれが、いま相手にしている日本は一枚岩ではない」と彼は強調した。

「日本政府は、われわれの敵になるかもしれない軍部を相手に、勇気を持って努力しているのだ」と。

問題を単純化しすぎると、いっそう単純化された反応が返ってくる。ワシントンでは、国務省の中国通と、財務省の予算を気にする役人との間の勢力争いが、きめ細かな対日政策の立案を妨げることになった。対決派と宥和《ゆうわ》派の双方が、ルーズベルト大統領を説得しようと競い、最終的に、大統領は強硬派の意見に傾いた。すぐ後で陸軍長官に就任したH・スチムソンの次の言葉が、その立場を表現している。

「日本を御す最善の方策は、何物をも与えぬことである」

一九四〇(昭和十五)年七月二日、ルーズベルトは大統領布告第二一四三号に署名した。輸出制限によってアメリカの防衛を強化する政策が本格的に動き出した。日本の見通しは最悪のものになった。豊かな資源国アメリカが「武器、弾薬、石油などの輸出を削減する」というのであった。夏ごろには、この通商制限を拡大したが、その後、少し緩められた。おそらく、まわりのタカ派とハト派の妥協を考えたものと思われる。ルーズベルトが鞭《むち》の代わりに飴《あめ》を与えていれば、日本の膨張主義を抑えることができたか、難しい仮定であろう。私としては、彼が六代前の大統領セオドア・ルーズベルトを見習っていればと思う。日露戦争終結の場を提供し、ノーベル平和賞を受賞したセオドアは、〈太い鞭〉よりも〈優しい言葉〉を選び、黄禍論《こうか》を斥けた。

一方、フランクリン・ルーズベルトは、黄禍論を念頭に置いていた。彼は、日本を信用していなかったが、無理からぬことでもあった。ポーツマス条約後の三十五年間に、日本は侵略的と目されるようになった。とりわけ中国での蛮行が、アメリカの反感を買っていた。そこでルーズベルトは、演説の中で、日本非難を薬味として利かせ、日本を〈隔離〉する政策を主張した。彼は、アメリカの多数意見を孤立主義から国際主義に変えさせるため、あえて誇張した表現を使った。しかし、その修辞法は日本人を怒らせた。こうした演説に現実の禁輸措置が追加されると、事態は一触即発に近づいていった。

アメリカの禁輸措置は、結果的に、日本を東南アジア支配に踏み切らせるものだ――というのが、日本社会の一般的受けとめ方だった。そして、アメリカの日本非難が激しくなるにつれ、日本の親米派は力を失っていった。禁輸措置は、日本の誇りをいたく傷つけた。他の要因もさることながら、これが全体主義国ドイツ・イタリアに日本を決定的に追いやったのである。

アメリカ禁輸措置への対抗

日本人の中には、西欧との対決を説く者もいたし、協調を模索する者もいた。その中間に位置する者は、なんとか経済的政治的手段で、禁輸を回避しようとしていた。この考え方をとる者の注目すべき点は、その手段としてユダヤ人が有効だとしている点であった。これが、千畝と彼のリストに載っている人々に影響を与えた。

一九四〇(昭和十五)年夏、外務省の廊下や議会の委員会室では〈世界のユダヤ人〉の状態について関心が高まっていた。ルーズベルトの禁輸措置発表を予想して、ある政治団体が提案書を出していた。その内容は、こうした危機に対処するため、二年間にわたって練り上げられたものだった。S九四六〇-三　一二二四八-一二二五二と分類番号を付されたその書類は、外務大臣用の便箋《びんせん》に書かれ、七月一日の日付になっている。それは〈秘密〉扱いされていたが、数人の下級職員の閲覧済みの署名がなされ、結局、七月五日に発表された。

帝国経済の自給自足態勢強化のため、われわれは自立する必要がある。われわれは、サスーン財閥（上海に基盤を置くV・サスーン経営の多国籍企業）を利用すべきである。われわれは世界の大変動に直面しており、日本・満州・支那を一体化しようとしている。わが国の技術水準は、なお低く、それを自衛可能の近代国家の水準まで高める必要がある。わが国の自衛を可能にするため、自足できる経済を確立しなければならない。

この提案者たちは、〈支那事変〉のため、日本の輸出入能力が非常に減退したと論じた。

われわれは、最重要物資をアメリカから輸入してきた。アメリカの財閥には多数のユダヤ人がおり、サスーンが、その多くとつながりを持っているのは確かである。また、ユダヤ人財閥は国境を越えて、その活動範囲を世界に広げようとしている。ユダヤ財閥が世界規模で金を追求していることは、われらが自給自足経済を確立しようとする意図に適《かな》っている。最近の情報によると、サスーンは一億ドルの資本を有している。われわれのやり方いかんで、それを使うことが可能である。

この提案書は、さらに続けて、数人の日本人が、すでにサスーンと取引をしていること、彼を〈うまく操り〉、アメリカが禁輸している機械類の取引を、彼のほうから提案させたと記している。提案者は、「われわれに必要だが輸入できない物を、サスーンは扱えるだろう」と自信を持って示《し》唆《さ》している。

前に触れたように、ビクター・サスーン卿《きょう》はスファルディ（スペイン系ユダヤ人）の旧家の出である。彼の莫大な資産と国際的つながりは、日本が上海に足場を築いたとき、すぐ関心の的になった。一九三〇年代後半には、彼が旅行するところには、どこにでも外務当局の観察の目がついてまわった。外交史料館には、サスーンの動向——その取引、言説、会合について出先各地の外交官が本省宛に送った膨大な報告書が保存されている。

多くの提案が、サスーンと日本の国家規模の計画とを結びつけて提出された。その計画の中には、日本の軍備、政治経済力の増大、領土上の主張、東アジア・ブロック経済の支配などの項目が盛り込まれている。

七月三日付の別の覚書には、最新の提案について、いっそう立ち入った議論を紹介している。

興亜院*の連絡委員会主任者会議で、われわれは二つの計画を討議した。第一は、帝国経済

＊興亜院
一九三八（昭和十三）年十二月、対中国政策を統括する中央機関として設置。これにより、外務省の対中国外交に関する機能は著しく縮小された。

自立のため、上海でサスーンを利用すること。第二は、中立国を通してのアメリカの機械工具の輸入である。われわれは種々の議論を聞き、これらの問題について、ただちに決定をくだす必要はないとの結論に達した。最後に、われわれは、これについて、ただちに行動は起こさないと決定した。第二に関しては、とりあえず試験的にその実現を促進することで全員一致した。その達成のために組織すべき小委員会の任務などは、その性質上、通商局主任官が処理するのが適当と考えられるので、これについては通商局に一任する。

サスーンは日本人に、かなりの影響力を持っていたので、彼がユダヤ人を上海に移住させるため、その力を効果的に使うこともできたはずである。しかし、彼が日本政府あるいは軍部と、どんな関係を持っていたのかは明らかでない。その影響力をユダヤ人救出に使おうとしたかどうかも明らかでない。可能性はあるが、サスーンが、アメリカの禁輸措置の問題で日本を助けたかどうかについても確証がない。事実としては、ユダヤ人に利用価値があるとした日本の外交政策に対し、サスーンは批判を控えはしなかった。

これらの計画から、たいした成果は上がらなかった。各省間の縄張り、勢力争い、秘密主義などが原因だったと思われる。これほど図々しくユダヤ人を利用する計画ではないが、ユダヤ人の力を神秘化し、その影響力を誇大化して、日本経済と結びつける計画はほかにもあったが、すべて実らなかった。

また、サスーンの助力を求めた人々と、千畝につながっていた人々との間には、直接の関係はない。ただ、ユダヤ難民の窮状をサスーンが懸念していたことは、日本の官僚の間では広く知られていた。

日本の官僚は、あの夏、千畝が、いい加減なヴィザを書くのを許すことで、サスーンに取り入ろうとしていたのだろうか。官僚たちが暗黙の了解を与えていたので、避難民がソ満国境を越えるとき、敦賀港に入ってきたとき、何らかの力を発揮したのだろうか。ユダヤ人の影響力についての過大評価――サスーンなどの実業家、ニューヨークやハリウッドの実力者たち、財務長官H・モーゲンソーのようなワシントンの有力者の名前は、日本政府の関係者がユダヤ人問題を扱うとき、好ましい状況を整えたかもしれない。日本の官僚は、他国の役人に比べ、ユダヤ人通過に最も貢献したのかもしれない。

ここに日本人が自分たちのために、ユダヤ人を利用しようと真剣に考えた一例がある。

わが国の力を増すためには、アメリカとの貿易が肝要だといわれている。しかし、その関係は日に日に悪化している。そして、アメリカとの貿易を良好に維持するのは、ユダヤ人の利用なしでは、ありえない。中国が日本の植民地になって以来、われわれは、不可避的に、何千人ものユダヤ人の問題に直面することになった。ユダヤ人は当初、反日的だった。それは、彼らが日本について無知だったからであり、また中国側の術策に乗せられていたからだった。しかし、今や、彼らもわれらの真の力を認識し、われわれの平等の精神を知る機会を得た。彼らは親日的になってきた。

この文章の筆者は、世界中のユダヤ人が迫害されている事実と反ユダヤの勢力について、鋭い感覚を持っている。彼は、こうした成り行きに日本が乗ずべきだと考える。

第二次欧州戦争が始まって以来、五百万のユダヤ人が国を追われ、一千六百万のユダヤ人が苛酷《かこく》な状況で生きている。アメリカには救援組織があるが、彼らに土地を提供した国は、日本以外にない。

この筆者は、アメリカに対する政治的術策として、ユダヤ難民問題を使うことを勧めて、結論としている。

アメリカの政治・経済・新聞の分野で、ユダヤ人は大きな力を有している。日本がドイツと同盟を結んでいることから、彼らは反日的である。日本は彼らの間で誤った評判を立てられている。しかし、アメリカのユダヤ人は、その同胞がヨーロッパで迫害され、難民が多く出ているという問題に直面している。こうしたユダヤ人に、なにがしかの土地を分け与えるのは、アメリカとの交渉において大きな材料になろう。

この提案に、それほど新味があるわけではない。すでに触れてきたように、過去数年間に、安江仙弘《のりひろ》中佐のような様々な〈ユダヤ通〉が、ユダヤ人の〈底力〉を日本の国家目的達成と結びつける構想を発表している。一九三七（昭和十二）年から一九三九年にかけて、日本と満州国の官吏は、ハルピンで三度、極東ユダヤ人年次大会を開催している。そこで彼らは、ヨーロッパからの難民に、いかに日本が寛大であるかの声明を出させようとした。ねらいは、日本のためにアメリカのユダヤ人をワシントンに陳情に行かせることだった。

これらの提案が、一九四〇年七月はじめに数多く出された事実は、それらが空論でなく本気だったことを物語っている。多くの政治家・官僚が、そうした提案を支持した。なかには、その地位を危険にさらしてまで発言する者もいた。〈相当のユダヤ人〉なら、鉄やゴムを入手し、日本の戦争努力に役立つだろうと考えられたからだった。彼らは、「もしサスーンを帝国経済の体制確立に使えるなら、ユダヤ人に土地を分け与える価値はある」と考えた。いずれにせよ、ユダヤ人の支持を取り付けるのは価値あることだった。

「ヴィザ依頼に関しては」

一九四〇（昭和十五）年夏、世界の主要国家で、ユダヤ避難民の救出は、ほとんど話題になっていなかった。「世界に影響力を持っているはずのユダヤ人」であるにもかかわらず、彼らの生命が脅かされていることは、政策論議の中でわずかの比重しか占めていなかった――ただひとつの例外、日本を除いては――。そこ、東京では、これは国民的議題にも相当するものとして、ユダヤ移民問題が討議された。ただ、だからといって、問題が実際に解決されたのではない。陰謀渦巻く東京では、「これらの問題について、ただちに決定をくださない」のが、より安全なあり方だった。行動を起こさないことが、一番普通のやり方だった。もちろん、千畝のような現場の人間に、こういう悠長《ゆうちょう》な処し方は許されてなかった。

本省から明確な指示を受けられなかったのは、千畝だけではなかった。ヨーロッパ中の日本領事がユダヤ避難民にヴィザを出すかどうかで混乱していた。一九三九年九月一日以来、彼らの哀れな状態は、いっそう複雑になっていた。占領されたチェコスロバキアやポーランドでは、政治上の区分が一新され、併合前の市民の法的地位が変えられてしまったからである。日本政府の他の部署の指示と同様に、外務省の訓令も矛盾したものだった。領事たちは次のように指示された。

一、ユダヤ避難民へのヴィザは、アメリカの好意を得るため、そして貿易関係改善のため重要である。

二、しかし、他外国人と同様に、ユダヤ人は危険な影響をもたらすかもしれない。

三、したがって、ユダヤ人に関しては、近くわが同盟国になるナチス・ドイツに敵対することにならぬよう、細心の注意を払わなければならない。

一九四〇(昭和十五)年七月三十日、北京駐在の特命全権大使・阿部信行は、〈ドイツおよびソ連勢力下にある者のヴィザ請求に関して〉、松岡外務大臣に請訓の電報を打つ。十二日後、有田は北京に返電する。その写しは、他の在外公館にも送られたが、不思議なことにカウナスの千畝には送られなかった。

「当面、ドイツおよびソ連占領地に居住し、日本来訪を希望する者に対しては、他の外国人に適用のものと同様規則に従い、査証を発行するものとす。貴職におかれては、査証申請者の背後関係、思想、来日目的等を審査されたし。疑義なき場合には、入国あるいは通過査証を発行されたし。ただし米国向け避難民として来日する者は、行き先国の入国査証取得の手続きを完了していなければならない。その者だけが通過査証を取得しうる。その余の者には、いかなる査証も与えてはならない。リトアニア人あるいはポーランド人についても、当面、同様とする」

つまり、現場の領事たちは、単なる通過ヴィザであっても、申請者の背景を調べなければならなかった。なぜ有田が、アメリカ行きの避難民に特別の懸念を表したのか、明らかではない。たぶん、彼は、アメリカが避難民にヴィザを出すのに消極的だったこと、こうした申請者が次々に障害に出会うことを知っていたのであろう。

この通達の意味するところは何か。多くの避難民は、たとえば日本に行けば、そこにヴィザが用意されていると申し立てていた。通達は、そうした話を信用できないものにしてしまった。つまり、日本の領事たちは警告されていた。アメリカを最終目的地にし、家族や友人が待っている、だから移住できるはずだという避難民であっても、〈彼らの旅行書類に真正のアメリカ・ヴィザが添付されてない限り〉通過ヴィザを与えてはならないということだった。

七月五日、ウィーン駐在総領事・谷正之から有田外相に、ヴィザについて厄介な問い合わせの電報が送られてきた。

以下の疑問に答えられたし。

一、上海居住のユダヤ人の夫を訪ねんとするスイス婦人が通過ヴィザを請求す。彼女はスイス国籍を有し、ユダヤ人にあらず。彼女に通過ヴィザを発行して可なりや。

二、一般に、夫婦の一方がユダヤ人で、他方がアーリア人である場合、ユダヤ人夫婦として扱われるべきや否や。

日本政府は、ユダヤ人へのヴィザ発給基準が、他外国人と平等であると発表していたが、上海へのユダヤ人移民を、その前年夏から阻止しようとしていた。このウィーン駐在総領事は、ナチスのニュルンベルク法では〈ユダヤ人〉を明確に定義できるが、その日本版があるかと、外務大臣に端的に質問しているのである。その任地が、ドイツに併合されたオーストリアだったので、彼は、この法律に通暁《つうぎょう》していたのであろう。

松岡洋右《ようすけ》

一九四〇(昭和十五)年七月の中旬に政変があった。陸軍大臣が単独辞職し、後任者を出さず、米内《よない》内閣は総辞職に追い込まれた。その結果、誕生した近衛内閣の外相に松岡洋右が就任した。ハルピン時代、そして東清鉄道の買収交渉の時代から千畝を知っていた異色の人物、松岡が、今や外務大臣として彼の上司になった。人を煙に巻く言説、逆説的行動は、最も親しい同僚にさえ、彼は絶対におかしい、気違いだと思わせたほどだった。彼らは、松岡を〈五万言居士〉〈お喋《しゃべ》り器械〉と評した。歴史家J・トーランドは、いっている。

「彼が通った後には混乱だけが残された。彼を日本で最も頭のいい人間と目した者でも、重大な外交局面で、あまりに敏速に処理する彼には、不安を覚えたほどだ」

この時期、千畝は、彼を支持してくれる者を必要としていた。最小限、干渉しないでほしかった。その千畝は、政府高官の間に、さらに強いつながりを持っていたのか。折しも陸軍大臣に就任した東条英機《ひでき》は、昭和初期、満州国で関東軍憲兵隊司令官として勤務した経歴を持つ。憲兵隊は秘密任務を帯びた部署であり、千畝は、たしかにこれと関係を持っていた。

松岡に比べれば、はるかに温和な性格だった前任の有田外相からでさえ、千畝は、やろうとしていたことの承認をもらえなかった。だから、そうした官僚社会で生き延びるために、彼にも〈五万言居士〉のような俊敏さが必要だった。そして松岡にとって、千畝は〈重大な外交局面〉で頼りになる手駒だったかもしれない。いずれにせよ、松岡の矛盾撞着《どうちゃく》する方針の下、千畝は、自分が、またしても〈主君なき男〉であることを思い知らされたのだった。

松岡は就任にあたって、その目標と決意を明瞭に述べている。

当面の外交政策の緊急目的は、皇道精神に則《のっと》り、日本・満州・支那一体の大東亜共栄圏を建設することにある。かくして、われわれは皇道を最も効果的に発揚でき、公正なる世界平和を確立する道を整えうるであろう。われわれは、前途に横たわる物質的・精神的障害を、すべて克服する決心を固めねばならぬ。さらに、われわれと協力する友好諸国とともに、勇気と決意をもって理想を実現し、神勅の精神の実現に努力しなければならぬ。

松岡は、日本の目的を〈神々しい〉装飾で飾りたてたが、あまり高貴な精神とはいえない動機から、同じ目的達成に乗った連中もいた。ヒトラーの成功が、そうした連中の動きに拍車をかけた。ドイツが盟友なら、日本のアジア支配の助けになるだろう――スターリンが邪魔さえしなければ――。

日本政府も、ソ連に接する北西の長い国境に注意しておかなければならぬことを心得てはいた。満州国は、本来、ソ連の浸透を防ぐものだったが、今ではソ連の攻撃の前では脆《もろ》いものになっていた。一九三九(昭和十四)年初夏、満州北西のノモンハンで、ソ連軍が日本軍に壊滅的打撃を与える事件が起きた。日本軍はソ連軍の軍事力と戦闘意欲を過小評価し、ソ連のドイツに対する警戒心を過大評価していた。八月に独ソ不可侵条約が締結されたというニュースを聞いたとき、彼らは自分たちが大きな誤算をしていたことに気づいた。

この後の一年の間に、内閣は四回代わった。しかし、千畝の本来の任務は変わらなかった。彼は、ソ連がナチス・ドイツに、どの程度備えているかを観測し、それで極東での日本の行動余地を予測しようとしていた、と思われる。そのために、千畝はポーランド人のスパイなどにかかわっていた。ヒトラーが、ソ連をどの程度忙しくさせておくかを調べるのに、彼の活動が役に立った。

独立リトアニアの終焉《しゅうえん》は、ナチスとソ連とが手詰まり状態にあっても、ユダヤ人に安全な場所がないことを示した。その不安が領事館前の行列になった。そして一年もたたない一九四一年六月二十二日、ヒトラーのソ連攻撃で大殺戮《だいさつりく》が始まった。

千畝は、このナチスとソ連のバルト諸国での対峙《たいじ》を、本国にどう伝えたのか。彼はナチス・ソ連関係の将来について――ひいては日ソ、日米関係について、どう報告していたのか。彼はスパイ網が集めた情報から、アメリカに対してどう行動せよと進言していたのか。松岡は、どんなアメリカ人よりもポーカーがうまく、飲酒でもお喋《しゃべ》りでも、ひけをとらない自信があった。しかし、彼には千畝のような現地の領事たちの助けが必要だった。彼らから正確な情報を得ることによって、松岡はアメリカ人やユダヤ人に、いくらか柔軟であるかのように見せかけることができた。

松岡は、〈危道〉の達人と自認していたが、アメリカの貿易制裁と戦うには、〈自分の立場を堅持し、相手を打ち返す〉戦略が最高だと本気で信じていたようだ。いい換えれば、ヒトラーの歓心を買うことが、ルーズベルトの注目を引き――尊敬さえ勝ち取れるというのだった。松岡の戦術とは逆説を駆使することだった。いうなれば、〈軍部に乗って、戦争を避ける〉のである。ある意味で、この説は理に適《かな》っていた。というのも、松岡には軍部のやり方に従うほか、選択の余地がなかったからである。新外相は軍部のおかげで、その地位を得た。彼らを遠ざけることはできなかった。したがって、松岡の選択は、戦争準備の可否ではなく、どの戦争を選ぶかだけだった。

陸軍は枢軸国との同盟を画策していた。高級将校たちはドイツで何年も過ごし、ドイツに愛着を抱いていた。松岡はアメリカでの苦労と恥辱《ちじょく》の思い出を引きずっていたが、これらの将校も、ナチスが本当のところ日本をどう見ているのか、疑いを拭えないでいた。日本人は〈名誉アーリア人〉なのか、それとも〈漆塗《うるし》塗《ぬ》りの猿〉なのか。

他方、海軍は親米派といわれていた。しかし、過去数年間にアメリカが日本に押しつけた軍艦のトン数制限には、恨みを抱いていた。ヨーロッパの戦争が始まり、一九四〇（昭和十五）年夏には、日本海軍にとってイギリス海軍は、もはや、たいした脅威ではなくなり、日本は東南アジアの支配権をめざしていた。ただ彼らは、それを、現在は孤立主義政策をとっているアメリカを怒らせないでやろうとしていた。崩壊しかけていたイギリスや西欧のアジア植民地を守るために、アメリカがチャーチルに軍艦を貸与するのを恐れたからである。

この日本の新外相は、生来、外交的というよりも、ぶっきらぼうな型だったが、今回はデリケートな仕事を期待されていた。その外交は、第一級の情報収集の援護なしでは成功しないものだった。ここに千畝が出てくる。リトアニアの〈新しい目〉は、独ソ国境でのドイツの戦争準備を確認しなければならなかった。松岡の言葉をいい換えると「それが、現実に存在する、私のソ連であり、ソ連人なのだ」ということになろうか。ロシア人と、たやすく打ち解け、ロシア人と喋るときには〈目が大きくなる〉ほど言葉に堪能だった千畝。彼はアメリカ通の松岡がポーカーをやるように、自信をもってウオッカを乾杯しただろう。彼の広い接触範囲、信頼度の高い情報は、松岡にとって価値あるものだった。

キュラソーへ行くには

ドイツとソ連が、どんな動きをするか、千畝が必死になって探り出そうとしていたとき、二十四歳のN・グッドワースは、東リトアニアの有名な神学校でタルムードの勉強をしていた。

「私たちはドイツ人よりもロシア人を恐れていた」

いま考えると意外だがと、一九四〇(昭和十五)年夏、ユダヤ人が自分たちの状況を、どう認識していたか、彼は回想していた。

現在、彼はアントワープ出身のダイアモンド商人として成功している。私たちは、オランダのアムステルダムで一九九四(平成六)年の夏に会った。話の間、彼のビロードの縁なし帽(キッパ)が黒い山高帽の下からずり落ちそうになった。オランダの伝説に、若者が堤防の穴に自分の指を突っ込み、堤が決壊し氾濫《はんらん》になるのを防いだというのがある。グッドワースが、その木靴を履いた救助者を連想させたわけではない。

グッドワースは両親に会うため、ただ帰郷したいと思っただけだった。しかし五月十日、ナチスがオランダを占領したので、それもできなくなった。現地のオランダ外交官に連絡をとろうとしたが、亡命オランダ政府が再編されるまでは、仕事にならなかった。そして、ソ連がバルト諸国を併合した七月十五日以後は、いっそう統制がとれなくなった。ここで、オランダと日本の領事館が、大胆な動きをするようになってくる。

西には行けないと知っていたグットワースは、東への道を考えた。アメリカに親戚がいたが、ユダヤ人がアメリカ行きのヴィザをとるのが不可能なこともわかっていた。それは、いわばカフカ*的不条理の状況だった。ヴィザ申請者は、ナチス・ドイツの首都ベルリンのアメリカ大使館に行ってくれといわれた。でなければ、日本のアメリカ大使館だった。グットワースは、彼の国オランダが、かつて海洋国家であり、今なおカリブ海に植民地を所有しているのを思い出した。

キュラソーとスリナム――。

神学校では世俗的な学問は、たとえば地理学も禁止されていたも同様だったが、今や、彼らは現実の脱出ルートを検討することになった。ソ連が、その支配を強めてきたので、ほかに選択の余地はなかった。リトアニアには、ソ連に親戚のいるユダヤ人がたくさんいたが、そこから消息が来ることはなかった。誰もが、とどまることも、ソ連市民になることも望まなかった。

リトアニアの裕福なユダヤ人の中には、現地の領事から莫大《ばくだい》な金で、南米のヴィザを買った者もいた。たまたま、グットワースは、オランダ名誉領事ツバルテンディクと知り合いだった。

「リトアニアにはオランダ人が五人しかいなかった。カウナスに来るたびに彼のところに立ち

＊F・カフカ　一八八三〜一九二四年。チェコのプラハ生まれの作家。『変身』『審判』などの作品を通して、人間の孤独や絶望を描いた。

寄った。彼は、いつもオランダの新聞を神学校に送ってくれていた。だから、われわれは仲がよかった」

ツバルテンディクも、救われた者からは、天使として記憶されている。一九六三(昭和三十八)年になって、カリフォルニアのユダヤ新聞が、彼の業績を掲載した。

キュラソーの天使の姓名を覚えていた者はいなかったようだ。難民は皆、不安がいっぱいで、名前を聞くどころではなかったのだ。一九四一年にリトアニアのカウナスで、このキュラソー・ヴィザを出した人は、まだ生きているかもしれない。彼を見つけ出し、王にしなければ——。

戦後の何年間か、オランダ外務省にも、この名誉領事の記録はなかった。ナチス占領当時、資料保存などという仕事は省みられなかったからだ。ナチスがオランダを降伏させたとき、カウナスには総領事としてドイツ人の妻を持つティルマン博士がいた。彼は親ナチスだったので、オランダ大使は博士を解雇し、まったく外交官経験のなかったフィリップス電機会社の現地代表ツバルテンディクを名誉領事に任命した。

先の新聞記事のおかげで、ツバルテンディクはロッテルダム近郊に引退していたとわかり、彼はカウナスでの活動を次のように書いた(彼は一九七六年に没した)。

ヴィザを発行する案は、今では名前を忘れたが、ある紳士がオランダ領東インド諸島へのヴィザを依頼してきたことから思いついた。ただ、私には、その依頼を承諾する権限はなかった。

ヴィザを諦《あきら》めた避難民もいた。それも当然のことだった。しかし、この〈紳士〉は諦めず、名誉領事も何とか助力したいと思った。彼は書いている。

数日後、その紳士がオランダ領西インド諸島へのヴィザを求めてきた。そういうヴィザは出せないので、私はリガ駐在のド-デッカー大使に、この紳士をオランダ領西インド諸島に行かせる方法があるかどうか尋ねた。大使は、その人の旅券に注釈を入れる権限を私に与え、その注釈の文案は別便で指示してきた。その文章は覚えていないが、普通のヴィザとは違っていた。

キュラソー・ヴィザは、〈最終行先地明示のヴィザ〉と同じように使えたが、違いは、そこに難民が本当に行きたい場所が書かれていなかったことだった。オランダの外交官が発行したヴィザは、次のようなものだった。

「キュラソー(およびその他のオランダ領西インド諸島とスリナム)へはヴィザは必要ない。

現地の総督だけが上陸許可証発行の権限を持つ」

しかし、そうなると——もし、その総督が躊躇《ちゅうちょ》するか、あるいは上陸許可を拒否すれば、船舶会社とその航路に関係する国は、一種の〈永久乗客〉を抱え込み、立ち往生することになる。だから、彼らは、拒絶される可能性をなくすことにした。リガ駐在のオランダ大使から、カウナスの領事に、突然、その二行目を削除していいといってきたのである。これで総督が権限を持つこともなくなった。この一行の削除が数千人の命を救ったといえるのである。

誰が大使を説得したのだろうか。追い詰められた難民を前にして、とっさに反応したのだろうか。それとも舞台裏の工作があったのか——ツバルテンディクの回想は、はっきりしない。

日本のカウナス領事は、オランダ領西インド諸島に行けるという私の注釈入りの旅券を持った人々に、喜んで通過ヴィザを発給した。日本の通過ヴィザがもらえれば、ソ連の通過ヴィザもとれると聞いていた。

ここでも、千畝のある種の独断先行性を見てとることができる。ポーランド人のスパイ、ダシュキエビッツは、ヴィザ発給の根源が「まさに日本領事その人だった」と記した。ツバルテンディクも、この場合の千畝の俊敏さと熱意を認めている。千畝は〈喜んで〉それを行ったのだった。

当時十一歳だったツバルテンディクの息子は、新任の日本領事が、父の名誉領事と、外交官の晩餐会《ばんさんかい》などで会っていたかどうか覚えていない。しかし、カウナスの外交官の交際範囲は狭く、二人は顔見知りだったはずだ、という。二人の関係の細部がどうであれ、救出作業が大詰めに入ったとき、彼らの共同作業が緊密に行われていたことは確かである。

「杉原は困り果てて、わたしのところへたびたび電話をかけてきた。そんなに早くヴィザを書かれては、毛筆を使うほうは追いついていけない、とこぼしていた」とツバルテンディクは書いている。「彼の領事館前の道は人でいっぱいだった」とも。

このときには、オランダ領事はスタンプを買い求め、千畝も、それにならった。


グットワースは、ソ連侵攻後、彼自身がド・デッカー大使にヴィザ依頼の手紙を書いたと主張している。事実、同じころ、オランダ系ユダヤ人が同じ着想を出していた。ド・デッカーは十一リトスの手数料でヴィザを出す権限をツバルテンディクに与え、数日間、いや数時間でオランダ領事館前にユダヤ人が集まってきた。ツバルテンディクは、それを〈連鎖反応〉とよんでいる。

七月の半ばには、キュラソーを最終目的地にしたヴィザに、日本領事が通過ヴィザを出すとのうわさが流れた。突然、ソ連経由の脱出が、現実味を帯びてきた。ソ連の国境を越えて、日本という、よくわからない国――〈蝶々《ちょうちょう》夫人〉の国ということしか知らない――に入ったら、これも、いっそうわからないキュラソーというところへ自由に行ける……。それは、なんだか、まぼろしのようだった。

「ヴィザ不要」――なんという美しい言葉、ユダヤ人たちは、そう感じた。

グットワースの友人を通して、バルハフティクにも、この計画が伝わってきた。そして、バルハフティクは、まわりの人々に伝えた。グットワースはいう。

「彼は皆に日本のヴィザをとるようにといった。しかし、多くの人が同調しなかった。もし、ソ連を離れたいと意志表示をすれば、反ソ的と見なされ、流刑にされると考えた。実際に、シベリア送りが行われていたのだから――」

ソ連の〈併合〉と領事館閉鎖――船に乗り遅れたら

オランダと日本の協同作業を聞いたとき、バルハフティクは、パレスチナ行きヴィザをとったユダヤ人を出発させようと忙しく立ち働いていた。カウナスとビリニュスが共産主義者の手に落ち、リトアニアが独立国でなくなった最後の日々、〈船に乗り遅れる〉のは最大の恐怖だった。

一方、ソ連のリトアニア乗っ取りは、イギリス政府の忠誠な役人にも〈心変わり〉をもたらしたようだった。バルハフティクの〈アリア委員会〉と、ここのイギリス外交部とは、十か月というもの、互いに反目していた。しかし今、プレストン総領事をはじめ、領事館員たちは、バルハフティクたちに、単なる協力以上のもの、同情さえ見せるようになった。酷薄な〈あいつら〉が、突然、現れてきて、それで、誰が〈こちら〉側なのか、考え直すことが必要になったからだった。プレストンたちは、以前には考えられなかった援助をユダヤ難民に与えるようになった。しかし、何十年もたっているのに、そして彼の活動で多くの生命が救われているのに、バルハフティクは、今なお良心を悩ませている。

不幸なことに、イギリス領事館が閉鎖されるまで四日間しか残されてなかった。ふつう、領事館では一日二十〜三十通のヴィザを出す。いったん、ヴィザの綴りがモスクワへ送られたら、どんなことになるかわかっていたので、私は領事館に未整理分の手伝いを申し出て、領事も同意した。私は、申請者には、イスラエルへの入国許可が綴《と》じ込まれているという確認書を出してほしいと、領事に頼んだ。領事は正規の用紙を出し、それに〈アリア委員会〉と領事の名前を書き込んだ。

時間がどんどん過ぎていった。全部の手続きを終えるには、時間がなかった。日曜日は休みだったし、領事館の引っ越しの準備もしなければならなかった。われわれは領事館公用箋《せん》をいくらか頂戴し、必要事項を記入した。領事の署名さえつけた。閣下、この無礼を許されんことを——。

文書の書き換えや偽造が、イギリス・オランダ・日本の領事館の内職になってしまった。各領事館とも、ヴィザ申請の手続き作業をはかどらせるために、外部の人間——民間人も軍人も、キリスト教徒もユダヤ教徒も、差別なしに使うことになった。B・ウィンターやB・ゼルのようにゴム印を押していた者もいれば、オランダ領事館では芋判をつくった者もいた。ゼルは回想する。
「私たちは、ビリニュスで、ツバルテンディクのために、緑のスタンプをつくった。王室の紋章を浮かび上がらせた美しいもので、領事は、それを〈ヴィザ不要のヴィザ〉として使ったのだった」

こうした偽物が陰で出回っていたことを、ダシュキエビッツも報告している。M・ベックルマンや彼の同僚J・シムキンは、こうした偽造が得意だった。とにかく時間がなかった。無礼とか無体裁を気にする余裕はなかった。M・グリンバーグの回想はこうである。

ある日、病院で看護婦をしていた妻サラが、オランダ領事がヴィザを出しているとの話を聞いた。私は急いで行った。すでに長い行列ができていた。建物の脇に二階まで水道管がついていた。私は、すぐそれを、よじ登り窓から入った。領事は、ちょっと驚いたようだが、すぐヴィザを出してくれた。

また、ある日、私はキャフェ・メトロポールで背の高い美男子が腰かけているのを見た。JDCの代表M・ベックルマンだったと思う。キャフェのうわさでは、ベックルマンはモスクワへ行き、ソ連と取り決めをしてきたとのことだった。ソ連は、ユダヤ人がソ連を横断できるよう、旅行社の窓口をカウナスに開くという。さらに、信心深いユダヤ人が、食べもしない食事代に一日十二ドルの前金を払う必要もなくなった。彼らの戒律に従った食料〈コーシャ〉を持ち込むのも許された。金銭の持ち出しも認められた。

この七月末の、ほんの数日間だけ、知恵を絞った人々が、ソ連・日本、そしてキュラソーのヴィザを利用することができた。ツバルテンディクの息子は、彼の父が一千二百枚から一千四百枚のヴィザを出したという。偽物が出回っていたことを考えると、それ以上のユダヤ人が脱出しようとしていた。ただ、彼の行為は長く讃えられるものだったが、その外交官生命は短かった。

「八月三日、リトアニアが正式に併合されると、父は領事館を閉鎖し、引退した」

それから――屠殺《とさつ》が始まった。

「カウナスの樹という樹には、誰かが吊《つ》るされていた」

「ヴィザを求めて当領事館に押しかける者、連日……」

七月末、ソ連は圧力をかけ、カウナスの全外国公館を閉鎖させようとしていた。新しい〈リトアニア・ソビエト社会主義共和国〉の外交部門はモスクワが代行することになった。七月二十八日、オランダ領事が業務を停止し、その息子が樹にぶら下げられた人々に心を傷めていたとき、千畝も、この地の恐怖政治を報告している。彼の電報は、ユダヤ人の絶望的状況を的確に把握しており、その理解度・具体性は群を抜いている。当然ながら、これは〈極秘電〉で松岡外相宛に送られた。同時に彼は、モスクワの東郷大使、ベルリンの来栖《くるす》大使に同じ情報を伝えた。

一九四〇(昭和十五)年七月二十八日発　電報五〇号

リトアニアの共産党工作が急速に進展したのは、GPU*(ゲーペーウー)の仮借なき、かつ電撃的なテロ工作が行われたためなり。GPUはまず赤軍進駐とともにポーランド人、白系ロシア人、リトアニア人、ユダヤ人の政治団体本部を襲い、団員名簿を押収せり。選挙三日前から団員の一斉検挙を開始。今も継続中で、今日までに逮捕された者はビリニュスで一千五百人、カウナスその他で二千人。その大部分は旧ポーランド軍人・官吏、白系ロシア人将校、リトアニア旧政権与党の国民党や社会党の幹部、シオニスト、ユダヤ人などで、前首相メルキス、前外相ウルブシスは、家族とともにモスクワに送られたり。なお一週間前に抑留ポーランド軍人一千六百人がサマラ方面へ送られたことに対し、イギリス側はソ連側に抗議中。

粛清開始以来、危険を感じ、農村に逃亡した者少なからず。ドイツ領に脱走した者数百人といわれ、ユダヤ人は日本経由で渡米すべく、ヴィザを求めて当領事館に押しかける者、連

*GPU(ゲーペーウー) ソ連の秘密警察。一九二二年、反革命運動を取り締まるために設けられた。

日百名内外におよびおれり。

このころ、ますます多くのユダヤ人が領事館の外に立つようになった。しかし、千畝が「当領事館に押しかけ……」と報告しているのは正確だろうか。先に登場したL・サルトンは、七月二十六日に領事館を訪れ、「まわりには誰もいなかった」と状況を説明している。

オランダ系ユダヤ人L・スターンハイムと妹ラヘル（杉原リスト一八番、一六番）も、七月二十六日に早い時期のヴィザを受け取っている。ラヘルはオランダの市民権を持っていたが、ポーランド系ユダヤ人I・レビンとの結婚で、それを失っていた。しかし、ド・デッカーの親切な計らいで、彼ら三人は揃って日本経由のヴィザを手に入れた。

では、その「押しかける」のはいつから始まったのか。数か月後に千畝自身がまとめたリストによると、七月二十六日に、彼は十八枚のヴィザを発行したと記録している。翌二十七日、その数は四十二枚に増える。二十八日、日曜日、領事館は休館で、千畝は本省宛の電文を書く。

七月二十九日、月曜日の朝、領事館の外に何人が列をつくっていたのかはわからない。しかし、その夕方、サルトンたちはキャフェ・メトロポールにたまっていた人々に、興奮しながら日本領事館で何が起こっているか、話している。

千畝は、松岡と外務省スタッフ宛に、合計三通のヴィザ発給〈許可〉を求める電報を出している。その最初の電報を出したのが二十八日。その返答がまだ届いていない。この日、彼はユダヤ人たちに百二十一枚のヴィザを出している。

七月三十日、本省から返答が来る二日前のこの日、千畝は、二百五十七枚のヴィザを出している。発給の増加率は、実際に作業した四日間で、十五倍に達した。しかし、あの「押しかけ」は外務省への電報発信の後に起こったのであり、前にではなかった。

この月曜日の群衆の中に、バルハフティクがいたかもしれない。彼は、パレスチナへの入国ヴィザである割り当て〈証明書〉の束を持っていた。これはエルサレムのイギリス委任統治の役人が発行したもので、彼は、それを別のシオニスト・グループに配っていたのである。ただ、問題は、リトアニアからイスラエルへ行く安全な道が、もはや確保されなくなったことだった。何千ものユダヤ人が、東をめざしていたが――上海への航路は、イタリア経由なので、すでに閉鎖されていた。ソ連の通過ヴィザで出入国し、暁幸《ぎょうこう》をあてにして列車旅行を選ぶ者もいた。バルハフティクは、難民がソ連を通過できるよう、ソ連の役人と交渉していた。しかし、そんな交渉も、多数のヴィザが必要だったことからみると、焼け石に水の類だった。

用心深いユダヤ人が、ソ連と日本が数千人分の、しかも合法的なヴィザを出すと信用するまでには、かなりの時間がかかっただろうが、しかし、千畝が書いた、あの「押しかけ」は、じつはもっと早くから始まっていたとも思える。ただ、彼らは、この話が信頼できると考えたとき、逮捕や流刑の危険を省みることをしないと決心した。

バルハフティクは、いちおう、弁護士として鍛えられていたので、署名捺印《なついん》の効力をいくらかは信じていた。少なくとも、若干の法律は、法としての権威を持っているだろう、と。今から振り返ると、まさに世間知らずだった。そして、ことリトアニアに限らず、一九四〇(昭和十五)年のユダヤ人は、救いがたいまでに世間知らずであった。が、バルハフティクの一途さは、このとき、いい結果をもたらした。七月末に彼は、日本領事館に行け、それもソ連が閉鎖するまでに急げと、説いていた。〈アリア委員〉自らも、七月三十日、杉原リスト四五四番と四五五番で妻ナオミとともに、ヴィザを受けた。

七月二十八日の千畝の電文は、詳細にわたり率直な調子であるが、隠しているところもある。第一に、親ナチス派と見なされる松岡やその部下が、ソ連の脅威に頭を悩ませていたときに、なぜ、彼は「旧政権与党の国民党や社会党の幹部、シオニスト、ユダヤ人」などを持ち出したのか。彼らが、それを知りたがると考えたのか。

第二に、彼は「日本経由で渡米すべくヴィザを求めて当領事館に押しかける者、連日百名内外におよびおれり」と情景を描写し、それについての自身の感情まで暗示している。しかし、この状態をもたらした理由については触れていない。簡単にいえば、彼がヴィザを出したから、群衆は増えたのである。なぜ、その理由を書かないのか。

第三に、もし本省の強い反対を予想していたのなら、なぜ、わざわざ自分の活動の一端を上司に報告するのか。

後年、彼の妻や他の人々が主張しているように、千畝は本当に本省の許可を求めていたのか。千畝が、本省から来る一貫性のない指示に対し、自分の行動を隠し、ある種の隠蔽《いんぺい》工作をしていた可能性は考えられないのか。

日本人は婉曲《えんきょく》な言い回しの達人と評判である。千畝は、語学力や付き合い方で国際性を身につけてはいたが、骨の髄まで日本人だった。彼の、これら一連の書簡は、そうした婉曲さの傑作といえる。この婉曲さが、率直さの中に織り込まれているので混乱が起きる。

たとえば、数か月前、車庫を借りたり賃借契約更新について、千畝は、きわめて率直に問い合わせをした。また、カウナスのMGM支配人A・カッツのナンセン文書の問題点についても、彼は直截《ちょくさい》に問い合わせた。千畝の北京やウィーンの同僚たちも、政府の方針の明確化を求めて、以前に問い合わせをしていた。本省に基本的情報を提供すること以外に、千畝は、この公文書で何を達成しようとしていたのか。何をしようとしていたにせよ、彼はヴィザ発行の許可を求めていたのではない、と私は断言する。

七月二十八日の外務省宛書簡で、千畝は、ユダヤ人にはソ連のひどい虐待を恐れる理由があると述べている。ソ連は、数か月前、政党幹部を片っ端から収監し続けていた。ソ連は、議員の名簿を押収し、過去の勘定を精算し始めた。反ソ路線の元・活動家や老練な闘士が第一の目標だった。ソ連は、若い幹部を脅かすのも好んだ。しかし、これらの動きは、不平分子をつぶし、ソ連支配に円滑に移行するための、ほんの序の口にすぎなかった。ただ、これらは千畝にとって、こと新しいものではなかったはずだ。彼の情報屋は、カチンの森のような状況を逐一、彼に知らせていた。さらに、彼はシベリアを何度も旅行しており、強制収容所についても熟知していたからである。

「全土に黒い帳《とばり》が降りてきた……」

七月末、カウナスのアメリカ領事O・J・C・ノレムも、ハル国務長官に状況説明を行っていた。ノレムは、リトアニアの状況、そこのユダヤ人や避難民の窮状をワシントンに絶えず報告していた。アメリカ国立公文書館には、ノレムの報告書が保管されている。表題は「リトアニアにおける反ユダヤ行動、ユダヤ人輸入業者に対するリトアニアの政策」、あるいは、もっと一般的に、「ユダヤ問題」と付けられている。これらの報告書には、リトアニアの新聞記事から拾った政治・経済、それにかかわるユダヤ人の人種問題などが訳載されている。そして、さらに、ノレムは二年間の在任中、絶えず警鐘を鳴らしていた。ソ連の接収で任地を離れようとしていたときにも、ソ連の政治委員が到着した初日から、いかにユダヤ人が犠牲にされたか、彼は報告を送っている。

以下は七月二十五日の電文である。

ソビエト化は強化されていっている。秘密警察、警察、労働者の民兵が活動している。昨日、市内の全宝石店で、金銀、宝石が没収された。地主、財産家、旧指導者がねらわれている。逮捕は、夜に静かに行われ、全土に黒い帳が降りてきたかのようである。すべてのアメリカ人の預金は、凍結された。こうした崩壊と混乱の状態により、現地の人々は、ヴィザ受領、もしくは他の配慮を受けることが困難になっている。

こうした資産凍結の事態にもかかわらず、アメリカからの現地ユダヤ人への援助は実らなかった。国務長官ハルは、リトアニアへの報復措置として在米リトアニア人の資産を凍結し、アメリカ・ドルの本国送金に特別許可を課すことにした。これはソ連にとって痛手ではあったが、それにも増してリトアニアのユダヤ人を苦しめた。ベックルマンの救援活動も、この凍結の応酬で停滞してしまった。彼はＪＤＣの幹部に電報を打ち、凍結の解除を国務省に説得してくれと頼んだ。

しかし、ベックルマンの訴えは効果なかった。そして、さらに悲劇的だったのは、アメリカ領事館のまわりに集まった人々へのノレム領事の対応ぶりである。彼が、この地に赴任してきて以来、領事館はヴィザを要請する人々に囲まれていた。しかし、その切羽詰《せっぱ》まった願いも、馬の耳に念仏の類に終わっていた。たとえば、一九三九(昭和十四)年五月十二日、副領事Ｂ・ガフラーは、「リトアニア・カウナスにおける外国人登録」と題した手紙で、ワシントンからの批判に応えている。というのは、カウナス領事館が、アメリカ・ヴィザを受けようとする避難民に対し官僚主義的態度、との評判が立っていたからであった。国務省も、ヴィザ発行に鷹揚《おうよう》なほうではなかったが、それでもガフラーに手続きの改善を命じた。それに対するガフラーの申し開きである。

リトアニアへの移民割り当ての中で、アメリカに親戚などがまったくいない、いわゆる〈非優先者〉にあたる人々のヴィザ申請登録は、業務が非常に増えたので、一時的に停止している。

この国の移民割り当ては、すでに将来分まで満杯になっており、今後膨大な数が予想されるヴィザ申請登録で、領事館に負担をかけるのはやめたほうがいいと考える。

いずれにせよ、これらの人々は、かなり遠い将来まで、ヴィザ取得の可能性はない。また、彼らの態度から見るに、明確な移住目的を持たず、一時的恐慌状態から申請を行おうとしている。

「恐慌状態から申請を行う」――これはヴィザ取得の理由としては不十分だった。この書簡の調子は、恐慌状態に陥っている人々を煩わしい者と見なしている。その後、国務省の指示で、ガフラーの方針は撤回させられた。これより前、じつは、ガフラーはリトアニア中の新聞に「アメリカ国内に受け入れ家族のいない者にヴィザは出さない」という公告を出し、ヴィザ申請者の数を減らしていた。

このとき、カウナスのアメリカ領事は、〈道徳証明〉なるものを提案した。それは現地の警察から発行してもらうもので、相当の賄賂《わいろ》を払わなければならなかった。領事館では申請者の道義性を審査するという、余計な作業が増え、警察官が余得に預かるだけだった。

一九三九(昭和十四)年九月一日、戦争が始まる直前、「リトアニアで、現実にヴィザ発行に使われたのは、その移民割り当て分の四十九パーセントにすぎなかった」と、カウナスのアメリカ領事は認めている。六か月後、ユダヤ移民援助協会(HIAS)のヨーロッパ代表J・バーンシュタイン博士と思われる人物が、カウナスに到着した。一九四〇年三月六日、彼はアメリカ領事館を訪れたが、役人たちは公式的態度から一歩も出ず、ヴィザ申請者にほとんど同情を示さなかった、と報告している。

避難民の多くは、領事館の要請に応えることができなかった。その理由は明白だった。たとえば、ある書類を提出しろといわれても、〈書類など到底入手することができないポーランドの田舎から来た〉人には、提出できなかった。領事館の役人たちは、ユダヤ人が直面した危険にも、不利な立場にも、心を動かされることはなかったのである。

三月十三日、バーンシュタイン博士の訪問がきっかけになったのか、「一九三九〜一九四〇年のポーランドからの移民割り当てについて」という至急便が、HIASのパリ事務所からニューヨーク事務所に送られてきた。その手紙では「最近、ポーランドからアメリカへ直接移住する者が、ほとんどいない。いったいポーランドの移民割り当て分は、どうなっているのか」と疑問を呈している。アメリカ領事館が、無慈悲にも、その業務を遅らせていたのだった。

ヨーロッパの恐ろしい事態の下、このとき、法律で認められていたポーランドの移民割り当ては六千五百二十四人だった。この枠はわずかなものである。にもかかわらず、一九三九～四〇年用のヴィザ五千枚が手つかずで残されていた。

HIASのワシントン事務所が国務省の旅券担当者に問い合わせたが、ヴィザ発行を抑えてはいないと答えてきた。しかし、残っているヴィザを、どう分割して割り当てるかという議論にはならなかった。

千畝にヴィザを発行させたのと同じぐらいの想像力を、アメリカ領事館も持ってはいた。ただ彼らは、想像力をヴィザを発行しないほうに使ったのである。一九三八年から四〇年にかけての領事館の文書は、その一枚一枚が残念な記録であり、国務省が移住に関して出した規則を、現地領事館が最も厳格に解釈・運用したことを示している。

一九四〇年八月十七日、アメリカ領事館が閉鎖したとき、例のガフラーがワシントンに電報を打っている。

カウナスのアメリカ領事館にヴィザ申請はあったが、申請の九十九パーセントが無駄になった。適法の旅行書類を持った者は、ほとんどいなかった。その結果、出国ヴィザを得た者、そして交通機関の便を得た者は、さらにわずかだったからである。

この日付が八月半ばと遅い時期のものなので、ユダヤ人にヴィザをとるのを難しくさせていた、ガフラーの報告は、正確なものだったろう。ガフラーとその部下が頑張ったからこそ、ヴィザ申請は無駄になったのである。この前の一か月間に、千畝は一千八百六十一通のヴィザを出している。われわれは、そのうち何枚が世帯主用で、何枚が個人用か知らないし、何人生き延びたかも知らない。われわれは、彼らが日本領事館を出た後、千畝が、どれほどのユダヤ人を助けたかも知らない。しかし、通過ヴィザを出すことは、千畝のやったことの、ほんの一部にすぎないという証拠が増えてきているのである。

われわれにわかっているのは、アメリカの外交官と違って、千畝が人々に応えたということである。彼は、政府の政策を超え、その政策実行者としての自己を超えた。なによりも、人間として、そして次に政府役人として対応した。アメリカ領事館の役人は、ノレム領事が〈崩壊と混乱の状態〉と書いたとき、ただ一方向に向かってしか動かなかった。つまり、あの〈黒い帳《とばり》が降りてきた〉ことを、アメリカの無為無策を隠すために使った。千畝は、その帳を、数千人の命を救う自分の活動を隠すために用いたのである。

「日本はもっと文明国だ」

「世界はアメリカを文明国という」と千畝は導師にいった。

「私は、世界に日本がもっと文明国だということを知らせましょう」

それは一九四〇(昭和十五)年の七月末か八月はじめだった。千畝は導師と一緒に領事館の扉に歩いていった。彼は、こういう妙な服装*で、長い髭《ひげ》を蓄えた人をハルピン時代に見たことがあったし、昨年以来、何人か会ってもいた。しかし、こんな難しい議論を交わしたことはなかった。千畝は長い話が終わったとき、握手し、いつもの微笑みを送った。導師は、その態度にいささか戸惑った。

導師E・ポートノイ(杉原リスト一〇九九番)、三十歳は、友人の間では、レイザーで通っていた。彼は二、三日前、先輩の導師に非難され、そしてアメリカ領事からも非難されたばかりだった。先輩導師は、〈じっとして動くな〉の教えに背いていると彼を叱責《しっせき》し、アメリカ領事は、割り当てヴィザなど一枚も残っていないと、彼を突き放したのだった。

だから彼は、この日、自らの尊厳を台無しにすることなく、話を終わらせることができたと、ホッとしていた。尊厳を失わずに済んだだけでなく、ヴィザまで得たようだった。ポートノイは、たった今、起こったことの意味を、正直つかみあぐねていた。彼は、三百枚のヴィザを手に入れようと、神経を磨《す》り減らしていた。そんな要求は無理だろうと、内心思っていた。にもかかわら

＊導師の服装
額に十戒の言葉を書いた契約書を入れた小箱を付け、そこからの黒い皮紐が、左手の指先まで巻きついている。縁なし帽をかぶり、タリットという布を肩からたらし、聖書を持つ。

ず、千畝は、いい、といったようだった。奇跡だろうか。それとも聞き違えたのか。しかし、千畝がポートノイの不完全なドイツ語を理解していたとしても、そして、ミラー神学校の全員にヴィザを本当に出してくれたとしても、学生・教師・その家族は、どうやって日本に行けばいいのだろう――。

たぶん、この導師が非常に率直だったのが――それは絶望のあまりのものだったが――日本の領事代理の心を打ったのだろう。事実、千畝は彼に、他の領事館を訪ねたか、どうか尋ねている。そしてポートノイは、アメリカ領事館で冷たくあしらわれた事実をぶちまけた。それは、下手をすれば、まずい結果を招きかねない行為だった。アメリカがポートノイたちに門前払いを食わせたのなら、他の領事館も、それにならうだろう。二進《にっち》も三進《さっち》も行かない昨今の状況だった。

日本の外務省や現場の領事たちが、他国政府はユダヤ人と難民をどう扱っているか、その情報を不断に集めていたことを、ポートノイは知らなかった。日本の政府諸機関の史料館には、こうした問い合わせが行われた記録がある。ここ数年間、千畝は東京から、ユダヤ人を助けるのは日本のためになると聞かされてきた。ユダヤ人はアメリカの新聞や世論を支配している。ルーズベルトにも影響力を持っている。だからユダヤ人は日本の政治・経済にも役に立つ、と。しかし、千畝には、カウナスのユダヤ人が、アメリカの富裕な親戚ほど力を持っていないことがわかっていた。第一、もしアメリカにとって、ユダヤ人がそれほど大事なのなら、どうしてアメリカ領事館は、彼らをすげなく追い返したのか。東京では、日本によるユダヤ人救出がアメリカに感銘を与えると信じたかもしれないが、千畝は疑問を持っていたはずである。

ポートノイの率直さは、千畝に感銘を与えるものだったかもしれないが、究極的には千畝を傷つけかねないものだった。カウナスのアメリカ領事館が非協力的だった事実は、とりもなおさず、ユダヤ避難民の申し立てが信用できないということにもなる。ユダヤ人たちの主張は、客観的には、次のような意味を持つことになったからである。

「とにかくここから出してほしい。そうすれば、東京かモスクワで、われわれはちゃんとやる。アメリカが移住書類をくれることになっている。あちこちに親戚や後援者がいる。彼らは金持ちだし、有力者とつながりもある。カウナスのアメリカ領事館のこと――あれは間違いだ。すぐわかることだ。とにかく今、助けてほしい……」

アメリカ領事館で、どんなあしらわれ方をされたか、ポートノイの体験を聞いた後で、千畝は、これらユダヤ人を助けるのは危険かもしれない、あるいは無駄かもしれない、と思わなかっただろうか。ポートノイの率直さは、その意味で、千畝にとってお荷物だった。しかし、アメリカがどうあれ、千畝にはやるべきことがわかっていた。突然、この〈日露戦役の戦後派〉に、アメリカと競争したいという欲求が勃然《ぼつぜん》と湧いてきた。どちらが文明国か見せてやろう――。

神学校の〈外務大臣〉ポートノイが外交任務を果たしていた一方で、〈陰謀〉の作戦参謀L・マリンは、大車輪で旅行書類を集めていた。彼のグループは、イギリス領事館――亡命ポーランド政府を代行していた――を説得して、数百枚の〈安全通行券〉なるものを発行させた。オランダ領事館が閉鎖したぎりぎりの時点で、彼らはキュラソー・ヴィザも手に入れた。ポートノイが千畝と会ったのは、サルトンがヴィザをもらったころと思われる。

というのも、千畝には、まだ申請者にお茶を出すだけの時間の余裕があったからである。しかし、ミラー神学校の学生がヴィザをもらいにやって来るころには、長蛇の列ができていた。そして、後にマンハッタンの繊維商になったズプニックが、膨大なヴィザ発行業務を手伝うため、館内に入れられた。ズプニックは、マリンが用意した三百枚の書類にスタンプを押す仕事をした。

ズプニックも、ポートノイ同様、神学校の人間が俗事と見なす――つまり社会で必要な技術をいくつか身につけていた。フランクフルトで育ち、ゲーテを暗唱することができ、第二外国語のイディッシュ語も、母国語の洗練された高地ドイツ語に悪影響をおよぼすことはなかった。彼は英語も話せた。彼は〈神学校作戦〉の第二の地位に任ぜられた。マリンは、千畝が非アーリア系ドイツ人秘書を一番信頼しているのに気づいた。ズプニックの仕事は、この秘書と、うまくやってゆくことだった。

ズプニックが、いつ領事館に来たのかは、はっきりしないが、行列は、すでに、かなり長くなっていた。とにかく彼は、千畝がポートノイにした約束を果たしてもらおうと、順番を待つことにした。

「第一日目は中に入れてもらえなかった。ポーランド人の門番が立ちふさがっていた。屋内に人があふれていた。次の日、門番に十リトス渡すと、彼は裏口に連れて行ってくれた」

その日から二週間、ズプニックはヴィザ発行の手伝いに、領事館で働くことになった。八月九日、あの〈じっとして動くな〉の教えを垂れた導師が死去した。ズプニックは葬儀に参列せず、領事館で働くことで弔意を表した。その危機の二週間を、彼は回顧する。

館内に入っては行ったが、まだ領事と直接口を利くことはできなかった。私は秘書のグッヅと話をした。彼は尋ねた。

「君は、どういう人?」

「ミラー神学校の者です。旅券三百枚を持ってきました。キュラソーへ行くつもりです。なんとかしてください」

彼は私を見ていった。

「三百人分? 領事は、たしかにヴィザを出してはいる。しかし、三百とは――」

そこで私は、領事と話をさせてください、といった。彼は、私をじろじろ眺め、そしていった。

「わかった。領事に話せ」

私は領事のところに連れて行かれ、秘書は、この人がヴィザを三百枚欲しいといっているのですが――といった。その人、杉原領事は私に聞いた。

「君は、どういう人なの？」と。

私は答えた。

「神学校の者で、三百人以上いるのですが、キュラソーへ行きたいのです」

領事は答えた。

「共産主義政権になってから二十年間、ソ連は一人も出国させてはいない。しかし、このころ、いく人かがソ連を出たい、そのためのヴィザが欲しいといってくるようになった。私には、出られるとは思えない。出た者はいないんだ。ま、ヴィザは出したが――。しかし、君はずいぶんたくさんくれというのだね。私としては、君たちが日本に来て、出られなくなり、そのまま滞在することになると困るのだ。そんなにたくさんのヴィザを一遍に出して、わが国の政府に、どう説明したらいいのか――」

ここでズプニックは、真っ赤な嘘《うそ》をついた。

「カルマノビッチという導師がアメリカで待っているのです。心配することはない、といってくれてます」

ズプニックは、そのとき、千畝がいった言葉を覚えている。

「だけど今、アメリカ航路は就航してないのじゃない？」

ズプニックは、すぐいい返した。

「導師は船を持っています。お金も何でも持っていて、私たちに用意すると約束しました」

領事は、つくづく私の顔を眺め、

「その証明は――」と聞いた。もちろん証明などできるはずがない。そこで私は、今でも覚えているが、何か口に出した。それはきわめて危険な言葉だった。

「ご存じの通り、私たちは、ソ連にとっての敵です。宗教を信じているからです。だから表立っては、何もできないのです。何をするにも秘密でなければならないのです。だから暗号で電報を送ったのです。それで、カルマノビッチの計画を知っているのです」

領事は、何回も私の顔を見た。

「わかった。君を信用しよう。ただ、君たちが確実に日本から出ていくことだけは、政府に、はっきりさせとかなくちゃならない。だから、君たちには、これは通過ヴィザである、必ず出国する、と日本語で書いた特別のスタンプを用意しよう」

このスタンプができるまで、二、三日、待たなければならなかった。ほかに手もなかったので、イエスと答えた。それから――突然に、大勢がヴィザを求めて押しかけることになった。

あのドイツ人秘書は「こんなに大勢は処理しきれない」と文句をいった。

「じゃあ、手伝います」と私がいい、領事も私を見て「そうだ、彼に手伝ってもらえ」といった。領事は非常に親切で、小柄な人だった。

私は、廊下で彼を手伝うことになった。その日から二週間、私は毎朝、領事館に行き、グッヅと並んで座り、仕事をした。私はスタンプを押し続け、グッヅも押し続けた。リストが、どんなのだったか、今はもう覚えていない。しかし、人々が記入した申請書のことは記憶している。

グッヅは、ドイツ語・ロシア語・リトアニア語ができた。彼はリトアニア政府と折衝するときの通訳だった。カウナスで生まれ育ち、葡萄酒《ぶどうしゅ》の販売をやっていたと思う。戦時中で、なにかと物資が不足していたので、私は毎日、彼になにかしら持っていってやった。たまま、私が彼に煙草《たばこ》を進呈しているところを領事に見られ、「ゴマカシは、ご法度だよ」と注意された。領事夫人がキモノ姿で子供を連れているのを見たことがある。しかし、彼女が事務所で働くのを見たことは絶対にないし、スタンプ押しをしている彼女も見たことがない。そこで働いた二週間の間に、杉原領事は、始終、見かけた。

スタンプ押しをやりながら、グッヅとは、いろんな話をした。彼は祖国に帰り、ドイツのために戦うといった。しかし、あるとき、ヒトラーには反対だといった。彼はユダヤ人を、特に信仰心厚いユダヤ人を尊敬していた。今のドイツ人の妻と結婚する前、彼は、あるユダヤ娘と関係があったが、結局、結婚にはいたらなかった、ということだった。しかし、そのことがあって、彼はユダヤ人に敬意を持つようになった。そのドイツ人妻には、領事館の閉鎖のときに会った。彼女はカウナスのドイツ高等学校で教師をしていた。

別れるとき、私はグッヅに「ウォルフガング、なんとお礼をいっていいやら——」といった。彼は「覚えておきな。世界は〈ラート〉のようなものだよ」と答えた。ドイツ語で〈車輪〉の意味だった。

「今日、頂点にいる者は、明日、下り始める。まあ、私が君にしたことを忘れないでくれ」

これが、グッヅから聞いた最後の言葉だった。彼は、ヒトラーが成功していると認めてはいたが、何かが彼に起こると考えていた。私の頭にあったのは、脱出のことだけだった。どうして杉原領事が、私のような若造を領事館に入れたのか、今もってわからない。彼は私についてのデータなど何も持ってはいなかった。なのに、領事館スタンプを渡し、ヴィザをつくらせてくれた。彼は、何か善いことをしたかったのだ。彼は私にいった。

「あの人たちを憐《あわ》れと思うから、やっているのだ。彼らは国を出たいという。だから私はヴィザを出す。それだけのことだ」

彼は美しい心の持ち主で、積極的な人柄で——人々を救った。自分が危険を冒しているのを、どれだけ自身知っていたか、私にはわからない。しかし、彼はなしとげた、全身全霊で。彼は形式に拘泥しなかった。私たちに耳を傾け、私たちの危険を知り、助けてくれた。

W・グッヅについては、どう考えたらいいのだろう。ズプニックは、戦後、ポーランド地下組織の報告でグッヅがゲシュタポのスパイと判明したと聞かされ、耳を疑った。彼は本当に、ユダヤ人、それも信仰厚いユダヤ人に敬意を払っていたのか。本当にユダヤ女性を愛したのか。すでに、あのとき、ヒトラーの敗北を明察し、将来に備えてズプニックらを助けたのか。私はドイツの資料保存所でグッヅに関する文書を、何ひとつ見つけることができなかった。だから、何ともいえない。ただ、ナチスとバルト諸国の非アーリア系ドイツ人のつながりを考えると、彼がゲシュタポのスパイだった可能性は、かなりあるといえる。

他方、千畝についてのドイツ秘密機関の綴《と》じ込みがある。そこではカウナス在勤時代の千畝については、ほとんど触れられていないし、ユダヤ人へのヴィザに関しては、まったく報告されていない。ゲシュタポの潜行スパイなら、手柄になる事実を嗅《か》ぎまわり、これほど大胆な〈悪事〉を報告しないはずはない。千畝は、スパイ網について豊富な経験を持っていた。潜行スパイの配置についても然りである。その彼が、忠誠を確かめもしないでドイツ系の人間を雇うような手抜かりを冒すとは思えない――。

グッヅと千畝が、あの夏、領事館で、どんな策略をめぐらしていたにせよ、ズプニックは一分ごとに生命が救われていくのを見た。それは、彼がいうように「生涯最良の二週間だった」。

「本省は拒否の返答を送ってきた……」

七月二十三日付で、松岡外相は、ベルリン駐在大使・来栖《くるす》三郎に電報を送っている。私は、この電報をワシントンの国立公文書館で発見した。十一万五千点に上る日本の秘密文書が、最近になって秘密指定から解除されたからである。一九四〇(昭和十五)年夏、連合国の情報部、特にアメリカ合衆国諜報《ちょうほう》局は、〈マジック〉と呼ばれる解読機を使って、日本の最重要の外交暗号を解読した。

アメリカは、日本の通信を盗聴傍受し始めた。それから——千畝の領事館からの情報は、東京に届くのと同時にワシントンにも届くようになった。領事館のゲシュタポ・グッヅを通してベルリンに届くより、はるかに早くワシントンは情報を入手していた。

その松岡の電文は、次のようである。

昨今、多数のユダヤ人および他の難民が、欧州より日本経由で米大陸各国に行けり。現在、日本郵船ベルリン支社のみで、六百名の難民を日米間で輸送せんと作業中なり。さらに多数の要請が寄せられつつあり。貴殿におかれては、目的地および入国許可手続き完了にあらざれば、わが国通過ヴィザを発給されざるよう要望す。念のため。これは通常報告で送られたし。

松岡は、アメリカ領事館が難民移住を規制していたのを知っていた。したがって、彼がこうした〈注意〉を表明したのは当然といえよう。この警告は、千畝に伝達されたものだが、直接千畝に送られはしなかった。カウナス向けの連絡は、時折、ベルリン経由で送られた。そこで問題は、千畝が、こうした規則に従っていたか、あるいは無視したかになる。

八月七日に千畝は二百十枚のヴィザを出したが、同時に松岡に電報五八号を送っている。

チェコスロバキア旅券に通過査証を与えることに差し支えなきや。回答ありたし。
なお当地のドイツ公使館では、この旅券に対して例外的にドイツ通過査証を発給する場合もあり。

なぜ、この特殊なヴィザに限って、彼は電報を打ったのか。ここで説明しておくと――チェコは、このときドイツ保護領であり、その旅券の扱いは、かなり複雑な性格の問題だった。つまり、その旅券はナチスとは別の政権が発行したもので、千畝としては、ひとつには、すでにヒトラーに吸収された国の政権を認めるような行為をして、日本とドイツとの関係を損ないたくないと考えたのかもしれない。

これは、良心的外交官が、上司に問い合わせしてもおかしくない、興味ある政治・法律上の問題ではある。千畝が本省に照会しても変ではない。その後、八月中に、彼は二十三名のチェコ人にヴィザを出した。しかし、何かおかしいことがある。

この問い合わせをした八月七日、千畝は、一方では、一枚のチェコ旅券について、細部にわたって注意を払い、上司に対し忠誠な態度を示しているが、他方では、二百十枚のヴィザを出した。そのとき、彼は、手続き・規則・暗黙の了解事項などを、まったく破ってはいなかったのだろうか。

八月十日、チェコ旅券についての照会電報五八号への、本省からの返電一八号を、千畝は受け取る。

一九三九年三月十六日前に発給されたか、期間延長がされたチェコスロバキア旅券は、有効期間内のものに限って査証を与えて差し支えなし。ただし避難民については、行先国の入国許可済みの者でない限り、通過査証を与えないよう注意されたし。

ヴィザを出すべきかどうかではなく、いかに出すか——について厳しい警告を受けたこの日、千畝は電報五九号を送り、また無駄なやりとりが始まる。

リトアニアに避難中のベルグマンほか約十五名のワルシャワ出身の有力なユダヤ系工業家の一行は、南米に移住すべく当領事館の敦賀上陸通過査証(当領事館は通過査証には滞在十日限りと注記せり〉を得たが、途中、日本企業に対して、その資本および経験を提供すべく折衝を試みたいため、一か月の滞在許可を願い出ている。これらについては、なんら疑わしき点がないため許可を与えたく、折り返し回答ありたし。

ここで千畝は、ベルグマン一行が、最終目的国の入国手続きを得ているかどうか、明らかにしてはいない。〈有力なユダヤ系工業家〉という言葉に本国が飛びつくことを予想し、通常の滞在期間十日間という規則が延長できるかどうか試しているのである。

われわれは、千畝の一九六七〔昭和四十二〕年の回想記で、八月十日という日が、千畝が「ヴィザを出し始めた」といっていた日付だったことを覚えている。しかし、外交史料館の書類、いろいろな人の証言、そして、ほかならぬ千畝自身の電報から、ずっと以前からヴィザは出されていた。

なぜ、千畝は、事実に反し、発給開始を八月十日といっているのか。

「私のもとに来た、すべての人に」

一九四〇(昭和十五)年八月十日という日は、千畝本人にとっては、なにか苦悩した日だったかもしれないが、後年、彼自らが書いているような、曲がり角になる日ではなかった。このころの、いくつかの電報で、彼は本省の意向に探りを入れ、記録に残すために書きとめておき、自分が良心的なことを誇示さえした。そして外務省や他の官吏から直接に許可をとらないで、規則を拡大解釈したり曲げさえする自分のやり方は隠していた。

彼は、条件付きながら、自分が通過ヴィザを発行する全権を持っていると信じていた。その条件とは、何度も示されたこと――ヴィザ申請者が、諸費用を負担でき、期限内に出国することに尽きていた。彼が、こうした信念を持っていたことは、千畝や他の在外外交官に送られた本省からの連絡文書からも証明できる。また、それは既往の道だった。すでに何千ものドイツ系ユダヤ人が、満州国経由で上海などに渡っていた。ヴィザを出す許可を彼は必要としていなかったし、彼のほうでも、それを求めようとしてはいなかった。

では、八月十日に何が起こり、なぜ彼は、その日にこだわり続けたのか。

考えられるひとつは、千畝が、自身の大胆さを誇張していたのではないか、ということである。

彼は、その危険を大袈裟《おおげさ》に述べ、実際は、他人の力でできた政策を単に踏襲しただけなのに、それを行った最初の人という名声を得ようとしていたのかもしれない。でなければ、そこには間違った謙虚さがあるのかもしれない。つまり彼は、決断をした瞬間の重大さを、過度に控えめに述べたのかもしれない。どちらなのか？　それを知るには、八月十日に起こったことを、いっそう注意して調べる必要がある。

あの日、彼は窓の外に、長い避難民の列を見た。個人は集団に溶け込んでいた。そのとき、彼の心に少なくとも三つの疑問が浮かんだはずである。

一、彼には、これほどの要請に応えるほど多くのヴィザを出す権限が本当にあるのか。

二、七月二十八日付の電報*に書かれたような状況下では、いくらかの規則省略が許される。

三、難民ヴィザに対する松岡外相の本音は、どうすればわかるか。外相は日本の親ナチス派と組んでいるが、人種偏見に反発する態度を擁護しているし、さらにアメリカに対しては不思議なほど肯定的態度をとっている。

八月十日に何か重大な変化があったとしても、それはヴィザ発行に関係したことではなかった。千畝は、すでに規則に従ってヴィザを出してきているのである。

考えるに——彼は諸々の規則は、もはや無意味だ、まわりの状況がどう変わろうと、この杉原千畝に諸規則を強いることはできない、と悟ったのである。

一九六七(昭和四十二)年の回想記の次の文章が、その夏、カウナスの光景を見て、彼の態度が

＊七月二十八日付の電報　三八七ページの電報五〇号参照。

変わったのを裏付けているように思われる。

しかし、アメリカ政府発行の文書を持っていた人間は、ごく少数で、大部分が、そうした文書を持っていなかった。ただ、他国への旅の途中、迷惑をかけることなく日本を通過するつもりだと意思表示をするだけだった……。避難民の中には、男だけでなく、女も老人も子供もいた。皆、疲労困憊《こんぱい》していたようだった。当時、カウナスに寝る場所を確保していたかどうかもわからなかった。駅か街路で寝ていたのだろう。

つまり、この日本領事のうわさが流れると、避難民の数が増えただけでなく、〈違った種類〉の避難民が押しかけたのだった。突然に、男たちだけでなく、女・子供・老人たちが、歩道に沿って、そしてバイツガンタス街の空き地に、しゃがみ込んだ。もし千畝が、どうしようかと悩んでいたとすれば、この光景が、瞬時に彼に決意させた。その光景は見るに耐えなかった。行動することが彼の道義になった。一番傷つけられやすい人々、最も憐《あわ》れな人々が、その玄関口に来ていた。それから目をそらすことはできなかった。

アメリカ領事館の職員は、これを官僚主義で処理した。憐れな人々は〈恐慌状態〉にいるにすぎないと片付けられた。何年か後になっても千畝の心から消えなかった〈女、老人、子供たち〉は、〈非優先の者〉という無味乾燥な言葉で一括された。

七月二十六日、人好きのするL・サルトンにあっさりと出したように、ごく少数の貴重なアメリカ・ヴィザでも持っていた人間に日本通過ヴィザを出すのは、千畝にとって問題ではなかった。千畝は、いちおう、外務省の指示に従って、日本通過ヴィザを出していた。そのじつ、彼はキュラソー・ヴィザの合法性について、あまり詮索《せんさく》しないようにした。アメリカ・ヴィザの期限切れなどにも触れないでおいた。「アメリカ・ヴィザはモスクワでは発行されない」の〈ない〉の部分を不器用に消し取った、モスクワのアメリカ大使館発の電報の信憑性《しんぴょうせい》も、問題にしないことにした。

いや、これらは、むしろ容易なほうだった。ほとんどの避難民は、もっといい加減な書類を持ってきた。偽造書類、古いポーランド旅券、新しいチェコ旅券、国際連盟のナンセン安全行動文書など。なかには、まったく書類なしの者もいた。誰もが、領事の前で自分の特別な境遇を申し立てようとした。やらないわけには、ゆかないではないか。ベックルマンの売店で、キャフェ・メトロポールで、避難民の集まるどこででも、千畝こそは〈人間〉だ、との声が聞かれた。いや、人間以上、天使だ、こういうときに〈神の民〉ユダヤ人に遣わされる使者だという人もいた。彼は、予言者エリア——女、老人、子供を助ける者、苦しみのとき、姿を変えて現れる者、このときは愛想いい日本領事の姿で来た、八百津生まれのエリアだった……。

うわさが広がると、バイツガンタス街の群衆は、上流階級の者から、もっと見すぼらしい人々に変わっていった。彼らは、ナチスによる〈ユダヤ人特別待遇〉の刻印を、その身に生々しく残していた。彼らは前の冬、食料を漁《あさ》ってまわり、宿も持たず、ソ連兵に使う賄賂《わいろ》も持たなかった。彼らは、千畝の扉が唯一の脱出路であり、その生命がヨーロッパを出ることにかかっているのを知っていた。

しかし、千畝は〈駅や街路で寝る、疲労困憊した女、老人、子供〉を、前に見たことがあったのではないか。前年の九月一日に彼が赴任してきて以来、リトアニアには何千もの避難民があふれかえり、その多くが宿なしで困窮していた。では、なぜ、この一光景だけが強い印象を与えたのか。ここで〈女、子供たち〉の言葉に注意してみたい。その当時、撮影された杉原家の、心を打つ一枚の写真がある。幸子が、幸せそうに嬰児《えいじ》・晴生をあやし、そのかたわらに無邪気な子供たち、五歳の弘樹と二歳にもならない千暁がいる。ここに、千畝を不滅のものにした鍵がある。それは、五年前に最愛のクラウディアと別れた理由でもあった。

こうした立場にいた者には、二つの道があっただろう。領事館の中にいる家族だけを考え、外にいる多くの家族には手が回らないと決断する道。あまりに多くの危険があるからだ。そして、もうひとつは、自分の家族と外の家族とを思いやりの気持ちで結びつけること。その、どちらだったか。彼の家族だけか。それとも人間性か。

「私は、気にすることをやめ、私自身の人間としての正義感、人類への愛から行動した」と彼は書いている。

興味をそそる問題は、これが――あの四十七士のような、抽象的原則の擁護のため、母親を貧窮させ、姉妹を色街に売ってまでの――犠牲的理想主義の極限だったのか、どうかである。主君の名のためでなく、この場合は、国の名誉のためだったのか。あるいは、〈主君なき男〉千畝の場合は、もっと現実的だったのか。外の家族を救うことが、自分の家族を危険にさらすことはないと、知っていたのか。

もう一度、一九六七(昭和四十二)年の回想記の彼自身の言葉にもどってみる。

もちろん、外務省を馘《くび》になることは予想していた。しかし、とにかく私は家族ともども、八月三十一日朝にベルリン行きの汽車に乗ることになっていた。だから私は、ヴィザを求めるポーランド人すべてに、それを出し続けた。

彼の地位は、どうなるかわからなかったが、家族の安否までは脅かされていなかったようだ。そして、それこそが、千畝にとって問題だった。そのとき、千畝が直面した危険は、三重のものだった。

第一に、それまでにもナチスは千畝を〈友好的ではない〉と疑っていたが、さらにナチスと敵対することになったかもしれない。ただ、彼はナチスが特に危険だとは思っていなかったように見える。それは当時としては、正しい判断だったかもしれない。というのは、一九四〇(昭和十五)年夏ごろには、ナチスはユダヤ人を追い出すことに最大関心があり、その目的が移住によろうと、テロによろうと、拘泥してはいなかったからである。だから千畝は、彼のヴィザが、現実には、その〈除去作業〉を手助けしていると思っていた。

さらに、彼は大島大使とつながっていた。その大島はナチスにとって貴重な存在だったし、加えてヒトラーは、共産主義とユダヤ人への聖戦の火蓋《ひぶた》を切る前に日本と枢軸同盟を結ぼうとしており、その調印は真近だった。千畝は、ドイツを少々刺激しても危険ではあるまい、と考えたのだろう。

第二に、千畝はソ連を怒らせたかもしれない。そして、こちらのほうがより危険であり、現実に起こる可能性もあった。セルゲイ・パブロビッチ・スギハラは、ソ連占領の恐ろしさをよく知っていた。彼は以前、それを真近で見ていた。しかし、彼はソ連を説得し、直接にユダヤ人から搾取したり、彼らを奴隷にするよりも、ユダヤ人にヴィザを〈売りつける〉ほうを選ばせた。これが、彼自身をも保護することになったと思われる。

「私は、彼らがソ連を横断する旅に必要な、ソ連の通過ヴィザについて照会した」と彼は書いている。

「ソ連領事館は、もし正規の日本ヴィザを持っているなら、通過ヴィザを出す用意があると明言した」

しかし、日本に向かうための出国ヴィザは、ほんの始まりだった。旅行社が何千ものユダヤ人を相手に商売をし、アメリカ・ドルが入るのだから、ソ連にとっては相当の利益になっただろう。そして、役人によっては、同化されにくいユダヤ人にリトアニアから出ていってもらうのは、悪いことではないと考えただろう。

ただ、千畝は、ソ連の領事館が、いくら〈明言〉したところで、それが保証になるとは考えなかった。彼はソ連の気まぐれ、連絡の悪さ、派閥争いを十分わきまえていた。たとえば、ある治安機関——ソ連諜報部《ちょうほう》(NKVD)で好評を博した提案が、別の機関GPUの激怒を買うといったことは、大いにありえたのだった。

そういう気まぐれに加えて、当時の日ソ関係は、決して良好なものだったとはいえなかった。だから、あるソ連の秘密諜報部員が、こうるさい日本外交官を消してしまえと命令されることは、まったく考えられないことでもなかった。一九三四(昭和九)〜三五年の東清鉄道の交渉で、千畝は彼らのロシア語の言葉遣いを正し、彼らを酔いつぶれさせ、ソ連の裏をかいた。そして今、彼は間違いなく、イギリスとつながったポーランド人や白系ロシア人と付き合っている。何が起こっても不思議でない混乱したカウナスで、千畝には、こうしたことが、どう作用するかわかっていた。彼は自分が怯《おび》えても当然と思っていただろう。しかし、時間が味方するとも考えていた。彼も家族も当初の予定通り、ベルリンに出発する。それまでに、ソ連がどうこうするとは思えなかった。

第三に、そして最も重要なのが本省の問題だった。本省では、彼の行動が、どう受け取られるのだろうか。より端的にいえば、松岡の反応はどうだろう。彼は、ある面では太っ腹と思われていた。しかし、〈来る者すべてに……ヴィザを出す〉やり方に対してはどうか。ここまで規則を曲げて解釈することは、反抗と見られたに違いない。それに対する処分は、最悪の場合でも、馘首《かくしゅ》、つまり外務省職員の地位を失う程度のことであったろう。つまり、禁固などといった自由の拘束までにはいたらなかったろう。しかし、官吏がその帰属組織に反抗したとの理由で解雇されるのは、日本では醜聞であり、社会的追放を意味していた。円満な退職でないので、再就職の道も閉ざされたろう。親族に有力者がいれば、そのお情けにすがって、なんとか米塩の糧を賄《まかな》う。そうでなければ肉体労働者になるだけだった。ヴィザ発給に踏み切るとき、千畝が、かすかではあったかもしれないが、〈自ら退路を断つ〉との思いにとらわれなかったはずはない。ただ、それは〈最悪の場合〉のことだった——。

千畝は、ナチス・ソ連・本国の脅威を計算していたように見える。その上で行動に立ち上がる決心をした。したがって八月十日は、彼が思い患うことを投げ捨て、前へ踏み出したのを意味する日付である。しかし、そこには深慮と遠謀があった。

そして、もし彼が「日本のほうがもっと文明国だ」と示してやりたかったとすれば、これは、またとない機会だった。アメリカ領事ノレムや同輩たちは、避難民を移住させようと考えもしなかった。彼らアメリカ人は、一九二四(大正十三)年、排日移民法実施のとき、歓呼して千畝の祖国を傷めつけ辱《はずかし》めた。千畝のヴィザは、それへの痛烈なしっぺ返しにもなった。

八月十二日、十六歳の娘L・カムシは、千畝から、自分のヴィザを受け取った。二、三年前、彼女の親戚はニューヨークに移住した。彼らは労働者として、あるいは、ささやかな商店経営で暮らしていた。そして、苦労をして金を集め、カムシたちの旅費と、アメリカ移住後の生活を保証する費用を用立てた。カムシは自分と十八歳の姉のヴィザを手に入れたが、母のヴィザがなかった。彼女は、あの八月を思い出す。

日本領事館の前は延々長蛇の列だった。皆、それぞれに不幸な物語をかかえていたが、決まった行き先国も、お金も持ってはいなかった。杉原は、私たちの両親のことを聞いた。父は亡くなり、母は書類を持っていないと答えると、非常に気の毒そうな顔をしてくれたので、この人は親切だと思った。彼は頷《うなず》き、旅券にスタンプを押した。私たちにとって、政府関係者とは恐い存在だったので、領事館にいた間中、神経質になり、怯《おび》えていた。私たちは、ただ、ポーランド語で「有り難う、有り難う」というだけだったが、彼は手を挙げ、大丈夫だと微笑んだ。

事務所を出るとき、私たちは感極まって泣いてしまった。外にいた人々は、そんな私たちを珍しそうに見ていたが、背中を軽く叩き、幸運を祈ってくれた人もいた。

自身で話したこの物語がなければ、今でも信じられないことであるかのように、「あの日本の人は、ただ頷《うなず》くだけで、私たちの旅券にスタンプを押してくれた」と彼女は付け加えた。

金を持っていなかった者、カムシ姉妹のように、いい親類に恵まれていなかった者は、危険な道を歩まねばならなかった。偽造文書が出回っており、それをつくった者が、買った客を強請《ゆす》っていた。M・ズプニックによると、シュロッスバーグというロシアのユダヤ人が、NKVDのカウナス代表として、ソ連の通過ヴィザを発行していた。あるヴィザ申請者が、明らかに偽造書類とわかるものを提出した。それは、ソ連支配下では簡単にシベリア送りになる行為だった。

「こんな無様《ぶざま》な物を出して恥ずかしくないのか」とユダヤ系のNKVD役人はいった。

「お前の子供が可哀相《かわいそう》だ」

ソ連統治下二十年の時間も、このユダヤ人官吏の同胞への連帯感を消し去ることはできなかったのである。また、別のユダヤ系官吏は、ヴィザ申請者に怒りを投げつけた。

「この偽物のために、いったい、いくら、ポーランド野郎に払ったんだ」

あたりを見回し、見ている者がいないと確認してから、彼は震え上がっている申請者に「気をつけて行きな」といった。

その「ポーランド野郎」とは、おそらく、JDC代表部でM・ベックルマンと一緒に働いていたワルシャワ生まれのJ・シムキンのことだった。彼はヴィザ調達や資金の移送で活躍した。一九八五（昭和六十）年、シムキンは、避難民救援の統制がよくとれていたことを回想している。

私は杉原に会ったことはないが、彼のヴィザをたくさん偽造したので、ずいぶん親しい気がする。その模写は難しくはなかった。われわれはゴム印をつくった。杉原は申請者が旅券を所持しているかどうか、気にしなかったので、一枚の表に載っていた名前全部にスタンプを押した。それでうまくいった。外部の人は、ほとんどが、われわれの資金はアメリカか、どこかの政府から送られてきていると考えていたらしい。しかし、大部分は避難民自身の金だった。彼らは、有り金をユダヤ機関に預け、戦後、ドルで払いもどしてもらうことになっていた。結局、九十パーセントの人が、それをできなくなった。皆、死んでしまったから。しかし、少なくとも、その金は同胞を救うのには役に立った。

八月十四日、千畝は、外務省から電報二一号を受け取る。これは、彼が先に送った電報五九号——ベルグマンほかのユダヤ系工業家の滞在延期願いの件についての回答である。

滞在期間については、彼ら到着後に決定したし。ただし、この種の者に日本通過査証を与えることができるのは、行き先国の入国許可手続きが完了の者に限る。もし手続きが未完了の場合は上陸も不許可とする。右お含みおきありたし。

外務省は、規則を曲げるかどうか、それは本省がやることだと、千畝に申し渡しているのである。ここでもふたたび、千畝は、手続き上の不備について警告を受けている。しかし、ヴィザ発行そのことについてではない。が、八月十六日、外務省の調子は、より厳しいものになる。

在カウナス杉原領事代理宛　　松岡大臣発　　電報二二号

避難民の取り扱いに関する件

最近、貴領事館発給の査証で日本経由アメリカ・カナダ行きのリトアニア人のうち携帯金が僅少のため、または行き先国の入国手続きが未完了のため、上陸を許可できず、その処置に困る事例があるにつき、この際、避難民と見なしえない者に対しては、行き先国の入国手続きを完了し、かつ旅費および日本滞在費などに必要な携帯金のない場合は通過査証を与えぬようお取り計らいありたし。

ここでは、本省は「その処置に困る事例があるにつき」と明らかに彼のヴィザ発行を非難している。カウナスから日本の敦賀まで、当時の出入国手続き・運輸事情を考えると、順調に事が運んでも十日間はかかった。そして八月十六日という早い時期に、いい加減な文書を持った避難民が到着していたという事実がある。到着から逆算して、千畝は、われわれが想定していた八月十日よりも以前から〈通例〉を破っていたのではないか、と考えられる。

八月二十四日、千畝は、八月七日付の電報で質したチェコ旅券についての質問をふたたび出している。電報六六号で、

「リトアニアに避難中のポーランド出身ユダヤ系工業家L・ポラック、五十四歳は、ニューヨーク在住の従兄を通じ、米国行きの手続きを完了せり」と千畝は書く。

ポラックの妻子はアメリカ公使館でヴィザを取得し、千畝も彼らに通過ヴィザを発行した。しかし、ポラック自身は、アメリカ公使館の閉鎖前にヴィザをとることができなかった。

「彼は、すみやかに、この国を出発し、日本においてアメリカの入国ヴィザを待ち受けたいとのことで、特別の取り計らいによる通過ヴィザの発給を願い出ている。ヴィザの発給差し支えなきか返電ありたし」

ここで千畝は、何をやっているのか。八月十日以来、彼は、無制限にヴィザを出し始め、すでに五百四十九枚の日本通過ヴィザを発行していた。にもかかわらず、彼は、この一件に限って、許可を求めている。

さらに、八月十六日発の電報二二号の指令に対しては、千畝は次のような電報で応えている。

一九四〇(昭和十五)年八月一日*　カウナス発　第六七号
松岡外務大臣宛　　　　　　　杉原領事代理発

貴電二二号に関し(避難民の取り扱いに関する件)
この国の難民には、近くに中南米の大・公使館がなく、日本領事館も間もなく引き揚げることを見越し、現在、唯一の通過査証を出す当領事館に願い出る者多し。しかも、ソ連側においては、わが国の査証がアメリカ向け出国手続きの絶対条件である。これらの事情は考慮に値するものと思われる。したがって、確実な紹介ある者に限り、ウラジオストクで乗船するまでに行き先国の上陸許可を取り付けること、日本以遠の乗船券を予約すること、そして携帯金については為替管理が窮屈なため在外資金を日本に転送する場合、敦賀に事前通告すること。これらの必要事項を承諾させたうえ、小職は査証を発給している。右手続き未完了の者は、ウラジオストクで乗船を拒絶されたし。

なぜ、彼はここで、すでにあたり前のことになっているヴィザ発給の原則をわざわざ復誦しているのか。一方で無原則ともとれる発給を続けながら……。おそらく、ここに戦略家・千畝の一面が表れているのであろう。
現在残っている、松岡から千畝への電報の最後の分は、九月二日付のもので、発信は、九月三

*電報六七号の発信日八月一日とあるのは明らかに受信者の記入ミスと考えられる。この前に千畝が本省宛に打電した六六号が八月二十四日であることを考えると、この電報の発信日はそれ以降になる。

日の午後遅くだった。もし千畝が、これを受け取っていたとすれば、彼がカウナスを出発したのは、一九六七(昭和四十二)年の回想記でいっている八月三十一日より、数日後ということになる。

アメリカの情報機関が傍受した、その電報は次のようであった。

船会社が日本領事の発行した通過査証を持つ者の乗船をウラジオストクにおいてソ連官憲の命令に反して拒絶することは、事実上不可能のみならず、わが国の査証の信用を害するものなり。現に貴電のごとき取り扱いをなしたる避難民の後始末に窮している実情につき、以後は電報二二号の通り厳重に取り扱いありたし。

千畝が一九六七年の回想記の中でいっていることだが、ここで、外務省と日本海航路の船長たちが、予期せぬ特殊乗客に悲鳴を挙げているのを聞くことができる。

本省と敦賀・ウラジオストク間定期航路の船長から……私が出したヴィザを持ったポーランド難民が増えている、ウラジオストクで争って乗船しようとしていると知らせてきた。さらに外務省は、これが原因で起こった混乱状態についても警告してきた。

もう一度確認しておくが、外務省の警告は、あくまでもヴィザ発行の条件についてであって、ヴィザ発行そのことではない。そして、それを発行する千畝の権限については、なんら問題はない。

千畝は、明らかに日本政府を窮地に陥れている。何千枚ものヴィザを出したことを隠し、必要に応じて別の話題に変えていっている。

そして、「手続き未完了の者は、ウラジオストクで乗船を拒絶されたし」といった電文で、自身を忠誠な官吏に見せかけた。この彼の演技のせいで、日本がソ連とやりあう厭《いや》な局面が、結果として生み出された。

日本がカウナスにいる日本領事のヴィザを承認しなかったならば、ソ連は、それを、いかようにも宣伝の口実に使うことができ、日本は〈面子〉を失うことになったろう。

しかし、千畝は、優柔不断なくせに策略を弄《ろう》する日本政府を、実態以上の〈文明国〉に仕立て上げようとしたのか。それほど彼は権謀術数に長《た》けていたのか。もし、そうだとすれば、それが成功すると彼に確信させたものは何か。

〈主君なき男〉から〈悲劇の英雄〉へ

一九八六(昭和六十一)年に死去する一年ほど前に、千畝は鎌倉の自宅に訪ねてきた客と話していた。対話の終わりに、彼は、何がこんな危険なことをさせたのか、なぜ、そこからうまく逃げ出せると思ったのか語っている。

あなたは私の動機を知りたいという。それは実際に避難民と顔つき合わせた者なら誰でもが持つ感情だと思う。目に涙をためて懇願する彼らに、同情せずにはいられなかった。避難民には老人も女もいた。絶望のあまり、私の靴に口づけする人もいた。そう、そんな光景をわが目で見た。そして当時、日本政府は、一貫性のある方針を持っていなかった、と私は感じていた。軍部指導者のある者は、ナチスの圧力に戦々恐々としていたし、内務省の役人は、ただ興奮しているだけだった。

本国の関係者の意見は一致してなかった。彼らとやり合うのは馬鹿げていると思った。だから、返答を待つのはやめようと決心した。いずれ誰かが苦情をいってくることはわかっていた。しかし、私自身、これが正しいことだと考えた。多くの人の生命を救って、何が悪いのか。もし、その行為を悪というなら、そういう人の心に邪《よこし》まなものが宿っているからだ。人間性の精神、慈悲の心……隣人愛……、そういった動機で、私は困難な状況に、あえて立ち向かっていった。そんな動機だったからこそ勇気百倍で前進できた。(原注＝B・オクスリー会見記、未公刊)

たしかに千畝の行為は、四十七士の伝説の中の大石の戦略に比肩されよう。領事代理は、偽りの誘導ルート、計算された危険、苛烈な忠誠心の背後で、大胆に行動した。規則を拡大解釈し、いくらかは、それを破りもした点では、従順な日本の役人らしからぬ行動に見えるが、伝統的に深いところでは、本質的に日本人だった。つまるところ、千畝は日本の偉大な伝統の名において行動した。それが、あまりに強く刻みつけられたので、終生、彼はそのゲームを続けた。

一九六七(昭和四十二)年、六十七歳の千畝は、あのとき、もらえるはずのない許可を、頭を下げて本省に頼み込み、最後は公然と反抗し、その結果に苦しんだ——という細心につくられた虚像を、なお演じ続ける。つまり、日本文化にある〈悲劇の英雄〉としての自画像を描き出そうとする。彼は自分の抜け目ない戦略や、ごまかしや本心について語らない。ナチスから身を守るため、ゲシュタポのスパイを雇い入れたことも、ソ連の役人を買収しただろうことも、親米派と親独派の間で、巧みに身を処したことも、触れようとはしない。

「アメリカ・ヴィザ——結構です」と彼はL・サルトンにいった。

彼は同じようにいったはずである。

「アメリカ・ヴィザがない——結構です。ヴィザなど、何も持ってない——結構です」と。

三百枚であろうと、千二百枚であろうと、問題ではなかったろう。

八月二十六日、駐ベルリン大使・来栖《くるす》三郎は、ヨーロッパ各地の日本在外公館に電報を送った。アメリカ情報部がこれを手に入れ、ワシントンに送った。

「東行きシベリア鉄道は非常に混雑す。本国への帰国便は、これを考慮されたし」

何か、説明できないことが起ころうとしていた。

九月六日、千畝発と思われる電報が、カウナスから来栖に届き、彼はそれを本省に伝えた。

「私は領事館を四日に閉じ、ベルリンに向かい当地を出発す」

千畝が幼い子供たちを連れて西に向かったときでも、そのユダヤ人救出作業は続いていた。ベルリン行きの汽車に乗ろうとしていたとき、その車窓からさえ、汽車が動き出しても、彼は命綱の紙片を渡し続けた。これを、多くの生存者が語り、目撃者が証言する。

杉原ヴィザを持った何千ものユダヤ人は、すし詰めの列車で、強制収容所やガス室でなく――〈自由〉に向かっていた。

そのとき、ちょうどゲットーが建設されていた。十か月後には〈特殊部隊〉がユダヤ殺戮《さつりく》を開始した。絶滅収容所の建設は青写真の段階を終えたところだった。ガス室と焼却炉のテストが始められようとしていた――。

六百万のユダヤ人絶滅という事実を前にして、人類の文明に良心があるのかと問いかけたとき、一人の日本人が〈血の上に立つ〉のを拒んでいた。その複雑な術策と単純な人間性の物語を学んだ。その強い、永続する力を理解した。

千畝は、かくもありえた歴史を――いわば可能性の歴史を教えている。

終章

カウナスからの道——救助者と生存者

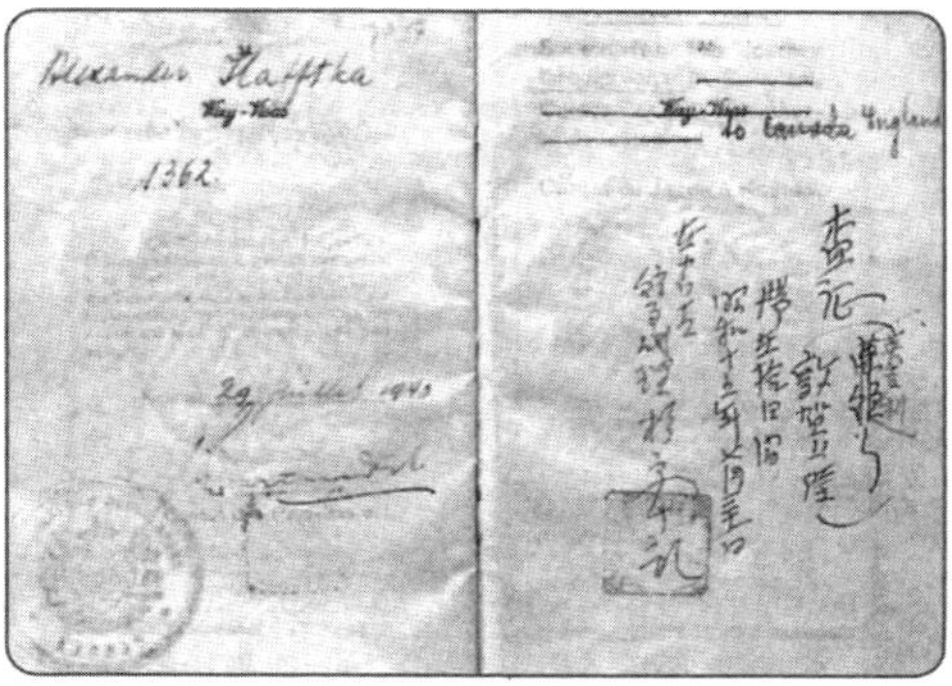

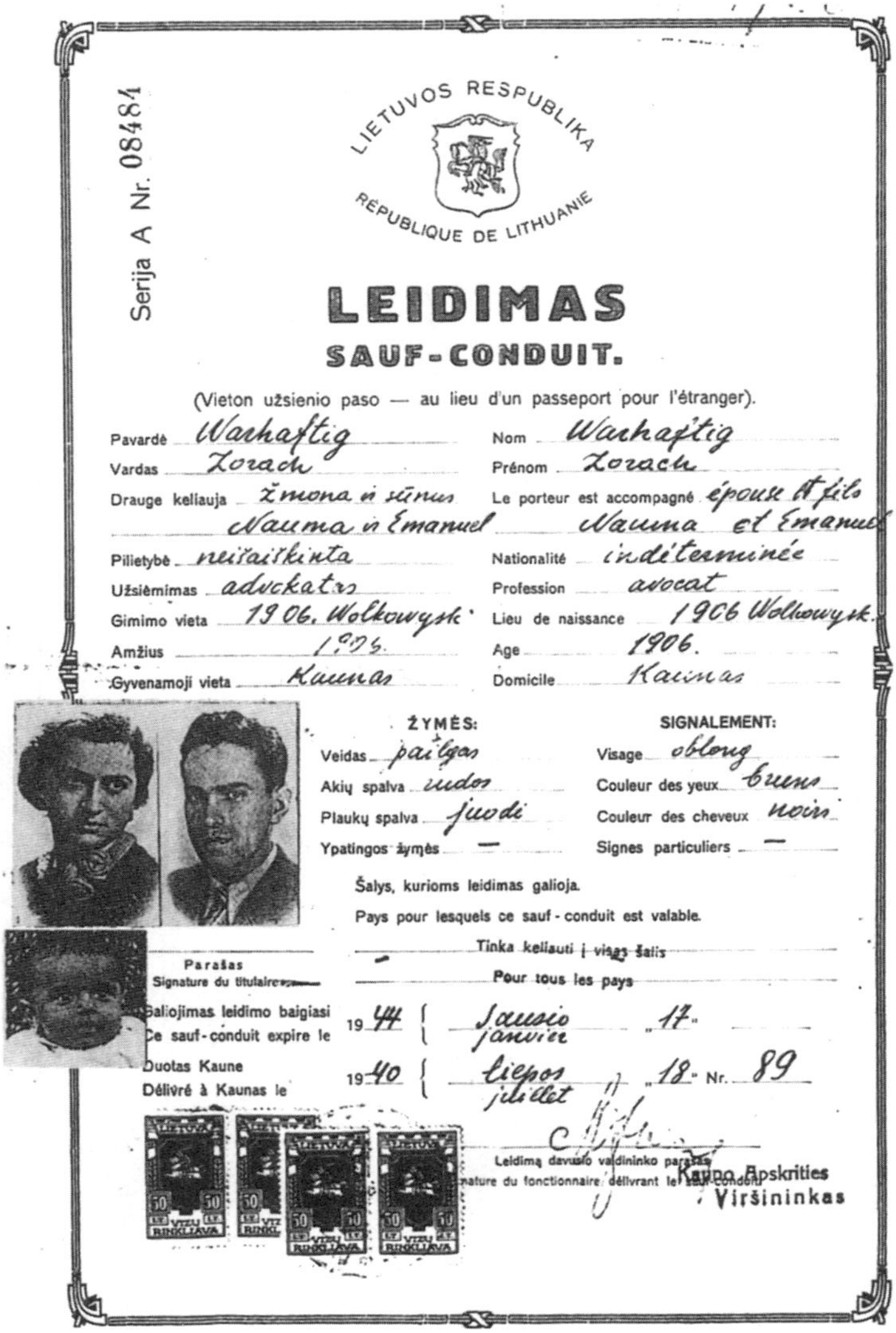
Serija A Nr. 08484

LIETUVOS RESPUBLIKA

RÉPUBLIQUE DE LITHUANIE

LEIDIMAS

SAUF-CONDUIT.

(Vieton užsienio paso — au lieu d'un passeport pour l'étranger).

Pavardė Warhaftig — Nom Warhaftig

Vardas Zorach — Prénom Zorach

Drauge keliauja žmona ir sūnus Nauma ir Emanuel — Le porteur est accompagné épouse et fils Nauma et Emanuel

Pilietybė neištaiškinta — Nationalité indéterminée

Užsiėmimas advokatas — Profession avocat

Gimimo vieta 1906. Wolkowysk — Lieu de naissance 1906 Wolkowysk.

Amžius 1906. — Age 1906.

Gyvenamoji vieta Kaunas — Domicile Kaunas

ŽYMĖS: — SIGNALEMENT:

Veidas pailgas — Visage oblong

Akių spalva rudos — Couleur des yeux bruns

Plaukų spalva juodi — Couleur des cheveux noirs

Ypatingos žymės — — Signes particuliers —

Šalys, kurioms leidimas galioja.

Pays pour lesquels ce sauf-conduit est valable.

Tinka keliauti į visas šalis

Pour tous les pays

Parašas

Signature du titulaire

Galiojimas leidimo baigiasi / Ce sauf-conduit expire le 1944 sausio / janvier 17.

Duotas Kaune / Délivré à Kaunas le 1940 liepos / juillet 18. Nr. 89

Leidimą davusio valdininko parašas

Signature du fonctionnaire délivrant le sauf-conduit

Kauno Apskrities Viršininkas

LIETUVA 50 LT VIZŲ RINKLIAVA

バルハフティク一家のパスポート

一九四〇(昭和十五)年九月二十七日、杉原ヴィザを得た人々は、なおリトアニアにとどまっていた。この日、ベルリンで、何年越しかの外交懸案、日本・ドイツ・イタリア三国の同盟が締結された。千畝の保護者だった大島中将が、一九三六年以来試みて成功しなかったことが、松岡洋右《ようすけ》によって達成された。彼は諸々の派閥に圧力をかけて、この同盟を支持させた。リトアニアの〈新しい目〉だった千畝が、ドイツ・ソ連国境で、どんな諜報《ちょうほう》活動をして、この三国同盟締結に貢献したかはわからない。とにかく松岡は、この〈危道〉——軍部の親ドイツ派やナチスと組むことが、連合国の反感を招こうと、〈軍部に乗って戦争を避ける〉方策だと考えたのだった。

枢軸国同盟という〈危道〉の実現で、千畝の大量救出は終わりになったかもしれなかった。あの微笑とお茶も、キュラソー行きの〈ヴィザ不要のヴィザ〉も、ソ連旅行社の〈生存〉パック旅行も、入手困難な旅行書類、日本ヴィザ関係の紙片も——すべて、ナチスが日本にこの脱出ルートを閉鎖すると圧力をかけていたら、無駄になるところだった。いや、無駄どころではなかった。リトアニアにソ連の恐怖政治が広がってゆくと、それらは非常に危険なものになっていただろう。

しかし、一九四〇年秋の状況は、杉原ヴィザを所持していた者にとっては、ほんの束の間だったが、明るいものに思えた。ナチスはユダヤ人の移住を進めているように見えた。相当の数のオーストリア系、ドイツ系のユダヤ人が、日本外交官から通過ヴィザを取得している。ベルリンとウィーンだけで、一九四〇年一月から一九四一年一月までの間に、一千四百七十七枚が発行されている。そして今、日本とソ連は、少なくとも公式的には、それぞれが別々にナチス・ドイツと結んだ条約によって、〈同じ側〉に立っていた。

一九四一(昭和十六)年四月中旬、日本とソ連は不可侵条約を締結した。杉原ヴィザを持ったユダヤ人は、そのほとんどが、一九四〇年九月から翌年の四月の間に、ソ連を横断して日本に来た。この条約をめぐる微妙な状況が、ソ連と日本の協力を促す動機になり、ユダヤ避難民を、なんとか無事に通過させることになったのかもしれない。

千畝がベルリンに向け出発した後の数か月間に、シベリア鉄道に何かが起こっていると感じたのは、来栖《くるす》のような日本外交官ばかりではなかった。東京では十二月二十七日、イギリス大使R・クレイギーが松岡外相宛に、あの恥ずべき書簡を書いていた。彼は、このいかがわしい手紙で、〈ユダヤ人を人間扱いする危険〉を説き、千畝の救出活動の結果、こういう連中が日本で立ち往生する危険があると警告した。


このとき、杉原ヴィザを持っていた人々は、どうしていたのだろうか。

★千畝が西に向かったのと同じ日に、L・カムシ姉妹は東に向かった。彼女たちは、バロンやトランペルドールと同じく熱烈なシオニストで、パレスチナをめざしていたが、その道は閉ざされていた。アメリカの親戚が、自分たちの貯金や生命保険の積立金を旅行会社に委託してくれていた。必要ならば一等船客でもいいから、なるたけ早く姉妹を旅立たせるよう要望していた。しかし、杉原ヴィザを持った二人が日本に着いたとき、思いがけない事態に遭遇した。
「敦賀港に着き、行き先国のヴィザを持ってないとわかると、日本の官憲は私たちを拘留した。アメリカ・ヴィザが来ることになっていると主張したが、大使館が休日で確かめられなかった。彼らは、なんとか神戸のユダヤ人協会に連絡をつけ、駆けつけた二人の男性が、責任を持つからといって釈放になった」

神戸には、もっと以前に東欧からやって来たユダヤ人家族が、二十所帯ばかりいた。彼らは、〈水晶の夜〉から太平洋戦争開始にいたるまでの期間に、何千人ものユダヤ人に心暖まる援助の手を差し延べていた。あの東京の〈ユダヤ領事館〉のように、神戸では、ユダヤ人協会の難民救助委員会が同胞の面倒を見た。日本の警察官、通関担当官は皆親切で、特に滞在期間が十日間だった杉原ヴィザの期間延長については、思いやりのある態度だった。

かつて満鉄のユダヤ通で、ヘブライ語学者でもあった小辻節三は、個人として松岡外相に訴えかけ、また自分の財産を投じて、このユダヤ避難民を援助した。多くの神戸市民も果物籠《かご》を贈るなどして、避難民を感動させた。この親切には、尾羽打ち枯らした外国人への物見高さも手伝っていた。まもなくアメリカの合同配給委員会(ＪＤＣ)などの国際的救援機関が、神戸の委員会に資金を送るようになった。これで、衣食住の問題や医薬品、日本からの旅費などが賄《まかな》われることになった。

カムシ姉妹は、アメリカ・ヴィザが届くまで二か月間神戸にとどまった。十一月八日、彼女たちはサンフランシスコに向かった。今、L・カムシはニューヨークの郊外で快適な日々を送っている。

★駐日イギリス大使クレイギーが、松岡外相に警告の書簡を送ったその日、ゼル夫妻と娘ジュリーは、日本に向かって、汽車でビリニュスを出発しようとしていた。

ゼルは洗練された愛想のいい男だった。彼は、全財産を使ってでもソ連・ヴィザを取得しようと、日夜、請願していたが、何か月たっても、得るところはなかった。

「毎回、『明日来なさい』の返事だった。不満もたまり、ユダヤ人がシベリアの強制収容所に送られているのに、ロシアに行きたいと嘆願するのは狂気の沙汰とも思えてきた。ある日、私は外で待っている妻に、娘のジュリーを連れてくるようにいった。彼女は看護学校に通っていて、そこでロシアについて――スターリンのことから歌曲まで教えられていた。ロシアの歌も唄えた。彼女を連れてカウナスの総督の事務所に入っていくと、総督は『私の機嫌をとるつもりか』といった。しかし、結局、私のやったことは正解だった。四か月かかって、やっとその日、ヴィザをもらえたのだから――」

そして、ゼル一家は、最新のモスコウスカヤ・ホテルで三日間過ごすことになった。五階のスイートルームで宿泊しなければならなかった。

「宴会を開かせられ、総督たちは盛大に飲み、かつ食った。私たちは、モスクワで三日間滞在せよといわれ、二つの劇場に行くよう命令された。まるで休日を楽しむ観光客の日程だった。また、信心深いユダヤ人は、宗教の戒律に従った食事を携帯するのだが、彼らは汽車旅行の間の食事代を請求してきた。『食べなくてもいい。払えばいい』というのだった」

　モスクワでは、ユダヤ人を名乗る夫婦が、ゼル一家につきまとった。その二人は、何とかしてゼル一家から〈危険な言葉〉を引き出そうとした。また、髭《ひげ》を蓄えた〈教授風の男〉が寄ってきて話しかけた。

「私たちがクレムリンの前を横切ろうとしたとき、その男は『あそこに誰がいるか知ってるか。世界最大の殺人者だよ』といい出した。私たちは唖《おし》の振りを通した」

　十二月三十一日、ようやくゼル一家と七十七人のユダヤ人が、十一日間のシベリア旅行に出発した。ゼル夫人は、列車がモスクワ駅を出発したとき、大きなため息をついたことを覚えている。

「生涯で最高の大晦日《おおみそか》だった」

　彼らは、一時代前の旅客サービスを我慢してウラジオストクに着いた。荒れた海を貨物船で三日間揺られ、敦賀に着いた。そこには神戸の委員会が迎えにきていた。五か月待ってアメリカに向かった。ゼル一家は、現在、シカゴで不動産業を営み、慈善活動も行っている。
★神学校の学生、ベンジャミン・フィショフは、自分の物語を話すとき、いまだに身震いする。彼と十二人の神学生は、キュラソー・ヴィザを使う機会をつかみ損ねた。ここを出ようと決意したら、オランダ領事館が閉鎖させられた。オランダとのつながりを持っていた友人の神学生N・グットワースは、すでに東に向かっていた。彼はオランダ領インドネシアで日本軍の捕虜になり、大戦を過ごすことになる。

一方、フィショフは気が狂うほど混乱していた。しかし、彼らは若かったので、杉原ヴィザを積極的に活用することができた。

フィショフは、その町のハシッド派*の導師と出会った。その導師も、バルハフティクと同じように、ユダヤ人に対し、どんな種類のヴィザでもいいから、なんとかして手に入れるよう説いていた。彼は、突然、フィショフら神学校の学生に日本の通過ヴィザを確保してくれた。今になってフィショフにも、千畝が領事館に来たユダヤ人に〈最終行き先国ヴィザのない虚構のヴィザ〉を出していたことがわかった。

ソ連が統制を強め、日本領事館が閉鎖されようとしたとき、何人かの導師は、これが最後の脱出の機会だと認識していた。これらの信心深い導師は、皆の役に立つ書類をつくるために、もうひとつの虚構を編み出した。神学校の世界は、極端なまでに純潔を重んじ、男女同席も許さないのだが、数少ないヴィザを有効に使うために、偽装結婚が勧められた。

しかし、フィショフがカウナスに着いてみると、この十七歳の若者を既婚者として通すのは無理だとわかった。さらに、神学生たちは、ソ連横断のため旅行社に払う百八十ドルを持ちあわせてなかった。が、リガに行けば、ウラジオストクまでの切符をルーブルで買えるとのうわさを聞

*ハシッド派
ユダヤ教の一派。素朴な祈りに重きを置き、独特の歌や踊りを持つ。

き、彼らはリガに飛んでいった。地元の有力者から、旅費の幾許《いくばく》かを助けてもらおうとも思っていた。しかし、ソ連の統制が厳しくなったリガに、そんな寄付をしてくれる人はいなかった。とにかく、彼らはルーブルで切符を買い、モスクワまでやって来た。次の目的地ウラジオストクまで、どうやって行こうかと駅の周辺をうろついていた。

「そんなところでうろうろするのは、ライオンの口に頭を突っ込むようなものだった。いつ捕まり、シベリア送りになっても当然だった」

しかし、このぐらい向こう見ずでなかったら、どうなっていたことか——。不意にソ連の水兵が現れ、ルーブルで切符を買う手伝いをしてくれた。彼はユダヤ人だった。というわけで、フィショフと十二人の神学生は、地球の円周の三分の一を固い木製のベンチに腰かけて旅することになった。ズプニックやポートノイのように、海外の援助で、ましな席で旅した者もいたが、立ち詰めで旅行した神学生たちもいた。

一九四一（昭和十六）年一月七日、M・グリンバーグ夫妻は杉原ヴィザを持ってカウナスを出た。彼らは〈盲滅法《めくら》の乗客〉のことを覚えている。聞いたところでは、その人たちは切符も旅券も持たず、ただ闇雲に列車に乗って移動しているだけだった。

「私たちの車室に、日本の紳士がいた。帰国途上の大使だと思われた。神学生たちは彼に話しかけていた」

それからの十一日間、車掌と国境警察が列車の中を通るたびに、学生たちは座席の下に潜り込んだ。日本外交官の妻は毛布を広げ、床まで垂らし、彼らを隠してやった。そうやって〈盲滅法の乗客〉もウラジオストクにたどり着いた。

しかし、多くの者にとって、そこで面倒が終わったわけではなかった。千畝の、かつての級友、根井三郎が、たまたま、そのときウラジオストクの領事をしていた。彼はカウナスのヴィザを持っていた者に、とりわけ親切だったといわれている。

一九四一(昭和十六)年春ごろには、多数のユダヤ人が日本国内に滞在しており、その行く先も決まってなかった。戦争の危機も迫っており、日本政府は、彼らを早く、どこかへ移したがっていた。現実に、敦賀港の役人は、杉原ヴィザを持ったベン・フィショフら七十人の上陸を拒否した。彼らはウラジオストクにもどされた。どうか親切な役人がいて、シベリア送りにならず、リトアニアに帰れますようにと祈るだけだった。しかし、ソ連は彼らの本国送還を拒否した。だが、ふたたび——東京のユダヤ教導師が、オランダ大使館でキュラソー・ヴィザを手に入れてくれた。彼らは、また敦賀にもどれることになった。そして、フィショフら神学生は上海に向かい、戦争の期間中、比較的安全に過ごすことになる。戦後、彼らは北米とパレスチナに移住した。
★Z・バルハフティクとアリア委員会は、一九四〇年九月までに、ほぼ一千二百人のパレスチナ入国証明書をとることができた。日毎にソ連の取り締まりが厳しくなり、その活動は危険になっていたが、彼は次々に新しい工夫を編み出していった。トルコ経由のルート、ある導師を通じて手に入れたスウェーデン製のキュラソー・ヴィザ、チリ・ブラジル・オーストラリアに移住する案といったものがあった。彼はソ連秘密警察の追及をかわしながら、これらを、やり遂げた。

バルハフティクには、妻ナオミと小さな息子がいた。彼は、旅券、切符、ソ連通過ヴィザ、杉原ヴィザなどを揃えていた。いつでも国を出られた。それでも彼は、少しでも多く難民を脱出させたいと、自身の出発を見合わせていた。

ある土曜日の朝、彼がシナゴーグでの礼拝を終えて帰ってくると、家の前で家主が身振りでとまるなと合図してきた。彼は歩き続けた。すぐに、諜報部《ちょうほう》(NKVD)が彼を探していることがわかった。ただちに出発の用意を終えた。

バルハフティク一家は十八日間、不安で一杯の旅を続け、日本に到着した。日本でも、彼は得意の組織能力を発揮して救援活動を行った。彼は難民たちの訴えを取り上げ、国際的な連絡役を勤めた。一九四一年春、彼は家族とともにアメリカに渡る。そこで六年間、シオニズム政治運動に従事した。そして、イスラエルにおもむき、建国議会に参加し、一九六二(昭和三十七)年から一九七四年まで宗教大臣を勤めた。

一九八〇年代に書いた回想録では、資金と政治的支援が、もう少しあれば、もっとユダヤ人を救えたはずだと嘆いている。クレイギー大使が率いるイギリス大使館は、まったく非協力的だった。アメリカ大使館は、ほとんどヴィザを出さなかった。ポーランド大使館は協力的だった。若干の官吏を除き、バルハフティクは日本政府を称賛している。

杉原領事代理については、温かい語り口だが、内容のある話は少ない。二人は、千畝がイスラエルに招待された一九六九(昭和四十四)年に、再会を果たした。その折り、ヴィザ発給活動について千畝が語る態度、その謙虚さが、バルハフティクを、いたく心服させたようだ。バルハフティクは、千畝の清廉な道義、自由な精神のあり方、枢軸同盟への反対、領事館閉鎖への心残りなどを知り、感動した。典型的日本人だった千畝は、身の危険があったことよりも、外務省の職を解かれ〈面子を失った〉ことで打撃を受けたと強調したようだ。

★ガノール、ブラウンズ、ミンケビッチなど、千畝を招待したポーランド系ユダヤ人たちは、どうなったのか。杉原リストに、リトアニア・ユダヤ人の名前は載っていない。彼らは避難民ではなかったし、自国が中立性を保持すると信じ、国から出ていこうとしなかった。ソ連が併合した後、彼らはソ連市民たることを強いられた。ソ連からの出国ヴィザも通過ヴィザもとれない彼らに、千畝はどうすることもできなかった。リトアニア・ユダヤ人の九十パーセントは、苛酷《かこく》な運命――死に追い込まれた。

★そして最後に、ブロンクス生まれのM・ベックルマンは、どうなったか。
「あのころ、救援活動をする者は、同時に、地理の専門家で、旅行代理業者、旅券・ヴィザの専門家、それ用の写真業者、金融・通貨の専門家になった」

と彼は記している。

彼は、それ以外のいくつもの分野でも専門家だった。にもかかわらず、増える一方の需要に応ずることはできなかった。ニューヨークからの月々二万五千ドルの救援基金は焼け石に水だったが、ソ連のリトアニア接収後、アメリカ政府は、これをも凍結してしまった。彼は海外のユダヤ人が十分な援助をしていないことに不満を募らせ、リトアニアを去ることを考え始めた。それでも彼は、なおとどまった。自分は〈度量の大きい〉アメリカ人なのだと自らいい聞かせて、避難民を助けた。

一九四〇（昭和十五）年十二月三十一日、ソ連が、リトアニアでのすべての外交業務を停止させた後でも、彼はとどまり、ユダヤ人の最後の書類を集め、キュラソー・ヴィザや日本通過ヴィザで出国させる手伝いをした。彼は、あの日本人を無条件で称賛しているが、彼にもヴィザをくれた、その人の名前に言及はしていない。

一九四一年二月、彼は杉原ヴィザを持った者がたどったように、ソ連を横断した。アメリカのユダヤ人が、〈日本での難民の混雑〉解消に力を貸してさえいれば、あと八千人はリトアニアから脱出させられた、と彼は見込んでいた。アメリカに帰る途中、彼は上海に立ち寄った。戦争中のある時期、彼はアメリカ陸軍の情報部の仕事をした。戦後、フランスとモロッコで合同配給委員会（ＪＤＣ）のために数年間働き、一九五二（昭和二十七）年に亡くなった。

何が起こったのか、説明することは誰にもできない。人間性を奪われた何千もの難民が、困難に直面しながら杉原ヴィザを持って日本に来た。ソ連の役人は、あまり有能とはいえなかった。そして日本の役人は、どういうわけか協力的だった。

しかし、杉原ヴィザの何が、難民を人間扱いさせることになったのだろうか。

M・トケイヤーは、いみじくも、それを〈フグ計画〉とよんだ。ユダヤ人は、あの美味で危険な魚のように、後藤新平の植民地主義——〈文装的武備〉を進めるのに役立ったことだろう。そして、あの日本の〈ユダヤ入植地〉の夢が実現していれば、一九四〇(昭和十五)年秋から一九四一年春にかけて、また違った形で、ユダヤ人の救出が行われたかもしれなかった。

アメリカ情報部は、日本が密かにナチス・ドイツからユダヤ人科学者を〈買おう〉としていた動きを傍受し、報告している。これはCIAファイルに記録されたが、今では散逸している。

日本は、ナチスが〈人種上の純潔性〉に拘泥して、彼らの世界制覇の夢を台無しにしかねないほどしつこく、信念を貫こうとするのに驚いた。枢軸国の利益になる有用な科学者を、なぜ追い払うのか。日本人には飲み込めなかった。本当に——彼らを日本に運んでやれば、みんな幸せだろう——。

しかし、このユダヤ難民は、日本の官僚たちにとっては、ややこしい問題だった。これまで日本はユダヤ難民の入国が、将来の同盟国ドイツ・イタリアの不興を買うと考えていた。しかし、もし日本が難民を受け入れたならば、それは日本の寛容さ、西欧への道義的優越性を示すことになる。しかも才能と資力、開発能力のある移民を格安で仕入れることができる。満州国開発にももってこいである。考えてもいい要素が多々あった。

この賛否を秤《はかり》にかけ、行動に踏み出すには、一人の役人の勇気と決断を必要とした。千畝は、その〈善意の陰謀〉に、おそらくは人道主義的理由から手をつけた。しかも、千畝の行為をさもありなんと思わせるうわさも、そのときに流れていた。つまり、ユダヤ人受け入れについての論議には優柔不断な面もあったが、政府上層部の提案があったからこそ、彼の道義的行為も承認された、といううわさである。確固とした根拠はないが、そういう提案がなされている——といった形で、そういううわさが、一九四〇年後半から一九四一年はじめにかけて、鉄道の連結点や国境の役人に影響を与えたのではないだろうか。

「そら、資本家と技術者がやって来た。秘密の科学者だ。誰も到着を予告してこないぐらい秘中の秘なのだ」と。

杉原一家は、どうしていたのだろうか。千畝は、一九四〇年九月五日にベルリンに降り立った。彼はカウナスでのヴィザ発行が、ドイツ外務省やゲシュタポにどんな反応をもたらしたか、心配していただろう。その懸念はともかく、家族はベルリンで楽しい日々を過ごした。後年、彼は〈楽しく〉もあったが、〈危険〉を気にもしていた、と回想している。危険とは、あのポーランド人のスパイ、クバとペルツに落ち合うことだった。領事館公用車を返却してもらうこと、これは、まあいい。ただ、その他にポーランド地下組織のために、ピウツキーの写真アルバムと旗を国外に持ち出す仕事があった。しかし、カウナスでの活動については、日本側からもドイツ側からも、非難めいた反応はなかった。

ちょうど、このころ、松岡外相は、各国派遣大使の大量馘首《かくしゅ》に着手していた。当時、ソ連大使だった東郷茂徳《しげのり》も解任された。彼は、この〈松岡の粛清〉について後年、語っている。

松岡は、その〈危道〉路線の着手にあたって、統制の強化を図ろうとした。ロンドンとベルリンの大使を除き、〈残り全部の大使と、ほとんどの公使が召還された〉。解任された東郷は、杉原ヴィザを持ったユダヤ人たちと同じ列車に乗り、シベリアを通って帰国した。しかし、日本海航路の船長からさえ〈法規破り〉と苦情をいわれた千畝は、驚いたことに粛清を免れ、プラハの領事代理に任命された。

ベルリンでの日々は、千畝にとっては静かなものだった。ナチスは、ユダヤ人救出は黙殺したようだが、他の活動については監視を続けていた。一九四〇(昭和十五)年九月十一日、彼がプラハに出発する前夜、ドイツ外務省は、カウナスのドイツ領事館に千畝の件を照会している。そして〈極秘〉報告が十月二日に届く。すでに触れたが、この中で千畝の〈親ドイツさ〉について疑問が呈されている。

「その軍事問題への強い関心から、彼の領事身分は、単なる偽装にすぎないと思われる」

報告は、さらに、千畝がクバとペルツという〈親イギリス派の二人のポーランド前市民〉に日本の市民権を与え、彼らを雇用したことに懸念を表明している。カウナスのドイツ領事館の勧告は、千畝に〈要注意〉だった。ドイツ側は、明白にスパイとわかった千畝について大騒ぎしなかったが、それはドイツ・日本間の微妙な関係を慮《おもんぱか》ったためかもしれない。あるいは国際的陰謀に対処する際の鉄則――小物が大物のところに連れてゆく――に従って、様子をうかがっていたのかもしれない。

なぜ外務省が、千畝をプラハに送ったのかは、明らかでない。しかし、この異動については、内部で、早い段階から反対があったと思われる。

一九四〇年十月十七日、ベルリンの来栖《くるす》大使は、本省に〈ソ連情報収集と独ソ関係〉を知るにはケーニヒスベルクこそ最適の地点と推薦してきている。さらに彼は、日本がドイツの国内問題をよく学ぶことが、〈珠玉のような両国間関係〉のために重要であると主張している。しかし、本来、来栖が主張したかったのは〈わが国のプラハ領事館の閉鎖〉ではなかったろうか。つまり、ここで彼は、ドイツ外務省の意向を伝えているのである。カウナスで各国領事館を閉鎖したソ連と同様に、ドイツも併合した地域に外国の領事館が存在するのは、新しいドイツの主権を認めないことと見なしたのだろう。ただ、ドイツは、これを一片の布告で処理するのでなく、説得で解決しようとした。

千畝の友人・笠井によると、一九四一年の早期に、リッベントロップ自身がプラハを訪れた。

外交官たちを集めた席で、ドイツ外相は、彼らにプラハから立ち退くよう指示した。大胆にも、千畝は、それに反論したという。もし、それが事実なら、ただでさえ〈要注意〉の千畝が、ドイツ人の気に入ったはずはないであろう。

杉原一家は、F・カフカ生誕のこの都市を楽しんだ。ここでも〈華やかな生活〉を味わうことはできた。彼が、どんな車に乗って郊外を走ったのか、それで、どんな情報を集めたのかはわからない。プラハでは、一九四〇(昭和十五)年十月七日から十一月三日まで、日本工芸展が開催され、千畝は、これに協力している。入場者数は七千百人で、これは「外国文化の展覧会としては破格の入り」と、彼は本省に誇らしげに報告している。

また、千畝は二人のポーランド人のスパイを通じて、いぜん、カウナスとの接触を保っていた。十二月のはじめには、彼は二週間のケーニヒスベルク旅行に出かけている。ドイツ側の記録によれば、「彼は旧バルト諸国の領事館機能を代行する、日本総領事館の設置を考えていたようだ」。しかし、千畝が、本省にケーニヒスベルクの不動産について質問を出したのは、もっと後の一九四一年三月一日になってからだった。

外務省が、千畝に、ヴィザについて説明を求めたのは、一九四一年二月四日のことだった。松岡外相名で「貴官がカウナス領事代理当時、査証を与えたユダヤ難民の数を至急、電報にて回答されたし。なお右の姓名、行き先、発行月日については郵便にて報告されたし」との命令が入電した。その電報の型に嵌《は》まった文章からは、叱責《しっせき》が込められているかどうかはわからない。

翌日、千畝は「リトアニア人とポーランド人に与えた通過査証は総計*二千百三十二通、うち約一千五百名がユダヤ系と推定」と返電した。これが杉原リストの原型であることは確かだが、どのように作成されたかは、なお謎である。

松岡にこうした照会をさせたのは、杉原ヴィザを持ったユダヤ人が多数、日本に着き、その〈たまり場〉の様相を呈するようになったからであろう。在京の各国大使館は、最終目的地ヴィザの発行を出し渋っていた。クレイギー・イギリス大使が「立ち往生するユダヤ人が増える」と警告したのは、一面ではあたっていたのである。

こうした本省からの問い合わせに心配したかどうかはともかく、千畝は、プラハでさらに多くのユダヤ人にヴィザを出した。現在、テキサス州サンアントニオのトリニティ大学で教鞭をとっているJ・ステシンジャー教授は思い出す。

当時十三歳、ハンスとよばれていた彼は、祖父と養父が深刻に対立していたのを覚えている。

「お前は冒険家にすぎる。何といっても、今は二十世紀なんだぞ。これ以上ひどくなるはずがない」と祖父が怒鳴り、養父が、いい返す。

「ヨーロッパからただちに出ていけと、ヒトラーが命令するなんて、誰が予想していた?」

彼らは法外な値段で、プラハの中国領事から上海行きヴィザを入手していたが、上海行きの便

*在カウナス領事館のヴィザ発給数〈杉原リスト〉の総数二千百三十九通には、ドイツ・イギリス・カナダ、ほかの国籍者もふくまれている。二月五日発の上記電報の数字は、〈リスト〉中のリトアニア・ポーランド国籍者数とも違っている。

がなかった。しかし、すぐ、

「新任の日本領事が、ユダヤ人に神戸経由の通過ヴィザを出しているとのニュースが野火のように広がった。数日間、行列に並んで、私たちは領事館の事務室に招き入れられた。品があり、親切そうな紳士が、私の頭をなで、じつに簡単に三人のヴィザを出し、ドイツ語で『幸運を祈るよ』といってくれた」

プラハ駅で祖父たちと涙の別れをしたとき、ハンスは若かったので、千畝にとりわけ感謝の念は抱かなかった。しかし五十四年後、神戸である講義をしていたとき、誰が自分を救ったのかを知った。それは、千畝に対してだけではなかった。外交官の真鍋《まなべ》良一にも、彼は感謝している。シベリア横断鉄道で同じ車両に乗り合わせた真鍋は、心暖まる人だった。二人が上海で、たまたまめぐりあったときにも、真鍋はステシンジャーをいろいろと助けてくれた。この親切な人物は外務省の〈ドイツ通〉で、なんとも皮肉なことに、ヒトラーの『わが闘争』を翻訳、日本に紹介していたのである。


プラハの日本総領事館は二月十五日に閉じ、その日、千畝はケーニヒスベルク領事館の長に任命された。領事館が開設されたのは三月六日だった。

五月二十一日、千畝の過去が、現在の彼を捕まえようと、追ってくることになった。

「われわれは、前カウナス・ドイツ大使館から、この人物の情報を、すでに受け取っていた」

六月五日、問題が起こった。ケーニヒスベルクの地方長官が、ドイツ外務省に苦情を持ち込んだのである。千畝だけのことではなかったが、形式的手続きの処理に、あまりに時間がかかりすぎるといってきた。

さらに、千畝は、領事館のパーティーに地方長官を招いていた。そして長官が出席を断ると、その部下を招待した。部下が、上司に遠慮して、出席を辞退すると、さらにその部下の部下を招待した。長官は、千畝が形式的礼儀を守らないことを遺憾に思い、〈社交上の問題、つまりは外交上の慣習〉を話し合うため、千畝をよび寄せるにいたった。

千畝が田舎の慣習や外交上の洗練さに無頓着だったとしても、この地方長官のほうには、千畝の職務上の行動に対しても苦情を申し立てる理由があった。彼は、ドイツがウクライナをどうする積もりかとか、軍隊の移動、子供たちの疎開などを聞いて回っていた。そして地方長官は、カウナスからの警告――〈千畝に要注意〉を真剣に受けとめていた。

さらに、このころ、例のポーランド人クバが、ベルリンで、とんでもない事件に巻き込まれていた。表面的には、それは――ドイツ女性との軽率な関係だったが――悪いことに、彼女はゲシュタポ将校の妻だった。恨みを晴らすためだろうが、その将校はクバを逮捕した。あるいは、彼を追っていた諜報部が、クバは大物を釣る餌《えさ》として役に立たない、泳がしておく価値がないと判断したのかもしれない。クバは拷問にかけられ、日本側の釈放工作にもかかわらず、処刑された。この事件で千畝の立場が苦しくなったことは容易に想像できる。

六月七日、ケーニヒスベルクの地方長官は千畝の更迭を要求した。追加文書によれば、千畝がケーニヒスベルクのアメリカ領事と接触していたこと、そして千畝が、しきりに、この地方をドライブして回っていたことが長官の決意を固めさせた。これらは、ドイツが隠密裡に最大の動員をかけていた非常事態のときに起こった。彼らはソ連攻撃の〈バルバロッサ作戦〉を開始しようとしていた。それはユダヤ人大量殺戮《さつりく》の始まりでもあった。

ところで、日本には、官吏の位階序列などに関して、独特のしきたりがあった。千畝は、天皇の名において任命されていた。それを馘《くび》にできるかどうか——問題は、そこに行き着いた。結局、九月十日、千畝はケーニヒスベルク駐在の職を解かれた。その*二日後、彼はトルコのアンカラに異動になったと、ドイツ側の報告書は記している。

十月七日、例の地方長官は、ケーニヒスベルク日本領事館から書簡を受け取った。そこには「異動が発令されても、実際に任地を離れるまで、その官吏の権限は奪われるべきでない」との意見が述べられていた。長官は、この書簡に対して苦情をもらした。さらに、長官は「杉原はアンカラに異動されたのではなく、家族ともども帰国旅行を計画中なのだ」とも聞かされていた。

この時期、実際に千畝が帰国したかどうかは明らかでない。独ソ戦は四か月目に入り、もはやシベリア横断の旅は不可能だった。そして、シベリアを通らないで、二か月以内で東京へ往復できる便があったかどうか——。

*千畝のトルコ異動日
外務省所蔵の千畝履歴書では、トルコへの異動命令は八月二十一日に出されている。

この、いわば包囲されていた時期に、千畝が何かを達成したかどうかは、よくわからない。ただ外務省の記録では、この間にも、彼は少なくとも三十二枚のヴィザをユダヤ人に発行している。

一九四一年十二月二十一日、アメリカは次の電報を傍受している。

「電報二二二号、ブカレスト発東京宛。杉原、任地に到着す」

彼は、そこで二年以上過ごした。少なくとも、そのはじめのころは、〈華やかな生活〉を楽しめたことだろう。彼の同僚の電報などからうかがえるところでは、千畝は、この国際的都市で各国政府の観察をしていた。また、ハルピンで十一年間にわたって、家族で付き合っていた白系ロシア人がこの地にも多くおり、その動きも見ていたようだ。

第二次世界大戦が終わったとき、杉原一家は、ソ連によって、それほど扱いが厳しくない収容所に抑留された。最初は黒海沿岸の収容所に、次いで、ずっと東の内陸部に移された。モスクワのロシア連邦の国立公文書館に、これに関する記録がある。ルーマニア駐在日本領事館には十七人の職員がおり、千畝も、その一人だった。彼らは〈第三八〇キャンプ〉というところに入れられた。その記録が描き出す生活は――

食事は、一月あたり四百五十グラムの肉と九百グラムの魚、一日あたり九百グラムのパンとトマトペーストといったところだった。

一九四六(昭和二十一)年夏、彼らは送還されることになった。十一月、オデッサ発の通達で「内務省は、彼らをソ連領内を通過させ本国に送還するのに異議ない」と述べている。

杉原一家は収容所を出発し、なんともノロノロした列車で数か月かかって、一九四七年四月十日、ウラジオストクに着いた。一家の帰国の背後にはアメリカの圧力があったと思われる。このソ連の報告書の最後に、これらの日本人外交官から没収した物のリストがある。杉原千畝の項目には、ドイツ語・英語で書かれたロシア関係書、ノートブック七冊、と記されている。

千畝たちが帰った祖国は荒廃していた。一家は、ソ連の収容所程度の食事にも恵まれなかった。米を手に入れようと、この時期、千畝が故郷の八百津町に帰ったという話も伝えられている。そして、千畝たち〈旧支配体制〉傘下《さんか》の官吏に対して、アメリカ占領軍の当初の諸施策は厳しかった。

当時の雰囲気を伝える挿話を、千畝の妹・中村柳子が語る。彼女は、敗戦で音信がとれなくなった兄を案じ、その消息を尋ねようと岐阜から東京に出かけた。柳子は、千畝の上司で〈悪い遊び〉の仲間でもあった大橋忠一を訪ねた。

彼は、戦後初の政府内で、いい部署に席を得ていた。彼女は、青春時代を兄とともにハルピンで過ごし、大橋の家族とも特に懇意にしていた。しかし、柳子が千畝のことを聞こうとすると、大橋家では、柳子が誰だかわからない、千畝などという人も聞いたことがないとの態度だった。

これは、帰国する千畝がどういうふうに受け入れられるかを暗示するできごとだった。

千畝の家族は、いまだに苦痛なしには、この話を語れない。一九四七年春、帰国後まもなく、杉原千畝は外務省によび出される。そして辞表の提出を命じられ、五月二十八日、提出する。六月七日付で、それは受理された。

「私儀、辞職致したく、この段、ご裁可くださいますよう、お願い致します。杉原千畝」

この辞職が、どの程度自発的だったたか、これを促したのが何であったかは不明である。外務省は、彼が退職金七千六百五円と、最初の恩給一千六百十三円を受け取ったといっている。さらに、これは人員整理の結果だったともいう。事実、政府記録を見ると、この時期、大規模な強制退職があり、特に外務省の外交官分野で厳しい人員整理があった。被占領国に外交官は必要なかったのである。

千畝の家族は、彼の辞職は強いられたもの、リトアニアでのヴィザ発行の懲罰として行われたと主張している。その主張が正しいかどうか、判定は難しい。ただ、はっきりしているのは、千畝自身も、罰を受けたと信じていたことである。後年、彼は、ある外国人に、自分が戦争犯罪者としてアメリカ軍のリストに載っていたとさえ語っている。親しい間柄だった大島中将や東郷外相は、東京裁判にかけられているが、千畝が戦犯リストに名を連ねていたかどうかは確証がない。

もし、彼が不服従か、別の罪で辞職に追い込まれたのであれば、退職金や終身恩給はもらえなかっただろう。リトアニアでの行動が懲戒に値する行為と見なされていたなら、もっと前に処罰されていたはずである。

とにかく東京大学卒業でなく、外務省で傍流に位置していたので、人員整理では、彼は、まっさきに候補に挙げられたのだろう。マッカーサー元帥の配下が民主化を推進したといっても、外務省が実力第一主義に体質改善されていたわけではないからである。

とはいうものの、彼のヴィザ発行や、その結果生じた紛糾が、その詰め腹に、まったく関係なかったともいえない。外務省は、長年にわたって彼の存在そのもの、したがっては彼の行為をも否認し続けてきている。これは、千畝の所在を突きとめようとした何人もの人間が証言している。

つまり、千畝解雇の決定をくだした外務官僚は、なにか許しがたい怒りを彼に抱いていた。そして、それは、やはりユダヤ人救出行為が原因だったと考えられる。

この後の歳月は、千畝にとって辛いものになった。家族を養うため、彼はいろんな臨時の仕事に就いた。

一九五一(昭和二十六)年、千畝は銀座にあるアメリカ兵相手のポンペ百貨店で働いていた。この店の所有者はユダヤ人で、L・ハニム(神戸ユダヤ協会の幹部)は、そこで彼と一緒に働いていた。ハニムは、千畝が気難しく憂鬱《ゆううつ》そうだったことを覚えている。

「近寄りがたい印象だった。自分はまわりの人間より上にいるべき者なのに、誇りを傷つけられてしまった——といった感じだった」

千畝は恩給をもらってなかった、とハニムは思っている。あるいは、千畝がそう主張していた、と考えている。しかし、外務省人事部は、そんなことはないと否定している。

千畝がユダヤ人を救ったことは、そのころ、もう知られてはいたが、千畝は、それを話題にはしたがらなかった、とハニムはいう。

「ただ、何かの機会に『あれは神の指が私になさしめたこと』と説明した」

一九五〇年代の後半、千畝は、その豊かな才能を生かせる職場に就いた。NHKラジオ放送で、ソ連のニュースを傍受して日本語に翻訳する仕事である。彼は数年これを続けた。当時、一緒に働いていた人々は、彼のことを、父親か教師のような人だったといっている。

一九六〇(昭和三十五)年、日本とソ連の関係が好転し、両国間の貿易が開かれると、彼はある貿易会社のモスクワ支店で働くことになった。これが、千畝の十五年にわたるモスクワ滞在生活の始まりである。

彼は、草創期の戦後日ソ貿易に深くかかわり、単なる貿易業者としてではなく、日本人に、ソ連の事情にどう適応してゆくかを教えた。千畝に商才があったかどうか、彼の同僚の意見は、まちまちである。しかし、千畝の人間的魅力、卓抜した語学力、ロシア的思考を直観で把握する能力は誰しも認めている。どんなに石頭のソ連役人でも、千畝にかかると柔らかくなったという。

千畝の雇い主は、ソ連の官僚主義に手際よく対処できる彼を重用した。貿易会社で千畝の上司だった人々からは、彼がロシア人に対し不思議な能力を持っていたと、再三聞かされた。それは、あの戦争直前に、シベリア横断の避難行を実現させた千畝の力を想像させるものである。

この期間、千畝は、ほんの時折、家族に会うために帰国するだけだった。しかし、家族のことには気を使っていた。権威ある父親として、宿題をちゃんとやるように、将来、東芝とか全日空に入って、いい仕事をやるように、と子供たちに手紙を書いた。

イスラエルに住んでいた杉原リストの生存者が、千畝の所在を確認し、彼をイスラエルに招き栄誉を授けたのも、この時代だった。

一九七五(昭和五十)年、年齢と病気には勝てず、千畝はモスクワに帰任するのが難しくなった。妻・幸子との関係も、相当、緊張していたらしい。一家は、鎌倉に定住することになったが、楽な生活ではなかった。

一九八〇(昭和五十五)年ごろには、日本国内でも、彼の行為は、かなり知られるようになった。杉原リストの生存者が、彼を訪ねてくるようになった。彼らは千畝の英雄的行為の話を聞きたがった。しかし、千畝は彼らの子供たちや孫たちの話に聞きいっていた。

一九八六(昭和六十一)年七月三十一日、彼は亡くなった。

八百津町の道を登ってゆくと、〈人道の丘〉の千畝の胸像に出会う。さらに行き、ダムを通り過ぎると、岩井錠衛《じょうえ》の家がある。岩井が家督を継ぎ、千畝の母の実家に住んでいる。その家屋は古風なつくりで、引き戸を開けると土間があり、その向こうに襖《ふすま》や障子で仕切られたいくつかの部屋があった。屋敷は広い庭で囲まれ、士族だった祖母の家系を偲《しの》ばせる。畳敷きの広間は、千畝の母が幼児だった一世紀前から、ほとんど変わっていない。

この一世紀の間に、日本は大変動を経験し、千畝自身も激動する世界を見てきた。しかし、ここには、変わらないもの、連綿と続くものが存在し、しっかりと根を張っている。千畝の世代も、このことを感じていただろう。私は、それを思い、驚きの念を覚える。

従兄・岩井錠衛は、第二次大戦後、帰国した千畝が八百津にもどってきたときのことを語ってくれた。なぜかわからないが、彼は呼び名を〈せんぽ〉と変えていた。単なる漢字の読み替えではあったが、なぜ、そうしたのか、人々は訝《いぶか》しく思った。

生涯の大部分を、京城・ハルピン・カウナス・モスクワなどの外地で過ごした千畝は、その外国風の態度で親類や町の人々を感心させた。スーツを着こなし、ネクタイを締めた恰好《かっこう》も、敗戦直後の田舎では目立った。いったい何か国語を自在に喋《しゃべ》れるのかが、話題にもなった。彼の姪の娘は、まだ幼かったが――彼が、お辞儀ではなく、西欧風に握手していたのを、はっきりと覚えている。

洗練された振る舞いも強い印象を与えたが、錠衛は、千畝が少年時代の夏の思い出や祖母の家へ遊びに行ったことを、大切に心の中にしまっているのに心を動かされた。

世界中を見てきた彼ら一族の、この人が、なお身内に対し温かい気持ちを持ち、八百津を故郷として愛し続けているのだ――。

それまで、千畝が何をやってきたのか、事々しく聞く者はいなかった。千畝にとって、八百津とは、なにはともあれ、彼を育んでくれた地だった。戦いに敗れた国に帰ってきた、かつての外交官は、いま日々の糧を求めて、その根ざしたところ、故郷にもどってきたのだった。

いよいよ、その晩年を迎えたとき、千畝は時折、故郷にもどり、確実な家系図を編纂《へんさん》しようと遠縁の親類を訪ね、話を聞いて回った。世界中を知り、多くの栄光と悲惨を目のあたりにした人間が、自分とのつながり、その祖先に思いをいたす態度に、人々は再度、打たれた。

しかし、彼らが見るところ――千畝は、自分が先祖の前で胸を張っていられるかどうか、なんとも判じかねるかのようだった。そして、彼らの目に、千畝は、なにか〈誇りを傷つけられた〉者として映じた。

小さな地所を買って故郷に帰ってこようか、と彼は従兄に話した。

しかし――帰ってくる自分は、祖先になにかの名誉をもたらすことになるのだろうか、千畝は、なお苦しくこだわり続けていたようだった。

従兄の岩井錠衛宅を辞したとき、私はユダヤの古典『ブンチェ・シェバイグ』を思い起こした。

いましも亡くなった正義の人を悼み、最高の天界で、美しい光輝が用意された。興奮の最中、その〈黙して語らぬ者ブンチェ〉が到着した。神は問うた。永遠の記念に、汝が最も好む物を願うように、と。それに応え、ブンチェがバターロール一個を望んだとき、その慎ましさに、神の宮廷は、すすり泣きの声で満たされた――。

コスモポリタン・千畝は、日本流の〈悲劇的英雄〉として、故郷にもどってきた。

「千畝」あとがきにかえて　～ヴィザ発給の向こう側～

第二次世界大戦は、1939（昭和14）年9月1日、ナチ・ドイツがポーランドに侵攻し、これに対しイギリス・フランスがドイツに宣戦布告して始まりました。その直前の8月28日、杉原千畝は、ポーランドの隣国・リトアニアへの領事代理として、カウナスに赴任しています（すでに昭和12年の夏、フィンランド在勤を命じられ、ヘルシンキに着任していた）。

そして大戦勃発の翌15年夏、7月27日の朝、ヨーロッパから逃れようとしたユダヤ人難民がソヴィエト経由で日本に向かうヴィザを求め、大挙して押しかける事態が起こったのです。

その経過を、千畝の妻・幸子さんが自著『六千人の命のビザ』（朝日ソノラマ・1990。後に1992年、大正出版から「新版」発行。）で記しています（以降、敬称を略）。

夫の千畝が窓の外を見るように促した。領事館の建物のまわりを、びっしりと人の群れが埋めている。一夜にして、静かな住宅地に群衆がおしかけていた――　夫は、使用人を彼らのもとに出し、「ポーランドからナチスの手を逃れたユダヤ人たちで、日本通過のヴィザを求めている」との説明を受けた（註：この場合、日本に入国し、短期間のうちに通過するだけのもので、長期滞在・定住のためのヴィザではない）。

夫は、外務省に、ヴィザ発行の可否を請訓したが、本省の判断は「否」。

このくだりで、幸子は千畝が彼女の意見を求めたと記しています。

「本省に電報を打つ。一人では決められない――」

「そうしてください――」

さらに、この時期、リトアニアがソヴィエトに併合され、日本領事館は退去することになり、その状況も重なって、千畝が逡巡したとも記しています。

「ここで振り切って国外に出てしまえば、それでいい――」対するに幸子は
「それはできないでしょう――この人たちを置いて、私たちだけで逃げるなど、絶対にできません」と反論します。

とどのつまり、千畝は腹をくくる。

「幸子、私は領事の権限でビザを出す。それでいいだろう?」「あとで私たちが、どうなるか分かりませんが、そうしてあげて――」

さらに――幸子は五歳になった長男の「意見」まで援用し、千畝を督励したと記しています。五歳の子供の「意見」をです。

一般論として三十九歳になる職業外交官が、自分の専門領域の問題について、十三歳年下の妻の「意見」に左右されるようなことがありうるのか。なんとも腑に落ちない話というほかありません。

幸子のオハナシは、さて置き、千畝の方に照明を当ててみます。一年ばかり前にヨーロッパに赴任した彼は、初めての地・ベルリンで、外交官としてのウオーミング・アップを始めることになりました。それまで彼は、主に満州で「仕事」をしていました。ハルピン学院で学んだ経歴から、ロシア語は堪能でした。しかしさらに、ドイツ語も勉強しなければならなかったはずです。そうした情報収集の必須の武器としての語学力に磨きを掛け、さらに日々変ってゆくヨーロッパ現地の事情を知っておかなければならない。それらに彼は多大の労力を費やしていたはずです。

そうした千畝が払った努力について、幸子はまったく触れていません。ただ、ある晴れた日、ユダヤ人の群衆が現れた。彼らのヴィザ請求に、夫は逡巡した。自分が督励し、本省に逆らってヴィザを出させたと千畝の死後五年で書いています。

断るまでもなく私は、こんな「オハナシ」を信じていません。だいたい、「突如、群衆が現れた」という叙述からして怪しいのです。しかし、現に領事館を取り巻いた、思いつめた人々の写真があるじゃないかというかもしれない。

いかにも、そこにヴィザを求める人々はいる。しかしそれらは「自然発生的集団」なのか。それとも、人工的に作られた「動員された群衆」なのか。私たちは、写真に記録されているからといって、軽々に、それを「事実」と信じ込んでいいのでしょうか。

そこで、日本領事館を取り巻いた「群衆」なるものを、若干、検討してみます。千畝は、リトアニアの首都・カウナスに赴任して以来、いろんな人々と接触しています。その中で注意されるべきなのは、例えば、ユダヤ人の祭り「ハヌカ」への出席でしょう。やや曖昧な叙述に終わっていますが、彼はそこで領事館で使用人が必要だと話しています。その使用人には「外交官」に準ずる身分を与えることもありうる、と語ったようです。その「待遇」が、どれほど厳密に保証されていると語ったのかは明らかでないのですが、結果として、「秘書役」が採用されることになりました（もう一人の「秘書」は、ベルリンから派遣されていたナチ党員でした）。この「領事館勤務」が、どれほど魅力的だったことか。

給与など、金銭の報酬の問題ではありません。外交公館の施設・そこで勤務するスタッフたちは、「ウイーン条約」によって、厳重・最優先に保護されています。難民たちが、どんな眼差しで日本領事館を見ていたか、容易に想像できます。

さらに千畝は、それまでなんの関わりもなかったポーランド軍・将校夫妻の求めに応じ、ソヴィエト・ロシア回りで日本を通過するヴィザを出し、「外交伝書使」に仕立てました。千畝はカウナス駅まで見送り、彼らは楽々と脱出しました。

千畝がヘルシンキに駐在した頃、ソヴィエトでは「大粛清」が行われていました。指揮能力・人望があったトハチェフスキイ陸軍元帥ら高級将校が多数逮捕・処刑され、軍隊のみならず、粛清の嵐は芸術部門にまで及び、演劇で新しい試みに挑戦し人気を博していたメイエルホリド夫妻が逮捕され、「死亡」しました。音楽家・ショスタコヴィッチも批判され、当時、人気の高かったバレリーナも、長期間、「干される」憂き目にあっています。

たとえば軍隊についていえば、そういう粛清が指揮系統・統率に影響を与えていなかったはずはありません。千畝は、ポーランド将校に、それら「ソヴィエト側の情報」を子細に訊ね、将校もそれに応えていたはずです。そういう経過があったればこそ、彼を「外交伝書使」に仕立てあげるサーヴィスをした、と考えられます。

領事館前の話に戻ります。既述のことから判るように、「新しく赴任してきた日本領事は、少し変わっている」との印象を与えたはずです。

それまで、ユダヤ系ポーランド難民に「大日本帝国」が、どんなイメージを与えてきていたことか。恐らくはゼロに近いものだったでしょう。せいぜい、マルコ・ポーロの「東方見聞録」程度のもの——といえば、いい過ぎになるかもしれません。しかし、ポーランドの山や森を命からがら逃げ出してきた難民たちが、明確な日本像を持っていたとは考えられません。彼らが「脱出する」ためのヴィザ受給を選ぶとすれば、まず、アメリカ・イギリスの外交代表部が考えられ、ついで、スウェーデン・デンマーク等の「中立国」の窓口だったはずです。しかし仮に、それらの国の外交機関からヴィザを手に入れても、戦火が交わされている最中、どういうルートでヨーロッパから脱出するのか。答えは容易には見つかりません。

他方、この時点の日本は、ナチ・ドイツに「親しい眼差し」を向けていました。防共協定が結ばれ、やがて「日・独・伊三国同盟」締結にいたります。1938（昭和13）年8月17日の朝日新聞は、社会面トップで、親善使節・ヒトラー・ユーゲント（ナチ青年団）の一行が横浜に到着した——と熱っぽく報道していいます。このニュースは、連日トップ扱いで、金髪碧眼の青年たちは魅力的に描かれ、数年後に、彼らが、例えばアンネ・フランクなど、数百万人のユダヤ人を強制収容所で死に追いやることになったなど想像もできない記事です。

話を戻すと、この時点のポーランド難民たちは、日本について具体的イメージを持っていませんでした。ただ、カウナスにきた日本領事は、少々、毛色が変わっているらしい。その噂は、血走った眼をした彼らの間で、遼原の火のように拡がっていっていたはずです。

それを裏付ける一通の記録文書があります。ナチ・ドイツとソヴィエト・ロシアという「獅子と熊の二匹の猛獣の牙に挟まれてバタバタしていた」ポーランド政府は、ロンドンに亡命していました。その政権がポーランドの地下抵抗組織に発した「アンナ作戦」の情報・連絡経路図があります。（註：ホロコースト・ミュージアム編・発行「脱出と救援」に掲載）。その作戦チャートには、上部にストックホルム・ヘルシンキでの指揮官名が記され、重要さを示す中心点には、まぎれもなく「カウナス・日本領事館」が位置づけられています。日付は記されていませんが、領事館が業務をこなしていた短い期間内に記されたものでしかありえないのは間違いありません。

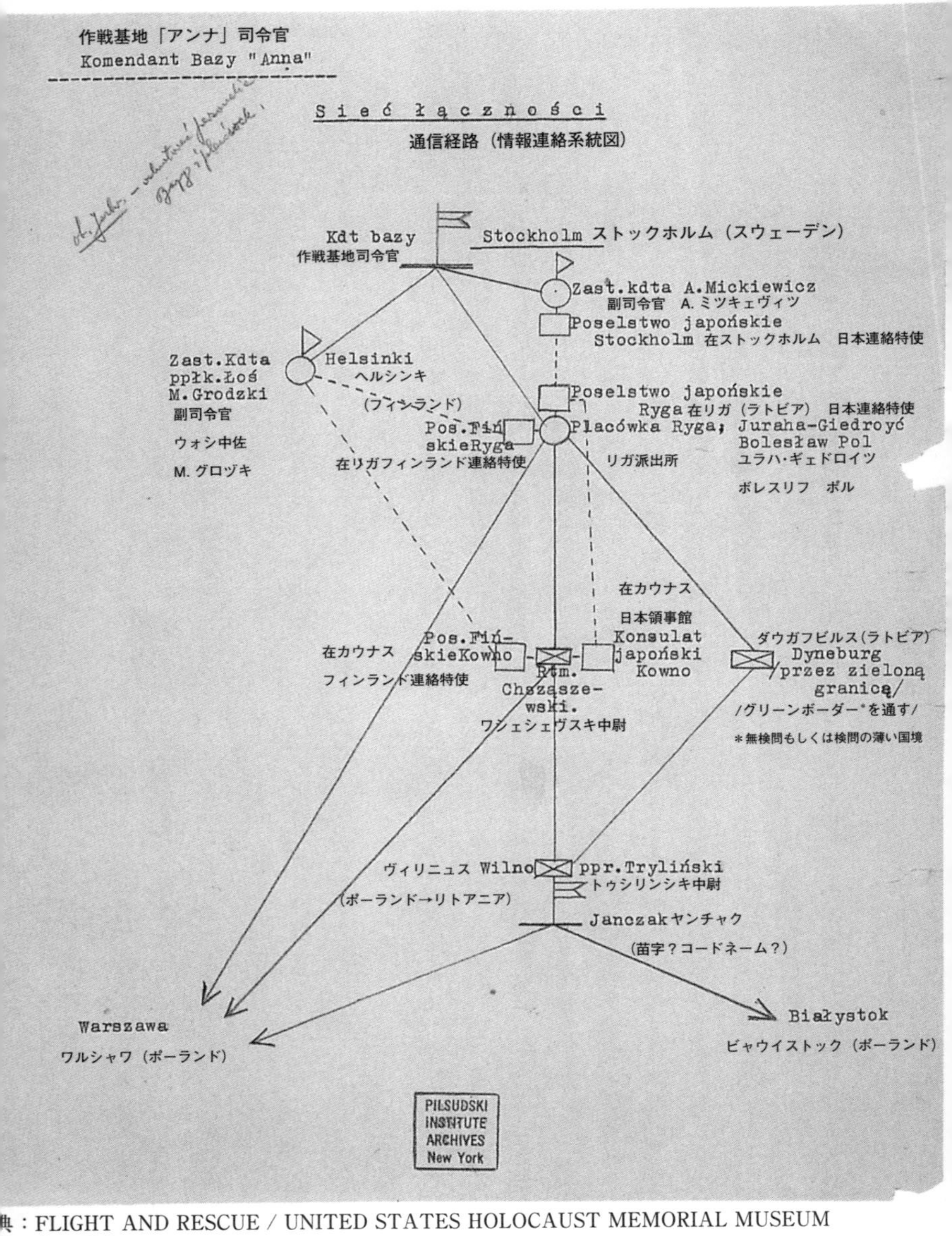

典：FLIGHT AND RESCUE / UNITED STATES HOLOCAUST MEMORIAL MUSEUM
訳：山口正光

間違いなくいえることは、千畝は、ポーランドからリトアニアに流れ込んできたユダヤ人たちが、ヴィザ発行を求めて領事館に集まってくるのを予期していたということです。彼自身が、それを仕向けていたからです。表現は適当ではありませんが、彼は「確信犯」だったのです。ただ、その規模は、数人から、せいぜい数十人と見込んでいました。だから「動揺」などしたはずはありません。しかし、それが地下抵抗組織の指示によって、一挙に、数百人に膨れ上がりました。つまり、出てきたのは質的問題ではなく、量のそれでした。これを、どう処理するか、その為に、彼は難民の代表者、例えばバルハフティックたちとの交渉に入ります。

ここまでの道行は、イスラエル建国後、閣僚になったバルハフティックの著書「日本に来たユダヤ難民」（滝川義人 訳・1992年・原書房）に記されています。戦後の1969年、イスラエルは千畝に「正義の人」認定書を出し、バルハフティックは、訪れた千畝と手を握り合います。いかにも美しい光景です。しかし、委細を尽くし、脱出当時の通行証など、実に丹念に「証拠書類」の写真まで紹介しているのに、この本では、カウナスの日本領事館での交渉経過・その内容には、一言半句も触れられていない。これは、どういうことなのか。

1996（平成8）年三月、私（諏訪）はイスラエルを訪れ、その時、エルサレム近郊のバルハフティク邸を訪れました。応接間の壁一面に、大阪のユダヤ教の宗教書籍が並べられ、「壮観」の印象を与えていました。挨拶と世間話の後、私は、「カウナスで、ヴィザ発行について、どういう交渉をしたのか」と教示を乞いました。すると、それまでの「歓談」とは、まったく違った態度に変わったのです。「なぜ、私が、あなたに、その説明をしなければならないのか――」。それは、取りつくシマもない素っ気ないもので、私は、一瞬、ひるみました。ジャーナリストとして、現代史の重要場面の内実を具体的に知っておきたいから――とかなんとか答えはしましたが、結局、なんの「歩み寄り」も引き出せませんでした。

以来、何度も、あの「頑なな態度」の理由を想像しました。イスラエル側は、千畝を「正義の人」として位置付けてきています。それに、いささかでも抵触しかねない情報を出すのを拒んだのか。あるいは、ユダヤ側の「交渉役」に触れることになり、それが、例えば、今日のイスラエルの情報機関・モサドといった組織の一端を覗かせることになるのを警戒したのか。答えは、まだ出ていません。

説明も答えもありませんでしたが、想像はできます。ユダヤ人たちは、ヴィザ発行を熱望しました。それに応じる場合、この時、日本側は、好意への「対価」として、何を期待できたのでしょう。ユダヤ人たちが熱望したのに見合う、日本が、彼らに「交付」を期待できたものとして、何がありえたのでしょう。

私が導き出した答えは、「情報」です。ポーランドから逃げ出してきた農民・商人・役人等々が、見たこと、耳にしたこと、それらの中で重要と思われる事項を、具体的・詳細に述べることを、千畝はバルハフティクに要請したはずです。

ナチ・ドイツが、対フランス戦で見せたような「電撃作戦」を、次の仮想敵国、例えばソヴィエト・ロシアに対し遂行するためには、戦車・重火器・兵員輸送車・補給物資の運搬車・航空機基地の建設用車両の大量の準備が必須条件になります。それらの移動が、ポーランドのどこで、どの方面に向って行われていたか、あるいは、現在、進行しつつあるか――これらについての詳細で、可能な限り具体的な情報の提供を、ヴィザ発給の「見返り」として、千畝は「交渉人たち」に要請したはずです。その「協力度」に応じて、ヴィザ発給のテンポも上がってゆくだろう、と付け加えたかもしれません。

ただその交渉の内実を、千畝は本省に正直に報告したわけではありません。そんな「危ない」ことはできないのです。本省への連絡は、それが暗号化されていても、いつ「破られる」か、予想できません。むしろ――千畝は、ベルリンの大島浩・大使（あるいは、その直属の情報担当者）に、直接、連絡・報告したと考えます。

以上は、私の想像であり、それを裏付ける資料はありません。千畝も、この「交渉」内容について、まったく語ってはいません。大島浩は、ドイツ敗北後、南ドイツで、アメリカ軍に拘束されました。大西洋回りで日本に護送された時、彼は裁判を予想し、メモ類を、すべて細かく裂き、船上から海に投げ捨てました。アメリカを通って故国・日本へ帰った後、彼は、東京裁判の「A級戦犯」として、直ちに巣鴨拘置所に送られました。（＊鈴木健二「駐独大使・大島浩」

1979（昭和54）年 芙蓉書房

「大島の証言」――靖国神社・遊就文庫、＊伊藤隆編「大島浩 証言」（「近現代日本の政策史料収集と情報公開調査を踏まえた政策史研究の再構築」（基盤研究Ｂ・1、代表者・伊藤隆、課題番号15330024 大島への質問者・桑野真暉子 史料提供者・外交史料館・日向 玲理。

ついでに帰国直後、大島は、「巣鴨入り」する前に、時の幣原内閣・外相だった吉田茂を訪ねています。第二次大戦勃発の直前、ベルリンの大島大使は、ロンドン駐在大使だった吉田を訪ね、ナチ・ドイツを評価するか、イギリス側に着くか、二晩にわたって論争しています。もちろん、両者の見解は対立したまま、議論は物別れに終わりました。大島は、その時の自分の見かたが国を誤まらせた、吉田個人に対しても礼を失していたと謝りました。対するに、吉田は、双方ともに国家を思ってのことだった、と大島の謝意を受け入れました。

この挿話は、大島の人柄をよく示しています。もともと大島は岐阜県出身でした。岐阜には、二つの有名な「大島家」があり、一つは、現在の中日新聞社の創始者です。大島浩は、もう一つの流れの東美濃地方の素封家の出身でした。彼の甥・彊（おさむ）は、戦後、トヨタ自動車販売ＫＫに勤務し、神谷正太郎の下で「副会長」になったほどの人でした。その妻は、明治初年の知識人・箕作麟祥の一族に属し、その系譜をたどると、美濃部・鳩山家などの名前が出てきます。

若干、道草を食いましたが、私が触れたかったのは、大島が毛並みのいい「名家」出身だったことです。その彼が対していたリッペントロープ外相らナチ幹部は、「犯罪社会で育ち、犯罪以外にすることがなかった」（東京裁判での検事発言）連中です。勝負になるはずがありません。

東京裁判で終身刑を宣告され、やがて仮出所できた大島が回想しています。「ユダヤ人を駆除したと、ゲーリング元帥が自慢し、彼らから頂いた美術品を披露したのには驚かされた」。また、「ユダヤ人虐殺の情報は入ってなかった。弾圧されていたユダヤ人を、いくらかは助けた」と言葉少なに語っています。そこに自己宣伝の色彩はありません。

つまり、そういう大島の近くで千畝は働いていたのです。その事実に眼を注いでおく必要があります。そしてもう一人の人物に登場してもらいます。戦前、「満洲帝国」の外務部での上司・大橋忠一です。

千畝は、この職場で「ソヴィエト経済概観」を書き上げ、満州鉄道の利権問題

大橋忠一　（外交史料館所蔵）
1893（明治26）年生～1975（昭和50）年没。東大卒。ハルピン総領事、満洲国参議。昭和15年、外務次官（松岡洋右・大臣）。昭和27年、衆議院議員（自民党 当選三回。昭和34～36年、カンボジア大使。著書――「太平洋戦争由来記～松岡外交の真相～」（昭和27年 要書房）

でソヴィエト側と対決し、相手を論破しています。ここで、それらに詳細に立ち入る余裕はありませんが、千畝が上司・大橋の期待に充分に応えたであろうことは容易に想像できます。

仕事をこなしながら、千畝は、最初の妻・白系ロシア人・クラウディアと結ばれました。この時期、ハルビンで共に生活していた実妹・中村柳子さんは、生前に岐阜の家を訪ねた私（諏訪）に、「休日には、麻雀卓を連ね、賑やかに遊んでいた」と語りました。クラウディアも、その供応で立ち働いていた。そこに上司・大橋が加わっていたと想像するのは自然でしょう。さらにレビン書によれば、満洲から東京に出張した時、大橋と千畝らは、吉原遊郭に、連れだって登楼したとしています。

ここで、こういう挿話を紹介するのは、なにも個人の「行状」を詮索したいためでありません。千畝は、仕事をした。そして、よく遊んだ。だからこそ、有能な上司は上下関係を超えて、「できる人間」として評価していたに違いないと考えるからです。

ところで千畝は、その満洲国での職場を去ることになります（その頃、クラウディアと離婚。幸子と結婚します）。その後、ソヴィエト駐在の打診、そして「好ましからざる人物」として、ソヴィエト側からの「異例の赴任拒否」で実現不能になった――　等々の「出来事」が起きていますが、ヨーロッパ赴任までの数年間の千畝の足跡は、よく判っていません。

あるＴＶ番組では、「関東軍の横暴さに抵抗して辞職した」などと放送していましたが、なんとも浅薄な見方です。関東軍に愛想尽かして、どうして欧州の領事に「栄転」できたのか。その「解釈」への考慮は、いっさいなされていません。

おそらく満洲国での職を辞した後、千畝は、外務省本省で、なにか地味な特記されるほどのものでない職場で働いていたと思われます。そして、たぶん本省の要職に就いていた大橋の推挽があって、欧州赴任が実現した、と考えられます。ただ「外務省年鑑」（大臣官房人事課編）が、昭和十二年十二月から、昭和十七年二月まで欠けています。綿密な追跡が困難なのです。

また、千畝の妹・柳子さんからの話に戻りますが、戦後、引き揚げてきた千畝が、外務省を「人員整理」されて困窮していた時、柳子さんが大橋を訪ね、助力を乞うたようです。それに対し、大橋は「杉原なんて人間は知らない」と、冷たい態度を取った。との回想が気にかかります。

柳子さんの怒りは、もっともなのですが、大橋の「否定」には、人情沙汰を超えたものがあったのではないでしょうか。つまり、情報組織の防衛です。もしも、大橋と杉原が、戦前・戦中に情報ネットワークの仕事で繋がっていたのなら、素人の係累者などに、それの肯定に繋がる言質など与えるはずがありません。東京裁判で「日本帝国主義」が裁かれていた時代です。旧敵・日本の情報機関の全貌の把握などは、アメリカ側の最重要の目標でした。その疑いがあっただけで、問答無用で「重労働何年」を宣告されていました。大橋の「否定」の強さは、彼と千畝との結びつきが、情報組織の防衛に繋がるものであったと想定させるものです。このセンテンスの結論として、大橋が尽力して、千畝はベルリンに、そしてカウナスに行ったといえるでしょう。情報網の一つ、「ギフ・コネクション」の成立です。

さて、ユダヤ人代表者たちとの「協定」が成立し、千畝はヴィザ発行の仕事に取り組みます。本省の意向を尊重するタテマエから、「了承」の返事をもらおうと、「儀礼的」に何回か請訓を仰ぎますが、本省の方針は変わりませんでした。それでも、彼は「署名欄」に押すゴム印を作らせ、精力的にヴィザを発給します。ただ、そういう「事務作業」は、可能な範囲内で、助手を勤めた「秘書」役に任せ、彼は、本来の目的であるポーランド国内の軍事情報を聞き出すことに力を傾けていました。また、聞き出した情報のチェックも怠らなかったはずです。そして「重要」と思われたものを、ベルリンに送っていました――。

ところが、そうした日々の、どのあたりかで、情報収集という「目的」と、そのための「手段」であるヴィザ発給、その両者の転倒が進んでいきました。つまり、千畝自身の内で、ヴィザ発給の比重が増していったと考えられます。領事館を閉鎖し、ホテルに移ってからも(その時、暗号表は、すでに焼却していた)、ヴィザ発給に固執していた態度に、それを見て取れます。

だから、カウナスから次の任地・ケーニッヒスベルク等に向った後の千畝には、なにか「憑き物」が落ちたような淡白さ、もう少しいえば、脱力感のようなものが漂っています。通常業務を、普通にこなす、そういう日々を送るだけの日常になったのです。

ここで、一つドラマが終わったといえるでしょう。しかし、あくまで、それは千畝についてのことで、その外側の世界では、劇的な死闘が進んでいました。ナチス・ドイツは、スターリン・グラードで敗れ、ノルマンディ上陸作戦が行われました。日本海軍は、真珠湾攻撃では戦果を挙げましたが、ミッドウェイで完敗しました。南方の島々でも、アメリカ軍に破れ、本土への戦略爆撃が徹底的に行われ、ドイツ・日本は降伏することになりました。

そして千畝一家は、戦火を避ける日本人一行とともに、欧州を転々と移動し、敗戦後の1947（昭和22）年、故国に引き揚げてきました。降伏で外交権を失った国に、外交官は必要なく、千畝も「人員整理」で職を失いました。そして敗戦後の猛烈なインフレで、退職金などの貨幣価値は下落し、千畝には、一家を支えるため、日々の糧（かて）を得るための模索が強いられることになりました。アメリカ軍のための売店PXへの勤務、私立学校での教職、NHKの翻訳等々を転々とし、そして1960（昭和35）年、川上貿易（株）という中小貿易会社のモスクワ事務所長としてロシアに赴任しました。

1975（昭和50）年、千畝は帰国。その前後の数年間に、千畝の「ヴィザ発給」の功績に照明が当てられるようになります。

ただ、スポット・ライトを浴びている千畝の表情には、なにか微妙な、冴えないものが見て取れます。照明を浴びせられ、ユダヤ人への善行を讃えられているのに、千畝は、はかばかしい反応を示していません。素直に嬉しさを表情に出してはいないようです。取材されるのは迷惑なことではないが、自分から、カウナスでの行為を積極的に、雄弁に説明しょうとはしていません。そして、戦後の悪戦苦闘やモスクワでの商談の苦労話を、みずから披露しようともしていません。それは、謙虚とか、禁欲的態度といったものではなく、なにか防御的とさえ感じさせるものです。たとえ、それが善意のものであっても、他者が自分の過去に踏み込んでくるのを避けるといった態度です。これは、どういう反応と考えていいのでしょうか。

千畝が、モスクワの小さな貿易商社で苦労し、帰国してから十年後の1987年に、「東芝機械・ココム違反事件」が起きました（千畝は1986年に死去）。ソヴィエトの原子力潜水艦のスクリュー製造のための工作機械を輸出したことがココム（対共産圏・貿易協定）に違反した事件です。その容疑を掛けられた商社員が、事件の経緯を記しています。「モスクワよ、さらば～ココム違反事件の背景～」（熊谷独 著・1988年 文藝春秋）

そこには、ソヴィエトでの貿易業の勤務がいかに神経をすり減らすものであったかが、縷々記されています。「モスクワで、純粋に商業活動だけに携わる幸福な駐在員を見出すのは、藁の山から一本の針を見出すより難しい」。「彼らは、常にKGB当局の監視下にあり、KGBは、駐在員の公私にわたっての情報を完璧なまでに握り、ソヴィエトの工作員として使えるかどうかのデータを揃えている」。

私は、この本の著者に電話し、千畝との接点の有無を質問しました。「日本人商社員の溜まり場のような酒場があり、そこで見かけたことがある——私たちに話かけることもなく、独りで飲んでいた——」等々。

そのような環境の中、どうして十五年もモスクワ駐在員生活が続けられたのでしょうか。千畝の戦後「物語」にはまだまだ深いものがありそうです。

さて、最後に本著者レビンの健闘を称えておかねばなりません。嵌め絵ゲームの細片の多くが失われた悪状況下、彼が、どんなに悪戦苦闘したことか。彼は、日本やアメリカの資料館へはもちろん、ソヴィエト共産党、その秘密警察、ナチ・ゲシュタポ、ポーランド陸軍情報部の資料館にまで足を運びました。杉原を直接・間接に知っている人々に片っ端から面接しました。ユダヤ人組織に訴えかけ、オーストラリアの老人ホームで孤独な生活を送っていたクラウディアを見つけ出し、感動的インタビューを行いました。その広範で徹底的事実調査には脱帽するほかありません。

日本版出版にあたって、原著者の了解のもと、やや煩瑣にわたる部分を一部割愛し、若干の加筆を行いました。

この翻訳のため、駐日イスラエル大使館/滝川義人さん、防衛研究所/原剛さん（いずれも初版当時の所属）、ハルピン学院卒業生/河村一正さん、その他多くの方々に助言をいただきました。

また清水書院／高野邦治さんには資料照合などでご苦労をかけました。感謝の意を表します。

２０１５年　諏訪　澄

著者紹介

ヒレル・レビン（Hillel Levine）

現代のアメリカを代表する歴史家の一人。社会学者。著作家。1946年生まれ。ハーバード大学より、「ユダヤ主義と近代主義」で博士号を取得。ハーバード大学、エール大学を経て、現在ボストン大学教授。ユダヤ学研究所所長。ハーバード大学ロシアセンター理事。北京大学をはじめ、主要大学の客員教授を兼務。現在、ヘブル語・ドイツ語・フランス語・イタリア語などへの翻訳も進んでいる。「反ユダヤ主義の経済起源」（エール大学出版）、「アメリカのユダヤ共同体の死」（フリープレス）ほか、著作多数。親日派として知られている。ボストン在住。

監修・訳者紹介

諏訪　澄（すわ　きよし）

高松市出身。1931年生まれ。東京都立大学大学院修士課程修了。名古屋のテレビ局に勤務。退職後、大学でマス・メディア論を講義。若干の批評文を雑誌に発表。

篠　輝久（しの　てるひさ）

京都市出身。1950年生まれ。公益社団法人日本イスラエル親善協会理事。作家、脚本家。著作の発行部数は60万部。平和の大切さを訴える講演活動での聴衆は5,000名を越える。監理技術者（建設業）等の資格を持ち、災害ボランテァとしても活躍している。

資料・写真協力　竹地　祐治
外務省外交史料館
岐阜県八百津町
ほか

編集協力　文樹社
ムック

装　　丁　上迫田　智明

千　畝　　新装版
一万人の命を救った外交官　杉原千畝の謎

1998年 8 月10日　第 1 刷発行
2015年12月15日　新装版第 1 刷発行
2016年 1 月20日　新装版第 2 刷発行
著　者――――ヒレル・レビン
監修・訳者――諏訪　澄／篠　輝久
発行者――――渡部　哲治
発行所――――㈱清水書院
〒 102-0072　東京都千代田区飯田橋 3-11-6
電話　03-5213-7151
振替　00130-3-5283
印刷・製本――図書印刷㈱

Printed in Japan
定価はカバーに表示してあります。
乱丁・落丁の場合はお取り替えいたします。

ISBN978-4-389-50046-7